民革前辈传记丛书

我的戎马生涯

郑洞国 回忆录

郑洞国 著

郑建邦 胡耀平 整理

团结出版社

丛书编委会

"民革前辈传记丛书"出版说明

在中国近现代历史上，民革前辈以其爱国爱民的情怀、坚定不移的信念、超群卓越的智慧和舍生忘死的勇气，书写了可歌可泣的壮丽篇章。他们是在历史风云中擎起民主旗帜的先行者，是民革初创时以热血浇灌理想、以信念铺就道路的奠基人，是中国革命、建设和改革事业的亲历者、参与者和推动者，是忠肝赤胆的多党合作先驱，是坚信祖国必将统一的执着守望者，他们为国家独立、民族解放、人民幸福和社会进步作出了不可磨灭的贡献。

为了纪念民革成立80周年，进一步继承和发扬民革前辈光荣传统，民革中央宣传部于2025年起分辑推出"民革前辈传记丛书"，旨在缅怀这些杰出人物的丰功伟绩，学习他们的崇高精神，激励后人继往开来，为实现中华民族伟大复兴而不懈奋斗。

民革自成立以来，始终与中国共产党风雨同舟、肝胆相照，积极参与了新民主主义革命的伟大实践。在抗日战争的烽火硝烟中，民革前辈们挺身而出，为抗击外敌入侵、争取民族独立奔走呼号；在解放战争的硝烟弥漫中，他们坚定地站在人民一边，为推翻国民党反动统治、建立新中国不遗余力。中华人民共和国成立后，民革前辈们积极投身于社会主义建设的伟大事业，为国家的经济建设、文化繁荣和社会进步贡献智慧和力量。在改革开放的历史进程中，他们以敏锐的洞察力和开拓创新的精神，为推动国家的现代化建设建言献策，为促进祖国统一、维护社会稳定发挥了重要作用。

本丛书以严谨求实的论证、翔实可信的史料、有血有肉的讲述，以及大量珍贵的配图，展现民革前辈各自的人生轨迹和精神面貌，从而洞见一个波澜壮阔的时代，揭示多党合作的历史逻辑。从一部部传记中，我们可以看到民革前辈们对国家和人民的赤诚之心，他们为了理想信念不惜牺牲个人利益，甚至生命；我们可以感受到他们在面对艰难险阻时的坚韧不拔，在追求真理的道路上的执着探索；我们还可以领略到他们在文化艺术、科技教育、经济建设等各个领域的卓越成就，以及他们为推动祖国统一所作出的不懈努力。

总有一些星辰，值得我们长久仰望；总有一种精神，点亮灼灼不熄的心灯。透过这些生动的文字，我们能够清晰地听见历史的回响。步入新时期，我们面临着前所未有的发展机遇和挑战，更需要继承和发扬民革前辈们的优良传统。我们要学习他们坚定的政治立场，始终与中国共产党同心同德，为实现中华民族伟大复兴的中国梦而团结奋斗；我们要赓续他们勇于担当的精神，在各自的岗位上积极作为，为国家的发展贡献自己的力量；我们要效法他们崇高的道德风范，以身作则，传递正能量，引领社会风尚。

念兹在兹，天下为公。山河无恙，吾辈自强。本丛书的出版，既是对历史的虔诚致敬，亦是对未来的深沉寄望。我们期望通过这些传记，让更多的人了解民革的历史，认识民革前辈们的伟大贡献，从而更加珍惜来之不易的和平与发展成果。我们相信，在民革前辈们的榜样引领下，广大民革成员和各界人士将更加紧密地团结在以习近平同志为核心的中共中央周围，不忘初心，牢记使命，为实现中华民族伟大复兴的中国梦而努力奋斗。

民革中央宣传部

2025 年 6 月

新版序言

　　祖父的著作《我的戎马生涯——郑洞国回忆录》自1991年出版之后几经再版，深感欣慰。该书出版之后，经常收到海内外读者的来信，对祖父正直、爱国的人生予以积极的评价，对那些为了民族英勇献身的先烈们表示十分的崇敬，对故去的老一辈革命家和前辈们表示深切的怀念。纵观祖父一生，许多研究近现代史的专家们的评论还是比较衷恳的：抗日战争的英勇骁将，努力实现中华民族伟大复兴和祖国和平统一是他毕生的愿望。

　　中华民族数千年，就是一部顽强抗争、不断进取的历史，尤其在抗日战争时期呈现出全国人民面对侵略者，万众一心，妻送夫、父母送儿郎，慷慨赴死上战场的历史场景，永远值得后世敬仰，祖父郑洞国将军就是他们当中不惧生死、英勇抗击的战士。

　　九一八事变后，日本侵占东北三省，又夺取热河，中国军队十七军在古北口长城与日军进行殊死决战，祖父郑洞国任旅长。他亲率二师四旅坚守南天门，与日军拼命鏖战八昼夜。在阵地大部失守，日军蜂拥而至的紧要关头，将军为示必死之心，甩掉军装，只着衬衫，手持武器，亲自率领部队冲锋，奋勇击退日军。

　　抗战全面爆发，祖父郑洞国任师长。他率二师参加保定会战，固守保定城至漕河一线阵地，多次予敌以重创。主力撤退后，二师后方也为日军抄袭，祖父率部仍与之血战一昼夜。保定城破后，又与敌展开巷战，赖友邻部队前来接应，才得以率军杀出重围。

台儿庄大战之初，日军第十师团攻陷滕县，祖父率二师火速开往运河南岸占领阵地，在利国驿与敌隔河交战。他命重榴弹炮营，向敌阵地猛烈轰炸，迫使日军放弃强渡运河企图，转攻台儿庄。继率部攻击枣庄、北大窑、峄县之敌。并随主力部队迎击日军第五师团坂本支队，将4000余敌击溃于杨楼、底阁一线。随后与兄弟部队一起，复将敌濑谷支队击溃，取得了台儿庄大捷。此战之后，中国军队撤至邳县以北沿运河一线拒敌，二师担任燕子河、大刘庄一线防务，与敌反复拉锯战20余日，阵地从未失守。

抗日战争进入相持阶段，日军在北部湾登陆，占领了南宁西北重要屏障昆仑关。第五军包围了昆仑关之敌，并发动了猛攻，祖父任师长的荣誉第一师和戴安澜将军指挥的第二〇〇师担任主攻，迭克要点。他亲临火线，率部先后攻克了罗塘、四四一高地、界首高地等重要制高点，终于攻克昆仑关。

昆仑关战役后，祖父任第八军军长，率部参加枣宜会战，并担任宜昌以西、宜都以北长江一线防务近两年之久，多次击退日军进攻。第二次长沙会战期间，为配合第九战区保卫长沙，第六战区大举反攻鄂西重镇宜昌，祖父奉命率部抄袭敌后方交通，阻敌增援。该军以一部兵力趁夜于荆州东南悄悄渡江，突袭沙市。日军猝不及防，被迫将兵力龟缩城内。祖父乘机率军主力渡江出击，一举攻占后港，并将汉宜公路彻底破坏，同时在襄河上截击敌水上交通，不仅消灭了大批日军，同时还斩断了日军后方交通线，有力地支援了战区主力围攻宜昌的战斗。

抗日战争进入战略反攻的初期阶段，十万中国远征军在滇缅作战。祖父受命担任中国驻印军新一军军长。驻印军克服种种难以想象的困难，在被世界上一些军事学家认为根本不适宜作战的亚热带崇山密林中，一面筑路，一面攻击前进，由此拉开了缅北反攻战役的序幕。至1944年8

月，驻印军和部分盟军部队经过无数次浴血奋战，取得了胡康河谷战役、孟拱河谷战役和密支那战役的重大胜利，消灭了号称"亚热带丛林之王"的日军第十八师团。自此，印度经卡盟、孟拱至密支那之间的公路、铁路畅通无阻。盟国运往中国的战略物资也可以在密支那中转，不必再飞越驼峰，大大提高了运输量。

在抗战进入战略决战的关头，祖父升任中国驻印军副总指挥，协助总指挥史迪威（后为索尔登）指挥驻印军新一军、新六军等部攻克了敌重兵防守的重镇八莫、南坎、芒友，后与滇西远征军会师于中国边境城市畹町。至此，中印公路全线打通。随即新一军又相继占领贵街、新维、腊戍、细包等要点，全部肃清了中印公路沿线及周围地区的日军，历时一年多的缅北反攻战役乃告结束。缅北反攻战役对世界反法西斯战争取得胜利起到了重要的作用。

祖父在抗日战争中，英勇杀敌，功勋卓著，历史没有忘记他。直到今天，他的战斗业绩仍经常见诸报纸、电视和网络，搜狐、百度、新浪、凤凰网、新华网、人民网……差不多天天都能见到古北口长城抗战、台儿庄战役、武汉会战、长沙保卫战、中国远征军缅北作战等祖父在抗日战场上的踪迹和身影。这既是对祖父英勇杀敌、顽强作战的忠实记录，也是对华夏民族不屈精神的赞扬和表彰。

长春和平解放以后，在毛泽东主席、周恩来总理的亲切关怀教育下，祖父的思想和政治立场发生了根本转变，从一个朴素的爱国者成长为一名坚定的社会主义爱国者。特别是自新中国成立到1991年的40多年里，祖国的和平统一成了祖父最大的心愿，他利用一切机会不遗余力地宣传祖国和平统一的主张和共产党和平统一的纲领。

祖父担任三届民革中央副主席，始终以祖国的和平统一大业为己任，真诚希望海峡两岸能够早日实现和平统一。他每次接待从台湾和海外归来的故旧袍泽，都耐心地向他们介绍情况，阐释政策，并呼吁他们响应祖国的召唤，为统一祖国、振兴中华的历史伟业而共同努力。一直到晚年，祖父还坚持参加各种政治社会活动，为国家的改革开放和经济建设建言献策，为实现祖国和平统一竭尽全力，奋斗到生命的最后一息。

出版界的朋友们出版祖父的著作，也是基于对这种精神的弘扬和传承。值此回忆录再版之际，谨代表我们的家人向出版界的朋友们表示衷心的感谢！向喜欢祖父著作的读者朋友们表示衷心的感谢！我们也想借此书的再版，为促进祖国的和平统一做出更多的工作。

郑建邦　胡耀平

2025 年 1 月 30 日

重版序言

承广大读者厚爱，我们的祖父郑洞国将军的长篇回忆录《我的戎马生涯——郑洞国回忆录》，继团结出版社先后两次出版之后，现在又由东方出版社重版。作为郑洞国将军的后人和本书的整理者，我们深感欣慰。借此机会，谨向该出版社的同志们和各界读者朋友致以衷心的感谢！

20 世纪 20 年代，年轻的祖父满怀救国救民的热望，毅然走离开家乡，考入黄埔军校第一期，随后参加了东征、北伐诸役。九一八事变后，国难日深，祖父率先投身长城抗战，在残旧的古北口长城两侧与装备、兵力皆大大优于我方的日本侵略者浴血鏖战两月余，成为最早抵抗日本法西斯军队侵略的中国军队将领之一。1937 年抗日军兴，祖父金戈铁马，纵横驰骋，参加了抗日战争正面战场的许多重大战役，一直战斗至日寇宣布无条件投降的那一刻。其间，祖父身经大小百十战，立下赫赫军功，在战火中成长为我国一代抗日名将。可以说，在国家和民族的危亡之际，祖父以自己的勇毅和赤诚，尽到了一名中国军人应尽的职责。

新中国成立后，祖父作为一位爱国民主人士，在毛泽东主席、周恩来总理等老一辈中共领导人的悉心关怀、帮助下，努力学习，积极投身社会主义革命和建设事业，以及祖国统一大业。在"四人帮"肆虐的"文革"年代，尽管他身处逆境，承受着各方面的压力，也未丝毫动摇自己的政治信念。20世纪80年代初，国家进入改革开放的新时代以后，已近耄耋之年的祖父格外振奋，认为自己一生为之憧憬和奋斗的中华民族复兴的宏伟蓝图，正一步步地成为现实，因而不顾年迈多病，更加勉力工作，直至生命的最后一息。

祖父是出身黄埔的著名抗日将领。他一生的事业，起源于黄埔军校；鼓舞他一生政治信念的，是黄埔军校倡导的爱国革命精神；推动他一生奋斗目标的，也始终是黄埔军校救国救民的宗旨。魂系黄埔，心怀祖国，的确是祖父人生道路的真实写照！

作为本书的整理者，我们的水平和生活阅历十分有限，对祖父生活的那个时代更是缺乏具体的切身感受，但还是严格按照祖父个人对往事的追忆，并查阅了大量历史资料，力求最大限度地再现他所生活的时代面貌。

本书展示给广大读者的是祖父前半生的戎马生涯。由于他丰富的生活经历，特别是由于他亲身经历了我国近现代历史上许多重要事件，我们相信本书应当具有相当的史料性和可读性，这也许是多年来各界读者朋友们厚爱本书的原因吧。我们期待着更多的读者朋友与我们一道，重温我们祖国近现代以来走过的苦难而坎坷的历史道路，以及无数志士仁人为挽救民族危亡所付出的奋斗和牺牲，从而增强我们面向明天的信心和力量！

在本书重版过程中，为了保持本书原貌，我们仅对书中明显的文字谬误作了修改和纠正。同时，为了进一步提升本书的历史厚重感，我们在书中增加了一些近年来陆续搜集到的，反映那个时期一些重大历史事件的珍贵历史照片，希望读者朋友们能够喜欢。另外，本书还将黄仁宇先生写的关于他担任祖父副官的回忆性文章收为附录。如前所述，由于我们水平有限，本书的缺点和错误肯定不少，欢迎广大读者朋友不吝赐教、批评指正！

最后，我们还要向本书重版的编辑姚恋、刘晗郑重地表达谢意，在本书重版过程中，这两位同志为我们提供了许多重要的意见和帮助，我们为此始终铭感在心。

是为序。

郑建邦　胡耀平
2012 年中秋节于北京

再版前言

郑洞国同志长篇历史回忆录《我的戎马生涯》，已经出版面世 17 年了。欣闻团结出版社最近拟再版这部著作，我感到这是一件很好的事情，特地写了以下一点文字，既表示祝贺，也借此表达对郑老的深切怀念和追思。

郑洞国同志是我国著名的抗日将领，也是民革卓越的领导人。郑洞国同志在青年时代考入黄埔军校第一期，参加过东征和北伐。又是最早抵抗日本法西斯军队的国民党将领之一。抗日战争全面爆发以后，郑洞国同志几乎无役不从，参加并参与指挥了许多著名的重大战役，功勋卓著。特别是在抗日战争后期，郑洞国同志奉命出任中国驻印军副总指挥，在极端复杂、困难的情况下，出色地协助史迪威将军反攻缅北，重创日寇，重新打通了滇缅国际交通线，为取得中国抗日战争和世界反法西斯战争的最后胜利，作出了宝贵的贡献。

解放战争后期，郑洞国同志于辽沈战役的重要时刻，审时度势，作出明智抉择，毅然回到人民的怀抱。毛泽东主席曾敦促国民党军队的将领们，"学习长春郑洞国将军的榜样"。

1949 年后，在毛泽东主席和周恩来总理的亲切关怀下，郑洞国同志的思想发生了深刻变化。作为我国著名的爱国人士，他几十年如一日，经历了种种政治考验，始终坚定地跟着中国共产党走社会主义道路，为我国社会主义建设事业和祖国统一大业努力奋斗，直至生命的最后一息。

从郑洞国同志的这部回忆录中，我们可以看到，曾生活在灾难深重的旧中国的民主党派老一代领导人，是如何在救国救民的道路上进行艰难曲折的探索和奋斗，而且他们接受了中国共产党的领导，找到了救国救民的正确道路，又是何等的坚定和执着！前辈们矢志不渝的爱国精神和追求真理的奋斗历程，是传承给我们的重要政治财富。同时，郑洞国同志在回忆录中，也以自己的亲身经历，生动地叙述了中国近现代以来的许多重大历史事件，便于后人了解那一段波澜壮阔的历史画卷。从这个意义上讲，这本书也确实是一部具有珍贵历史价值的著作，希望广大读者认真一读。

在这部著作的再版过程中，整理者本着作者原意，对初版文字作了少许修改。同时对初版一些明显的文字疏漏，也一一作了补正。最后，谨对团结出版社的同志们所付出的辛勤劳动，表示衷心的感谢！

周铁农

2008 年 6 月于北京

原版序言

　　已故全国政协常委、民革中央副主席、黄埔军校同学会副会长郑洞国同志的长篇回忆录《我的戎马生涯》，即将由团结出版社付印出版，这是一件很有意义的事情，我由衷地感到高兴。

　　郑洞国同志是我国著名的爱国人士和民革威信素著的领导人之一，也是我相交已久的好友。他在青年时代，受孙中山先生革命思想的感召，毅然投笔从戎，考入黄埔军校第一期，参加东征北伐，屡立战功，在黄埔学生军中崭露头角。九一八事变后，日寇强占我东北三省，复进一步入侵热河，进逼长城各口。郑洞国同志率部在古北口一带的古长城上，与装备有飞机、战车、大炮的优势日军浴血鏖战两月余，狠狠打击了侵略者的嚣张气焰，是最早参加抗日的国民党将领之一。

　　抗日战争爆发后，郑洞国同志纵横驰骋，转战南北，先后参加过保定会战、漳河战役、徐州会战、归德战役、武汉会战、广西昆仑关战役、鄂西会战、中国驻印军反攻缅北战役等许多重大战役，战功卓著，曾被誉为国民党军队中的抗日名将。

　　1927年大革命失败以后，郑洞国同志曾在困惑和怀疑中，把自己的命运和蒋介石连在一起，走过一段曲折的道路。1948年，在辽沈决战的重要时刻，他脱离了国民党反动阵营，归向人民。毛泽东主席肯定了郑洞国将军在兵临城下之际这一明智决断，号召其他国民党军队将领"学习长春郑洞国将军的榜样"（《毛泽东选集》第四卷）。此后，他冷静地总结了自己前半生的经历，认识到国民党早已背弃了孙中山先生的革命主张，违背了广大人民的根本利益，成为阻碍中国社会进步与发展的反动势力，因而注定是要失败的。中国只有在共产党的领导下走社会主义道路，才会有光明的前途，这也是实现自己当年投奔黄埔、反帝爱国的革命初衷的唯一正确途径。

古人说："择善而固执之。"郑洞国同志自从投身人民革命行列以后，就真心实意地拥护共产党的领导，坚持不懈地走社会主义道路，经受了严峻的考验。特别是中共十一届三中全会以来，他目睹改革开放和社会主义现代化建设事业取得举世瞩目的成就，祖国的面貌发生巨大而深刻的变化，心情更加振奋，尽管晚年体弱多病，仍然十分关心国家大事，勉力参加各项政治和社会活动，直至生命的最后一息，保持了一个真诚的爱国人士的晚节，是很可钦佩的。

我和郑老都是民革的老同志，彼此共事日久，相知甚深。他为人正派，性情敦厚豁达，待人谦和诚恳，在工作中识大体、顾大局，善于团结同志，从不计较个人私利，蔼然有长者之风，因而赢得了包括我在内的许多同志的尊敬。民革"五大"以来，我们共同担负民革中央的领导工作，郑老对工作不辞辛劳，认真负责，一丝不苟，为民革工作的恢复和发展，尽了不少心力，作出了许多宝贵的贡献。

郑洞国同志生前十分关注祖国的统一大业，真诚希望海峡两岸早日实现和平统一。尤其是到了晚年，对此更是魂萦梦绕，不遗余力。他在台湾及海外的故旧袍泽甚多，近年来接待了不少回祖国大陆探亲、观光的老朋友，向他们介绍情况，阐释政策，帮助他们消除疑虑，增进共识，做了大量卓有成效的工作。直到临终之前，他还念念不忘祖国统一，表示这是他一生唯一未了的心愿。

郑洞国同志的这部回忆录，以严肃、客观、求实的态度，总结和回顾了他前半生的人生历程。由于作者本身丰富的生活经历，这部著作不仅具有重要的史料价值，而且有引人入胜的可读性；同时，通过作者向人们展示的当时中国社会的真实状况，以及其中老一辈爱国志士的追求和奋斗，包括他们所走过的曲折坎坷道路，也会从不同的侧面，给予没有经历过那个时代的青年一代以教益和启迪。我再次衷心期望广大读者特别是青年朋友们读一读这本书，这对于激励爱国主义精神，致力社会主义建设，促进祖国统一大业，都是大有裨益的。

屈　武

1991 年夏于北京

目录

第一章

青少年时代

我的童年生活

　　1903 年 1 月 13 日，我出生在湖南省石门县商溪河畔南岳寺村（今属磨市镇）的一个农民家庭。

　　我的父亲名叫郑定琼，原也靠下田耕作为生，中年以后因患腰疾，不堪重体力劳动，只好将田地交给家中的一两位帮工去耕作，他自己又去学了些裁缝手艺，赖以贴补家用。不过，也许是因为半路出家，他裁剪衣服的手艺一直不很高明。我的母亲陈英教，也是农民出身。她是一位中国传统的旧式劳动妇女，为人善良、勤劳俭朴。听人说，她在生我的一位姐姐的当天，产前还在厨灶旁劳作。从同我父亲结婚，一直到她去世，母亲几乎没有过上一天安闲舒适的日子，艰辛操劳了一辈子。

郑洞国将军的故乡——湖南省石门县磨市镇南岳寺村

在兄弟姐妹中，我排行最末。长兄郑潼国（表字秦农），年长我 14 岁。此外还有三位姐姐：郑先梅、郑芷梅、郑尽梅。

石门地处湘西北山区，与临澧、桃源、慈利、大庸等县相邻。那一带山林茂密、物产丰富，风景亦十分秀丽。但因交通不便、环境闭塞，一些农副产品，如桐油、茶叶、板栗、竹藤制品，以及矿产等很难大批外运。再加上耕田瘠薄，常有水旱灾情，以及官府的重重盘剥，农村百姓的生活十分清苦，一般农民辛劳一年，勉强糊口已属不易，若遇大的天灾人祸，便只好出卖田地、牲畜，为人帮工过活了。

当时，我家有祖传老屋六七间，田地近三十亩。年成好时，可岁收谷四五十石（按当地标准，每石谷折合一百一十市斤左右）。这在乡间也算是小康之家了，不过全家也是仅得温饱而已。

我出生时，母亲已是 43 岁，由于营养不良，体弱多病，根本没有奶水，只好用米粉制成糊喂养我。所以我一直到 20 余岁，身体都很瘦弱，时常生病。倒是后来长期的军旅生活，才使体魄逐渐强健起来。

我记事以后，家境愈来愈不好，父母和我们几个孩子，穿的都是自制的粗布旧衣，日常饭食也大多是番薯丝和糙米混合在一起的杂合饭。只有到了过春节的时候，母亲才悄悄给我们塞上几个压岁钱，我们可以买些爆竹、麦芽糖之类的东西。遇到年景稍好时，母亲偶尔还会扯上几尺洋布，给我们缝件新衣，再做双新鞋，那便会让我们高兴得不得了。

过年，在乡间是件很大的事情。每年一进入腊月，家境稍好的人家便开始忙着磨豆腐、做糯米糍粑、杀猪宰鸡、熏制腊肉，或到附近集镇上采办过年物品等，一片热热闹闹的气象。在外谋事的人们，也陆续回乡与家人团聚。这期间，无疑更是我们这些无忧无虑的小孩子最快活的时光了，不仅可以穿上新衣，吃到平常很难吃到的肉食、点心和糖果，还可以乘着大人们忙着准备过年，尽情地到处嬉闹。除夕晚上，我们全家人围坐在一起吃一顿一年中最丰盛的年饭。饭前，照例要由父亲说几句话。他的"致辞"很简单，年年都是这样两句话："有朝一日时运转，朝朝暮暮像过年。"直到今天，这两句话我还记得很清楚。年饭吃过后，我们小孩子就急急忙忙跑到房子外面放爆竹。夜深时，再随长辈们去祖坟上祭祖。祭祖仪式结束后，胆子大些的男孩子便打着灯笼，在山坡上跑来跑去地捉迷藏，这样玩耍一夜也不觉困倦。第二天是大年初一，我们一早便要随着大人给族里的长辈磕头拜年。磕头自然也不是白磕，无论到了哪一家，主人都不免要招待吃饭，或给一些点心之类的东西吃。这种快活热闹的日子，一直要过了正月十五才结束。儿时的我老是盼着过年，因为只有过年才是我一年中最欢快的日子。

我的父亲是个很重视传统礼教的人，为人严峻刚正，性情亦十分倔强。他最恨嫖赌等坏习气，一发现族内有这种事便要干涉，所以族内的晚辈和平辈的年轻人都很惧怕他。他对子女的训诫也是极严的，在我们面前通常是板着脸，很少见他笑过。不过，父亲与当时乡间农民不同的地方，就是思想比较开明。他自己曾读过两年私塾，粗通文墨，也喜欢读书。他认定人只有读书才有出息，因此尽管家中经济拮据，他还是省吃俭用，千方百计地供兄长和我读书，希望我们学成之后，能出去做事，光宗耀祖。我的兄长郑潼国就这样一直读完湖南岳麓山地区的留学预备科专科学校，随后赴日本留学，可惜不久即因清政府取消官费而被迫中途辍学，以后就回到家乡教书。不过，父亲重男轻女的思想还是相当严重的。比如他对两个儿子的文化教育十分用心，至于其他三个女儿则马虎得很。虽然经济条件不够是原因之一，但实际上他压根就认为女孩子没有用，而且长大嫁人时还要赔上一大笔嫁妆，更不上算，哪里还肯花本钱供女孩子读书？顺便提一下，父亲给我后两个姐姐起的名字分别是"芷梅""尽梅"，即取"止""尽"之意，从中可看出他是不希望多生养女儿的。其实，这种封建思想在当时的农民头脑中普遍存在，不止父亲一人，故那时乡间溺死女婴的事时有所闻。

自我6岁起，父亲开始亲自教我读书。我的启蒙读物最初是《三字经》《千字文》等，以后又读《论语》等书。每天早饭后，父亲即端坐桌旁，高声唤道："幺儿，过来读书！"我闻声便赶紧小心翼翼地走到他身前，垂手站好。倘稍迟延一下，就要挨骂。父亲教授的方法是先由他自己将课文朗读一遍，然后再将书中生字逐一教我识别、书写。这样反复进行几遍，他便叫我在一旁默写、默读，自己则吸着水烟袋，闭目养神，过了一会儿再将我叫过来考问。我幼时尚未开窍，只觉书中文字多很怪僻，意思更难弄懂，因此学起来不免相当吃力。父亲的态度十分严厉，每当他对我的学习效果不甚满意时，便拿起预先放在桌上的竹篾片，朝我头上抽打几下，我虽感到疼痛，但不敢哭叫，只能默默地流着泪，规规矩矩地站着重新聆听父亲提出的教正。那时的读书，对我来说远非是愉快的事情，每天的学习都使我战战兢兢，如坐针毡。直到末了父亲挥挥手说："好了，今天就到这里罢！"我便像得了大赦令一般地飞奔出房外玩耍。当时我年纪太小，无论如何也体会不到父亲的苦心。

我8岁那年，父亲把我送入乡间的私塾就读。先生是我的一位本家兄长，国学的底子不错。他待学生很严格，不过不像父亲那样常常打人，生气时至多是申斥几句，偶尔也用戒尺打几下手板。或许是我在父亲身边已有了些文化基础，亦或是私塾先生不似父亲那般严厉，我反倒觉得到私塾读书轻松了不少，对学习也产生了些兴趣。两年间，我先后读了《四书》《诗经》《左传》等书，其中有些内容我至今仍能成段地背诵，这些充满中国传统儒家思想和封建礼义纲常的旧国学，对我后来一生的影响是很大的。

就在这一年秋天，革命党人在武昌举义，随后清朝皇帝逊位，结束了中国两千余年的封建统治，这就是有名的辛亥革命。那时我年纪尚幼，一时还无从理解这次伟大革命的深刻历史意义。不过，我的兄长郑潼国一直在外读书，又去过日本，接受的新思想较多，每逢回家省亲，他都免不了要向家人及乡邻们讲些有关清政府卖国、误国，以及孙中山先生领导同盟会闹革命的事情。讲到激愤处，常常是慷慨激昂，声泪俱下。对于兄长讲的这些事情和道理，我并不全懂。但当时兄长在我眼中简直是个大学问家，他说的话我都相信，尤其是他讲一些新鲜名词，比如"民主"呀、"共和"呀，更是让我觉得很有趣味。那时我对孙中山先生景仰得不得了，以为他一定同小说《三国演义》中的关云长、赵子龙一样，是位长得又高又大、本事高强的大英雄。总之，受兄长的影响，在我幼小的心灵里已刻印下一个观念，即清朝皇帝不好，必须推翻帝制，建立民国，中国才有希望。从这个意义上说，我的兄长无疑是我政治上的一位启蒙教师。

我刚满 10 岁时，乡间开办了新式小学，父亲知道这个消息后非常高兴，连忙送我转入就读。岂料这所学校竟是有名无实。学校里只有一名教员，而且这名教员除了懂些国文，对算术、音乐、体育等几乎一窍不通，最可笑的是他连算术作业的评分规则都搞不清楚，只知道给作业成绩不好的学生打上60 分，成绩好的打 100 分。对于那些成绩极差的学生，他原本想打 10 分，结果不知怎的在 1 的后边加了两个 0，也成了 100 分，弄得成绩好坏不分，笑话百出。至于音乐、体育等课程，在我记忆里似乎就根本没有开设过。这一年的时光差不多等于白白混过去了。后来父亲终于了解到这所学校的教学情况，气得捶胸顿足，大骂教员误人子弟，马上将我重新送回私塾读书。

少年求学及第一次投军

我在私塾里又读了三年书，直到 1917 年春天，父亲在兄长的说服下，才决意送我去石门县城的石门中学附属小学读书。这所小学是三年制，全部采用西式教学。那时我已满 14 岁，只好直接插入到二年级学习。可我除了国文还有些基础外，其他课程都不行。特别是算术，程度更是低得可怜，根本听不懂老师在课堂上讲授的东西，为此我大伤脑筋，急得寝食不安。最后无法，只有横下一条心发奋用功，每日早起晚睡，根据老师和同学的指点反复研读、演练，直到把每个题目搞通为止。功夫不负有心人，到了第二年，我的算术成绩在班上同学中就很不错了，其他功课也都陆续赶了上来。

我初到石门县城读书时，所需费用均由正担任石门中学校长的兄长承担。后来兄长应聘到林德轩的军队中任林氏的秘书，便无法经常资助我了（那时石门尚不能与外间通汇）。因此，供我读书的经济负担又落到了在乡间的父亲身上。可那一时期我家里的景况却在继续恶化，地里的庄稼连年歉收，母亲又因生病时常请郎中看视，弄得经济上入不敷出，以致后来我的读书费用都成了问题。有一次放暑假回家，我见到父亲整天为维持生活而愁眉苦脸、唉声叹气。快开学了，父亲始终不曾提到我的学费的事情。我虽然心里焦急，可望着他那张阴沉沉的脸，哪里还敢提及此事？末了还是母亲不知从哪里借来 4 块光洋，偷偷地塞给我。靠着这 4 块光洋，我省吃俭用地用了许久，但最后还是用光了，无奈只好向有钱的同学借用。那时天气已渐渐地冷了，我还没有换季的棉衣，但为了能继续读书也只好挺着。有一天，我有位在河南许昌做县长的堂侄郑康侯（约年长我 10 岁）因事路过石门县城，特地前来看我。见我只穿一件破旧长衫，在寒风中不住地打抖，心中老大不忍，当即取出 20 块光洋，再三让我收下。正是这笔钱，才使我渡过了难关。后来，兄长从别人口中知道了这件事，心里很难过，从此他唯恐我在经济上再受窘，千方百计地设法按期支付我的读书费用。

就在我到石门县城读书的那一年年末，湘西一带突然闹起匪患，而且愈闹愈厉害，搅得百姓们居无宁日。有一次，一伙土匪居然打进了县城，杀掉县长，劫走了在押的匪囚。此后一连数年，石门一带再也没有安定的日子了。

就在这年冬天（1917 年），经父亲的一手包办，我与邻乡的一位农家姑娘覃腊娥结婚了。其实婚事早在两年多以前就订下了，父亲一直当作一桩心事，巴不得我早日完婚。我那时年纪太小，尚不知结婚娶妻为何事，一切悉听父母安排。记得婚前不久父亲有事去我岳家做客，我正放假住在姑母家里。姑母家紧挨着溇水，门口的河边上拴着一只小船供摆渡之用。我闲得无聊，便和几个孩子一起跳上船，解开缆绳，胡乱在河里游荡起来。过了一会儿，船不知怎的猛烈摇晃了一下，我没站稳，"扑通"一声栽进河里。船上的伙伴们吓坏了，一面大声呼救，一面拼命向上拉我。可我水性不好，加上河水冰冷刺骨，几经挣扎也爬不上来，周身也有些麻木了，渐渐失去了知觉。恰好这时有人路过，听到船上孩子们的哭救声，才及时把我打捞上来。回到姑母家里，正当一家人忙不迭地为我烤换衣服、灌热姜汤的时候，父亲差人来叫我立即去拜见岳母（其时我岳父已病故）。姑母没好气地要打发他走，那人说什么也不肯，再三说父亲命我无论如何也要去一趟才行。姑母气得大骂，总算把他支走了。原来，按湘西风俗，女婿在结婚前夕要亲自到岳家拜望，并且住上几日，以示郑重。父亲是很遵守礼教的人，对这些事情自然看得格外重些。

也是祸不单行，几天后我去岳家时，又受到了一场虚惊。我到岳家的头一天晚上，岳母十分高兴，特地预备了不少酒菜款待。我因年纪轻，没有酒量，只喝了两小杯便有些支持不住，于是早早就安歇了。大约午夜以后，我突然被房子外面的一片嘈杂声惊醒，遂爬起来睡眼惺忪地朝外一望，顿时吓得魂飞魄散。只见院子外面立着十余个手执长矛大刀的大汉，正喝令岳母一家开门。我意识到这是土匪打劫，惊慌得不知如何是好。过了片刻，有七八个土匪已经破门而入，将岳母全家连同我一起赶到堂屋。为首的一个精壮汉子，将手中明晃晃的大刀朝屋角一摆，厉声喝道："莫动！站到那边去。哪个动一下，我就杀了他！"我们哪里敢动，都乖乖站了过去。其余的土匪乘机涌入内室，将房中覃氏的几箱子嫁妆抢劫一空，然后扬长而去。在惊恐之余，我发现身边的一位姑娘是岳母家中从未见到者，心想这必是我未来的妻子无疑了。那姑娘也觉察到我在注视她，赶紧深深地埋下头，缩到我的岳母身后。按旧时礼教，青年男女的婚姻大事，全凭父母之命，媒妁之言，非到成婚拜堂之日，双方是不得见面的。但我们夫妻二人却是在这样的情况下见了第一面，真令人啼笑皆非。

事后听说，这次抢劫实际上就是我岳家家族中的人勾结外面人干的，目的仅是乘覃家女儿出嫁之机劫掠些财物，所以并未打算伤人，这也算是不幸中的大幸了。

我与覃氏结婚时，刚刚年满15岁，覃氏已是23岁，整整大我8岁。这在今天的年轻人看来是不可想象的，但那时在湖南农村却是相当普遍的事情。对家中长辈来说，娶进年纪大些的媳妇，既可增加一份劳动力，又可早日添丁进口，岂非好事？

我与覃氏结婚后，彼此感情十分融洽。她与母亲的性情相仿，做事勤勉，为人谦和，一直到她1930年因病故去，我们从未红过脸。

1918年春，匪患未平，又添兵祸。湖南地方军队林德轩、王子彬等部在湘西一带互争地盘，彼此混战，地方时局大乱，学校也被迫停课了。到了秋天，局面稍有缓和，学校重新开课，我始得以升入石门中学继续读书。

次年，具有划时代意义的五四运动爆发了。在"巴黎和会"上中国外交

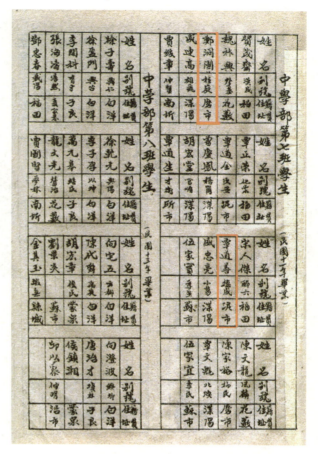

郑洞国将军曾在湖南石门中学第七班学习，并于1922年毕业。此为1941年湖南省石门县立初级中学编印的《石中四十年概览》中的校友录。郑洞国将军在中学部第七班排序第三

的失败，激起了全国人民对北洋军阀政府卖国行径的强烈不满和愤怒，成千上万的学生、工人、市民在北京乃至全国各地掀起了一场声势浩大的反帝爱国运动。

石门县城虽然地处偏僻山区，却也受到了这场伟大爱国革命运动的深刻影响和震撼。石门中学的学生们在部分爱国教员的宣传鼓动下，首先起而响应，纷纷走上街头游行示威。当时的斗争矛头主要是北洋军阀政府和日本帝国主义，我和同学们几乎天天在县城游行，宣传抵制日货，并组成清查队，

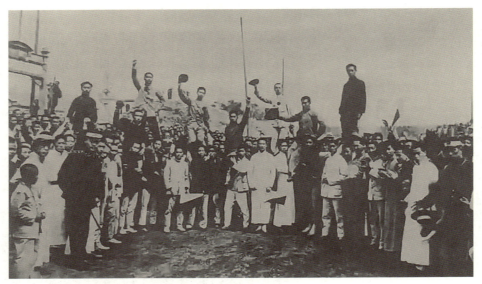

五四运动中被拘捕的北京高等师范学校学生被释放返校

到各个店铺里清查日货，平日唯利是图的店铺老板们，有些是出于爱国之心，有些是慑于学生声威，此时有不少人都主动将店里的日货交给我们。他们见到我们这些爱国学生，一个个点头哈腰，恭敬得不得了，我们把商人上缴和被清查出来的所有日货收集在一起，在街市上当众焚毁。这次运动在石门县城轰轰烈烈地持续了好长时间才逐渐平息下去。

五四运动是我一生中经历的第一次革命洗礼，它唤起、培养了我的朴素的爱国热情和信念，对我后来的人生影响很大。从这时起，我开始痛切地认识到，中国外有列强虎视眈眈，内有军阀混战，国家残破，政治腐败，大有灭种亡国之危险。作为一个热血青年，应立志救国，解民倒悬。但对如何救国救民，我的想法却极其简单、幼稚。觉得中国之衰弱，关键在于武备不振，今后欲抵御列强欺侮，消灭各种军阀势力，非有强大武力不可。基于这个认识，我心中开始萌发了弃学从军的强烈愿望。

转眼又过了两年。某日，有人从省城长沙回来说，湖南督军赵恒惕要在长沙举办湖南陆军讲武堂，正在筹划招收学生。这个消息使我喜出望外，我急忙托人在长沙打探消息，准备前去投考。也是凑巧，当时率部驻扎在湘西一带的澧州镇守使唐荣阳（石门人），有意在石门中学中选拔一批学生进入讲武堂受训，以便将来作为自己部队的骨干，乃请准在石门县城设考场招生。在我看来这可是千载难逢的好机会，急忙前去应试。考试那天，由驻兵石门县城的旅长唐敬德（石门人）亲自担任主考。应试的人很多。其中多是石门中学学生和唐部官兵。考试的题目，是《论语》中子路的一段话："夫千乘之国，由也为之，比及三年，可使有勇，且知方也。"当时我是怎么作的这篇文章，现在已无法记得了，总之考试结束后，我很快就被录取了。我高兴的心情简直无以言喻，顾不上与家人辞别，便跟随军队上的一些人前往长沙报到。

到了省城，情况却出现了意想不到的变化。此时正值赵恒惕大举发兵攻打湖北督军王占元，结果反被王部击败，湘军溃回湖南，大肆烧杀抢掠，纲纪荡然。一些地方军队也乘机再度混战，搅得湖南全省混乱不堪。在这种情形下，陆军讲武堂自然也就无法开办了。我在长沙苦等了近两月，最后见事情已无希望，且身边盘缠将尽，才垂头丧气地返回石门。幸亏当初走时还在石门中学保留着学籍，否则回去连书也读不成了。

1922年初夏，我正在学校读书，家里托人捎来急信，说母亲病重，要我速速回去料理。我闻讯心急如焚，向校方请了假，连夜徒步赶路回家。回到家中，看见母亲的病势已极度沉重，她的面色苍白如纸，浑身亦浮肿，气喘不止。见到我回来，母亲只叫了一声"幺儿"，便不停地剧烈咳嗽起来，再也说不出话来，我不由泪如雨下，抱住母亲痛哭。过了两天，我的长兄也由外地匆匆赶回。我们终日轮流在母亲榻前伺汤奉药，祈望母亲病体康复。但是，尽管我们想尽办法，母亲的病情仍在不断恶化。母亲自知病将不起，挣扎着将我们这些儿女唤至榻前，对后事一一作了交代。她除了要我们今后好生孝敬父亲，兄弟姐妹间彼此和睦相处，还特别叮嘱兄长和我，务须努力读书做事，为人亦要正直诚实，切不可贪利忘义，有负天地祖宗。母亲的这些遗言，后来确实成了我一生处世的座右铭。

大约在这一年的6月中旬，母亲终于不治谢世，享年63岁。母亲与同时代的无数农村劳动妇女一样，善良、质朴、勤劳，但一生都未摆脱生活的贫困和艰辛。

两个月以后，我从石门中学毕业了。由于慈母刚刚亡故，我没有心思继续出外求学，就回到家中。次年初，附近的磨市小学聘我去任教，教授地理和英文等课程，前后有半年之久。夏天，我感到在家乡长久待下去也不是办法，遂决定去长沙求学。那时，兄长正在长沙做事，收入较过去多些，家中的经济状况有所改善，所以父亲、兄长和妻子都很赞同我的想法。于是，我简单收拾了一下行装，带了些盘缠，即告别父亲、妻儿，只身来到长沙。

到了长沙，我先在市内一家小旅馆安顿下来，再去见过兄长，然后就在街头留意起各学校张贴的招生启事。晚上则浏览报纸，寻找学校的招生消息。当时我考虑，报考大学本科，依我的家庭经济状况是无力负担的，不如去考那些专门学校。一来费用少得多，二来可在较短时间内学成一样特长，以便自立谋生。于是我首先报考了一家工业专科学校，却未考中。我不气馁，接着又报考了商业专门学校（今湖南大学前身），这次倒是被录取了。学习经商本非我愿，但为今后生计，此时也顾不得再去选择了。

那时长沙的物价还算便宜，每月花上三块光洋，就可以在学校附近找到包吃包住的地方。如果肯出四五块光洋，那么吃住条件就相当不错了。我因读书费用均由兄长负担，故很知节俭，只包了三块光洋一月的食宿。即使这样，也比当初在石门读书时的情形好多了，所以我还是相当知足的。

就这样，我在长沙生活、学习了半年多。

投奔广州　弃学从军

1924 年初，学校进行了学期期末考试。我的运气不错，4 门课居然考了4 个 100 分，成绩名列榜首，心中好生得意。有一天晚上，我和几位同学在住处谈笑，商议着放假期间各自回家过年的事情，其中有位同学突然插言道："你们听说了吗？孙中山要在广州创办军官学校，已经派人到湖南来招收学生了！"我心中一动，忙问："此话当真？你是怎么知道的？"那位同

王尔琢像

学说是听别人讲的，并无准确根据。这件事大家说说也就过去了，我却认为事出有因，不一定就是虚传，因此放弃了回家度假的打算，专心打探消息，寻找机会。果然，过了月余，这方面的消息愈来愈多，据传在广州的程潜将军最近秘密派人到湖南招军校生，好多人已经走了。焦急间，猛然想起我在长沙工业专科学校附中读书的好朋友王尔琢素有从军之志，也许会有办法，何不找他商议一下呢？王与我不仅是石门同乡，还是亲戚，又是石门中学同学，从小就在一起玩耍，一直很要好。到长沙后我们也见过几次面。我想倘能找到他，争取两人一起行动，我的胆气就更壮了。于是，我匆匆跑去找他。可寻遍了他的学校和住处，也不见其人。经反复询问，他的一位同学才悄悄告诉我，王尔琢已在几天前偷偷动身去广州了。这下我更急了，心里埋怨王不该不同我打个招呼就独自出走。其实，王尔琢那时很可能已经加入了共产党组织或青年团组织，大概是根据组织意图秘密去广州投考军校的。

王尔琢一走，我再也坐不住了。事不宜迟，我决定不再坐失机会，直接到广州去报考军校。虽然长沙与广州路途遥远，我对广州的情形一概不了解，更无把握一定能考取军校。但我认定广州是孙中山先生领导的革命政权所在地，军校是中山先生创办的，自然也是干革命的，这正是我投身革命、参加军队以图救国的绝好机会，纵有千难万险也不能轻易错过。至于到广州后考不取军校怎么办，这个我也想好了，此次是有进无退，倘考不取，我宁肯到广东的营盘中当兵，也决不再回长沙。决心既定，此后一连几天，我都在暗中作行路准备。

当时的商专校长名字叫任凯南，是我兄长在岳麓山地区读留学预备科时的同学，平时对我常加关照。他不知怎么知道了我的计划，特地把我叫去劝阻道："郑洞国，你的学习成绩不错，现在怎么偏要去弃学从军呢？况且目下广东很乱，你跑到那里很不安全，还是不要去冒这个风险罢。"我见事情不好再隐瞒，索性就将自己欲从军救国的志愿和决心恳切地表白了一番。他见我意甚决，遂好心提议："倘你一定要走，须先同家人打好招呼，不要不辞而别；在商专的学籍也最好保留着，万一考不取军校最好再回来继续读书。"我只求学校在此事上不加阻拦，所以对校长提出的要求均一一点头答应。

两三天后，一切都准备停当了，唯独路费尚无着落，当时能资助我去广东的亲人只有兄长一人，但此时他已离开省城到安乡出任厘金局局长，一时无法找到他，我为此非常焦急。说来也巧，正在我彷徨无计之际，事情却出乎意料地快速解决了。某日晚，我正在住处房中闷坐，忽听门外有人唤我名字，出外一看，竟是我的兄长站在院中！原来他是到长沙办公事，顺便到学校来看望我。此时能见到兄长，无疑是旱苗得雨，我高兴得扑过去紧紧抱住他的臂膀。也许是我因情绪过分激动而有些反常，兄长略显诧异地看了看我，才随我一同走进房中。兄长刚一坐定，我便迫不及待地将欲去广州报考军校的打算一股脑地告诉了他，并请他帮助解决路费问题。兄长听着听着脸色便沉了下来，很干脆地表示不赞同我到广东去。我深知兄长的脾性，遂采用"磨"的办法，从我自幼对中山先生的崇敬，以及中国面临着的内忧外患的时局，一直讲到我立志从军救国的愿望。这样一直"磨"到深夜。兄长本来对中山先生领导的国民革命就怀有好感，又见我的态度极为坚决，知道不好劝阻我，乃叹气道："幺弟，不是我非要阻拦你，只是父亲尚在堂，你又是个有妻室的人，如果在兵荒马乱中出了意外，我作为兄长的负不了责任呀。"我一见他态度有所松动，忙说："这事与哥哥不相干，去广东是我自己要去的，就是果真出了什么事情，也是由我自己负责，您不必为此担心。"兄长沉吟了半晌，仍面带难色地说："不管怎样，钱我还是不好给你。这样吧，你需要用多少钱，可先向同县的覃海吾先生去借，以后由我还他好了。"于是，事情就这样定下来了。那位覃先生在省政府某厅当科长，我与他也认识，所以第二天下午便按兄长的吩咐去找他，果然借得了60块光洋。我心里明白，这笔钱不过是兄长预先托覃某转交给我的，这样既可资助我之急需，又可避免让他担责任。我心里不由暗暗佩服兄长办事的周到。解决了盘缠问题，我如释重负，心早飞向了广州。

4月中旬，我告别了兄长和学校，离开长沙上路了。与我同行的，还有石门同乡陈聪谟和伍效德、伍俊德堂兄弟二人。我们一行人先到武昌，再换船去上海。在上海因一时买不到去广州的船票，只好先找了家旅馆住了下来。上海是中国第一大商业城市，比起长沙要繁华多了。我们四人初到此地，人地生疏，不敢出去乱跑，便整天蹲在旅馆里消磨时光。那陈聪谟性情活泼，也喜玩耍，耐不得这般寂寞，就跑出去买了一副麻将牌，拉上我们一起玩。

两天后，我们终于买好了去广州的船票，兴冲冲地上路了。上船前，陈聪谟还没忘了带上麻将牌，说是在船上还可以消遣消遣。岂知一上船，我们那高兴的劲头都没有了。原来我们买票时图省钱，住的是船的底舱，这里本是堆放货物的地方，现在塞满了人，里边肮脏污浊，拥挤不堪，人还未进去，一股刺鼻的汗味、酒气和烟草味混合在一起的臭气即由舱门口扑面而来，令人恶心不止。及至船一开动，颠簸得很厉害，不少人晕船，又呕又吐，弄得舱中空气更加污浊。我们四人中，伍氏兄弟吐得最厉害，后来几乎把胃里的东西都吐光了，一路牢骚不止。尤其是伍效德，家中颇有些钱财，平日安逸惯了，哪里吃过这般苦，看上去人未到广州，心已冷了许多。我虽未呕吐，却也感到头晕目眩，胸中郁闷。唯陈聪谟不太晕船，一路仍旧说说笑笑，样子很乐观，甚至还想在船上凑角打麻将。入夜，水面上似乎没有一丝风，船舱里更觉燥闷，我们身上的衣服不断被汗水湿透，黏糊糊地贴在皮肤上，难受异常。我仰面躺在舱板上，气闷得无法入睡，心里老是嫌船行得太慢，恨不得一步就能跨到广州。

我们在船上苦熬了约三四天。行程的最后一天上午，船在香港靠岸停留了一下。那时香港远没有现在这般繁华，我们亦无心观赏市容，仅在码头附近的小吃摊上买了些食物，透透新鲜空气，便匆匆返回船上。当天中午，船总算在广州靠了岸。我们下船后即拖着疲惫不堪的身体，徒步来到市区一家叫作"华宁里"的小旅馆住下。这家旅馆是湖南人开的，食宿比较便宜，过往的普通湖南客人都喜欢住在这里。

当时广州市内的秩序较乱。我们四人刚在旅馆里安顿下来，店里的伙计便来关照，叫我们早晚不要出去乱跑，免出危险。据说就在昨天晚上，有人在这一带抢劫了一个士兵的枪械，今晨有一队兵士赶来报复，抓走了几名"嫌疑分子"，搅得人心惶惶。与我同路的伍氏兄弟俩本来在路途中已经有些心灰意冷，听到广州如此动乱，更泄气了，倒在床上不作声。

吃过午饭，我和陈聪谟正在房中商议着如何出去打探军校招考消息，忽听有人在院内说话，声音好熟悉。我隔窗一望，简直有些不相信自己的眼睛，此人正是王尔琢。他乡遇故人，我们都为这个巧遇感到极为高兴。与王在一起的，还有两位朋友。其中一位中等身材、眉清目秀的青年名叫贺声洋，也是我在石门中学读书时的同学；另一位生得矮矮胖胖，年纪略大些的叫黄鳌，是湖南临澧县人。大家都为投军而来，志向相同，所以也都一见如故。

据王尔琢介绍，他们当中黄鳌到广州最早，已通过军校考试录取了，他和贺声洋幸好赶上最后一批报名。目前军校第一期的报名已经截止，他建议我们留在广州等待军校第二期招生。这个消息使我大失所望，深悔当初未能早动身几日，以至错过时机。正难过间，默坐在一旁的黄鳌慢吞吞地说：

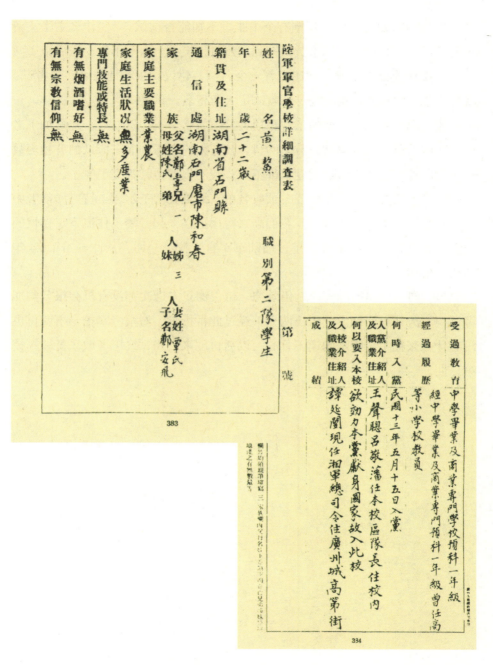

陸軍軍官學校詳細調查表

職別　第二隊學生

第　號

姓　　　名	黃、鰲
年　　　歲	二十二歲
籍貫及住址	湖南省石門縣
通　信　處	湖南石門磨市陳和春
家　　　族	父名鄭幸　母姓陳氏　兄弟一人　姊妹三人　妻姓軍氏　子名鄭安飛
家庭主要職業	業農
家庭生活狀況	無多產業
專門技能或特長	無
有無烟酒嗜好	無
有無宗教信仰	無

383

受過教育	中學畢業及商業專門學校預科一年級
經過履歷	經中學畢業及商業專門預科一年級曾任高等小學校教員
何時入黨	民國十三年五月十五日入黨
入黨介紹人及職業住址	王聲聰呂敬藩
何以要入本校	欲効力本黨獻身國家故入此校
入校介紹人及職業住址	本校區隊長住校內
保証人	譚延闓現任湘軍總司令住廣州城高第街
成績	

334

黄埔军校第一期学生入学调查表，郑洞国以同乡黄鳌的名字参加入学考试，故姓名栏填的是黄鳌

"既然郑洞国如此心切，我倒有个主张，不知能否试试。""什么主张？请黄兄快讲！"我忙问。原来黄鳌初到广州时，担心一次考不取，先后报了两次名。现在他已被录取，却还空着一个名额，建议我顶着他的名字去考试。我想了想，觉得除此也无他计，就决定大胆冒名一试。

数日后，考试的日期到了，我顶黄鳌的名字与王、贺二人一起参加了考试。考试的科目只分语文、数学两科。校方大约考虑到前来应试的有相当数量是工农青年，所以考试的题目都不难，我不很费力就答完了卷子。

又过了几天，军校张榜公布录取名单，结果我和王尔琢、贺声洋都考中了。梦寐以求的愿望实现了！我们高兴得搂抱在一起，禁不住流下了喜悦的热泪。就这样，我终于考进了黄埔陆军军官学校第一期，从此开始了24年的戎马生活。

与我同来广州的陈聪谟、伍效德、伍俊德三人这次都没有机会报名参加考试，不久即返回湖南。伍氏两兄弟经过此番折腾，对报考军校一事就再也没有什么兴趣了。唯陈聪谟不甘心，以后再度来广州，终于考取了黄埔军校第三期。

第二章

在大革命的洪流中

火热的军校生活

我于 1924 年 5 月 5 日正式入学编队。第一期学生共 470 名，合组学生总队，邓演达为总队长，下面分编第一、二、三、四队，统为步兵科。其中第四队是由备取生编成的。至 9 月，又将四川省续送的 20 名学生和军政部讲武堂拨来的 150 余名学生，合组为第六队（第五队是第二期学生队号）。当时王尔琢分在第一队，我和黄鳌、贺声洋都在第二队，后来成为解放军高级将领的周士第将军及原国民党将领黄维、李奇中将军等也都在第二队。

军校原名陆军军官学校，因校址在广州市郊区约 40 华里（1 华里为 500 米）处的黄埔长洲岛，故简称黄埔军校。黄埔岛四面环水，又地处长洲要塞，为广州军事重地，中山先生特地选中这个地方作为校址。

孙中山先生欲建立一个培养革命军事人才机构的愿望由来已久。他一生致力于国民革命，却屡起屡败，特别是 1922 年陈炯明叛变革命，"祸患生于肘腋"，更使中山先生受到极大触动。惨痛的失败教训使他认识到，必须建立一支真正革命的军队，作为取得国民革命胜利的保证。1917 年俄国十月革命胜利的经验，给予中山先生以极大启示，在共产国际代表马林，苏俄代表越飞，中国共产党人李大钊、陈独秀、林伯渠等人的热情帮助下，中山先生毅然改组了国民党，重新解释了他的三民主义，实行"联俄、联共、扶助农工"三大政策。同时又在苏俄和中共党人的积极协助下，加紧筹建黄埔军校。因此，黄埔军校的建立和后来在大革命时期的发展，可以说是中国近代历史上国共第一次合作的产物。

中山先生对黄埔军校寄予了极大期望，他亲任军校总理，并委任蒋介石先生为校长，廖仲恺先生为党代表，此外，当时国共两党中的许多要人都在军校各部门中担任重要职务。如周恩来担任政治部主任（初为戴季陶、邵元冲）；李济深、邓演达分任训练部主任、副主任（邓氏负实际责任）；王柏龄、叶剑英分任教授部主任、副主任；林振雄任管理部主任；周俊彦任军需

黄埔军校远景

黄埔军校原名陆军军官学校

部主任；何应钦为军事总教官。政治教官以共产党员为主，主要有恽代英、萧楚女、聂荣臻（兼政治部秘书）、高语罕、张秋人、于树德等。还有苏俄政府派来的鲍罗廷、加伦、巴甫洛夫、切列潘诺夫等富有军事和政治经验的专家，指导军校的建设。

黄埔军校自创建之初，就洋溢着生气蓬勃的革命气氛，我们一入军校大门，便望见大门上方装嵌着"革命者来"的匾额，门两侧写有"升官发财请往他处，贪生畏死勿入斯门"的对联，校内还张贴着许多诸如"拥护三大政策""民主主义就是共产主义""打倒帝国主义""打倒封建主义"等标语，师生们高唱《国民革命歌》和《黄埔校歌》，精神焕发，充满了革命激情。

从5月初入学到6月中旬，军校主要是进行基本的纪律教育和军事训练。初时军校的经费十分困难，由党代表廖仲恺先生临时设法筹集，并无固定来源。因此我们的生活非常清苦，终日是粗蔬淡饭，住宿房舍亦很简陋。尤其是校内没有浴池，每人仅发一套衬衣裤，同学们在广东地区夏季特有的炎热、潮湿气候中操练，终日汗流浃背，身上的衣服湿了又捂干，干了又湿，人人身上都散发着难闻的汗馊味，非常不舒服。但大家都为投奔革命而来，没有人计较这些，始终保持着旺盛的精神状态。倒是那种极端紧张、严格的军事生活，使我们这些学生出身的人开始很不容易适应。每日天不亮，起床号就把我们从睡梦中惊醒，大家一跃而起，飞快地穿衣、叠被、洗脸、上厕所，所有这些都必须在一刻钟之内完成。由于厕所与宿舍相距较远，我们必须来回跑步才能赶得上时间。然后是一刻钟的开早饭时间，饭后便出操训练或上课。每天的空闲时间很少，大家总是感到时间紧张、不够用。平时教员和各队队长不仅对学生的训练、听课等项要求极为严格，就是内务方面也毫不马虎。例如早晨起床，必须在最短的时间内将军毯叠得方方正正，放在床中间，然后将本子、笔、墨水等学习用具整整齐齐地放在毯子边上。晚上睡觉时，也要按要求将衣服脱下放在一定位置，以便夜间突遇紧急情况时，不点灯也能将衣服迅速穿好，不耽误集合时间。这些看来都是些极小的事情，但要一下子做好也是不容易的。记得刚入学不久，我就出过一次笑话。某日晨，我于睡梦中被起床号声惊醒，一骨碌从床上爬起来，手忙脚乱

孙中山与苏联顾问鲍罗廷（前右）视察黄埔军校

地穿衣、叠毯子。可那条毯子怎么也不能叠成上级要求的样式，我在慌乱中，不小心将整瓶墨水都碰翻在毯子上，溅了一床，后来只好报请上级又重新发了一套铺盖。不过，经过一个时期的训练，我们终于还是适应、并深深喜爱上了这种严肃、紧张的军校生活。

前面说过，我是顶用黄鳌的名字通过军校招生考试的；入学后我一直未敢道出真情，岂知我和黄鳌同学又恰巧同在一队，每日出操点名，往往是两个人同时应声而答，众皆诧异好笑。这件事对我压力很大，亦感到这样长久下去也不是办法，某日终于鼓起勇气向区队长报告了此事的来龙去脉，并表示为了投身革命，这样做实出无奈，若军校认为不符合正常手续，我宁愿重新补考入学。区队长先还表情严肃地听我诉说事情原委，后来撑不住笑了起来，他要我先安心参加学习、训练，听候上级处理。上级似乎也很理解我们

1924年6月16日，孙中山先生在黄埔军校开学典礼时巡视校舍，并与文武官员合影。前排左起：欧阳格、蒋介石、孙中山、胡汉民、邹鲁（此图片由台湾秦风先生提供）

这些青年的心情，后来并未追究这件事情，只是把我的名字更改过来也就算了，这样总算搬掉了压在我心头的一块大石头。

大约在6月初，党代表廖仲恺先生来校作了一次动员讲话，要求大家加入中国国民党，以便在孙中山总理的领导下，共同担负起救国救民的重任。仲恺先生讲话后不久，我们全体同学便集体加入了国民党。

6月16日，黄埔军校正式举行了隆重的开学典礼。这一天是我们所有黄埔一期同学终生难以忘怀的。清晨，我们近五百名师生，列队肃立在军校门前，恭迎总理孙中山先生前来参加开学典礼。上午8时，中山先生偕夫人在廖仲恺、胡汉民、汪精卫、张继、林森、伍朝枢、谭延闿、程潜、邵元冲、许崇智、李福林、孙科等人陪同下莅临军校。那天，中山先生头戴拿破仑式白帽，身着笔挺的白色中山装，精神饱满，神采奕奕，一边率先前行，一边频频向我们还礼致意。随后，中山先生在军校大操场上举行的开学典礼上，向我们作了题为《革命军的基础在高深的学问》的长篇演讲。

中山先生在训示中开宗明义，首先提出了建立革命军队的重要意义。他

孙中山先生在黄埔军校开学典礼上发表演说。演讲台上，左一为廖仲恺，左二为蒋介石，右一为宋庆龄

说："中国的革命有了 13 年，现在得到的结果，只有民国之年号，没有民国的事实……这是由于我们革命，只有革命党的奋斗，没有革命军的奋斗；因为没有革命军的奋斗，所以官僚军阀便把持民国，我们的革命便不能完全成功。我们今天要开这个学校，是有什么希望呢？就是要从今天起，把革命的事业重新来创造，要用这个学校内的学生做根本，成立革命军。诸位学生就是将来革命军的骨干。有了这种骨干，成了革命军，我们的革命事业便可以成功。"

中山先生接着指出："中国在这 13 年之中，没有一种军队是革命军。现在在广东同我们革命党奋斗的军队，本来不少，我都不敢说他们是革命军……就是因为他们内部的份子过于复杂，没有经过革命的训练，没有革命的基础……我今天到此地来和诸君讲话，是要把以往的成败当作一场大梦，一概不要回顾他；要从今天起，重新来创造革命的基础，另外成立一种理想的革命军。"

中山先生站在讲台上，神态安详，目光炯炯，深入浅出地以其毕生从事革命事业所得出的深刻教训，谆谆教诲我们。讲台下鸦雀无声，师生们列队肃立，凝神静听。我因自幼就非常崇敬中山先生，此刻又是平生第一次目睹到中山先生的风采，并亲耳聆听他的教诲，心情的确兴奋极了。想到小时候曾将眼前的孙总理想象成关云长、赵子龙一样的人物，亦不觉感到好笑。我目不转睛地望着中山先生，努力将他的每一句话、每一个字都铭刻在脑海里。真没想到，像中山先生这样一位伟大的思想家和革命家，讲话竟是这样通俗明了，使人一听便懂，更没有想到，革命竟是如此艰难、曲折，成立革命军队的意义竟是如此关键、重大！

在谈到如何做革命军时，中山先生又说："立志做革命军，先要有什么根据呢？要有高深学问做根本！有了高深学问，才有大胆量；有了大胆量，才可以做革命军。所以做革命军的根本，还是在高深学问。"

中山先生教导我们，学习不能仅仅局限于先生讲授的东西，还要善于研究和思考，学会举一反三，自己推广。尤须注重自修功夫，研读有关军事学和革命道理的各种书籍和杂志报章，以期达到融会贯通。

中山先生还特别强调了发扬大无畏革命精神的重要意义。他认为黄埔军校在开办的时间、人数和器械上，条件均比北方官僚军阀开办的军校差得远，但由于我们有了救国救民的思想和革命的志气，就一定能够改造中国，建设一个新国家。中山先生告诫我们："革命是非常事业，不是寻常事业，非常事业绝不可以寻常的道理一概而论。现在求学的时代，能够学得多少便是多少，只要另外加以革命精神，便可以利用；如果没有革命精神，就是一生学到老，死记得满腹的学问，总是没有用处。"

中山先生指出："……当革命军的资格……就是要用先烈做标准，要学先烈的行为，像他们一样舍身成仁，牺牲一切权利，专心去救国。像这个样子，才能够变成一个不怕死的革命军人……我敢说革命党的精神，没有别的秘诀，秘诀就在不怕死。"

中山先生的这一席教诲，总结了中国革命的教训，阐明了黄埔军校的宗旨，提出了对我们的殷切期望，真似一场春雨滋润着我们的心田，我仿佛觉得自己的思想、眼界一下子开阔了许多。那时我还是一个年仅20岁的青年学生，虽有一腔爱国热血，但当时对许多革命道理和建立革命军队的意义及宗旨，还是存在隔膜的。中山先生的长篇演讲是给大家上了第一堂生动实际的政治课，使我们开始懂得了建立革命武装对于完成国民革命的重大意义，以及革命军人所肩负的救国救民的重任，也更加坚定了追随中山先生革命到底的信心和勇气。

举行过开学典礼后，军校即转入正式的学习和训练生活。与旧式军校不同，黄埔军校仿效苏俄的建军原则和制度，除在校内设立党代表和政治部外，在教育内容上亦采用军事与政治并重，理论与实践结合的方法，要求培养出既善于做政治工作，又能指挥作战的革命军官。

军事教育方面，开设的主要课程有步兵的典、范、令和战术、兵器、筑城、地形、交通等。虽然学习属于速成性质，但我们还是在很短的时间内，比较系统地掌握了从单兵训练到指挥排、连、营作战的主要军事科目。按照当时的常规，学完这些课程一般需要三年时间，我们前后却只用了半年，其紧张、刻苦程度可想而知。

黄埔军校学生正在操练

当时军校采用的军事教材基本上都是由苏联顾问提供的，无论从军事理论或军事技术角度上看，内容都比较新，也很适用。但由于军事教员多系日本陆军士官学校和保定军官学校的毕业生，所以在课程教授中又往往沿用这两所学校的传统方法。不过，教员们在工作中都是非常认真、负责的，有时甚至达到十分严厉的地步。记得有一位教授劈刺的日籍教官，对我们的要求就极为严格。他自己精通技击，上课时总是先认真地讲授各种动作要领，并辅之以示范动作。经学生们相互演习后，他常常接连唤几名学生出列同他格斗，以检验学生的勇气和学习成效。我们哪里是他的对手？往往经三五个回合，便被他毫不留情地击倒在地。所以大家既敬他，又怕他。应当说，我们这些黄埔学生日后走上东征和北伐的战场，破敌攻城，屡建战功，显示出比较过硬的军事本领，除了有一股大无畏的革命精神以外，很大程度上也得益于在黄埔军校期间受到的严格的军事教育。

政治教育方面，军校以向学生传授基本的革命知识和理论为主，主要是进行孙中山先生革命的三民主义教育，也灌输一些马列主义思想。开设的课程有三民主义、国民革命概论、社会主义运动、政治学概论、经济学概论、中国及世界政治经济状况、苏俄研究、农民运动、劳工运动、帝国主义和不平等条约等。除了这些正式课程外，军校还经常举办各种专题演讲。孙中山先生、廖仲恺先生和当时国共两党的其他重要人士汪精卫、胡汉民、周恩来、恽代英、萧楚女、张太雷、邵元冲、戴季陶等都曾在军校作过演讲。

这一时期革命思想的灌输和熏陶，在我们黄埔同学头脑中打下了深刻的革命和爱国主义烙印，使我们这些以前对中国革命的见解比较幼稚的青年，逐步开拓了政治视野，认清了国民革命赖以取得成功的一些重要而迫切的问题。如中国革命的现阶段任务是驱逐帝国主义列强的在华势力和打倒列强在中国的代理人——封建军阀；坚持国共合作，唤起民众，是完成国民革命的基本条件；革命军队肩负着以武力摧毁封建军阀统治和列强在华势力，最终统一全国的重任；等等。正是基于这种革命思想的教育，才极大地唤起了我们的革命和爱国热情，并建立起一支由我们这些军校学生为骨干的、在当时中国独一无二的革命队伍。

廖仲恺像

　　当然，在我们几百名第一期同学中，每个人的思想状况也不尽相同。我本人的思想当时还算是比较进步的，但仍有很大局限性。譬如我对马列主义和三民主义的异同就搞不清楚，根本未认识到中国革命最终必须走社会主义道路，我虽然愿意亲近并很尊敬师生中的共产党人，但对他们的信仰和根本政治主张却了解得甚少，这也是我当时思想上虽倾向于共产党人，却始终未加入中共的原因。

　　在黄埔军校学习期间，一些可敬的师长和同学给我留下了难忘的印象。印象最深的首先是军校党代表廖仲恺先生。廖先生是孙总理最亲密的朋友之一，是当时国民党的著名左派，思想非常革命。他坚定地贯彻孙总理制定的"联俄、联共、扶助农工"的三大政策，不遗余力地维护国共两党的团结和合作，因而在国共两党内和黄埔军校师生中享有极高的威望，成为当时最受革命同志敬爱与拥戴的政治领导人之一。最难得的是，仲恺先生一点没有官架子，待人热诚恳切，讲话又懂得抓住大家的心理，因此同学们最喜欢同他谈话。他工作很忙，不能经常到军校来，但一来即被同学们亲热地团团围住，争着问长问短，谁也舍不得离开他。每逢此时，仲恺先生总是满面笑容地解答同学所提出的各种问题，关切地询问大家的学习、训练和生活情况。在这种无拘无束、气氛热烈的谈话中，我们往往受到很大的教益。直到今天，每回忆起黄埔军校时期的火热生活，仲恺先生的音容笑貌还常常清晰地浮现在我的眼前。

另一位在黄埔军校同学中享有很高威望的师长是邓演达将军。邓将军是广东惠阳人，当时约30岁，但其身材魁梧，举止稳重深沉，不苟言笑。平素他总是身着笔挺的军装，走起路来目不斜视，步履坚定，一副典型的军人风度，非常威严。开始我们都很怕他，以后相处久了，才知道他外表严厉，心地却极好，不仅工作认真、练达，而且待人热情诚恳，平易可亲。入学初，他兼任学生总队长，始终坚持与大家同甘共苦，一起生活和操练。邓将军对军校师生的要求十分严格，执行纪律一丝不苟。有一次，政治教官高语罕早晨起床迟了一点，他当即严肃批评了他。虽然他们之间私交甚好，但高犯了校规，邓将军毫不徇私情。这件事对师生教育很大，以后再也无人敢无故松懈偷懒。不过，若是发现谁遇到什么困难、烦恼，或是生了病，邓将军总是嘘寒问暖，亲自抚慰，仿佛是待自己的兄弟手足一般，确实有一种对同志亲爱精诚的友爱精神。在我们眼中，邓将军既是一位威严的师长，又是一位仁爱可亲的长兄。我们都衷心爱戴他，特别愿意与他接近。因而他在黄埔军校学生中很快成为威信仅次于廖仲恺先生的师长，受到国共两党同志的一致尊敬和拥护。当然，邓演达将军之所以能同我们这些青年学生建立起如此深厚的感情，除了他这种工作认真、办事公允、严于律己、能力超群，以及他关心同志、诚挚待人等优良品质外，主要是由于他思想进步，对革命事业忠心耿耿，坚定不移地贯彻孙总理的思想和主张，满腔热情地致力于国共两党间的精诚合作，是一位与仲恺先生一样坚定的革命家。可惜大革命失败后，邓演达将军终因坚持自己的革命主张，而于1931年秋被国民党政权杀害，中国革命由此失去了一位栋梁式的人物。

军校政治部主任周恩来也是深受同学们尊敬的师长之一。他的前任是戴季陶先生和邵元冲先生。这二人封建思想很浓厚，讲课时很少涉及中国国民

邓演达像　　　　　　　　　　　　周恩来像

革命的现实问题，却喜欢大谈封建伦理纲常那一套，把中山先生革命的三民主义也说成是中国传统道统——孔孟思想的延续，大家听了都很反感。特别是邵先生，我们背地里称其为"催眠术教官"。恩来同志主持政治部工作以后，军校的政治工作焕然一新。他对军校的政治工作抓得很紧，常常亲自讲课。那时他仅 20 余岁，英俊潇洒，双目炯炯有神，讲话时声音铿锵有力，简明扼要。特别是他讲课的内容深入浅出，生动新颖，颇受大家欢迎，因此在同学中威信很高。他担任政治部主任不久，我们第一期同学就毕业了，我本人与恩来同志更多的直接接触，还是在稍后的东征途中和 1949 年以后，不过在黄埔军校时，恩来同志就已经是深受我们崇敬的师长了。

军事总教官何应钦将军，也是普遍受到同学们尊敬的人。由于他常常亲自带队出操，故与我们有一定接触。何将军平时讲话不多，但为人宽厚，办事稳当，在军事上尤为内行，枪法也打得很准，使我和许多同学深为敬服。以后在国民党军队中，他成了我们的老长官，一直受到部下尊敬。

军校校长蒋介石先生在我个人前半生中产生了很大影响，从进入黄埔军校到祖国大陆解放，我前后共跟随了他廿余年。蒋先生给人最初的印象是一位待部下威严、令人敬畏的官长。他性情严肃、刻板，十分注意仪表，平时出入军校，都身着军装，足蹬乌黑锃亮的长筒马靴，戴着雪白的手套，并有卫兵跟从。我们很少敢于接近他讲话，有时迎面碰上，也必须规规矩矩地远远站定，向他敬礼，待他走过后方敢行动。不过，他一般并不轻易处罚学生。我在军校时只见他发过两次脾气，一次是因军校师生换装，队长以上官佐的军服质料好一些，有位队长就此提了意见，其实也无恶意，却不知怎么触怒了蒋先生，他当众大发了一阵脾气，将那位队长关了几天禁闭；另一次是一位学生队长与几位同学闹矛盾，一直闹到校部，要求面见廖党代表解决。蒋先生答复说，廖党代表很忙，平时不在学校，他是校长，有事可对他讲，但其中一位偏执意不肯，蒋先生对此事本已不快，见那人如此固执，不禁大怒，将其痛骂了一顿，差点关了他的禁闭。当时我碰巧有事去校部，故亲眼看到了这个场面。

在军校学习期间，我同蒋先生只有过一次私下谈话。那时他就住在军校内，几乎每星期都要找学生个别谈话。某次我与其他三四位同学一起被叫到校长办公室，然后轮流进去见他。轮到我时，心中颇有些紧张，不知如何应对。蒋氏见我进去，漫不经心地看了看花名册，方问："你叫郑洞国？是哪里人啊？"我赶紧立正回答说是湖南石门人。他接着问起我家中的情形，为何要来投考黄埔军校，以及能否过惯军校生活，等等，我都一一作答。他的浙江奉化口音我听起来很费力，所以不得不格外留意听他讲话。我说话时他"嗯嗯"地应着，末了又勉励了我几句，就结束了这次召见。待走出他的办公室时，我才发现自己竟紧张得出了一身汗。

虽然我在军校期间同蒋先生的直接接触不多，但精神上受其影响还是不小的。一方面，由于他很注意在学生中树立校长的权威，向我们灌输"服从命令是军人的天职"等信条，使我从那时起就养成了绝对服从于他的意识；另一方面，蒋先生在当时被认为是中山先生的得力助手和其事业的捍卫者，因而受到包括我在内的许多人的信赖和拥戴。大革命初期，蒋先生确实是以革命左派的形象出现的，在他那个时期的言行中，大多充满了激烈的革命倾

黄埔军校学生寝室一角

黄埔军校学生食堂

向。例如在他对黄埔军校学生的演讲和训示中，曾多次强调国共合作对于取得国民革命胜利的极端重要性，一再申明两党同志要亲爱精诚，共同奋斗，"谁反对共产同志，谁便是反对革命"。某次，他甚至慷慨激昂地当众宣布：倘将来有一日他有反对革命、反对共产同志之举动，则大家均可起而反对他，也可枪毙他。对蒋先生的这些话，我当时确是信而不疑的，故更加深了对他的敬仰。

总的说，在与蒋先生的关系上，我最初受着双重意识的支配：一方面，基于旧的"忠孝"意识而绝对服从蒋氏的权威；另一方面，则出于革命、爱国的热情和信念，将蒋氏作为革命的领导者来拥戴。在大革命蓬勃发展时期，这种双重意识背后隐藏着的矛盾并不明显。然而一旦国共两党决裂，以蒋氏为代表的政治集团的政治态度来了个一百八十度大转弯时，这种双重意识便立即在我的头脑中发生了尖锐冲突，由于我个人的思想局限，结果使前一种思想意识占了上风，这是我终生引以为憾的事情。

第一期同学中，对我思想影响较大的是王尔琢、黄鳌、贺声洋三人。我们都是湖南同乡，又曾在一起报考军校，思想亦比较接近，故入军校后感情格外亲密，情同手足。每逢节假日，我们常常相约乘船去广州市区游玩，或轮流做东吃馆子。那时军校发的薪饷很少，所谓吃馆子，其实也就是每人吃碗面罢了。更多的时候，我们是在上课、训练的空隙，坐在黄埔岛临江的树从中讨论政治问题。谈话的题目一般都是当时的时局和国民革命的前途，等等。我们在讨论中难免发生一些争论，有时甚至争得面红耳赤，但彼此都从未因此产生过任何隔阂。那时除我以外，他们三人都是共产党员（但身份不公开），其中黄鳌年纪最长，他不仅思想进步，为人正直，而且很有才气，写得一手漂亮文章，在我们中间俨然是老大哥，他的观点和看法也往往是最有分量和说服力的。应当说，那一时期我的思想比较进步，与黄鳌等人的帮助也是分不开的。可惜这三位好朋友均早已故去了。大革命失败后，王尔琢参加了南昌起义，后随朱德元帅上了井冈山，与毛泽东率领的队伍会师，任红四军参谋长兼二十八团团长，成为红军早期的一位杰出指挥员，不幸于 1928 年被叛徒杀害；黄鳌也于大革命失败后，在贺龙元帅领导的湘鄂西革命根据地坚持斗争，1929 年在湘西的一次战斗中阵亡；至于贺声洋，我听说他曾去苏俄留学，回国后因犯立三路线错误而受到党内严厉处分，不久又患了肺病，他在消极中脱了党，后于 20 世纪 30 年代初因病死去（贺声洋因患肺病于 1938 年病逝——整理者注）。在那个动荡的年代里，每个人的变化都是很大的，其经历和结局也是难预料的，但与这三位好朋友的诚挚友谊，却始终未因岁月流逝而在我的记忆中被冲淡。

除王尔琢等三人外，当时我与其他同学特别熟悉的虽不很多，但也都相处得甚为融洽。那时国共两党合作关系很好，两党同志间确实洋溢着友爱精诚、同舟共济的团结气氛，使人处处感到革命集体的温暖。遗憾的是，后来情况有了一些变化，军校中部分思想右倾的同学开始与以共产党员为核心的进步同学产生了一些矛盾。我们毕业后，在黄埔军校学生中（包括已毕业者）相继成立了两个政治上对立的组织：一个是以共产党员蒋先云同学为首的中国青年军人联合会，一个是由贺衷寒、潘佑强等同学发起的孙文主义学会。两个组织经常公开论战，关系搞得很僵。本来，中国青年军人联合会是经蒋介石校长特许，在全体黄埔同学的支持、赞同下成立的，目的是团结和影响在广州的其他军校学生，免其成为军阀割据势力的工具。应当说这是一个正当合法的革命组织。蒋校长在这个组织成立时还亲自为其写了成立宣言。但此后一些右翼同学一直心怀不满，煽动说中国青年军人联合会是共产党的工具，随即于 1925 年冬另外成立了孙文主义学会与之抗衡。1926 年春"中山舰事件"后，蒋介石先生以这两个组织违背亲爱精诚的校训，不利于同学团结为名，将其全部解散，另外成立了一个在他影响下的黄埔陆军军官学校同学会（简称"黄埔同学会"）。在这期间，我既不是中国青年军人联合会的成员，也未参加孙文主义学会。不过，由于我受革命思想熏陶较多，加上受好朋友王尔琢等人的影响，故在思想感情上较接近于前者。

总的看来，虽然同学们中出现了上述矛盾，发生了一些令人不愉快的事情，但当时国共两党同志的团结合作还是主流，在后来的东征、北伐战场上，绝大多数同学均能以大局为重，齐心协力，奋勇杀敌，立下了赫赫战功。

黄埔军校创办于一个非常的历史时期，一开始就引起了中外反动势力的仇视，特别是一些在广州的军阀武装，更把其视为眼中钉、肉中刺，必欲去之而后快。滇军将领范石生甚至公开叫嚣，要派兵缴掉黄埔军校数百名学生的枪械。那时广州外有盘踞在东江地区的陈炯明势力，时时企图卷土重来；内有各省前来依附的军阀部队和广州反动商团武装，他们相互勾结，伺机起事。革命政权几乎每一天都面临着内外敌人倾覆的危险，环境十分险恶。

1924 年 8 月，革命政府与广州商团的关系进一步恶化，广州城内谣言纷起，人心惶惶。为了对付敌人可能发动的袭击，军校立即在四面环水的黄埔岛上实行了严密的警戒措施。白天我们除了照常上课、操练，还要抽出部分人员环岛修筑防御工事，夜间也要轮流担任警戒任务，防备敌人夜袭。虽然大家都很疲倦，尤感睡眠缺乏，但却无人叫苦发牢骚。我们都知道环境险恶，必须时刻保持高度警惕，故始终保持着高昂的革命斗志。

1924 年 10 月，商团头目陈廉伯自恃有港英当局做后台，终于首先聚众发难，上演了一出商团叛乱事件的丑剧。事情的经过是这样的：这年 8 月，商团武装在英帝协助下，私下购得大批枪械弹药，企图偷运进广州，以做日后叛乱之用。时孙中山先生正在韶关督师北伐，闻报后即电令蒋介石校长（蒋氏兼任长洲要塞司令）将这批军火悉数截获，并扣留在黄埔岛上。陈廉伯等人见事情败露，遂恼羞成怒，一面威逼广州商人罢市，一面加紧勾结英帝，声言要与广东革命政府公开摊牌，不惜以武力解决问题。英帝也趁机兴风作浪，公然对广东革命政权发出战争叫嚣。这时广州的局势于我十分不利，忠于广东革命政府的军队已随中山先生出师北伐，市内只有五百名黄埔学生武装和力量很弱小的海军，以及一部分工农赤卫队。其他驻广州的军队，有的隔岸观火，态度暧昧，有的则与陈廉伯暗中勾结，伺机起事。鉴于环境恶劣，广东革命政府不得不在商团通电表示服从政府的前提下，于10月初勉强同意发还了部分枪械。但商团的反动气焰并未因此而稍减。10月10日，广州市的工人、学生及市民集会游行，庆祝"双十节"。游行队伍通过西壕时，受到商团团兵阻拦，双方发生争执，商团武装居然以排枪向游行队伍射击，当场打死打伤民众百余人。次日，商团继续搜捕群众并封锁了部分市区，同时胁迫广州商人罢市。面对这种极其严重的局势，孙中山先生在中共和廖仲恺先生、蒋介石校长等人的积极建议下，经再三考虑，最后毅然决定回师广州，铲除商团之患。15日清晨，蒋介石校长指挥黄埔学生武装和部分广州卫戍部队，在广州工农赤卫队的配合下首先向商团发动攻击，刚刚赶回广州的北伐部队也迅速投入了战斗。商团武装虽然气焰嚣张，但其团兵多未受过严格军事训练，亦无作战经验，故战至午后一时许，商团纷纷溃败，我军占领了位于广州西关的商团总部。16日，商团残部在我军包围下被迫全部缴械投降。当初骄横不可一世的商团头子陈廉伯，此时只好灰溜溜地躲进沙面租界的英国领事馆。至此，商团叛乱算是彻底平定了。我们黄埔师生在这次战斗中初试锋芒，先声夺人，表现十分出色，经受了一次实际的军事锻炼。遗憾的是，我所在的分队于战斗前被派到广东革命政府驻地担任警戒，未能亲身参加战斗。在后来的东征战役中，我才有了冲锋陷阵的机会。

在广东革命政府与广州反动商团武装进行较量的同时，中国北方的第二次直奉战争也正打得热火朝天。10月下旬，直系将领冯玉祥将军倒戈回师，发动北京政变，推翻曹锟、吴佩孚政权，并组织了国民军。不久，冯玉祥将军又电邀孙中山先生北上，共商国是，皖系段祺瑞、奉系张作霖也致电表示欢迎。中山先生接受了这个邀请，并于11月10日以中国国民党总理名义发表《北上宣言》，重申了反帝反军阀的政治立场和国民革命的目的，主张召开国民会议以解决时局问题。

11月13日，中山先生偕夫人乘轮船北上，途经黄埔岛，再度视察了军校，并观看了我们第一期同学的战斗演习。他在临行前接受全校师生的隆重欢送时，又谆谆嘱咐我们："同学们不论是国民党员或共产党员，为了革命事业，都应该把鲜血流在一起！"想不到，这番话竟成了孙总理留给我们的最后遗训。几个月后，这位为完成中国国民革命耗尽了毕生精力的伟大革命家，便在北京与世长辞了！

11月底，广东革命政府相继在广州黄埔岛上正式成立了党军教导一团、教导二团。教导团的编制为三三制，即每团辖步兵三营，每营三连，每连三排。各团还配备有直属部队，如特务连、机关枪连、通信兵队、辎重队、卫生队等，共有兵员两千余人。此外，党军还仿照苏俄红军的制度，在团、营、连三级设党代表一职，加强对军队的政治工作和政治领导。

教导团的士兵除部分是广东人外，很多都是浙江、江苏、湖南、安徽、河南等省秘密招募的青年工人、农民，素质比较好。唯军队中的干部十分缺乏。为此，黄埔军校的一些教官、干部先后调入党军任团营连指挥官，如教导一团团长为何应钦，沈应时任第一营营长，刘峙任第二营营长，王俊任第

黄埔军校第一期毕业生合影

郑洞国将军于 1924 年黄埔军校第一期毕业的照片（此照片来自黄埔军校第一期同学录）

三营营长；教导二团团长为王柏龄，顾祝同任第一营营长，林鼎祺任第二营营长，金佛庄任第三营营长。同时，我们第一期学生也提前毕业，大部分被派到党军中任连排级干部。也许是上级认为我当时的思想进步些，所以派我到教导一团担任第二营第四连的助理党代表，不久原连党代表张其云（中共党员）调到湖北地区工作，我即接任了党代表职务。就这样，我结束了七个多月火热的军校生活，在革命军队中开始了新的战斗历程。

第一次东征

平定商团叛乱以后，广州的局势并未彻底稳定下来。1925 年 1 月，盘踞在东江、潮汕一带的陈炯明乘孙中山先生北上，调兵遣将，准备分路反扑广州。为先发制敌，消灭陈逆反动势力，广东革命政府决定组成东征联军，进行东征。

2 月初，东征联军按预定作战计划，分三路进军。本来，东征是以粤军第二师张民达部、粤军第七旅许济部，及黄埔学生军（教导一团，教导二团，黄埔军校第二、三期学员），共万余人为左翼军，任务是攻击河源、五华、兴宁一带；以滇军第一、二、三军（欠第一师），共三万人为右翼军，任务是攻击淡水和海陆丰一带；以桂军六千余人为中路军，攻打惠州并策应左右两翼。但部队出发前，不知何故又变更部署，改以滇军为左翼军，经河源、老隆（今龙川）向陈逆部将林虎的防地五华、兴宁地区前进；以粤军和黄埔军校为右翼军，经淡水、海陆丰向陈逆另一部将洪兆麟的防地潮汕地区进攻。中路军桂军任务不变。

东征联军总司令为杨希闵，许崇智任右翼军总司令，蒋介石任参谋长，周恩来任政治部主任。

时陈逆部下军队有七八万人之多，在人数上较我占优势。但其部将林虎、洪兆麟、叶举等相互猜忌，互不统一，易为我军各个击破。

2 月 1 日晨，党军教导一团由黄埔岛上开拔。次日，教导二团和学生总

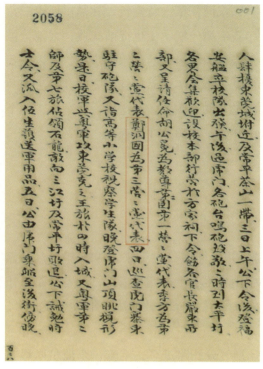

1925年2月3日蒋介石日中记载，任郑洞国将军军校教导团第三营党代表

队亦相继出发。4日上午，担任右翼军先头部队的粤军某部首先与敌洪兆麟部接仗，经短暂战斗后敌旋退去，我军于当日下午进占东莞。右翼军继续挺进，连下新圩、平湖、深圳等镇，直指敌重兵防守的淡水城。

这次东征是党军成立以来首次出兵作战，经过建军两个月来的严格训练和政治教育，部队的精神面貌和战斗士气极佳，官兵们摩拳擦掌，跃跃欲试。我初次随军出征，心情格外兴奋，天天巴望着早点与敌人对阵冲杀。岂知自出发后，一连十几天，我们第四连一直跟在大队后面行进，只能听到前面打得热闹，却捞不到自己冲锋陷阵的机会，不免有些焦躁起来。我们连连长姓马，湖北人，曾任黄埔军校区队长，颇有作战经验。他见我着急，笑着安慰我说："老弟，莫急嘛！我看大仗还在后面。"不出马连长所料，两三天后，我们右翼军便在淡水城下与敌人展开了东征以来的第一场恶战。

教导一团荣誉旗

2月14日，我连终于轮到做前卫连，走在全军最前面。下午，部队进迫淡水城。在距城西南几华里外的一片丘陵地带，我军与敌小股部队交上火，我指挥前卫排一个猛冲，便把敌人赶下了山坡。少顷，马连长率后续部队赶到，我们跟在敌人后头穷追不舍，一连翻过几个小山头，直到敌人窜进城内为止。我平生第一次参加战斗，居然没有一点紧张、恐惧的感觉，仿佛这次追击战是一次登山越野比赛。

黄昏前，教导一团、教导二团和粤军一部陆续赶到，遂将龟缩在城内的敌人包围起来。

淡水北距惠州城仅70华里，城虽不大，但城垣坚固，城壕既宽且深，城外地势多平坦开阔，易守难攻。守城之敌约有三千余众，企图据城固守，俟驻惠州的大队援军一到，即开城夹击，挫败我军。

我军远道而来，利在速战，必须赶在敌人援军到来之前攻克淡水，否则势将腹背受敌。为此，右翼军指挥部决定翌日拂晓发动总攻，限期破城。命令下达后，我教导一团、教导二团连夜进行了战斗动员，并组织了一支攻城奋勇队。当时部队的战斗士气极为高涨，大家争先恐后地报名参加奋勇队，最后上级从中挑选了近百名精壮士兵和十名军官。军官多是各营、连的党代表，除我以外，还有李奇中、蔡光举、李汉藩等人。

2月15日拂晓，我军开始攻城，蒋介石校长亲自站在涧井高地之炮兵阵地上指挥督战。霎时间，敌人的几处城垣工事腾起浓烟烈焰，枪炮声连成一片。大约十分钟后，我们奋勇队在猛烈炮火掩护下，分成几队，扛着六七架云梯向城垣迅速接近。敌人依城固守，疯狂地向外射击，一时弹如雨下。我到底是缺乏实战经验，见敌人打来如此密集的枪弹，一度有些心慌，但马上想到自己身为军官，绝不能临阵怯敌，况且在这开阔地势上，唯有迅速前进，万不可迟疑不决，故很快镇静下来，与其他奋勇队员一起，时而卧倒，时而跃起奔跑，不一会儿便接近了城垣。

我们刚刚冲下城壕，两名肩扛云梯的士兵即相继中弹栽倒。我正欲纵身前去扛梯，身后忽地跃出几名士兵，敏捷地抬起云梯，飞快地运到城根下。谁知云梯刚一搭在城头上，即被敌人用铁叉推倒，以后反复几次都无法靠牢。此刻战斗已进入白热化状态，我们完全暴露在敌人的火力范围内，每迟滞一分钟都会增加伤亡。正焦急间，身后有人大喊："快卧倒，打敌人火力点！"我们立即就地卧倒，一起举枪向城头回击。卧在我右侧四五米开外的一名大个子士兵枪法极准，几乎弹无虚发，城头上的敌人只要一露头，即多半为他击中，敌人吓得只好躲在工事后面盲目向下打枪。城墙根下的几名士兵乘势将云梯牢牢地架在城墙上，奋力向上攀登。我也纵身跳到梯子旁，正待缘梯而上，忽然距我们右侧几十米外的几个敌人火力点一齐向我们开火，爬在最前面的一名士兵，眼看就要越过城头，却不幸中弹，手一扬便栽倒下来，紧接着另一名士兵也一声惨叫，中弹摔下。剩下的两名士兵一时不知所措，伏在梯子上犹豫了一下。我知道此时别无他计，只有冒死向上攀登，乃仰首厉声喝道："不要停下，快，快上！"随即紧跟其后，一手扶梯攀登，一手挥动驳壳枪连连回击敌人。后面我军掩护阵地上的官兵们见此情景，一面呐喊助威，一面调集火力压制敌人。趁着敌人火力稍减，我们相继跃上城墙，大呼："党军登城了！登城了！"凶猛地向城头上的敌人扑去。敌人有些慌乱，但继续顽抗，双方在城墙上混战起来。

这时后继部队也陆续攀上城头，与我们会合，将附近的敌人肃清，并向两侧发展，以扩大战果。差不多与此同时，我军也突破了其他几处敌人的城垣工事，教导一团、教导二团官兵一批批涌上城墙，敌人顿时大乱，连滚带爬地向城内退去。粤军第七旅也乘机从城门攻入。我军从东、南、西三面压迫敌人，与敌展开短促而激烈的巷战。片刻后，敌人不支溃散，被我歼灭大半，有部分残敌沿北门向城外逃遁，我们乘胜追击。我率一小队官兵一直追出北门，占领了城门外的几处制高点。这时上级传下指示，命令各部停止追击，抓紧抢修工事，准备迎击敌人援军。这次攻城战斗，前后仅用了不到两个小时。

当日下午，惠州方面的敌援军果然气势汹汹地赶到，与我军在淡水城东北一带的山地上展开激战。我第四连奉命扼守城北两处相邻的高地，顽强地打退了敌人数次冲锋。临近黄昏时，我们正面的敌人似乎已成强弩之末，进攻的势头逐渐缓和下来，教导一团的官兵们却愈战愈勇。何应钦团长抓住战机，果断地命令全团出击。我们纷纷跃出阵地，像猛虎下山般向敌人扑去。敌人未料到我军苦战一天，竟还能发动如此凶猛的攻势，被杀了个措手不及，未及认真抵抗即被冲垮，漫山遍野地向后逃窜。我军士气更盛，紧紧尾敌追击。当时各营连之间已顾不上相互联络，各作战单位分头追击，哪里有敌人便往哪里冲。我率领一排官兵，离开大队，沿着崎岖的山路追出很远。行进间，忽见前面一座山头上有些敌人，约一连兵力，正乱糟糟地向我们打枪，我们一个猛冲，就把敌人赶下山。

这时天色渐晚，大家杀得性起，正待穷追下去，却听到后方远远地传来集合号声。我不禁有些奇怪：既然打了胜仗，上级为何不准继续追击呢？回到城内，才知道教导二团由于团长王柏龄麻痹大意，指挥失当，被敌人一度冲垮，我军后方的一部分辎重和行李也被敌人掠走了。直到蒋校长亲自赶到才勉强将阵脚稳住，待粤军第七旅、教导一团闻讯向上增援时，敌人始向沙坑方向退却，淡水战役遂告结束。

蒋介石校长对王柏龄在这次战役中的表现大为不满，据说曾当场痛骂了

1925年2月，校军参加第一次东征，军校教导一团在攻克淡水后合影

他一顿，事后把他的团长职务也撤掉了。不过，整个党军部队在战斗中的表现却是相当出色的，全体官兵无不奋勇争先、以一当十，大振党军军威，使敌人从此不敢再轻视这支革命的军队。

东征右翼军在淡水城整顿了四五天，指挥部调升沈应时为教导二团团长。因沈氏在攻城战中负伤，乃以钱大钧暂代。

2月20日前后，部队继续向惠东（今平山）方向前进。行至一个叫作羊塘圩的地方时，我军与洪兆麟的大部队遭遇上了。那天恰巧又是第四连做前卫，我们首先与敌人交火了。敌人初时欺负我们人少，企图从左右两翼包抄我们。马连长和我指挥部队占据了一个长满树木的山坡地带顽强抵抗。不多时，我军后续部队赶上来投入战斗，对敌人实施猛烈攻击。战斗持续了一个多小时，敌军支持不住，全线动摇。我连抓住战机，立即发动反击，将正

1925 年东征，粤军第二师官佐攻克淡水后合影，前排左五为师长
张民达上将，三排左一为叶剑英参谋长，前排左四为莫雄

面之敌击溃。这时左右两翼的敌人也纷纷开始溃逃，我们随同友邻部队一起
紧紧尾追，一路上到处可以看到敌人遗弃的伤兵、武器和行李物品。

　　第四连动作较快，一直跑在最前头。正追赶间，忽听"砰！砰！砰！"
一阵排枪枪弹从我们头上掠过，我们未及卧倒，紧接着又是一阵弹雨袭击，
有几名官兵当场伤亡。我们隐蔽好一看，原来是一伙残敌盘踞在左前方一
个陡峭的山头上阻击我军。马连长急切地对我说："现在追击要紧，不要
同小股敌人纠缠。党代表，你带一排人对付这些家伙，我率两个排继续追
击。""好，第一排跟我来！"我答应了一声，即率一排官兵隐蔽着向那伙
敌人接近。山头上的敌人见我们人少势单，居然从山上反扑下来。我们伏在
山脚下的树丛中，等他们冲到山腰，突然以排枪射击，一下就撂倒了十余个

敌人，然后乘势冲上去与敌人肉搏。敌人慌了，胡乱招架一下，掉头就跑。我们咬住敌人的尾巴不放，一口气追出十几里山地，沿途又先后消灭一批敌人，直到剩下的敌人逃得不见了踪迹，我们才掉头下山与大部队会合。

这次战斗结束后，上级调我到教导二团担任第三营党代表。该营原任党代表蔡光举在参加奋勇队攻打淡水城的战斗中不幸阵亡，我是补他的缺。第三营营长是金佛庄，浙江东阳人，共产党员，在黄埔军校中曾任第三学生队队长，还是军校国民党特别党部执行委员，当时就是比较有声望的同志，故我对他十分敬重。但金氏却不以师长自居，待我很诚恳热情，以后我们共事得非常好。

右翼军一路且战且行，进占惠东后，又向海丰挺进。可恨天公不作美，那些天大雨连绵，道路泥泞不堪，官兵们常常滑倒，每人一身泥水，行军十分艰难。我的背包在淡水战斗中丢失了（教导二团在淡水城下一度被敌人冲垮，许多官兵的背包都叫敌人掠走了），身边军毯、衣服皆无，幸好在战斗中缴得一件军大衣，白天就披在身上抵御寒风，夜间则用它做铺盖。可身上穿的军装经过风吹雨淋和一连串的行军作战，早已破烂不堪，军裤自膝盖以下都撕成布条，几不能遮体，无奈我只好向老百姓买了一条便裤穿上。其实类似这种情况的也非只我一人，行军时人人都是衣衫褴褛，浑身汗水和泥巴。

尽管条件艰苦，但是部队上下始终精神饱满、士气高涨。那时军队中的政治工作开展得非常好，政治部主任周恩来同志经常在行军、作战空隙亲自召集各团、营、连党代表开会，了解部队情况，检查军队纪律，商讨和布置政治工作任务，等等。同时还组织了许多政治宣传队，沿途进行宣传鼓动工作，对于部队官兵鼓舞很大。过去在黄埔军校时，我们就十分尊敬周恩来同志，在这次东征战役中，由于工作关系，我们直接接触的机会多了起来，彼此也熟识了。周恩来主任那种待人恳切谦和、平易近人的态度，以及在工作中显示出的卓越才干，给我留下特别深的印象，使我更加敬重他。

2月底，右翼军占领海丰，3月初，又占领揭阳，洪兆麟残部望风披靡。我军分兵占据了洪氏的巢穴潮州和汕头。

就在右翼军捷报频传、节节得胜之际，整个战场上的形势却出现了急剧

的变化。原来，担任左翼军中路军的滇军、桂军根本无意与陈炯明部队作战，一面按兵不动，消极避战，一面暗中与敌将林虎等人勾结，签订密约。不久，杨希闵的滇军便从河源、龙川撤兵，刘震寰的桂军也屯于惠州城下不动，佯作攻城之态，使林虎得以从容调集两万余精兵，由其老巢兴宁、五华等地分路急速南下，抄袭我军后路，企图一举将我歼灭于潮汕地区。当时的事态极为严重，林虎是陈炯明手下猛将，向以作战凶猛著称，其兵力亦数倍于我军。我军则久战疲惫，以寡敌众，一旦作战失利，即有全军覆没之危险。

右翼军指挥部侦知敌情后，决定以粤军第二师张民达部守潮汕，以学生总队守揭阳，蒋介石校长、周恩来主任亲率教导一团、教导二团和粤军第七旅许济部全力迎击敌人。双方在棉湖一带地区相遇，展开了一场空前惨烈的恶战，这便是著名的棉湖战役。战役经过如下：

3月12日正午，党军及粤军第七旅开抵普宁城，我谍报人员报称，敌人已到达河婆，正分左右两路向我奔袭，前锋部队距棉湖仅数华里。蒋校长即命教导一团、教导二团抢占棉湖、池尾两地，正面迎击敌军。另着粤军第七旅向棉湖以北敌之左翼迂回攻击。可是，由于敌情变化和联络困难，该旅在迂回运动中越走越远，竟未能与敌相遇，敌军遂于13日晨集中万余人直向棉湖我教导一团正面猛扑而来，我军亦迎面予以痛击，于是，棉湖大战的战幕正式拉开。

交战之初，敌人气焰嚣张得很，不断投入大批兵力潮水般地向我正面阵地涌来。扼守该处阵地的教导一团第一营拼死作战，反复冲杀，并数度与敌展开激烈的白刃战，始将敌人击退，双方死伤累累。

敌人见正面难以得手，又转以强大兵力向我左翼第三营发动凶猛攻击。该营奉命迅速占领有利地形，与敌鏖战，何应钦团长从作为预备队的第二营中抽出一连兵力向前增援。敌人自恃兵多，乘我第一营、第三营接合部空

在第一次东征战役中，教导团官兵在棉湖战地休息

虚，又有千余敌人突入教导一团团部驻地曾圹村，距团部仅百多米。第二营营长刘峙亲率步兵一连在炮火掩护下将敌人逐出该村。

在战况万分紧急之际，从广州匆匆赶来的廖党代表偕蒋介石校长、周恩来主任及苏俄顾问加伦将军等亲赴前线指挥督战，我军士气大振。

临近中午，敌人再度增兵反攻，目标指向曾圹村，我军亦将最后一连预备队投入。两军浴血厮杀，相持难下。这时我方已将预备队全部用尽，而敌攻势如故，情况确已到最后关头。当敌人突入至离团部仅二三十米远时，何应钦团长亲率特务连及团部全体勤杂人员投入战斗，以各种轻重武器向敌人猛扫，绝不后退半步。敌人虽竭尽全力反复冲锋，终未得逞。

教导一团官兵在这场殊死战斗中表现得极为英勇，自团长以下官佐，均身先士卒，冲锋在前；广大士兵亦无比顽强，一人尚存，死战到底，以至成班、成排地牺牲在阵地上。当时亲眼目睹这一惨烈战斗情景的苏俄顾问加伦将军不禁万分感慨地说："党军以区区千余之众，独挡敌两万余重兵进攻，打得如此英勇顽强，为战争史上所少见。党军不愧为天下第一流的陆军。"

大战爆发前，教导二团正在教导一团左翼向前运动，两团相距约十余华里。晨七时许，教导一团方向传来激烈的枪炮声，而且一阵比一阵密集。从枪炮声中不难判断，这是一场规模相当大的激烈战斗。按照一般的作战规则，我团应立即向敌右翼迂回包抄，果断地攻击敌之侧背，这样既可使敌人两面受敌，又可掩护我教导一团左翼。但团长钱大钧虽长于军事理论，却无实际作战经验，且处事优柔寡断，不敢采取坚决的行动，一意等待着指挥部的命令。从晨至午，教导二团走走停停，徘徊不前，以致坐失战机，独使教导一团以寡敌众，与敌浴血奋战，历尽险境。正午时分，仍未见指挥部送来命令，但棉湖方面的枪炮声愈加激烈，全团官兵再也按捺不住，纷纷请求出击。钱大钧仍不允。第二营营长刘尧宸，为人爽直痛快，且作战勇猛过人，于军中素有威望。他见军情十万火急，再三请求无效，气得大怒，乃独率该营向前出击。钱大钧这才下令第三营迅速占领左翼高地，掩护我军侧翼；以第一营为团预备队，跟随第二营前进。

少顷，第二营同敌人的战斗打响了。营长金佛庄判断敌人亦有可能抢占

金佛庄像

左翼高地压制我军，同我商议后，即派第九连就近火速上山抢占阵地。第九连刚攀上高地，果然发现大批敌人也纷纷赶至，双方相距仅数十米。该连当即开火，将前面敌人击退，但后面敌人愈来愈多，仗着人多势众蜂拥而上，双方遂在高地两侧展开恶战。十几分钟后，金营长和我率后续部队赶至，马上投入战斗。我登上山顶往下一看，山坡上密密麻麻布满了敌人，正边打枪边号叫着向上冲。我想幸亏我军抢先了一步，倘若敌人先占据了高地，居高临下俯击我军，后果将不堪设想。

在酣战中，金佛庄和我往还于各阵地之间，指挥官兵用排枪向敌人射击，冲在前面的敌人被打得七零八落，死伤枕藉。可是后面的敌人在军官的驱赶下仍不顾死活地涌上来。第九连连长陈铁（黄埔军校一期毕业生）作战很勇敢，眼见敌人已冲上阵地前沿，挥枪大声叱呼，率先跃出与敌人肉搏。阵地上白刃闪闪、血光四溅，喊杀声、铁器撞击声混成一片。五分钟后，我率两排士兵从斜侧里切断敌人的进攻队形，配合第九连肃清了阵地上的敌人。自此以后，敌人进攻锐气顿挫。许多敌军士兵大概领教了我军排枪和刺刀的厉害，任凭其指挥官如何吆喝、咒骂，只要进至我阵地前三四十米处，即伏倒在地，不敢向前。

战至黄昏，我军乘敌疲惫，突然发起凌厉反击，经过一阵短促的肉搏战，终将敌人彻底击溃，山坡上的敌人丢掉武器和伤兵，争先恐后地掉头逃命。

这时第二营的正面进攻已经得手，并向棉湖之敌侧背攻击。敌人在我军冲击下被迫后撤，教导一团左翼遂趋稳定。在此之前，粤军第七旅已闻讯赶至教导一团右翼加入战斗。我军士气益振，即发动全面反攻，林虎的军队久战不下，已成强弩之末，在我军凌厉的攻势下，像山崩一样地溃败下去。我军乘胜追击，沿途歼敌甚众，道路上、田野里，到处丢弃着敌人的尸体、枪支及其他各种物资。

棉湖之战，我军以寡敌众，一举将陈炯明最精锐的部队全部击溃，取得前所未有的大胜利，充分显示了革命军队所向无敌的英雄气概和广大官兵勇敢无畏的献身精神。此后，党军声威赫赫，使敌闻风丧胆。

棉湖大战后，我军未及整顿，即向林虎的老巢五华、兴宁挺进。行军的序列是教导一团在前，教导二团居中，粤军第七旅殿后。行至揭阳，部队奉命向北取小路，连夜强行军奔袭五华城。那一夜我们马不停蹄，疾走如飞，整整赶了一百余华里路，抵达五华城外时，刚晨曦微露。敌人未料到我军行动如此神速，竟毫无知觉。我前头部队乔装成林虎部队，佯称回城搬运子弹，赚开城门，一拥而入，迅速将守军全部缴械。

袭破五华后，教导一团奉命留守，教导二团于19日晨继续向距五华三十余华里的兴宁前进。这时林虎正亲自坐镇兴宁，收集残部以图固守。

教导二团抵达兴宁后，刚从广州开来的粤军吴铁城旅亦赶至，我军即开始攻城。敌人抵抗十分顽强，我们于当天多次组织强攻均未奏效，伤亡不小，第二营营长刘尧宸也在攻城战中负伤。次日，我军改强攻为智取，利用该城西南角的有利地形，乘夜色潜伏城下，一举偷袭成功，我营第九连和第二营第四连最先攻上城头，大军随即涌入，城内敌人大乱，惊呼："学生军进城了！"各自逃命。经少许战斗，守敌大部被歼，林虎率少数亲信仓皇出逃，窜往江西。兴宁即告克复。

与此同时，粤军第二师张民达部由潮汕沿韩江北进，连克黄冈、饶平、梅县、大埔、蕉岭等地，洪兆麟只身逃往上海，残部则溃入闽境，第一次东征战役遂胜利结束。

东征战役期间，孙中山先生于 3 月 12 日在北京病逝。当时棉湖大战爆

1925 年第一次东征战役结束后，东路军总指挥蒋介石、政治部主任周恩来率黄埔师生举行孙中山先生逝世追悼大会

发在即，为避免影响士气，先未敢在军中公布这一不幸消息。直到我军克复兴宁后，指挥部才于 3 月 21 日正式宣布孙总理病故噩耗，并在兴宁举行了隆重庄严的追悼大会，全军上下一齐举哀，官兵悲痛万分。孙中山先生一生致力于中国民主革命事业，特别是他晚年，在共产国际和中国共产党人的帮助下，重新解释了三民主义，毅然实行"联俄、联共、扶助农工"的三大政策，真诚地建立起国共两党的亲密合作，并由此造就了轰轰烈烈的大革命高潮。孙中山先生是第一次国共合作的奠基者，也是黄埔党军的缔造者。为了复兴国家民族，他呕心沥血，耗尽毕生精力，可谓鞠躬尽瘁，死而后已。孙中山先生在中国革命史上的伟大功绩和他崇高的爱国革命精神，将永垂史册，为万世景仰！

4 月 11 日，党军奉命移驻广东梅县整训，部队改编为党军第一旅，何应钦将军任旅长，下辖教导一团、教导二团和其后不久在广州成立的教导三团。

讨伐杨希闵、刘震寰

我们在梅县驻扎不久，广州就出了问题。原来，滇桂军杨希闵、刘震寰两部趁党军及其他驻广州的军队大部出征未归，乘虚窜回广州，在帝国主义列强的支持下，一面派密使与北洋政府总理段祺瑞勾结，一面公开在广州发动叛乱。

杨希闵的滇军和刘震寰的桂军，原是地方军阀部队，根本没有爱国思想，亦无革命信念。1923 年陈炯明于广州发动叛乱后，杨、刘二人企图借孙中山先生的崇高声望来扩大自己的势力，遂假追随孙中山先生之名，出兵逐走陈部，进驻广州，并一手把持了广州的财政大权。随着其势力的扩充，杨、刘二人愈加骄横，胡作非为，不肯听从革命政府的指挥和调遣。在东征战役中，他们与林虎相互勾结，按兵不动，使林得以从容集中重兵与我党军决战，意在假林虎之手致党军于死地。及至林虎溃败，杨、刘二人与林虎暗

1925年，梅县商会欢迎东征军。前排左五为周恩来

中来往的书信、密电均为党军搜获，二逆见阴谋败露，更不自安，遂决意发动叛乱，以武力推翻广东革命政府。

滇军、桂军开回广州后，杨希闵自封为滇桂联军总司令，其司令部设于市中心的八旗会馆，又任命周自得为广州卫戍司令、赵成梁为广东省省长兼前敌总指挥。叛军在市区宣布戒严，分兵占据了各交通要道，并布置重兵于瘦狗岭、白云山一线。

此时，在广州忠于广东革命政府的军队只有福军李福林部三四千人和警卫军吴铁城旅的一团兵力，力量单薄。滇桂联军叛乱后，吴铁城的一团军队被迫随同政府各机关撤至珠江南岸，同福军会合，与叛军隔河对峙。胡汉民、汪精卫、廖仲恺等政府首脑亦避往黄埔岛上之长洲要塞司令部。

杨、刘二逆控制广州市区后，自以为得计，气焰更加嚣张，竟嘲弄以代大元帅名义斥责叛军的胡汉民先生说："请代元帅下令先攻我三天，然后我再还手。"其狂妄无礼真是到了极点。

5月13日，廖仲恺党代表亲赴汕头东征军司令部，会商平定杨、刘叛乱计划。经反复研究，最后决定允许洪兆麟、林虎残部投诚，我军暂时放弃潮梅地区，除留少数部队监视洪、林等部外，全军回师广州平叛。21日，蒋介石先生亲率党军第一旅何应钦部、粤军第一旅陈铭枢部、粤军第四师许济部（由第七旅扩充）、警卫军吴铁城旅（吴氏本人不在军中）分两个纵队，沿原东征路线回师广州。

6月4日，广东革命政府通令谴责滇桂联军的叛乱罪行，并撤销了杨希闵、刘震寰的本兼各职，另委朱培德将军任建国滇军总司令。

革命军于6月9日进抵石龙。同时，原驻北江、西江的湘军谭延闿部及粤军第一师李济深部（欠陈铭枢旅）也经三水、新街向广州疾进。

这时，滇桂联军出现内讧，杨希闵部将胡思舜、廖行超等欲自成一股势力，不听从杨、刘指挥。这样一来，叛军内部不相统一，迟迟制定不出一致的军事部署，只得在各路革命军逼近广州时仓促应战。

6月11日，党军第一旅首先在广州东郊之石滩车站与敌接触，经几小时激战后占领该车站。随后，党军和粤军第一旅分左右两翼向敌重兵防守的龙眼洞、观音山、瘦狗岭、白云山一线进迫。粤军第四师奉命掉头迎击由惠州增援上来的部分滇军。

固守龙眼洞、观音山、瘦狗岭、白云山一线阵地的是杨希闵装备精良的六个团。滇军虽腐败，官兵均吸食鸦片，素有"双枪将"之称（滇军士兵每人随身携带一支钢枪、一支烟枪，故得名），但其官兵只要过足烟瘾，作战还颇凶顽。11日下午，我军同敌人硬碰硬地打了近半日，党军攻击敌人据守的瘦狗岭一线阵地，粤军第一旅攻击敌之白云山一线阵地，但均遭到滇军顽强抵抗，进展不大，双方互有伤亡。

12日拂晓，我军发动全线总攻。党军集中炮火和轻重机枪火力向敌瘦狗岭阵地射击，继以步兵发动持续猛攻，进攻顺序是教导一团在左，教导二团在右。半小时后，我营突破敌前沿阵地，迅速向纵深突击。敌人几度反击，均被我军击溃。临近中午时，我军即控制了瘦狗岭南北之线，歼敌甚

在此次战斗中发挥重要作用的飞鹰舰

众。粤军第一旅亦攻占了敌之白云山阵地。这时湘军、福军和粤军第一师等部队亦先后投入战斗，滇桂联军四面受敌，穷于应付。

在两军酣战之际，张治中将军和苏联顾问契切列潘诺夫率领一支由黄埔学生组成的两千余人的突击队，于黄埔上游猎德炮台附近上岸，出其不意地向广九路方向出击。敌人万没料到背后会杀出这样一支奇兵，阵脚大乱，我军前后夹击，继续攻占了敌之前敌指挥部广九车站。至此，敌军全线崩溃，混乱不堪地向市区逃窜。

值得一提的是，停泊在黄埔港中的飞鹰舰在这次战斗中发挥了神奇的作用。它本是一艘年久失修、早已废弃不用的坏船。在战斗的紧要时刻，苏联顾问契齐班诺夫命人将其拉至猎德炮台附近，重新装备了大炮，并亲自发炮助战。事也凑巧，刚好有一发炮弹飞进广九车站赵成梁的司令部，将正在室内陪同杨希闵吃饭的赵成梁当场炸成几段，一命呜呼。杨希闵吓得面无人色，急忙窜回市区。滇军群龙无首，无法组织有效的抵抗，遂被我军彻底击溃。

杨逆逃回其设在八旗会馆的指挥部，起初还想部署部队作最后的抵抗。岂知兵败如山倒，军心早已瓦解，街头上一群群滇军士兵到处乱窜，各自逃命，已无法掌握，连他手下的亲信将领们也都纷纷溜之大吉。这时城内的交通水电均被广州工人破坏，八旗会馆孤零零地矗立在市中心。杨逆自知大势已去，只好逃往沙面英租界避难。

我各路革命军浩浩荡荡地向市区挺进，迅速解除了滇军残部的武装。滇军一败，桂军更加势孤，被迫退往西村，不久即被湘军、粤军等部全部缴械。刘震寰亦仓皇遁往沙面英租界。

把持广州达两年之久、号称四五万人的滇桂军，仅经一天多的激战，就被革命军队彻底消灭了，从此威胁革命政权的一大祸患得以消除，广州革命根据地日趋巩固。

平定杨、刘二逆的战斗结束后，我们党军第一旅均驻扎在北校场营房内。营房的后面是一片不大的开阔地，开阔地的尽头有条堤坝，一条小河顺着堤坝从营房边流过。翻过堤坝，再往后便是蜿蜒起伏的山地。

由于战斗刚刚结束，部队放假几日休息。6月15日上午，我闲着无事，坐在房中读书，其他官兵多在小河边洗衣。约九时许，营房后面突然枪声大作，还夹杂着呐喊声由远而近。我知情况有变，提起驳壳枪刚要跑出去察看情况，营部一名传令兵已推门闯入，气喘吁吁地说："报告，党……党代表，后面山上有敌情！"我几步跃出营房，只见上千名敌人正从营房后面的山头上奔袭下来，冲在前面的已接近那条堤坝，距营房仅几百米。对这突如其来的情况，大家均无准备，许多官兵等不及命令，即纷纷取枪就地抵抗。这时我身边已聚拢了三十余名官兵，我马上指挥大家穿越开阔地，向敌人突施逆袭，其他各营连的官兵，都在无统一指挥的情况下，几十人一股，自动向敌人反冲击，甚至有的士兵孤身一人，也毫无惧色地端着枪向敌人扑去，双方遂在山脚下展开激烈的混战。几分钟后，各团团长、营长相继率部队赶到，我军士气大振，全体官兵个个像老虎一样朝敌人占据的山头猛冲猛打，势不可当。敌人原想打我们一个措手不及，却未料到遭到党军如此顽强、勇猛的反击，只好落荒而逃。我军猛追不舍，直到将这股敌人全部追歼后才收兵。

事后查明，这批敌人是滇军第三军胡思舜部的残兵败将，约三四千人，先在我军攻占石滩车站时，该敌退往增城方向。现在企图乘我不备，偷袭我军。当时若不是党军纪律严明，作战勇敢，就很可能被敌人冲乱打垮，整个广州亦有得而复失的危险。

广州局势稳定之后，革命政府（大元帅府）于7月初正式改组为中华民国国民政府，汪精卫任国民政府主席，胡汉民为外交部部长，廖仲恺为财政部部长，许崇智为军事部部长。国民政府设军事委员会，由汪精卫兼任主席，委员有胡汉民、廖仲恺、伍朝枢、朱培德、许崇智、谭延闿、蒋介石等。8月，国民政府为统一军政，将所有在广州的忠于革命政权的军队统一改编为国民革命军，其编制顺序是：党军第一师（削平杨、刘之乱后由党军第一旅扩编而成）再度扩编为国民革命军第一军，蒋介石任军长，周恩来任党代表兼政治部主任；建国湘军为第二军，谭延闿任军长；建国滇军为第三军，朱培德任军长；建国粤军为第四军，李济深任军长；福军为第五军，李福林任军长；程潜所部援鄂军和吴铁城部一个师合编为第六军，程潜任军长。以后李宗仁将军率军由广西来粤，所部桂军被编为第七军，李宗仁任军长。

军队改编之后，各军中均设有各级党代表和政治部，使军队中的政治工作得到加强，开始改变了过去那种革命政府军令不行的状况。

8月初，我奉命调任第一军第一师第四团第一营党代表。离开原部队前，营长金佛庄特地请我到广州一家餐馆吃了顿饭，算是为我饯行。我与他共事虽不到半年，彼此关系却颇融洽。他年长我六岁，其政治、军事方面的经验和阅历十分丰富，又能写得一手好文章，是一位才华出众的好同志。我走后不久，他亦调升为第一军第一师第二团党代表。谁知这一别竟成永诀。北伐战争时，他任北伐军总司令部警卫团少将团长，在一次执行秘密任务的途中，于南京下关被孙传芳部逮捕，旋被杀害，牺牲时年仅29岁。

回乡省亲及归队

1925 年 8 月中旬，我趁广州局势平静、部队正在整训的机会，向上级请假回乡省亲，很快就得到了批准。

我搭乘一艘苏俄的轮船先去上海，准备再从那里经武汉回长沙。当时，上海和湘、鄂两省均在军阀统治下，为避免暴露身份，我和同行的几位伙伴都着便装，亦未携带武器。

这艘苏俄船十分考究，我们又都住在头等舱，所以相当舒适。轮船在大海上行驶了几天。那几日海面上风平浪静，天气非常好。每天凌晨，我们都特意早早起床，站在甲板上，迎着习习的海风，观赏红日从大海上冉冉升起时的瑰丽景色，心情十分欢悦。

船到上海后，我思家心切，未多停留即独自换乘船去汉口，再由武昌乘火车去长沙。这时湘、鄂两省的社会秩序很乱，城市里乞丐、扒手成群，在由武昌去长沙的火车上，有个扒手竟趁我熟睡，将我放在座位下的皮鞋偷走了。幸亏随身携带的行李未被扒手"光顾"，否则就让我窘迫极了。

到了长沙，我准备先去堂侄郑康候家落脚，设法会会我的兄长郑潼国后再回石门家乡。康候那时正弃官闲居在长沙城里。说来真巧，我一到康候家便和兄长不期而遇，原来他也辞了事情在康候家中小住。兄弟久别重逢，高兴的心情自不待言，他和康候一家人万万没有想到我会这样突然出现在他们面前。听兄长说，我去后杳无音讯（我在广州没有与湖南家乡通信），家人焦虑万分，老父亲还为此将兄长痛责了一顿，我的妻子也在家中经常哭泣。以后兄长多次托人在广州打探我的下落，均无消息，尚以为我不是死在兵荒马乱之中，便是随军队开往他处，终日为我担忧，现在总算把我盼了回来。

我在康候家住了三四天，大部分时间都是和兄长、大哥（康候的父亲）、康候三人谈论时局问题。他们对广东的情形特别感兴趣，也颇有好感。我乃将自己在广州一年多的见闻经历及我所了解的革命政权的各方面情况都一一作了介绍，他们听得津津有味。谈话中，我也了解到北洋军阀在湘、鄂等省的统治极度腐败，广大民众特别是知识分子对目前这种政治黑暗、战乱频繁的社会状况深恶痛绝。但是许多知识分子，包括我的兄长和堂侄，又苦于找不到出路，心情十分苦闷，所以他们不到40岁的年纪，便都弃官赋闲了。我这次回长沙，给了他们不小的震动，他们开始从广东国民政府方面，看到国家未来的希望。

数日后，我辞别兄长和康候一家人，动身返石门。由于交通不便，在路上耽搁了差不多一个星期才回到家中。家人见我平安归来，真是欢天喜地。连往日待子女一向威严的老父亲，也颤巍巍地抚着我的臂膀，口中喃喃地唤着我的乳名，仿佛怕有人再夺走他的儿子。这时我的一儿一女，两年未见，均长大了许多。他们怯生生地躲在妻子身后，不肯上前。想到自己当初不辞而别，去投奔广州，把生活的重担和抚育儿女的责任统统推在妻子肩上，我心中油然升起一种歉疚之感。望着妻子含泪的双眼，竟一时不知说些什么好。

我探家的消息很快轰动了全村，乡邻们扶老携幼，一批批地赶来看望我，还有些儿时的伙伴，也特意来要求我带他们到广东去投军。父亲见我做了革命军军官，受到乡亲们如此尊敬，也甚觉光彩，乃吩咐家人摆酒与众乡邻欢饮。

转眼过了中秋，我接到兄长由长沙托人捎来的一封急信。信中说，他从报纸上得知广东国民政府已再次兴师东征，讨伐陈炯明，目前两军正在激战中云云。闻此消息，我一刻也不能在家中待下去了，次日便辞别父亲、妻儿，心急如焚地踏上回广州的归程。这次随我同行的，还有覃正格、覃道敦等四位青年，后来他们分别考入黄埔军校第四、五期。

我们在路上走了半个多月，一到广州，便听到一个惊人的噩耗，我们敬爱的军校党代表廖仲恺先生于8月20日被暗藏在国民政府内部的反动分子刺杀了！我绝对没有想到竟有人对功高德隆、深孚众望的仲恺先生下如此毒手，心中悲愤不已，几日不思茶饭。

这时，我原所在部队已随大军开上前线，为了能尽快赶上部队，我大胆

国民革命军第一军炮兵尽毁惠州北门援助本军进后城在城军助惠门北城外摄影之二陈诚志十岂

被东征军攻克后惠州城的残破景象

地去求见接任黄埔军校党代表的国民政府主席汪精卫。汪氏很快就接见了我，而且态度非常客气。我向他报到之后，即直截了当地提出了要上前线的请求。汪氏说，我在原部队的职务已由别人顶替，他希望我能留在广州任黄埔军校医院党代表。但我执意要上前线作战，不愿留在后方。汪氏见我态度坚决，想了想才说："你若一定要上前线也可以，不过要先在广州等一等，待我们的军队占领潮汕地区后，再自行设法前去寻找部队。若还愿意留在广州工作，可以随时再来找我。"我见汪氏极忙，不断有人来请示事情，只好起身告退了。

此后，我在广州焦急地足足等待了两个月的时间，一直没有找到去前线的机会。这期间，东征军队于10月中旬经猛烈战斗攻克军事重镇惠州，随即又迅速占领了蓝塘、紫金、河源、老隆及海陆丰等广大地区。到了10月

1925 年 10 月东征军行军情形

底，东征军与敌悍将林虎部在华阳一带再度激战，终将其精锐部队全部击溃。随着前线的捷报一个又一个地传到广州，我急得终日坐卧不安，心里开始后悔当初真不该请假探亲，以至于失掉了这次出征机会。

11 月上旬，各路东征军队陆续向潮梅地区集中，我闻讯非常高兴，千方百计地搭乘到一艘火轮前往汕头。在船上，我巧遇上军校一期同学蒋先云，彼此十分高兴。蒋先云的消息很灵通，从他口中我了解到一些有关第二次东征的详细情况。他特别向我介绍了我军强攻惠州之役的艰难情形和第二师四团团长刘尧宸等同志在攻城战中英勇牺牲的经过，我们既为革命军队所具有的压倒一切敌人的英雄气概所鼓舞，也为失去了许多优秀的同志和战友而痛惜。蒋先云同志曾用深沉的语气对我说："国民革命的成功，需要用无数革命志士的生命去换取，为主义献身是光荣的。"两年以后，蒋先云也在北伐战争中英勇捐躯了，他用自己的鲜血和生命实现了他的诺言。

蒋先云像

　　当时与我们同船前往汕头的，还有东征军总政治部主任兼第一军政治部主任周恩来同志的夫人邓颖超女士，但当时我还不认识她，故未见面。

　　船一到汕头靠岸，我即去找总政治部主任周恩来同志（东征军司令部当时设在汕头）。总政治部设在城内一所宽敞的院落里，我跨进恩来同志的办公室时，他正伏在桌子上向几位干部布置工作。我未敢惊动他，便悄悄肃立在门旁等待。过了一会儿，他交代完工作，抬头望见我，脸上立刻现出很高兴的样子："哦，是郑洞国，你回来了？"言毕，他伸出双手，绕过桌子快步向我走来。我忙不迭地向他立正、敬礼。恩来同志紧紧握住我的双手，热情地问道："路上辛苦了吧？欢迎你归队！"我有些歉疚地说："周主任，我回来晚了，仗都打完了。"恩来同志爽朗地笑道："不，不晚，我们这里的工作多得很呐，正需要人手，你回来得还是时候。"我马上直截了当地向他提出分配工作的请求。恩来同志同身后的几位干部商议了一下，方转过身对我说:"潮州野战医院党代表的职位现在空着,你就去接任这项工作吧。"我听了这话心里凉了半截,心想我就是因不愿在医院里工作才从广州跑到前线来,早知如此,当初就不如留在广州了。恩来同志大约看出我不很情愿的样子,笑着补充说:"医院的工作也很重要嘛,你先去工作一个时期,以后我再设法替换你。"我不好再讨价还价,便将任务接受下来,辞别了恩来同志,赶往潮州赴任去了。

谁知到了潮州野战医院,我才发现这里的情况很糟糕。医院里的医疗条件和生活条件都很差,连手纸、肥皂都没有,再加上院长不负责任,使医院里的秩序乱七八糟,伤病官兵们牢骚满腹,几乎天天闹事。

我到任不到一星期,正碰上蒋介石先生到医院来视察,伤病员们乃纷纷向他诉苦、告状。蒋氏听了勃然大怒,马上把医院院长唤来,劈面就打了他几记耳光,又把他臭骂了一顿,当场将他撤了差。当时我也在场,见状心中颇为不安。但蒋氏知道我是黄埔学生,又刚到任不久,故对我非但没有责备,反而勉励了一番,并要我担负起医院今后的全部领导工作,我这才放下心来。

蒋介石先生走后,我立即着手整顿医院工作秩序,安抚伤病员;同时加紧向上级请求增加医药、食品和其他物资供应。不久,医院里的医疗条件和生活条件开始有了很大改善,伤病员们由于得到较好的照料,情绪逐渐平静下来,以后再也无人闹事了。那时在医院中治疗的伤病军官们,许多是黄埔军校各期的同学,一来与我有同学之谊,二来见我肯为大家办事,故而都很支持我的工作,有事亦愿找我商量,这也是我的工作取得成绩的重要因素。

很快就到了春节。刚刚摆脱了军阀蹂躏和战乱之苦的潮汕地区的老百姓欢天喜地,共庆新春佳节,一连好多天,潮州城内人山人海,到处是踩高跷、舞狮子、耍龙灯的队伍,一片太平繁荣景象。更感人的是,当地许多民众,手捧对联,担着猪羊酒菜,敲锣打鼓、络绎不绝地前来劳军,与革命军官兵共同联欢,军民间真似鱼水一般。这是大革命时期我在广东度过的最热闹的一个春节。

这时,广东全省已基本平定,国民革命军在消灭军阀陈炯明势力的同时，还分兵击溃了盘踞在广东南部的军阀邓本殷部，从而完成了广东革命根据地的统一，为后来的北伐战争奠定了牢固的基础。在国共两党的共同努力和精诚合作下，轰轰烈烈的大革命迅速走向高潮。

1926年春，在潮州野战医院治疗的伤病员们陆续痊愈归队了，医院里的事情不多，我盼望着早些回到作战部队，也不想在这里待下去了，于是又跑到汕头去见周恩来主任。恩来同志见到我就笑着问："是不是在野战医院待不住了？听说你在那里工作得还不错嘛！"我见他知道我的来意，索性就把自己的想法照直说了。我这次来得很是时候，当时部队都在整训、扩编，军事干部很缺乏，所以恩来同志很痛快地答应了我的请求，叫我先回潮州等待消息。不久，他亲自向蒋介石举荐，任命我为国民革命军第一军第三师第八团第一营营长。我将在潮州的工作交代完毕，便高高兴兴地去部队赴任了。

第三师当时驻扎在海澄，后移驻梅县一带整训。这支部队是由原粤军第七旅许济部改编的，战斗力不甚强，官兵没有受过政治教育，军事训练也较差，在第二次东征战役中，该部曾在华阳地区被林虎部击溃，差点让前来督战的蒋介石先生也遭遇不测。在这次整编期间，上级抽调了一大批军事和政治工作骨干充实这支部队，并加强对部队官兵的政治教育和军事训练。特别是我们第八团团长徐庭瑶很会带兵，不仅对训练抓得认真，而且有一套办法，使部队在很短的时间内就改变了面貌。后来，第三师在北伐战争中成为一支无坚不摧的劲旅。

令人遗憾的是，正在革命形势蓬勃向前发展的时候，国共两党间却出现公开的裂痕。1926年3月20日，广州发生了"中山舰事件"。国民党右派借口海军局局长兼中山舰舰长、共产党员李之龙擅自将中山舰开入黄埔，企图劫持蒋介石先生搞暴动，公然将李之龙扣押了，随后，强迫国民革命军第一军中以周恩来为首的全体共产党员退出该军。这次事件实际上是国民党右派在幕后一手操纵的，目的是制造事端，借机排挤和打击共产党人，因此也可以说是国共两党关系破裂的第一个讯号。大约两个月以后，右派势力又在国民党二届二中全会上抛出了"整理党务案"，进一步限制、排挤在军队和国民党中央工作的共产党员。此后，国共合作的局面虽然继续维持了一段时间，但两党间的矛盾和裂痕却是日益加深了。

那时我们远离广州，对上述事情的真相并不清楚，只是感觉到国共两党的关系上出现了一些麻烦。直到"中山舰事件"后不久，周恩来和一大批共产党员同志被迫退出第一军时，我们许多人才感到震惊，因为在军队中驱赶共产党人，这还是第一次，我们完全没有思想准备。事实上，自第一次东征战役以来，国共两党同志在军队中并肩浴血奋战，结下了深厚的情谊，特别是周恩来同志，更是赢得了军队中两党同志的广泛敬仰。他和其他共产党员同志的被迫离去，使当时包括我在内的许多人都深为依恋和痛惜。在那以后，我也曾暗暗地为国共两党合作的前途担忧，但却绝未想到，仅仅在一年之后，国民党右派就向共产党人举起血腥的屠刀，由此导致了第一次国共合作的完全破裂。

北伐战争

1925 年到 1926 年春，广州国民政府先后削平了广东省和广州革命政权内部的各个军阀势力，并实现了两广的统一，革命根据地日臻巩固。但此时，继北京政变后，先后取代直系军阀曹锟、吴佩孚集团，掌握了北京政府的皖系军阀段祺瑞和奉系军阀张作霖等反动势力，对外向帝国主义列强屈辱妥协，对内破坏国民会议运动，残酷镇压人民革命斗争。吴佩孚、张作霖军队还联合向冯玉祥部国民军进攻，迫其退往西北。这样，中国的大多数省份仍处于北洋军阀和其他军阀势力的控制之下。全国人民迫切希望广东国民政府迅速出师北伐，以结束自民国创立以来北洋军阀的黑暗统治和军阀割据局面。因此，兴师北伐，用革命战争推翻列强和封建军阀在中国的统治，在全国范围完成国民革命，已成为广东国民政府面临的迫切任务。

1926 年 6 月 5 日，国民党中央通过出师北伐案。7 月 6 日，国民政府正式发布北伐宣言。9 日，国民革命军在广州誓师，伟大的北伐战争开始了！

1926 年 7 月，国民革命军总司令蒋介石在广州东校场举行的北伐誓师典礼上发表演讲

　　参加北伐的国民革命军共八个军，约十万人。蒋介石先生为总司令，李济深将军为总参谋长，邓演达将军为总政治部主任。以下第一军至第八军的军长分别是：何应钦、谭延闿（由副军长鲁涤平代）、朱培德、李济深（兼）、李福林、程潜、李宗仁、唐生智。共产党人李富春、朱克靖、廖乾吾、林伯渠等亦分任第二、三、四、六军党代表兼政治部主任。当时，除第八军唐生智部和第四军叶挺独立团先已在湖南同直系军阀吴佩孚军队作战外，其余北伐军队先后分西、中、东三路出师北伐（第四军、第五军各一部留守广州，第七军一部留守广西）。

　　北伐军所面对的主要敌人是：占据两湖、河南各省和直隶南部的吴佩孚军队，兵力约 20 万人；盘踞江苏、浙江、福建、安徽、江西的五省联军孙传芳部，兵力亦有 20 万人；以东北为基地并据有山东、热河、察哈尔和直隶大部的奉系张作霖军队，兵力在 35 万人以上。敌人在军队数量上大大超过北伐军，且占有中国广大区域。但是，北洋军阀的残暴、腐朽统治早已激

起全国人民的强烈反对，失尽人心。同时，三大派系军阀势力之间钩心斗角，称雄割据，互不相谋，无法协同作战，这些均为北伐军取得战争的胜利提供了有利条件。

北伐战争初期的主要战场在两湖地区。两湖地处由广东向北发展革命势力的要冲，而统治该地区的直系吴佩孚军队又是各派军阀中最凶恶的一支反动力量。故北伐军以主力西路军（包括第四军、第七军、第一军二师，以及原在湖南作战的第八军和第四军叶挺独立团共 5 万人）首先指向两湖战场。为了防止敌人从侧背袭击我军，威胁我后方根据地，北伐军另以两支军队分别警戒江西、福建的敌人，准备在两湖战场打垮吴佩孚部主力后，再集中兵力进攻东南各省，击败孙传芳军队，最后进军长江以北地区，消灭奉系张作霖军队。

7 月上旬，西路军接连攻占株洲、醴陵等城，湖南各地民众纷纷起而响应，欢迎和支援北伐军。由于广大将士英勇善战，再加上各界民众的支持，战争形势发展很快，西路军一路势如破竹，7月11日即进占湖南省会长沙。8月，西路军攻入湖北，在鄂南之汀泗桥、贺胜桥两役中，将吴佩孚在两湖地区的主力完全击溃，随即乘胜追击，兵临武汉三镇，相继占领汉口、汉阳，吴佩孚本人仓皇逃往郑州。10月，敌重兵固守的武昌亦为我军攻克。至此，北伐军实现了消灭吴佩孚部主力、首先在两湖战场取得决定性胜利的战略目的。

北伐战争开始后，军阀孙传芳先是坐视观望，企图待吴佩孚部和北伐军两败俱伤时，再收取渔人之利。1926年8、9月间，孙氏见北伐军连战连捷，所向披靡，乃慌忙调集重兵入江西，准备向北伐军发动进攻。北伐军先发制人，于9月上旬乘孙部尚未集结完毕，派遣北伐中路军（包括第二军、第三军、第六军、第一军教导师及第五军一部）攻入江西，很快占领江西二十余县和赣南重镇赣州。9月中旬，第六军程潜部曾一度攻入省会南昌，但不久即被迫退出。稍后，第一军教导师亦在南昌城下遭到严重挫折。北伐军总司令部急调第七军李宗仁部、第四军李济深部先后入赣，各军协力猛攻，终于在11月上旬攻克九江、南昌，歼灭了孙传芳部主力。孙氏犹如丧家之犬，惊慌失措地登上兵舰逃回南京。北伐军军威大振，浩浩荡荡地顺长江东下，由安庆、芜湖直捣南京。

从1926年7月至9月，第一军主力之第三师、第十四师一直奉命驻于广东梅县、潮州等地，一面就地整训，一面警戒福建方面的敌人。大约在9月下旬，孙传芳因江西吃紧，遂命其第四方面军司令兼福建督办周荫人，集结大批军队准备进攻广东，意在牵制北伐军后方。根据对敌情的判断，我军料定敌人很可能是经位于闽粤交界的永定，向西进犯梅县之松口、三河一带。为此，我军巧妙用兵，仅留第三师第九团防守松口、三河一线，主力（第三师第七、八团，第十四师和一个独立团）则在总指挥何应钦率领下，迅速向福建境内的敌人必经之地永定出击。这支部队就是后来的北伐军东路军（当时新反正过来的曹万顺部一个师驻于福建上杭一带，亦属东路军建制）。

东路军的作战意图是：先切断周荫人部主力的退路，与驻守松口、三河的部队前后夹击，将敌人聚歼于闽粤两省交界地区；然后进攻闽浙两省，牵制并歼灭孙传芳驻闽浙一带的军队，以配合我军在鄂赣战场方面的作战，最后与北伐军主力会师于上海、南京。

作战命令下达后，东路军即分左右两个纵队，分别由三河、潮州等地经大埔星夜向福建挺进。我所在的第三师主力在右路。

部队进入闽境后，我第一营即担任右纵队前卫。数日后的一个下午，部队接近永定县城。我原想指挥部队乘虚袭占该城，但前卫连刚一进至城东高地附近，即与敌人接触，顿时枪声大作。从敌人的火力判断，城内似驻有敌人的大部队。我急命各连迅速抢占有利地形，作好战斗准备，并搜索敌情；同时派人向团部报告情况。不多久，团部就下达了指示，要我营加强戒备，原地待命。稍后，我们才知道刚才是同周荫人的警卫部队遭遇了。原来，敌人已在永定城内驻有重兵，周荫人的指挥部亦设在城内。同时据我方谍报人员报告，开入广东境内的一部分敌人，正在松口一带与我第九团激战。

战场上的这种情形均出乎敌我双方的预料。敌人方面绝未料到我军主力部队会突然出现在永定城下，一时惊慌失措，被迫仓促应战；我军亦未料到敌人会在永定城驻有重兵，周荫人亲自在此坐镇指挥。倘不迅速攻克该城，歼灭面前这股敌人，我军非但不能完成断敌退路的任务，还将使敌人乘虚深入广东，给我北伐后方根据地造成严重威胁。

为此，东路军指挥部果断地决定于次日拂晓实施攻城，限期破城，并将主攻任务交给了我们第三师第八团。

当晚，徐团长亲自带着我们几个营长和团部作战参谋，借着朦胧的月光，悄悄地观察了永定城周围的地形。永定是一个四面环山的小城，城东南方向的山势尤为险峻，且距城较近。山脚下有条小河由南向东北方向缓缓流过，过了河再有百十米距离便是城墙，其间参差坐落着一些民房。敌人已抢先在城东的几个重要制高点上构筑了防御工事，不时向我方阵地鸣放冷枪，白天的战斗也是在这里发生的。永定城南则是一片较平坦的开阔地，距山地远些，敌人在那里也修筑了工事，驻有重兵防守。城西北方向山势相对平缓些，是敌人的后方通道。

回到团部，众人均认为我军应先攻占城东一带险要高地，再以火力俯击城内，敌人势必难以久持。徐团长亦觉得这个想法甚好，当即采纳了这个建议，并作了战斗部署：第一营（配属团机枪连）担任主攻，任务是攻取城东各高地；第二营由城南佯攻，牵制敌人；第三营为团预备队。

翌日，晨曦微露，我指挥部队迅速运动至城东南各指定的攻击地带上。敌人马上发觉了，惊慌地向山下发射密集的枪弹。但由于尚未天明，敌人搞不清楚我们的准确位置，只是打枪壮胆，未给我军造成任何伤亡。我刚把营部设置在距敌城东阵地不远的一个小高地上，即闻城南方向枪声骤剧，表明第二营的战斗已打响了。趁敌人注意力稍稍转移，我命第一连发起正面攻击，另遣第三连从右翼迂回而上，实施侧击。第二连及团属机枪连作为营预备队布置在营部附近高地上，用火力掩护第一连进攻。

城东高地的争夺战一开始就十分激烈。敌人亦知此处为拱卫永定城的屏障，故拼命死守，与我军争夺甚为凶猛。

敌人据险而守，先占地势之利，居高临下，不断以密集火力压制我军进攻，使第一连的几次冲击均未奏效，并造成了一些伤亡。糟糕的是，迂回中的第三连亦为敌人发觉，被敌人的火力"卡"在山腰上动弹不得。双方遂以火力对射，形成僵持状态。

这时天已大亮，徐团长不时派人前来催问战果。我心中亦十分焦虑，因为部队多暴露在敌人火力下，倘这般胶着下去，势必徒增伤亡。经过片刻冷静地思考，我决定重新调整火力，重点压制敌人的几个主要火力点，遂集中机枪连和迫击炮火力，猛击敌正面的两三个火力点。并挑选十余名优秀射手专以冷枪消灭其他敌人零散火力点。待敌火力稍减后，即令正面的第一连和右翼第三连加强协作，再次发动强攻。

正激战间，我的好友第三营营长李及兰率队增援了上来。他跑得满头大汗，气喘吁吁地问："郑营长，团长命我上来支援你，现在情况怎样？"我见增添了一支生力军，心中大喜，高兴地说："你来得正是时候，这番定可破城了！"言毕，下令作为预备队的第二连也投入正面攻击。第三营官兵亦纷纷占领阵地向敌阵地射击。

我拉着李及兰隐蔽在营指挥所前三四十米处的一块巨石边指挥战斗。对面敌人的枪弹飞蝗般地打来，碎石、泥土溅了我们一脸，我们谁都不顾。

这一带的山势虽不太高，却很陡峭，站在山下仰头观察山顶都比较困难。所幸我营多是湘、浙、粤籍官兵，惯于山地作战。只见我攻击部队在强大火力支援下，以班排为单位，借山石树木为掩护，敏捷地向上攀登，与敌在山顶附近激烈厮杀，彼此均有伤亡。

正当敌我混战之际，右翼我第三连迂回成功，百余名官兵像旋风般地从斜侧里插入敌主阵地，与敌人展开白刃战。经几分钟拼搏后，敌人招架不住了，丢弃下遍地尸首和伤兵，乱哄哄地向后逃窜。我见状大喜过望，急将机枪连阵地移至新控制的制高点，向敌城垣工事猛烈扫射，同时命第一营主力加紧向城垣进逼。另以一部沿城东南山坳，跑步涉过小河，直扑敌之东门。

敌人见城东屏障已失，头顶弹如雨下，军心动摇，再也无法抵挡我军的凌厉进攻。我军刚刚进迫至城垣，城内守敌便纷纷由北门向外逃窜，我军未经激烈战斗即突入城内。正在南门外与我第二营对峙的敌人，见城内失守，阵脚大乱，在我军冲击下落荒而逃。我军完全控制了永定城，时间刚好是正午。

是役，除敌将周荫人率少数亲随夺路逃窜外，守军大部被我军消灭了。追击途中，我营缴获到一件漂亮的大衣，士兵送到我面前时，衣内尚有余温。后经俘虏指认，方知此衣为周荫人之物，在逃窜时失落。由此可见周荫人逃命时的狼狈之状。

我第一营在这次战斗中表现出色，斩获甚众，仅俘虏就抓到四五百名，受到上级嘉奖，全营官兵，一片喜气洋洋。这是我自北伐出征以来经历的第一次战斗洗礼。

永定战斗结束后，东路军除由何应钦将军率独立团留驻该城担负警戒外，主力未及休整，即在前敌总指挥兼第十四师师长洪轶佩将军指挥下火速回师广东松口，以迅雷不及掩耳之势奔袭进犯该线之敌。

我军日夜兼程向松口疾进，赶至松口附近时，正是拂晓。担任我师前卫的第三营一翻越松口镇以北附近的高地，便在镇边的开阔地上与敌人打响了。该营营长李及兰指挥部队迎头痛击敌人，一个猛冲便把敌人打得缩回镇内。敌人不甘示弱，马上派出大批兵力反扑过来，接着我团第二营也奉命加入了战斗，双方在这片不太大的开阔地上展开了一场恶战。

此时，我师第七团和第十四师正在向松口方向前进中，尚未与敌接触。我透过硝烟，发现敌人正慢慢地向我军两翼压迫，遂不断目示身边的徐团长，意在请求出击。徐团长镇静自若，手持望远镜专注地观察敌情，似未察觉我的急切表示。

大约40分钟后，镇东方向突然响起剧烈的枪炮声，而且愈来愈近。不久，一传令兵飞跑来报告，说第十四师和我师第七团已在左翼和敌人打响了。同时，沿梅江南岸据守的我师第九团也向敌人发起了攻击。这个消息使我们大为振奋，徐团长果断地一挥手，命我营投入正面攻击。伏在高地上观战多时的第一营官兵早已按捺不住了，攻击令刚一下达，各连就迅猛地向敌人扑去。

敌人因东、南、北三面受敌，被迫分兵应战，也只有招架之功了。我营加入战斗后，在镇北方向苦战的第二、三营士气益振，协力向敌人猛攻，打得敌人步步后退。又经两三个小时的鏖战，敌人终于全线崩溃，四散逃命。我团首先冲入镇内，会合友军后即展开追击，将逃敌大部消灭在镇外，只有少数跑得快的敌人才侥幸逃脱。黄昏前，战斗全部结束。

松口一役打得更漂亮，我军不仅彻底解除了敌人对广东根据地的威胁，而且将周荫人的大部主力消灭掉了，为后来东路军顺利进军闽、浙，创造了有利的条件。

第一营在松口战斗中又建战功，俘获敌人的俘虏和枪支逾千，列全团榜首，再次受到上级嘉奖。

我军收复松口后，就地休整了一个星期。这个小镇经过周荫人部队的蹂躏，已经十室九空，破败不堪。我的营部驻在镇边一所小学校内，校园中到处是敌军士兵遗下的便溺，臭气熏天，我们费了好大劲才清扫干净。说也奇怪，学校图书室里的许多书籍居然保存得完好无损，使我大为高兴，每日除了处理军务，便埋头读书。

10月中旬，东路军主力由松口出发，再次进入福建。在永定，我们与留驻这里的独立团会合，又休整了十余日。11月初旬，部队继续开拔，浩浩荡荡地向位于永定东南两百余华里外的重镇漳州挺进。

在向漳州进发的途中，我出了一次洋相。某日黄昏，我营刚刚在一个小村落里宿营，团部一名传令兵匆匆跑来交给我一张纸条。我打开一看，是徐团长的一张亲笔便条，上面仅寥寥一行字："郑营长，晚上请到团部便餐，因有红烧牛肉故也。此致。徐庭瑶即日。"我急忙带上一名传令兵策马驰往团部。到了团部，发现除我之外，其他各营营长均未到，正诧异间，徐团长笑呵呵地迎上来，招呼我和几名团部军官入席，我坐定一看，满桌菜肴中果然有热气腾腾的红烧牛肉。徐团长先道："今天没有公事，各位要开怀畅饮，郑营长更要多吃几杯。"说毕便与众人干起杯来。席间的气氛十分活跃，自北伐出征以来，东路军连战连捷，我们第八团亦屡建战功，大家的心情都格外畅快，再加上有些丰盛的酒菜，越发助兴。我本来酒量不大，禁不住众人频频相劝，不觉吃得大醉，以至席是如何散的也不晓得了。夜里醒来，我才发现是睡在副团长的房间里，床上、地下让我吐得一塌糊涂，真是狼狈之极。

第二天早饭后，徐团长将我唤去，郑重地通知我：奉上级指示，他将调升他职，由我接任第八团团长。这时，我方明白昨晚的酒席原来是为欢送徐团长和庆贺我升任团长预备的。从此，我这个还不满24岁的青年，就肩负起指挥一个团队的重任。

此时闽浙战场的形势对我军十分有利。孙传芳为支撑残局，被迫将大部分主力先后调入江西战场作战，闽浙空虚。而留在福建的周荫人部队，经永定、松口两役后，已成惊弓之鸟，军心动摇，我军所经之地，敌人多望风出降。当我军进至漳州十余华里外时，敌漳州守军师长张毅便主动派人来接洽投降，东路军指挥部将受降任务交给了第八团。

次日上午，我团在驻地附近的一片开阔地上排开严整的队列，等待张部投降。不多久，张部便一个团一个团地陆续开来缴械。我们招待这些投降官兵吃了顿饭，然后召集他们讲话，凡愿留下者编入部队，不愿留下者则发放一些川资，将其遣散了。

占领漳州后，我军沿着海岸线向东北方向进军，一路未经大的战斗，于12月上旬进占福建省会福州，福建全省遂基本平定。

东路军占领福州之后，本应迅速进兵浙江，消灭孙传芳驻浙部队，积极配合北伐军主力在苏、皖、浙战场的作战。但不知何故，东路军在福州一停便是一个多月，后经总司令蒋介石一再电催，并派前敌总指挥白崇禧将军亲率几师精锐部队由赣东入浙作战，东路军方于1927年初离开福州，经古田、建瓯一直向浙江前进。

部队抵达建瓯时，有新归附的一师孙传芳军队驻于城中，因其内部不稳，指挥部决定将其缴械。接到命令后，我们立即暗中将城内地形及敌人分布情况侦察清楚。第二天恰是除夕，我们乘其不备，夜间即以突然行动将该部全部包围缴械，几乎不耗一枪一弹。次日，我们将该师官兵一部遣散，一部编入各师，并利用缴获的大量物资过了春节。正月初三、初四，部队才陆

北伐战争期间的白崇禧骑马像（松阳县档案馆提供）

续出发，经浦城、仙霞岭进入浙江境内。

这期间，白崇禧将军指挥的军队在浙西打了几场大仗，基本上消灭了孙传芳在浙江的主力，并积极向上海推进。在中共领导下的上海工人纠察队抓住时机，连续三次发动武装起义，终于取得胜利，控制了整个上海。此后，浙江境内的残敌已呈土崩瓦解之势，一触即溃，故东路军再未经大战，一路进军顺利。

东路军自出征以来，很重视对官兵开展政治工作，宣传工作搞得十分活跃，因此部队赖此始终保持着旺盛的士气和严明的纪律。在进军浙江途中，正值早春，天气尚冷，官兵们都身着单衣，无法御寒。偏偏又赶上连日雨雪交加，道路泥泞不堪，行军非常困难，部队减员也很大。但全军将士上下一心，团结互助，硬是咬紧牙关克服重重困难。最令人难忘的是浙江地区的民众，沿途自发地组织起来，有的为部队挑土铺路；有的捧着茶水、食物，冒着雨雪候在路旁劳军；还有一些民众联合设立了许多收容站，热情地收容、照护伤病员，使他们很快就陆续痊愈归队。这种军民之间的深厚情谊使部队官兵深受感动和鼓舞，由此也令我们更加深切地感受到革命军队所肩负的责任。多年以后，我还常常回忆起北伐途中的这些动人情景，可惜在后来的国民党军队中，这种情景已是很难看到了。

是年3月，东路军经江山、衢州、龙游、兰溪、桐庐进占杭州。在风景秀丽的西湖湖畔休整了两天，部队又继续出发，经泗安、广德、溧阳、句容，一直向南京挺进，与由江南顺长江东下的北伐军主力形成钳形攻势。此时孙传芳的残兵败将已是魂惊魄散，纷纷望风而逃。东路军仅在南京东南的句容与奉军一部有过一次接触，很快即将敌人击溃，并缴获了一些枪支弹药。3月下旬，东路军终于兵临南京城下，与城内刚刚到达不久的第六军程潜部胜利会师了！

北伐军占领南京，引起了帝国主义列强的极度恐慌。东路军抵达南京城的当晚，云集在下关附近江面上的英、日、美、法军舰，借口其侨民受到伤害，突然向南京下关和栖霞山地区实施野蛮的炮击，打死打伤我军民两千余人，击毁民房无数。当时，我率部据守栖霞山阵地，亲眼看到阵地附近和下

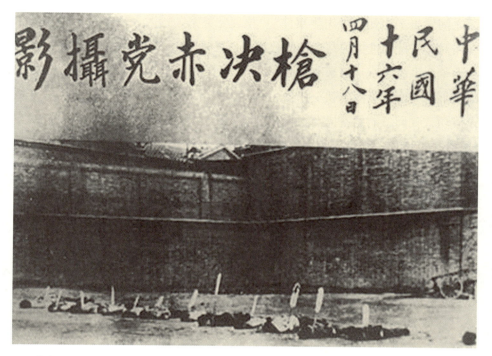

蒋介石反动政治集团实施"清共"后被屠杀的共产党人

关的市民居住区燃起熊熊大火，成千上万的无辜百姓在帝国主义的炮火下奔逃号泣，惨不忍睹。我军官兵无不义愤填膺，不待上级命令，便自动进入阵地向列强兵舰狠狠还击，双方激烈交火近一小时。可惜我军缺乏重武器，火炮尤少，未能给敌人以致命打击。

这次事件，使我更加认清了帝国主义列强是国民革命的凶恶敌人，不将这些列强势力驱逐出中国，则中国革命断无成功之望。

但是，使人万分痛心的是，就在北伐战争取得重大胜利，革命大业正待继续向前发展之际，革命阵营内部却在帝国主义列强和国内大资产阶级的威胁、利诱下发生了严重分裂。1927 年 4 月 12 日，以国民革命军总司令蒋介石为首的右派势力在上海公开宣布"清共"，并以武力解除了上海工人纠察队的武装，大批屠杀共产党人和革命民众。消息传到南京，我们不少人都惊呆了，简直不敢相信这会是事实。尽管自 1926 年春以来，中共与国民党右派之间发生了诸如"中山舰事件""整理党务案"等大大小小的矛盾，但许多人对于坚持和维护国共合作的政治局面还是坚信不疑的。特别是我们这些在大革命洪流中成长起来的革命军军人，在黄埔军校以及后来的东征、北伐战场上与共产党员同志朝夕相处、并肩作战，结下了血肉情谊。现在革命尚未成功，我们怎能同室操戈，自相残杀？！

正在我们许多人惊愕不定的时候，蒋介石偕胡汉民、吴稚晖等人匆匆来到南京。他们一到就召集各部队讲话，言辞激烈地攻击共产党人和武汉国民政府（此时国民政府已由广州迁抵武汉）背叛孙中山先生的事业，表示要对在南京的军队中的共产党员和同情武汉国民政府分子实行"非常紧急处置"措施（"清党"），同时宣布要在南京另外成立国民政府。这下南京的空气顿时紧张起来了。我在军队中的许多朋友、熟人不久便陆续失踪了。后来方知他们当中有的遭到逮捕，有的被杀害，有的则设法跑掉了。军队内部一时人心惶惶，谁也不晓得什么时候会厄运临头。至于我们这些平时被认为思想"左"倾，与共产党人往来较密切的军官，都作好了被撤职或遭捕杀的准备。以后我本人虽然未遭杀头之祸，亦未被撤职，但却在军队中长时期得不到升迁。数年后，当时担任黄埔军校同学会负责人的一期同学黄雍告诉我，在该会秘密掌握的黑名单上，我早已被列为共产党嫌疑分子，经他发现后，始将我的名字从中抹去了。

1927 年蒋介石于南京实行"清党"时期，我的思想是非常迷惘、苦闷的。那时我还是一个思想比较单纯、幼稚的青年军人，虽然有着朴素的爱国思想，但对中国革命的性质、道路却缺乏全面、深刻的认识，对于中国社会的各种矛盾以及阶级斗争的尖锐性、复杂性，亦无清醒的、足够的体察，以致在这一突发的政治事变面前，全然失措，失去主张。继而又因政治思想上的糊涂和封建思想的束缚，终于走上了一条违背自己革命初衷的政治道路。当时我尽管对共产党人遭受的厄运充满同情，对蒋介石的"清共"之举不能理解，甚至反感，但在我心目中却始终认为蒋先生是已故孙总理的正统继承者，是我们当然的政治领袖和军事统帅，背叛他即是对"党国"不忠。因而几经痛苦地抉择，我还是决定跟着蒋先生走，一直到 1948 年秋长春和平解放，我才结束了这一长达二十余年的曲折历程。

第三章

1927 年后的十年征战

宁汉对立和二期北伐

1927年4月18日，国民革命军总司令蒋介石在南京另组国民政府，推举胡汉民先生为国民政府主席。同时成立中央政治会议和军事委员会，蒋氏自任主席。

这样，在中国长江流域，形成了两个互相对立的国民党政权：一为当时尚在中共和国民党左派影响下的武汉国民政府，一为由国民党右派掌权的南京国民政府。先已在迁都问题上争执不下的宁汉双方由此更是势如水火，剑拔弩张，大有一触即发之势。

在宁汉双方对峙之际，败退至苏北的孙传芳残部和盘踞在山东的直鲁联军主力于4月中旬乘机大举向我反扑。敌人兵分两路：一路由淮河南下围攻合肥；一路沿津浦路南下，直抵浦口，并以大炮隔江轰击南京。同时，张学良率奉军精锐自京汉线南下至河南驻马店，威逼武汉。鉴于大敌当前，宁汉双方只能暂时罢兵息争，分头继续北伐。

南京方面的军事委员会将所属军队分为三路：西路以李宗仁将军为总指挥，辖第七军夏威部、第十五军二师、第四十四军叶开鑫部、第二十七军王普部、第十军王天培部、第三十三军柏文蔚部。该路军渡江西进，直趋合肥，由皖北攻截津浦路；中路军以蒋介石先生为总指挥（白崇禧将军代），辖第一军一、三两师，第六军杨杰部，第三十七军陈调元部，第四十军贺耀祖部。该路军渡江北上，以攻略徐州为第一期作战目标。以上两路，为南京方面北伐之主力；东路军以何应钦将军为总指挥，辖第一军一部、第二十六军周凤岐部、第十四军赖世璜部、第十七军曹万顺部，沿长江下游陈兵于镇江至常熟之间，俟西、中两路军进攻得手后，再渡江北上，清剿苏北之敌。

5月初，我所在的中路军由南京西南的马鞍山附近渡江北上。此时敌人主力多集中在津浦线上及合肥周围，故我中路军正面仅发生小规模战斗，很快将敌人击溃，一路经全椒、滁州、盱眙向北挺进，进展神速，于5月20

日左右即接近陇海铁路附近。于此前后，西路军亦在柘皋、梁园大败直鲁联军精锐马济部，乘胜攻克津浦线上的重镇蚌埠。西、中、东三路大军遂遥相呼应，齐向陇海线推进。6月2日，我北伐大军攻占陇海、津浦两路枢纽重镇徐州，各路军队胜利会师于陇海路。

在我军攻占徐州的前一天，即6月1日，武汉方面的北伐大军也在重创奉军之后占领郑州，与冯玉祥将军率领的国民军会师，随后又乘胜占领开封，奉军被迫仓皇北撤。

在北伐战争取得节节胜利的过程中，原倾向革命的武汉国民政府也开始向右转。1927年6月10日，武汉国民政府首脑汪精卫、谭延闿、孙科等赴郑州会晤冯玉祥将军（史称"郑州会议"）。会后，武汉方面将已占领的河南地盘交给冯氏的国民军，把北伐军队全部撤回武汉地区，一面积极筹划在内部"清共"，一面准备进攻南京。这也就是汪精卫后来鼓吹的"在夹攻中奋斗"。

郑州会议后，冯玉祥将军又于6月19日在徐州与南京国民政府首脑胡汉民、蒋介石、李宗仁、吴稚晖、张静江等会晤（史称"徐州会议"）。会议除决定蒋、冯共同对奉作战外，另一个主题便是促汪反共，实现宁汉合流。在南京方面决策层中，当时多数人都赞同继续北伐，而不主张对武汉用兵。

在此期间，南京方面的北伐战事仍在继续进行。6月中旬以后，我们中路军在白崇禧将军指挥下向鲁南临沂前进。

在郯城以南地区，我军曾与孙传芳残部遭遇，展开了一场相当激烈的战斗。敌人初时尚很顽强，硬碰硬地与我们顶着打，我第一军一、三两师在友军配合下由正面不断向敌人发动猛烈冲击，迫使敌人步步后退。双方激战竟日，至午后4时许，我军贺耀祖等部从左翼向敌人包抄，遂使敌人全线崩溃。

此后，敌人再也无力组织有效抵抗，我军长驱直入，直扑至临沂城下。时李宗仁将军指挥的西路军亦相继占领峄县、临城，进迫至邹县、济宁一带，其中叶开鑫部已进至临沂以西地区，配合我中路军猛攻临沂。

1927年6月20日，蒋介石与冯玉祥在徐州会见

临沂城防相当坚固，且有敌人重兵防守，故攻城战役打得十分艰苦。第一日，我军从晨至晚发动十余次攻击，均未奏效，部队伤亡较大。翌日，我军从东、南、西三面同时攻城，枪炮之声震耳欲聋。激战中，敌人突然出动白俄铁甲车，以炽烈炮火向我攻击部队射击，一度给我军造成相当伤亡。以后我军集中炮火轰击敌铁甲车，迫使其狼狈缩回城内。战至午后，敌人力渐不支，而我军攻势则愈加猛烈。

正当临沂城旦夕可下之际，上级忽然传下命令，让我各攻城部队星夜解围后撤。我们攻城正攻得兴起，突然听说要把部队撤下来，心中很不情愿。

原来，武汉国民政府已命精锐的第二方面军张发奎部集中于江西九江，准备顺江而下，东征讨蒋，宁汉局势骤然紧张。南京方面乃被迫将徐海前线主力迅速撤回，以抵御武汉方面的军队。

我第一军三师自前线撤下后，旋经江苏淮阴、扬州，一路开至上海。当时我们心中好生奇怪，既然宁汉武力对峙，我们为何不开往南京，却偏要开到上海来呢？事后始知，在南京国民政府内部，蒋桂之间亦矛盾重重，蒋介石先生此时已暗中酝酿下野之事，故将其视为嫡系的第一军部队置于远离前线的后方，作为今后东山再起的资本。这种内幕当时我们自然是无从知晓了。

部队在上海驻扎半个月后，我突然患病，周身发热无力，精神怠倦，并时常晕厥，实无精力再主持军务，遂向上级呈报了请调报告。不久，何应钦将军调我到南京做他的参议。

这期间，汪精卫已在武汉大举"清共"，促使在中共领导和影响下的第二方面军中贺龙、叶挺两部毅然举行南昌起义（彼时国民党方面称之为"南昌暴动"），武力反抗国民党政权，宁汉间的紧张局势由此稍有缓和。但南京方面却因徐海兵力空虚，徐州复失。以后蒋介石先生亲自指挥反攻，不料遭到惨败，孙传芳军队乘机卷土重来，陈兵江北，虎视南京。我到南京时，蒋先生已被迫于 8 月 13 日通电下野，东渡日本考察。

此时，南京方面的情形仍十分紧张。武汉唐生智的军队正顺江而下，进至安庆、芜湖一带；江北孙传芳军队自浦口日日以大炮轰击南京城，并有发动大规模进攻模样。南京军委会急将大部军队沿长江南岸部署，采取防御态势。

8 月下旬，孙传芳军队乘我部分沿江防守部队换防，于夜间突然渡江偷袭乌龙山、栖霞山阵地，一度攻占栖霞山主阵地和乌龙山阵地的几座炮台，双方发生激烈的争夺战。经三日激战，我军始歼灭该处渡江之敌，夺回全部阵地。但与此同时，孙部主力又在镇江、龙潭之间大举南渡，很快攻陷龙潭。我第一军第十四师卫立煌部、第二师刘峙部曾就近反攻，一度将敌人逐出龙潭。然而敌人后续部队源源渡江，向我军发动猛烈进攻。此时孙传芳好似输红了眼的赌徒，拼出全部血本，志在必逞。孙部数万大军只携带数日干粮，渡江后即将所有船只调往北岸，以示破釜沉舟之意。孙氏本人亦亲自渡江督战，并扬言要在上海度中秋节，气势甚为嚣张。我第二、十四两师众寡难敌，被迫节节后撤，不久栖霞山阵地再次失守，敌人前锋部队一直进迫至南京近郊。南京城内人心惶惶，不少市民开始逃到城外。

为挽救危局，南京军委会迅速檄调驻南京及沪杭路的军队准备反攻，总指挥何应钦将军等亲自赴前线督战，人心由此稍安。

8月29日晚，我驻沪杭路的第一军第一师王俊部、第三师顾祝同部、第二十一师陈诚部陆续开到龙潭附近，遂会同第七军、第十九军以及第一军之第二、二十二、十四师等部于次日拂晓由东、西、南分三路向敌人发动全线反攻。双方十余万军队在龙潭周围方圆几十里地区内搅作一团，枪炮声、呐喊声震耳欲聋，一时杀得天昏地暗、血流成河。其战斗之惨烈、规模之宏大，为北伐以来所罕见。

战役期间，我一直跟随总指挥何应钦将军左右，时常奉命到前线了解情况、传达命令，故虽未亲身参加战斗，却也目睹了当时这场战役的残酷景象。某次我去前线一个独立团传达何总指挥的作战命令，途中发现在一大片水田里密密麻麻布满了敌我双方士兵的尸体，约有五六百具。有的尸首已经泡肿发臭，血把田里的水都染成了红色，显然这里发生过一场极为激烈的混战。直到战役结束后，我请假去苏州养病，火车经过栖霞山、龙潭地区时，那一带仍然尸臭熏天，令人窒息，可知在这次战役中死的人是极多的。

龙潭激战持续了近两昼夜，孙军力渐不支，虽数度作困兽之斗，发起一次次凶猛反扑，但均被我军粉碎，全部人马被包围在江岸附近，最后除孙传芳率少数亲随登舟仓皇逃到长江北岸外，其渡江部队悉数被缴械。

是役，我军毙敌万余人，俘敌四五万人，缴获枪炮不计其数。孙传芳苦心经营多年的本钱，几乎彻底赔光了，从此便一蹶不振。

龙潭大捷后，我军乘胜渡江追击，孙部残余已成惊弓之鸟，望风向苏北逃窜，我军重新光复浦口、扬州等重镇，南京局势遂转危为安。

这时，我的身体状况愈来愈坏。本来我的身体已感不适，龙潭战役期间又冒着酷暑和炮火终日往来奔走于前线与总指挥部之间，病情就更加严重了，只因战况紧急而勉强支持下来。战役结束后，我不得不向何应钦将军请假去治病。当时苏州有一家更生医院，医生都是外国人，据说医疗技术甚好，于是我决定到那里去。

在乘火车去苏州途中经过栖霞山、龙潭一带时，经沿途强烈刺鼻的尸臭一熏，我更高烧、呕吐不止，一到苏州更生医院病情就急剧恶化了，持续高烧达 100 ℉—105 ℉（38℃—40℃），医生诊断是瘟症。此后一连一个多月，高烧一直未退，茶饭难进，只是头脑却始终奇迹般地保持着清醒。这时我已瘦得皮包骨，身体虚弱到了极点，连医院的钟声和人在地板上走路的声音都使心脏承受不了。左右隔壁病房里的病人，几乎隔两三天就有人死掉，我料定自己也很难从这里活着出去。想到即将撇下家中的父兄和妻小，以及所熟悉、喜爱的军旅生活，独自漂流到另一个世界去，我的心头难免掠上一股遗憾和眷恋之情，但以后因身体过于衰弱，已无精力胡思乱想了，只好听其自然。一天，一位蓄着浓密大胡子的外国医生在几位护士的簇拥下来到我的病房，先查看了一下我的病情，随后示意其中一位护士询问我家中都有些什么人，如何与家人通讯，等等。我心知病已不治，遂坦然向那位洋医生问道："大夫，怎么样，是不是我要完蛋了？"他摇摇头，用生硬的中国话说："你不要紧，没关系。"我接着说："请大夫告诉我实情吧，我是军人，对生死是无所谓的。"他仍旧说没关系，叫我好好养病，然后率众人走了出去。

又过了些天，想不到我的高烧居然慢慢退下去了，人也有了些精神。以后医生用一种紫光灯在暗室里对我进行照射治疗（双眼用布蒙上），经过几个疗程，周身脱了一层皮，身体却好转起来了。医院里的一些人，包括医生、护士和一些熟识我的伤病员，原都以为我这次必死无疑，未料到我居然从死亡线上熬了过来，纷纷向我祝贺。医院里的护士们都是中国人，知道我是国民革命军军官，都对我加意照料，特别是其中一位姓张的小护士，照顾我更是体贴入微，使我在孤独和病痛中得到很大慰藉。

我在更生医院前后住了三个多月，直到 12 月下旬才病愈出院。在返回

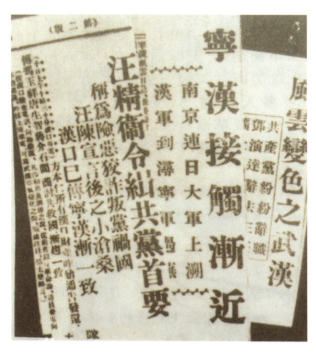

民国报纸上有关宁汉合流的报道

南京之前，我去上海逗留了几日，正赶上蒋介石先生和宋美龄女士结婚，遂出席了他们夫妇的结婚仪式。待回到南京时，已是1928年元旦。

这一时期，国民党各派系之间的明争暗斗一直十分激烈。先是，自蒋介石先生下野及龙潭战役后，国民党内宁、汉、沪（西山会议派）三派一致决定成立特别委员会（简称"特委会"），代行中央委员会职权，进而实现了"宁汉合流"，国民党形式上达到统一。但好景不长，原想乘蒋先生下野而独坐江山的汪精卫，因不满桂系和西山会议派把持特委会大权，愤而重返武汉，另组武汉政治分会，企图依恃唐生智武力反对桂系，宁汉再度对立。与此同时，张发奎亦率第二方面军由江西开回广州，提出"拥汪护党"的口号，反对特委会。不久，汪氏又赶到广州，积极从事倒桂活动。

政治上的分裂导致了军事上的冲突。10月中旬，唐桂战争爆发。不久，唐军即遭败绩，桂系军队占领武汉，当初同样野心勃勃的唐生智被迫通电去职，逃亡到了日本。至 11 月，张发奎等亦因中共在广州领导起义事件而通电离职，其部继之在五华、岐岭地区为桂军所败。桂系势力由此深入广东，并控制了两湖及安徽等省，一跃而成为国民党内空前强大的派系。

面对桂系专权的局面，以往成见甚深的汪、蒋二人只得暂时捐弃前嫌、重新合作。蒋先生于 11 月上旬由日本回国后，汪精卫即赶往上海与之晤谈多次，共同筹划制桂之计。

我回南京后，对国民党内的派系之争虽有所闻，但限于当时地位，也难知究竟。况且我身为军人，对政治上的这些争权夺利原本不感兴趣，一心只想上前线带兵打仗，早日完成北伐大业。这时，何应钦将军正率北伐军在津浦路上与直鲁联军激战，并已重占徐州。因此，我向总指挥部提出要去徐海前线，很快获准，随即便上路了。

那时正值战乱之际，后方交通甚为混乱、拥挤。我渡江到了浦口，等了几日也买不到去徐州的车票，后来好不容易通过关系搭上一列向前线运送军需物资的铁皮闷罐货车。同我一样搭车去前线的军人不少，大家都紧紧地挤在几节黑洞洞、气味难闻的车厢里，动都不能动一下。这列货车开得很慢，走走停停，用了差不多两三天时间才到达蚌埠，此后便不再前行了。我们只好在蚌埠住了下来。两天后，我又设法搭上往徐州运送军粮的敞篷卡车，继续赶路。此时正值严冬，寒风凛冽，我大病初愈，身体尚很虚弱，更是格外怕冷。由于卡车上装满粮食包，坐在上面毫无遮掩，车子行驶起来，寒风扑面而来，刮在身上犹如刀割一般，冻得我瑟瑟打抖，苦不堪言。一路勉强熬到了徐州。

这时，前线战事已暂时沉寂下来，敌我双方都在加紧调整部署，准备下一步的决战。我报到后，上级即委派我担任徐州警备司令部参谋长。徐州警备司令是第十三军军长夏斗寅。夏氏生得粗壮肥胖，貌似一粗莽大汉，内中却颇有心计。平时他不大过问军务，诸事均由其部下一张姓师长代理。我去后，夏氏外表十分客气，但实际上并不让我插手一切事务。我那时虽然年轻，又是第一次在这些杂色部队中做事，但也深知其中情形复杂，故而言行十分谨慎，因此同夏氏等人倒也始终相安无事。

1928 年 2 月上旬，国民党在南京召开二届四中全会。会议改组了国民党中央委员会、国民政府和军事委员会，谭延闿先生担任国民政府主席，蒋介石先生复就国民革命军总司令职，并兼任国民党中央政治会议主席和军事委员会主席。这次全会使蒋先生集党、政、军权于一身，打破了一个时期来桂系专权的局面。我们起初尚为蒋校长的东山再起而高兴，以为国民党内由此将出现一个崭新的政治局面。但后来的事实证明这完全是一个空洞的幻想。

国民党二届四中全会开过不久，蒋介石先生亲到徐州视察。当时我原来的老上级、第九军军长顾祝同将军正拟成立新兵教导团，乃当面向蒋氏请求调我担任教导团团长，蒋氏当即允准。我在夏斗寅那里正百般无聊，对于这项新的任命当然十分高兴，此后便专心在徐州以北的九里山地区训练新兵。"功夫不负有心人"，经过几个月的强化训练，这支新兵队伍果然十分出色。某次蒋先生在九里山地区检阅军队，发现第九军教导团动作迅速、部伍严整，不禁大为赞许，特别对我进行了口头嘉奖。

1928 年 4 月初，国民政府命令所属四个集团军分路进攻奉系军队、张宗昌的直鲁联军及孙传芳残部，以期一举完成北伐。具体部署大致是：蒋介石先生任总司令指挥第一集团军（何应钦将军代）沿津浦路北上，经泰安、济南、沧州而直捣天津；冯玉祥将军指挥第二集团军（原国民军）在京汉路以东、津浦路以西地区攻击前进，配合友军会攻京津；阎锡山将军指挥第三集团军出师太原，循正太路，出娘子关，攻截京汉线，再北上与友军会攻北京；李宗仁、白崇禧二将军指挥第四集团军沿京汉路经郑州、新乡、正定，北上直取保定、北京。

4 月中旬，我各路大军相继出击，一路势如破竹。第一集团军 4 月 19 日于鲁西巨野一战，全歼孙传芳残部，遂于 5 月 1 日乘胜占领济南。岂知我军的胜利引起了奉军后台日本帝国主义的仇视和恐慌，日本驻屯军竟突然围攻济南，屠杀我军民数千人，连奉命与日方交涉的国民政府山东特派交涉员蔡公时等 17 名外交人员亦惨遭杀害，造成"济南惨案"。日军的残暴兽行，引起了全军将士的无比愤怒，中日军队紧张对峙。但蒋总司令不愿扩大事

济南惨案中阵亡在济南城垣下之北伐军官兵

态，遂命撤出驻济南的中国军队，绕道北上。

此时张作霖、张宗昌、孙传芳之流败局已定，尽管他们的外国主子从中干涉亦无济于事。5月底，我第四集团军占领保定，直扑北京。第一集团军稍后亦占领沧州、德州。第二、三集团军均进展顺利，正分别向怀来、固安、河间挺进。

孙传芳自知大势已去，遂于6月3日通电下野。张作霖也于孙氏下野的次日，乘火车出关。火车行至其老巢奉天（今沈阳）郊区皇姑屯时，为日军

北伐军攻占北平后，北伐军总司令蒋介石在北平举行新闻界招待会

预埋的地雷炸翻，张氏伤重而死。张氏死后，其子张学良率军陆续撤出关外，我第三、四集团军于 6 月 11 日同时进占北京城。不久，张宗昌的直鲁联军残部数万人亦在滦东地区向我军缴械投降。这些在中国近代史上风云一时的反动军阀，终于被一一消灭掉了。

至此，国民政府已在形式上统一了除东北外的全国所有地区（东北张学良将军此时也派代表入关与国民政府磋商东北易帜问题），乃于 6 月 15 日正式宣布北伐成功，"统一告成"。

我因奉命留在后方训练新兵教导团，未参加北伐战争的最后一役。当北伐成功的喜讯传到后方时，我们无不欢呼雀跃，兴奋万分。殊不知由于国民党改变了性质，北伐成功并未使中国从此走上和平、富强的道路。相反，无数北伐将士的生命和鲜血，换来的仅是政权的更替，中国的现状依旧是换汤不换药。此后，由于新的统治阶层内部的矛盾和斗争的加剧，带给人民的是更加深重而频繁的战祸和灾难。

讨桂、讨冯、讨唐战争

北伐战争结束后，国民党于 1928 年 8 月上旬召开二届五中全会。这次全会除了推选蒋介石先生、谭延闿先生分任国民政府主席和行政院院长外，另外一项重大措施就是决定成立编遣委员会，以便裁减全国军队。

这次会议开过不久，军队开始进行整编。我的教导团很快就被裁减掉了。部队名为裁减，实际上是把队伍编散，将士兵补充到其他各个部队中去。这种"裁军"，不过是仅仅削减部队番号而已，完全是掩人耳目的手法。

教导团编散后，我在蚌埠赋闲无事。自我投考黄埔军校以来，仅第一次东征战役结束后曾回乡探亲一次，一直与家人疏于联系，不免思亲心切，趁这个机会，我派人将在湖南家乡的老父和妻儿接到蚌埠团聚。一家人久别重逢，十分欢快。

是年冬，我又接到新的任命，担任第二师第五旅第十团团长（该团即原我曾任过团长的第三师第八团）。第二师为军队整编后的新番号，是由原第三师、第十四师合编而成的。名为一师，实际上仍是过去两个师的规模。

当时第二师师部设在蚌埠，我团驻于距蚌埠西北近二百华里外的宿县，以后又调到蒙城、阜阳，一面训练，一面清剿当地土匪。我的家眷则留在蚌埠居住。

在此前后曾发生过一件事情。某次第二师第四、第五旅在蚌埠附近举行对抗演习，不慎发生实弹射击事件。蒋介石知道此事后非常生气，一怒之下将两个旅长全部撤职，另外换上黄埔军校毕业生楼景越、黄杰分任第四、第五旅旅长。事后有人悄悄议论，说原来的两位旅长均非黄埔系出身，不是蒋氏的嫡系，蒋这样做不过是寻机借题发挥，以便排除异己罢了。是否真的有此内幕，我始终不得而知。

这一时期，东北张学良将军已正式宣布易帜，服从中央，国内局势表面上一度比较平静。但实际上，围绕着军队"编遣"问题，国民党内各派军事力量之间的矛盾和冲突却愈演愈烈。蒋先生以中央政府的名义，力图巩固和加强自己的地位，要求其他各集团军"奉还大政"，"归属中央"。冯玉祥、李宗仁等则千方百计地予以抵制，致使1929年元月召开的军队编遣会议不欢而散，未能解决任何问题。矛盾的不断累积，终于导致了蒋桂战争首先爆发。

蒋先生与桂系首领李宗仁、白崇禧等的芥蒂由来已久。他对1927年8月受桂系排挤而被迫下野一事，尤耿耿于怀。这一时期，李宗仁将军任武汉政治分会主席，桂系另一首领黄绍竑留守广西，一向与桂系关系密切的李济深先生（李氏亦是广西人）为广州政治分会主席，白崇禧将军则以第四集团军前敌总指挥的名义，屯兵唐山。桂系势力的迅速扩张，使其力量和影响超于阎锡山、冯玉祥、张学良等人，成为蒋先生的唯一劲敌，故而蒋氏必欲先去之而后安。

为了制桂，蒋先生曾暗中运送军火接济湖南省主席鲁涤平所部第二军，意在借此牵制桂系，并在将来蒋桂间战事发生时，使鲁部切断武汉与两广间的联系。桂系亦早有牢固控制湖南、使两湖与两广连成一片的企图，故获悉此事后，即于1929年2月，径以武汉政治分会名义，越权免去鲁涤平的湖南省主席职务，另委倾向桂系的何键为省主席，并出兵进攻长沙。

湖南问题发生后，蒋先生一面加紧准备讨桂战争，一面假借请李济深先生从中调处名义，将其诱至南京，软禁于汤山。同时秘密派早已下野的唐生智去唐山策动其被桂系西征时改编的旧部驱白，迫使白崇禧只身辗转逃回广西。俟上述措施完成后，南京国民政府即于3月25日正式下令讨桂，蒋先生亲自乘兵舰指挥大军沿长江两岸浩浩荡荡向武汉进击。

我所在的第二师和第一师等部队在刘峙指挥下（实际负责指挥的是顾祝同），继由蚌埠等地出发，沿长江北岸向西经太湖、宿松、蕲春直捣武汉；在长江南岸的中央军则由南京出发，经芜湖进入江西境内。

我江北部队进至蕲春时，忽闻桂军师长李明瑞、杨腾辉先后率部临阵倒戈，驻守武汉的桂军高级将领夏威、胡宗铎、陶钧等人被迫仓皇放弃武汉，率军向荆州、沙市、宜昌一带退却。我军乃兵不血刃地进占武汉三镇，并继续追击，包围逃往鄂西的桂军，迫使其全部缴械。至6月初，桂系首领李宗仁、白崇禧、黄绍竑通电下野，蒋桂战争最终以桂系的迅速失败而告终。

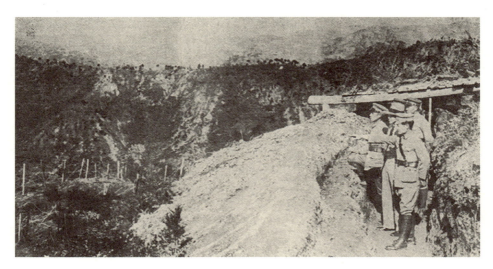

1929 年蒋桂战争中，陆军第十一军（十九路军前身）六十一师十四团攻占广西梧州城附近高地（《良友》杂志 1930 年 2 月号）

战事结束后，我第十团等部先后驻于平汉路上的广水、花园等地，师部则设在汉口。不久，我的家眷亦由蚌埠移居武昌。

蒋桂战争的硝烟尚未散尽，蒋冯战争又迫在眉睫。冯玉祥将军所部第二集团军，当时占有山东、河南、陕西、甘肃、宁夏、青海等省，区域虽然广大，但多为贫瘠地区。一向认为在对奉作战中出力最大的冯氏对此已不满足，北伐战争结束后，国民政府又将河北及平津两市划归第三集团军总司令阎锡山治理，这就更引起了他的极度不满。在 1929 年的军队编遣会议上，蒋冯二人针锋相对，其矛盾已不可调和。所以，桂系失败后，冯玉祥积极调动军队，并令部下通电讨蒋，战争一触即发。

蒋先生仍然采用以内部瓦解对手的老办法，暗中收买冯氏手下大将韩复榘、石友三等。1929 年 5 月，正当冯玉祥整军备战之际，韩、石二人突然宣布叛冯，服从"中央"。此二人均手握重兵，他们的叛变给冯氏打击沉重，无奈只好含恨下野。

是年 10 月，冯玉祥在阎锡山支持下重竖反蒋旗号，命其部下将领宋哲元等通电反蒋，随即兵出潼关，攻入河南。南京方面亦急调大军应战，蒋冯战争终于爆发。

第二师接到作战命令后，星夜由蚌埠陆续开抵郑州西南之登封地区（时第二师已移驻蚌埠），师部设在登封以东约80华里的密县，我率第十团作为师预备队亦驻扎密县，同时担负师部警戒任务。

这时，友军方鼎英部和第二师一部正在临汝城下与冯军激战。不久，师部命令我团火速向前增援，我即率部以强行军速度向临汝进发。由密县至临汝，一路上都是群山峻岭，道路崎岖难行，所幸本团自徐庭瑶将军任团长时就善于山地行军作战，故行军速度甚快。按当时规定，部队行军一小时可小休息一次，但本团官兵一走便是两三个小时，很少有人掉队，与本团一起行军的还有第三师工兵营，由于我们行动太快，他们只好远远地落到了后头。事后该营营长邱清泉见到我，连连竖起大拇指称赞。邱氏是黄埔二期毕业生，其人一向颇为自负，轻易不肯服人。但经此事后，他对我十分客气、尊重。抗日战争期间，我们曾同在第五军共事过一段时间，彼此相处亦很融洽。

待我们赶到临汝附近时，敌我双方正在该城周围打得热火朝天，副师长黄杰（黄杰此时已调任第二师副师长）等都在第一线指挥作战，我这一团人未及休息便奉命投入了战斗。

我们在临汝与敌军激战了数日，不久对方突然弃城而走，紧接着在郑州方面的冯军也纷纷向陕西方向溃退。原来，冯军起事之初，在山西的阎锡山曾许诺联合出兵反蒋。岂知仗一打起来，一向以处世圆滑、工于心计著称的阎氏居然按兵不动，袖手作壁上观，企图坐收渔人之利，致使冯部孤军作战，士气大受影响，再加上冯军将领间意见不合，指挥混乱，遂在中央军打击下全线溃败，于11月仍旧缩回潼关以西，讨冯战争乃告结束。

讨冯战争后，第二师重新开回武汉。在武汉刚刚驻扎了一个多月，又传来唐生智在郑州举兵反蒋的消息，我们遂又奉命乘火车经平汉路开入河南作战。此时连日天降大雪，铁路交通时断时通，我军只好走走停停，行动甚慢。待我这一团官兵到达河南信阳时，前线各路中央军，已在驻马店、漯河一线将唐军击溃。我们乃中途折返平汉路南段的广水、花园一带驻扎，临近元旦时再移驻武汉。岂知我们在武汉席不暇暖，石友三又在安徽发动反蒋战争，一直进逼到浦口，南京震动。第二师奉命紧急调往南京，拱卫京都。我们到达南京时，石部又已被击退，我们乃循津浦路展开追击，一直到蚌埠才停下来。

在讨唐战争和击退石友三部的同时，于蒋桂战争中被蒋先生重新起用为师长的张发奎与驻广西的桂军联合，打着"护党救国军"的旗号，进攻驻广东的陈铭枢、陈济棠等部粤军。南京国民政府派何应钦将军率军援粤，在广州附近花县一带大败张桂联军。这是第二次蒋桂战争（亦称"粤桂战争"）。

自1929年初起，直到这年年底，国内政局动荡，战乱迭起，相继发生了蒋桂战争、蒋冯战争、蒋唐战争和粤桂战争。我们东征西讨，几乎终日马不停蹄、备尝军旅之艰辛。中央军虽然分别在上述战争中迭获胜利，但国民党内和各派军事势力之间的尖锐矛盾并未因此而稍减。相反，一场新的更大规模的战争正在迅速酝酿爆发。

中原大战

在1929年发生的国民党内各军事集团间的多次混战中，桂系、西北军（冯玉祥军队长期驻扎西北，故亦称西北军）、唐生智部或元气大受损伤，或全军覆没，相继失败。一向在南京中央与桂系、冯玉祥等之间纵横捭阖的阎锡山，实力和地盘却一天天地扩张，一时成为各派反蒋势力所瞩目的人物。老奸巨猾的阎锡山看到桂系和西北军等势力均被分化、击败，自知他必定是南京方面下一个将要打击的主要目标，乃一改以往骑墙观望、鼠首两端的圆滑态度，俨然以反蒋势力的总首领自居，联合冯玉祥等反蒋势力共同倒蒋。

为此，阎锡山一面释放了曾为其软禁的冯玉祥将军，表示愿与冯氏真诚合作，坚决反蒋，并与穷蹙于广西一隅的桂系军队及川、黔、湘、豫等省的各派军阀暗中联络，以作呼应；一面积极拉拢政治上失意的汪精卫和穷途潦

中原大战，中央军炮兵（《良友》杂志1930年1月号）

倒的西山会议派、改组派等政治力量，一时结成了一个颇具声势的军事上政治上的反蒋大联盟。

1930年3月中旬，冯、阎、桂三个军事集团的五十余名将领，由鹿钟麟将军领衔发出反蒋通电，要他"以党政还之国人"。4月1日，阎锡山在太原宣誓就任"中华民国陆海空军总司令"，冯玉祥、李宗仁、张学良分任副总司令（张氏实际上并未就职），阎、冯并分别在石家庄、潼关设立总、副司令部，积极筹划军事。

阎、冯等人此次举兵起事，志在一举推翻蒋介石先生在国民党中央和南京国民政府中的统治地位，故均不惜动员各自的全部兵力，拼出所有资本来准备投入战争。南京方面为了应付反蒋联军的联合挑战，也迅速进行了全面的作战动员和部署，整个中原地区一时战云密布，一场规模空前的大战爆发在即。

当时反蒋联军总的作战方略和军队序列是：以攻略徐州、武汉为第一期作战目标，分由津浦、陇海、平汉三路进攻。编阎锡山的晋军为第三方面军，担任津浦、陇海两线进攻主力；编冯玉祥的西北军为第二方面军，主力集中于平汉线作战；编桂系军队为第一方面军，由李宗仁指挥，出兵湖南，进趋武汉；编原驻扎在河南新乡地区的石友三部为第四方面军，由鲁西南之济宁，配合晋军进攻济南。此外，还内定张学良、刘文辉、何键、樊钟秀等分别为第五、六、七、八方面军总司令。其总兵力达六十余万人。

中央军的军事部署则是：以韩复榘为第一军团总指挥，率部驻守黄河南岸，阻击沿津浦路南下之晋军；刘峙为第二军团总指挥，所部分由徐州、砀山、宿县沿陇海线向西进攻；何成濬为第三军团总指挥，驻守平汉线许昌以南各地；陈调元为预备军团总指挥，在马鸿逵部配合下布防于鲁西济宁、曹州一带，监视石友三部行动。此外，另以杨虎城、范石生等部分守南阳、襄樊一带。中央军方面总兵力亦在六十万人上下。

由于陇海路位置在全局的中央，津浦、平汉两路是它的两翼，在战略上居于举足轻重的地位，故双方都将陇海路作为争夺的中心。中央军在这个区域先后投入了顾祝同、蒋鼎文、熊式辉、陈诚、卫立煌、张治中、叶开鑫等部十余个师的精锐部队。晋军亦将战斗力较强的孙楚、杨效欧、关福安三个军及大量炮兵使用在陇海路方面，同时西北军劲旅孙良诚、宋哲元、孙连仲、吉鸿昌等部及郑大章的骑兵集团军也加入了这一方面的作战。

5 月 11 日，南京国民政府下达总攻击令。我第二师（师长顾祝同）奉命由蚌埠紧急开往徐州，抵徐州后部队未及休息即会同各友军沿陇海路及以北地区向西快速推进。部队开至砀山以西地区时，与沿陇海路向东攻击前进的晋军先头部队遭遇，由此拉开了中原大战的序幕。

战争初期，中央军士气甚盛，加上有空军配合作战，对正面之敌连续发动猛烈攻势。经几日激战，敌人招架不住，节节后退，我军一鼓作气攻占陇海线上的战略重镇归德（今商丘）。这时，原依附阎、冯作战的刘茂恩部突然临阵倒戈，使晋军大受顿挫，其整个右翼阵线发生极大混乱，中央军乘势

河南陇海路上的大铁桥

相继占领了宁陵、睢县、民权等地，并一直追击至兰封（今兰考）附近。

中央军初战得胜，使蒋介石先生大为高兴，他亲自赶到归德指挥督战，企图一举将陇海路正面的晋军打垮。但晋军迅速调整了部署，并增加了一个军的兵力，凭借事先构筑好的坚固工事，在陇海路上的兰封南北一线顽强固守，我军数度猛攻不克，双方遂演变为阵地战。

当时，本团与敌人相持于陇海路以北之大、小毛姑寨一带。我们占据了大毛姑寨，与对面敌人占据的村寨同在黄河故道上，彼此相距极近，我的团部距对面敌人的指挥部顶多也不过千余米，敌人的步枪都可以打到我的住处，一些官兵常常遭到对方的冷枪袭击。有一次我派卫兵传达命令，刚一出门即被敌人枪弹击伤。

起初，我拟乘敌人立足未稳，迅速击破当面之敌，乃命令部队发动猛烈进攻。但敌人工事相当强固，还有炮兵的火力支援，使我部进攻接连受挫。激战不到两日，本团第一营营长钟文璋（黄埔二期毕业生）、第三营营长何章（黄埔三期毕业生）相继阵亡，部队损失了百余人。我见攻击一时难以奏效，只好将部队撤了下来。

晋军向以擅长防御作战著称，部队行军到一地，哪怕只宿营一夜，也要认真修筑工事。而中央军以野战见长，缺乏打阵地战的经验。最初本团据守大毛姑寨时，官兵们在阵地上挖了些浅浅的土沟便算是工事了，更谈不上有什么纵深防御，与对方修筑的坚固工事相比，相差甚远，故在敌人的强大火力袭击下伤亡较大。以后我让部队学着敌人的样子认真修筑工事，情况才有所改变。此外，我军也不惯于夜战，夜间敌人常派小分队过来骚扰，向我方阵地上丢手榴弹、放冷枪，我军官兵一听到敌人的动静就惊慌起来，盲目地还击，有时机关枪整夜响个不停，弹药消耗很大。为此我严令各营夜间不准随便打枪，以免自相惊扰，同时控制弹药消耗。

本团在大毛姑寨与晋军相持约一个星期之久，以后奉命换防，驻守位于大毛姑寨东南仅半华里外的堤头村。这个村寨坐落在黄河故道的堤坝上，故而得名。

在堤头村，我们又与敌人对峙了很久，这期间双方虽互有攻守，但一时谁也难以占上风。整个陇海路方面的战事，都处在胶着状态中。

那时已是夏季，天气很热，加上连日鏖战，大家身上汗水与泥土混在一起，痒得难熬。一天晚上，我见战事稍平静，便命勤务兵烧了些水，痛痛快快地擦了个澡。洗毕，周身感到舒服无比，竟不知不觉在团部昏然睡去。大约次日凌晨两三点钟，阵地上突然枪声大作，而且愈来愈近，我大惊而起，顾不及穿上外衣便提枪奔出门外。这时团部特务排的士兵们也纷纷围拢来，我立即带上他们迎着枪声最密集的方向扑去。向前跑了不远，就发现队伍已经垮了下来。我一眼望见第二营营长李天成（黄埔三期毕业生）也慌慌张张地混杂在溃兵中往后撤，立刻大声喝问："李营长，你怎么也往后跑？赶快给我把队伍带回去！"

李天成猛地听到我的声音，不由一怔，见我态度严厉，也很镇定，才停住脚步，转身收拢部队向回反击。我率特务排抢占了前方一处高地。这时大批敌人正向我们冲杀过来，同时听到左右两翼友军阵地上也响起了急骤的枪炮声，立即意识到这是敌人的全线夜袭。此时部队一旦发生溃败，则必危及全局，后果不堪设想。在这紧要关头，我顾不得躲避迎面飞来的密集枪弹，站在高地上指挥部队猛烈抵抗敌人。特务排的士兵见我整个身躯都暴露在敌人的火力下，急得大喊：

"团长，你太危险！快卧倒，快卧倒！"

见我不动，几位士兵扑过来要拉我下去，均为我严厉制止了。周围官兵看到我临危不惧，亲冒敌人的炮火，站在高地上指挥作战，军心渐渐稳定下来，经过几次反冲击，终于将正面的敌人全部打了回去。

我刚刚把本团阵地稳定下来，又发现大批接替本团防守大毛姑寨的本旅第十一团的官兵们，也纷纷溃退下来，急命特务排士兵一字排开，将这些溃兵堵截住。过了一会儿，该团团长王仲廉才衣冠不整、满头大汗地赶来了，我迎上去说：

"王团长，你的队伍都在这儿，赶快带回去吧！"

王仲廉朝我挥挥手，也顾不上向前道谢，马上组织部队反攻，将大毛姑寨重新夺了回来。

天明时，师长顾祝同将军派一名作战参谋到本团询问情况（电话线已为敌人切断），见本团阵地寸土未失，才放心而去。

在夜间的战斗中，驻守陇海铁路及以南地区的我师第四旅阵地也一度溃败，幸被及时恢复，全师战线才算稳定下来。

不久，蒋先生为了打破陇海路方面两军长期胶着的局面，特抽调精锐的第十一师陈诚部由陇海路南侧疾进，突击晋军右侧背，给敌人造成很大威胁。阎、冯见情形不妙，一面命令孙良诚部就近抵抗，一面急派吉鸿昌部从杞县方面加入攻击。陈诚部寡不敌众，几度为敌人包围，经十余日血战，才突围而出，节节后退。陇海路方面敌军乘势进攻，中央军全线为之动摇，被迫撤至定陶、曹县、民权、河阳集一线。

在撤退途中，本团在一个叫作野鸡岗的地方，又遭到敌人的一次夜袭。那天也是在黎明时分，我们都在熟睡中，忽被密集的枪声和喊杀声惊醒，大家不约而同地一跃而起，迅速拿起武器迎敌。这时敌人已穿过紧靠着本团宿营地的黄河故道堤坝，正密密麻麻地向我们扑来，压迫我警戒部队节节后

中原大战期间，陈诚向陆军第十一师官兵训话

退。由于有了上次的经验，官兵们都比较镇静，没有再出现惊慌混乱的情况。我一面集中轻重机枪和迫击炮，抢占有利地形，以炽盛的火力压制敌人；一面指挥各营向敌人实施逆袭，不到一个钟头光景，就将敌人全部击退，并俘获了一批敌人仓皇撤退时遗下的伤兵和枪支弹药。事后始知，与本团相邻的一支友军，不知何故于夜间悄悄调走，敌人乃乘虚穿越其防地，向本团发动突袭。幸本部官兵临危不乱，能沉着应战，使敌人之目的不能得逞。

我军撤至新的预定防线后，第二师负责防守民权县南北之线。我这一团奉命坚守县城以北的一段阵地。因这一带都是平原，不易防守，故顾祝同将军特命工兵营预先在这里修筑了较强固的堡垒式工事。

我军进入新阵地不久，尾随而至的晋军即向我各阵地发动猛烈攻击，民权县城一度为敌袭占，以后虽很快被夺回，但一时引起较大的混乱。蒋先生闻讯十分震怒，下令枪毙了防守该城的本师第八团团长。其人被枪毙后，由我团副团长陈应龙（黄埔军校一期毕业生）调升第八团团长。

在陇海线激战的同时，蒋先生为牵制西北军向陇海线增援，命令部署在平汉线上的第三军团发动进攻。该军团以一部包围临颍，并向许昌进逼，坚守许昌的敌第八方面军总司令樊钟秀于作战中阵亡。阎、冯急调孙连仲、赵承绶、高树勋、葛运隆等部驰援，冯玉祥将军并亲赴许昌视察，以安定军心。

我方第三军团所属大多为杂牌部队，各部彼此观望，各图保存实力，并不肯全力作战。这时，桂军已大举攻入湖南，相继占领长沙、岳阳，武汉震动。阎、冯军队乘机在平汉线发动全线反攻，第三军团各部抵敌不住，纷纷溃败，退至漯河一线与敌对峙。以后，蒋先生命陈铭枢的第十九路军由广东攻入湖南，占领衡阳，威胁桂军后路，并重创桂军，迫使其全师退回广西，平汉线上的第三军团才免于腹背受敌。

中央军方面于陇海、平汉两线相继失利之际，津浦线上的战况也颇不妙。晋军傅作义部六个军及大量炮兵（以后又有晋军张荫梧部两个军和炮兵两团加入津浦路方面作战）在山东境内全力向韩复榘的第一军团进攻，压迫韩部不断向胶济线方面后退，很快占领济南，并控制了济南至大汶口铁路沿线。这时，韩复榘部主力退至高密县一带与敌相持，马鸿逵、夏斗寅等部则坚守曲阜、兖州等城，情形危急。

鉴于津浦线方面的得失关系全局，倘敌人在此方面得手，则可乘势夺取处于陇海、津浦两线枢纽的战略重镇徐州，截断陇海线上所有中央军的后路，一举导致我军全线溃败。为此，蒋先生不得下决心在陇海线方面继续收缩部分阵地，缩小正面，抽调出陈诚的第十一师等部急向津浦线增援，以确保后方徐州的安全，并准备向济南反攻。在这稍前，在广东的第十九路军也奉调北上增援津浦线作战。

津浦线上的中央军得此生力军增援，士气复振，先将围攻曲阜、兖州之晋军击退，随后于7月底在刘峙指挥下发动全线反攻。经十余日激战，晋军大溃败，各部争相狼狈北逃，中央军于8月中旬收复济南。

反蒋联军为了挽救津浦线方面的颓势，曾于8月上旬，以西北军为主

1930 年，参加中原大战之陆军第十一师官兵于山东曲阜合影

力，在陇海线上发动了一次大规模的攻势，即当时有名的"八月攻势"。敌人的战略企图是攻取徐州，打通陇海、津浦两路，与津浦路方面的晋军会师，迫使中央军在大江以北无法立足。为此，西北军集中孙连仲、孙良诚、吉鸿昌、宋哲元等大部精锐及郑大章部骑兵，发动全面猛攻。

西北军的进攻最初急如暴风骤雨，很快在中央军的防线上打开几个缺口，迫使陇海路以南的中央军部队纷纷后撤，退守鹿邑、太和、阜阳、涡阳、蒙城、永城、夏邑、亳县（该城原为孙殿英部占据，孙部突围后为我军控制）等城。幸得此时连日天降暴雨，河水泛滥，西北军补给不济，攻坚作战亦困难，而且晋军方面进展迟缓，配合不力，才迫使其进攻停顿下来。敌人在陇海线方面的作战目的乃告失败。

在陇海线以南战事吃紧时，本团奉命由原阵地撤下来，调往商丘以南稳固阵地，阻挡西北军的攻势（原阵地由教导第二师汤恩伯旅接防）。经过三个月的厮杀，部队伤亡很大。此时我这一团人除了一个迫击炮连还算基本完整外，其他各营均只剩下百余人左右了。本团于某日夜晚刚刚抵达目的地，便与路过此地的孙连仲部队遭遇，激战一夜，天明又奉命匆匆撤出战斗，乘火车改往津浦线方面增援。我们在兖州下车，马不停蹄地徒步急行军几天，尚未赶到前线，即闻津浦线方面的晋军已完全溃败，遂又奉调回陇海路方面作战。

反蒋联军在陇海线上的攻势失利后，已成强弩之末，战局由此发生了根本性的变化。时津浦线方面的晋军在中央军追击下溃不成军，伤亡惨重，仓皇撤至黄河北岸。蒋先生遂将津浦线上的大部中央军精锐部队转移至平汉、陇海两线作战。出于战略上的考虑，蒋先生将进攻重点放在平汉线，意在威胁陇海线反蒋联军的后方，并袭扰陇海路西段，以截断西北军的退路。为此，蒋先生下令中央军在平汉线以西分路向登封、洛阳挺进，斩断西北军退回陕西的通道。同时，另以第十一师陈诚部和夏斗寅师为一个纵队，由西华、鄢陵和临颖、许昌的中间地带向北疾进，直插平汉线上西北军主力张维玺部侧背。该纵队进攻得手后，蒋先生为扩大战果，又迅即抽调我第二师顾祝同部、蒋鼎文师及第十九路军由陇海线以南，经宁陵、睢县、通许、尉氏绕至长葛，一举切断平汉路。我军开至长葛时，张维玺部因腹背受敌，已被迫从许昌越过长葛向北退却，我师即会同友军猛烈追击，将张部几万大军包围在新郑一带。

在反蒋联军方面战局急剧恶化之际，西北军主帅冯玉祥将军仍企图在郑州背城一战，借以挽回败局。因而他仅派少数兵力防守郑州至洛阳、潼关的交通线，而以大部主力部署在郑州外围，准备在晋军配合下与中央军一决雌雄。

但时局的变化使冯将军的最后一线希望也完全破灭了。9月18日，在东北静观风向半年之久的张学良将军终于发出拥蒋通电，并派东北军主力分路入关。此举在反蒋联盟中引起了极大震动，刚刚在北平由西山会议派、改组派和阎冯势力拼凑起来的"国民政府"匆匆迁往太原，不久也就销声匿迹

1930 年，蒋介石、张学良携家人摄于南京

了。阎锡山对这场战争早已丧失信心，为图自保，他置西北军于不顾，命令自己的军队拼命逃回山西。晋军在撤退途中，一部为中央军追歼，一部为东北军收编，残部狼狈不堪地退入山西境内。晋军撤走后，西北军顿成孤军。时中央军已攻至洛阳附近，切断西北军退路。冯部官兵见大势已去，军心愈加涣散，被我第二师等部包围的张维玺部率先缴械投降，随后在郑州附近的大军亦纷纷退往豫北。10 月 6 日，中央军进占郑州，27 日占领西安，西北军全部崩溃，大部向中央军投降，一部被东北军收编。至此，中原大战以南京国民政府取得完全胜利而告终。

历时七个月之久的中原大战，双方共投入了一百多万军队，在一千多华里的广阔战线上反复厮杀，其时间之长，规模之大，战争之残酷，为民国以来所罕见。战争的结果是，阎锡山率残部龟缩山西，桂军遭重创后退回广西，而冯玉祥将军苦心经营多年的西北军则全军覆没，从此都失去了问鼎中原的资本。

作为这场战争的亲身经历者，回首这一段往事，深感这场战争纯属国民党统治集团内部争权夺利的不义之战，其结果并未给国家带来任何益处，不过徒使人民为此蒙受了极其惨重的灾难和牺牲。我曾亲眼看到，大战过后，中原地区满目疮痍，赤地千里，成千上万的灾民流离失所，饥寒号泣，惨不忍睹。

战争结束后，第二师在郑州附近驻扎了几天，随后开到潼关休整。这期间，我突然接到妻子覃氏病故的噩耗。当时我的部队正待向潼关开拔，却收到堂侄郑康候派人送来的一封急信，信中说他已奉派到许昌任县长。我的兄长也特地由武昌赶到许昌，要我前去，有要事相告。我不知何事，急忙乘火车去许昌与兄长会面。因我在前线作战半年多，一直无暇与家人联系，故见面后，简单寒暄几句，便焦急地一一询问起家中情形。兄长只顾埋头吸烟，回答我的问题时支支吾吾，一副心事重重的样子。我见状心中颇生疑窦，一再追问不已，兄长无奈，只得叹口气说："幺弟，我此来有一事说与你，你务要挺得住呀。"

我预感到家中出了什么不幸的事情，有些紧张地说："哥哥，你有话直说无妨。"

"幺弟，为兄对不住你，我没有照顾好家里。"兄长突然掩面大哭："弟……弟妹已在8月份患伤寒故去了！"

对妻子的死，我精神上毫无准备，兄长的话犹如惊雷击顶，我眼前一黑，顿时昏厥在地。不知过了多久，才渐渐清醒过来，发现自己躺在床上，兄长和康候一家人正围在床边哭泣。

我心中悲痛万分，想覃氏与我结婚十余载，彼此始终和睦相待，相敬如宾，相互从未曾红过脸。她虽系一中国旧式妇女，亦无文化知识，然其性情谦和，端庄贤淑，深明事理，素为我所敬爱，岂料今日却早早抛下儿女，离我而去，思之岂能不心碎？

此后一连多日，我的心情都异常难过，随即向上级请假，与兄长一起回到武昌家中，看视了先妻的灵柩，并安顿了家中诸事，一个多月后方赶回部队。

岂知祸不单行。次年春，我父与兄护送覃氏灵柩回石门，准备在家乡安葬。船至湘西津市停泊，船主趁兄长下船会友，勾结土匪前来劫掠，竟将我父杀死。数月之间，两位亲人先后弃世，消息传来，我大恸欲绝，悲痛的心情久久难以平复。

平定石友三叛乱及宁粤对立

中原战争结束后，南京中枢以华北军政悉委东北军统帅张学良负责，所有晋军、西北军及石友三的军队皆归张氏节制整编。

中原大战期间，西北军全军覆没，晋军大部被消灭，唯石友三部未受损失。当战争进行到最后紧要关头时，这个以"倒戈将军"著称的军阀见形势对反蒋联军方面日趋不利，遂又故伎重演，暗中与中央军接洽，率部队由开封以东的贯台渡口北渡黄河，退到新乡、彰德、顺德之线，脱离了战场。大战之后，石友三占有河南省南部和河北省北部三十余县地盘，招兵买马，就地筹饷，雄踞一方。岂知他自恃手握重兵，不甘久处顺德等一隅之地，企图北上进取平津，称王华北。为此，石氏暗中与土匪出身的孙殿英、刘桂堂两部及晋军残部勾结，又与在山东的韩复榘联络（后为韩氏拒绝），阴谋起事。经过一番准备，石友三于 1931 年 7 月 19 日发出讨张通电，挥军沿平汉路北上大举进攻平津。

对于石友三的不轨图谋，南京中枢先已有所闻，故石氏作乱不数日，国民政府即正式下达讨伐令，命令刘峙将军指挥我所在的第二师顾祝同部，以及刘镇华、王均等部沿平汉路北进，追蹑石部，期与东北军南北夹攻之。

战事之初，东北军于平汉线各点节节后撤，石友三部经内丘、元氏，未经大的抵抗即于 7 月 23 日占领石家庄。石友三此时踌躇满志，愈加轻视东北军，以为平津指日可下，遂指挥所部渡过滹沱河，继续沿平汉线向北推进。28 日，石部与在望都、保定之线严阵以待的东北军主力于学忠部相遇，发生激战。石友三军队虽一度突破东北军中央阵地，前进至距保定仅二十五华里地区，但东北军迅速增调援军堵住中央缺口，与敌相持于大冉一线。此时，我中央军各部正沿平汉路迅速向北推进，沿途消灭了石友三的后方部队，越过石家庄、正定后，对敌展开大包围；东北军另一部主力王树常部亦由沧州向河间、肃宁前进，威胁石友三部右翼。

石友三起事后，非但韩复榘不肯响应，就连有约在先的孙殿英和晋军孙楚部，也龟缩不出，石氏一支孤军在中央军、东北军优势兵力合围下，四面楚歌，势难再战，不得不放弃原来作战计划，决定将全军撤过滹沱河，经束鹿、衡水、枣强向山东德州突围。是时连日暴雨，滹沱河水深丈余，石部官兵争相渡河，秩序大乱，所有重武器和汽车辎重均被遗弃，人马亦淹死很多，几乎溃不成军。中央军和先后尾敌而至的东北军各部于8月2日紧紧将敌主力包围在滹沱河以南、深泽所属地区，未经激烈战斗即将其余部缴械。石友三仅率残众数千人逃赴山东，依附韩复榘去了。

此次讨伐石友三之役，前后尚不及半月，即全歼石部六万余人，战果可谓大矣。但因石友三之变，东北军主力相继调入关内，致使东北防务空虚，遂给日寇发动九一八事变造成了可乘之机，这却是始料不及的。

讨伐石友三的战斗刚刚结束，部队尚未来得及休整，忽闻广东实力派陈济棠联合桂军准备进攻湖南，第二师奉命星夜出发乘火车开至湖南醴陵，积极作战斗准备。

此次宁粤对立起因于胡汉民先生被软禁一事。中原战争结束后，国民政府主席蒋介石先生和立法院院长胡汉民先生在召开国民会议、制定训政时期约法等问题上发生尖锐意见冲突。蒋先生为排除党内反对意见，竟于1931年2月28日将胡氏幽禁于南京汤山，随即强行在南京召开国民会议，并通过了《训政时期约法》。

胡汉民先生是国民党元老，又是已故总理孙中山先生生前的亲近助手，素有声望。他被软禁后，举国哗然，国民党内部的矛盾冲突也愈加激化起来。一向在政治上较接近胡汉民先生，且又有个人野心的广东实力派人物陈济棠，以为有机可乘，乃公开打出反蒋旗号，于是南京反蒋人士纷纷南下广州，联合桂系李宗仁及汪精卫的改组派，组成了第二次反蒋联盟，国民党由此陷入了新的分裂之中。5月28日，反蒋派在广州另立中央，成立了以汪精卫为首的国民政府，并策动两广军队分三路进攻衡阳，与在湖南的中央军形成武力对峙状态。

正当国民党内各派系忙于内争之际，日本帝国主义悍然于1931年9月18日发动事变，以武力侵占了我东北三省。在全国人民"停止内战、一致抗日"的强烈呼声下，宁粤双方不得不放弃武力手段，同意以和平谈判解决争端。此后，宁粤双方在上海召开和平会议，并分别召开了国民党四全大会（汪精卫召集一部分从广东分裂出来的反蒋人士，另外在上海也召开了汪记四全大会）。同年 12 月 15 日，蒋介石先生迫于反蒋派系的强大压力，第二次通电下野。不久，南京国民政府进行了改组，选举林森为国民政府主席，孙科任行政院院长。但孙科在国民党内并无雄厚基础，他的内阁困于财政和外交危机，维持不足一月便夭折了。次年元月，蒋、汪再度合作，由汪精卫接任行政院院长，蒋先生则出任军事委员会委员长。蒋氏军权在握，由此重新控制了国民党中央和国民政府的实际权力。

　　宁粤息兵之后，第二师奉命经平汉路运赴河南信阳以东地区"剿共"。这时第二师师长已由楼景越接任。此公待人刻薄，与部属关系多很紧张，我亦不喜其为人，加上当时我正患严重的肠胃病，骨瘦如柴，不堪再受征战之辛劳，乃决计离开第二师。我向上峰请了病假，未随部队开拔，转由武汉去了南京，打算在那里谋个闲职，休息一个时期，治治病。在南京，见到了刚刚升任首都警卫军军长的老上级顾祝同将军。顾氏见到我十分高兴，马上委我任警卫第一师第二旅第四团团长。到任不到两月，楼景越将军改任第八十八师师长，所遗之缺由汤恩伯充任，顾祝同乃以第二师老师长的身份，向蒋委员长保举我任第二师独立旅旅长。我因在该师中征战多年，对之感情颇深，更兼感谢顾将军的一番美意，故不待身体完全康复，便抱病赴任去了。

　　我指挥的这个独立旅，并非第二师的老班底，所辖三个团，除了一个补充团（第二团）外，其余两团一为黔军部队（第三团），一为陕军部队（第一团），内部成分很复杂。当时部队正在河南与红军作战，我无暇他顾，到任后只是维持局面而已。

进攻鄂豫皖苏区

九一八事变后，国难日深，但国民党最高当局不顾全国各界民众"停止内战、团结御侮"的强烈要求，顽固坚持"攘外必先安内"的方针，对日采取不抵抗主义，企图通过国联以外交手段调处中日冲突，同时却调集大批军队进攻共产党领导下的苏维埃根据地，不惜以武力手段欲消灭共产党及其武装力量。

自第一次国共合作分裂之后，中国共产党人并未屈服于国民党的血腥屠杀，于1927年先后发动了南昌起义、秋收起义、广州起义等规模较大的暴动，以后虽累遭挫折，却相继开创了赣南闽西苏区（中央苏区）、湘鄂赣苏区、鄂豫皖苏区等十余块革命根据地。1928年至1930年，国民党统治集团忙于二期北伐和内部争斗，无暇他顾，中共遂在南方各省活动区域深入开展土地革命，其根据地日益扩大，红军的力量大大加强了。国民党统治集团对中共势力的壮大深以为患，故在中原大战之后，即把"围剿"红军视为当务

民国报纸上讽刺内战的漫画

之急，调动大军加紧进行"剿共"战争。

鄂豫皖苏区是当时中共较大的革命根据地之一，地理位置亦极为重要。自 1930 年冬至 1931 年夏，驻鄂、豫、皖三省的国民党地方军队曾两次"会剿"当地红军，但都失败了，且损失惨重。1931 年 9 月，蒋介石先生亲自坐镇武汉，指挥十五个师的优势兵力，发动了对活动在这一区域的红四方面军的第三次"围剿"。

国民党军队仍旧采用以往实行的分进合击战术，分由东、南、西三个方面进攻鄂豫皖苏区，企图将红军一举聚而歼之。其兵力部署大致是：第二师汤恩伯部、第十二师曾万钟部、第五十八师陈耀汉部、第四十五师戴民权部和独立第三十三旅等共四师一旅兵力，由鄂东南地区推进，沿商（城）、潢（川）和商（城）、固（始）之线，并南经商城以南的亲区、麻城东北区至麻城一线布防，将鄂豫皖苏区一分为二，切断鄂豫边与皖西红军间的联系；第三十师彭振山部、第三十一师张印湘部、第三十三师葛云龙部、第六十九师赵冠英部、第四十四师萧之楚部、第四十八师徐源泉部和新编第十三师夏斗寅部共七师之众于鄂东地区向东进击，期与驻商、潢、固地区的国民党军队合击鄂豫边红军主力；第四十六师岳盛瑄部、第五十五师阮肇昌部、第五十七师李松山部、第七师厉式鼎部共四个师兵力进攻皖西红军。此外，第四师徐庭瑶部、南京警卫师俞济时部等分由河南、南京调至武汉，张钫将军的第二十路军亦向河南信阳集结，积极作增援准备。

面对国民党军队的几面"围剿"，红军采用了独特的打法：南线国民党军队番号虽多，但多为杂牌部队，号令不统一，战力较弱，乘"剿共"大军云集、尚未合围之际，仅留少量兵力在豫东南和皖西地区游击，主力则大胆跳到外线，突然包围了南线国民党军队最突出的重要据点黄安（今红安）。驻守黄安县城的是第六十九师赵冠英部。该部为杂牌军，战力较差，一旦被包围即惊慌求援。红军却采用"围点打援"战术，一面加紧围困黄安，一面以有力部队先后歼灭了前来增援的第三十师一部、第三十三师大部，吓得其余援军再不敢轻进，红军得以从容攻克黄安县城，全歼第六十九师，俘师长赵冠英以下五千余人。此役不仅使红四方面军在黄安、麻城、黄陂、孝感的

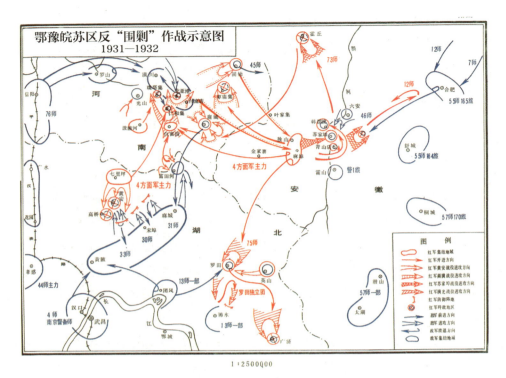

鄂豫皖苏区反"围剿"作战示意图（1931—1932）

根据地连成一片，也迫使南线国民党军队失去进攻势头，暂时解除了这一方面对其的威胁。

红四方面军在南线得手之后，很快将主力转到北线，并调活动于皖西的红军一部西进，会攻商城，意在使其鄂豫边和皖西根据地连为一体。

我正是在这前后由南京回到第二师任独立旅旅长的。到任伊始，即闻红军已控制了商潢公路，并切断了固始与商城之间的联系，固守商城的第五十八师连连告急。

大约在1932年元月下旬，第二师奉命由潢川沿商潢公路出击，以解商城之围。时天降大雪，部队行军困难，前进至豆腐店地区即遭到红军顽强阻击，激战一日无大进展。当日黄昏，部队正准备在阵地上宿营，师部忽然传下命令，要各旅调换阵地。我心里有些奇怪，担心天黑以后，部队在阵前频繁调动，很容易发生混乱，特别是红军擅长夜战，万一发动突袭，后果更难料想。无奈军令难违，只能遵令执行。果不出所料，我军正调动间，红军乘机发动有力攻击，部队立足不稳，相互又联络不上，一时大乱，很快全线崩溃，大部仓皇退回潢川。红军穷追不舍，一直追击到潢川，经拼命抵抗始守住该城。翌日，我们在第十二师配合下重新反攻，才击退红军，将前一晚来不及撤退而困守于几处小高地的汤师长和少数部队接应回来。而防守商城的第五十八师见增援无望，先已丢下所有辎重和重武器，连夜弃城突围，逃往麻城去了。

这一仗因汤恩伯指挥失度，使北线国民党军队遭到严重挫折，连号称中央军精锐的第二师也损兵折将，几溃不成军。南京中枢闻讯十分震惊，下令将汤氏改调他职，由黄杰将军接任第二师师长，同时命将第二师重新整顿，独立旅被编散，我改任第五旅旅长，辖第九、十两团。

3月下旬，红军乘战胜余威，主力东出皖西，于苏家埠、韩摆渡一带又接连歼灭国民党军队三万余人，连皖西"剿共"总指挥厉式鼎也被生俘。就这样，国民党当局对鄂豫皖苏区的第三次"围剿"彻底失败了。

国民党军队对鄂豫皖苏区这次大规模"围剿"的失败，原因有三：

第一，中共在苏区实行土地革命，获得广大贫苦农民的衷心拥护，有着深厚的群众基础。在苏区作战，红军处处有老百姓的支援，不仅能及时获取情报，并随时得到充足的给养和人员补充，好似鱼游大海，活动从容自如。而国民党政权维护的是占农村人口中极少数的地主阶级的利益，力图保持中国农村传统的封建统治，并把苏区广大农民刚刚在中共领导的土地革命中获得的土地重新剥夺回去，这就必然遭到贫苦农民的坚决反对。尤其是一些反动地主武装，横行不法，无恶不作。国民党正规军每攻取一地，他们便随之大肆烧杀，反攻倒算，便更激起了农民群众对国民党政权的刻骨仇恨。所以国民党军队一进入苏区，各地百姓纷纷"跑反"，坚壁清野，封锁消息。国民党军队在苏区转来转去，既找不到红军的踪迹，又得不到粮食，还常常遭到游击队和农民赤卫队的骚扰，犹如瞎子、聋子一样乱撞，最后被红军各个击破。

第二，国民党军队士气低落，官兵普遍厌战，也是军事失败的主要原因之一。像第二师这样的老部队，自北伐以来久经征战，在国民党军队中亦属劲旅，但与红军作战，居然一战即溃，固然是指挥无能造成的，但与官兵士气不足也不无关系。当时举国上下，一致要求停止内战，共同抗日。正当我们在鄂豫皖地区参加这次令人头痛的"剿共"战争的同时，蒋光鼐、蔡廷锴将军指挥的第十九路军和张治中将军指挥的第五军，却在淞沪地区英勇抵抗日本军队的疯狂进攻，受到了全国人民的热烈支持和称赞。两相对照，连我们一些中高级军官都感到内心惭愧，至于下级官兵受到的心理冲击就更大了。尤其是在他们亲眼目睹了苏区人民对国民党政府的强烈反感，并遭受到红军沉重打击之后，情绪更为沮丧、低沉。这种情况，在当时参加"剿共"的军队中普遍存在，因而严重削弱了部队的战力。

第三，国民党军队在"围剿"苏区的过程中，采用"分进合击"的战术，暴露出很多弱点。由于主要部队大多分守一些点线，力量过于分散，机动兵力不足，加上各作战区域之间、各部队间指挥不统一，行动不协调，因而形成了被动挨打的局面，终为红军各个击破。譬如，红四方面军主力在鄂东黄安"围点打援"，前后达四十余日。这时留在鄂豫边和皖西的红军很少，但这两个区域的国民党军却按兵不动，未采取积极行动来策应南线作战，以致坐失战机。待红军解决了南线战事掉头北上时，北线、东线的国民党军队只有招架之功了。这是这次"剿共"战争失利的直接原因。此外，红军战术运用之灵活，作战之勇猛，也是国民党将领们始料未及的。国民党军队习惯于正规作战，面对红军采用的"飘忽战略"简直束手无策。红军主力忽而东，忽而西，神出鬼没，你大军到时，他早已走得无影无踪；待你兵力散开搜索时，他会突然集中兵力吃掉你一股或几股，让人防不胜防。汤恩伯将军离开第二师前，曾与我私下谈话，不得不承认"天下最困难的事情是与共军作战，实在令人头疼"。红军官兵作战的勇敢程度也令人惊叹。他们装备低劣，火炮更少，但打起仗来却不怕死，不仅防御顽强，攻击尤为凶猛，冲锋时如山洪暴发，势不可当。国民党军队中一些战力稍差的部队，往往在野战中被红军一冲即垮。我那时在第二师已有多年，也打过一些硬仗，但像

1932 年 4 月，郑洞国向河南省政府主席刘峙将军报告"清剿土匪"情况

红军这样勇猛的强劲对手却极罕见。所以国民党军队虽然在人数和武器装备上占有优势，但在战略战术、作战意志和战斗作风方面则逊于对方，这也是失败的原因。

南京中枢不甘于对鄂豫皖苏区第三次"围剿"的惨败，1932 年 5 月，蒋介石在庐山召开"剿匪"军事会议，积极策划新的、更大规模的"剿共"战争。6 月，蒋氏亲任鄂豫皖三省"剿匪"总司令，指挥四十余万大军分左、中、右三路进攻苏区。

国民党军队对苏区第四次"围剿"的基本战略是：利用中共各根据地彼此隔绝、联络不易、配合较差的弱点，逐次转移进攻重点，以实现各个击破的军事目的。先集中兵力"进剿"湘鄂西、鄂豫皖两个苏区，对中央苏区暂取守势，俟其孤立再最后图之。同时，贯彻蒋先生提出的"三分军事，七分政治"的方针，强化地方政权，整顿民团，编组保甲，企图以政治手段瓦解苏区。

国民党军队除以左路军专门对付湘鄂西红军外，调动中、右两路军共二十六个师又五个旅约三十余万兵力，另附部分空军，分成多路纵队，全力进攻鄂豫皖苏区。其中以陈继承将军的第二纵队（辖第二、三、八十、五十八、八十八等师及骑兵第十三、十五旅）出广水向宣化店、七里坪进击；以卫立煌将军的第六纵队（辖第十、八十三、八十九等师）由花园向河口出击。以上是进攻的主力。此外第三纵队马鸿逵部、徐庭瑶纵队（番号记不清了）、第一纵队张钫等部也分由平汉路以东、皖西和豫南进攻。

这次对鄂豫皖苏区的"围剿"，吸取了上次分兵"进剿"，互不协调而被各个击破的教训，转而采取"纵深配备，并列推进，步步为营，边进边剿"的新战术，一面进攻，一面巩固，力求以优势兵力合围红军主力，将其击破后再并进直追，四面堵截。国民党军队的作战计划大致是：由东、西、北三面进攻，占领鄂豫皖苏区中心区域黄安、七里坪、新集、商城等地，使红军无法立足，迫使其由东南方向退往长江北岸而歼灭之。

7月初前后，各路国民党军队开始向鄂豫皖苏区发动进攻。时红四方面军主力第十、十一、十二、七十三师及独立第一师正围攻麻城，与守军张印湘部激战，相持难下，故国民党军队在东线、北线和西线的进攻颇顺利。至8月6日，第二纵队第八十师在宣化店、大胜阁、杨桥一带遭到一支数千人的红军部队的顽强抗击，经一日激战后，红军主动向东南方向撤退，该师于当晚占领宣化店。第二纵队主力随即迅速向七里坪、黄安挺进。时卫立煌将军指挥的第六纵队也已进抵河口，正由西向东疾进，直取黄安。在这种情形下，红四方面军被迫撤去麻城之围，将主力匆匆调至黄安以西，迎击卫立煌部。

8月11日至13日，卫立煌将军指挥该纵队第十师、第八十九师在黄安以西冯秀驿、东岳庙一带山地及高桥河一线与红军展开激烈战斗，双方均伤亡惨重，形成对峙状态。此刻第二纵队正不断排除红军阻击部队的顽强抵抗，节节向前推进。本旅于13日午在笔架山、灯龙山一带山地突破红军的

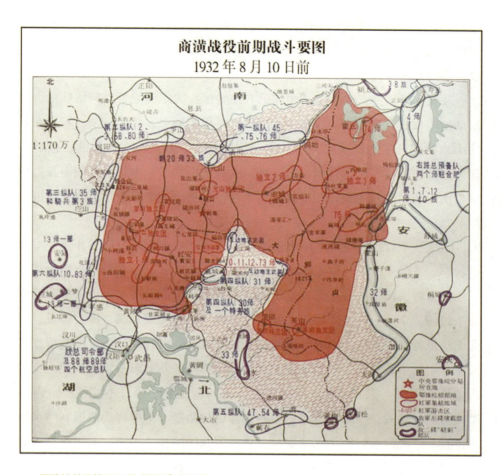

鄂豫皖苏区第四次反"围剿"示意图

抵抗，当晚率先进抵白马嘶河一线。红四方面军为避免后路被抄袭，乃将主力转到七里坪，迎战第二纵队陈继承部，卫立煌部乘虚攻占黄安。

红四方面军主力转到七里坪后，沿倒水河布防，其第十、七十三师居中防守悟仙山；第十一、十二两师控制酒醉山一带；独立第一师和少共国际团在悟仙山南麓，控制古风岭。红军的作战意图是全力打垮陈继承部，彻底解除后顾之忧，再掉头对付卫立煌部。

15日拂晓，第二师奉命发动全线进攻。本旅担任主攻，由周田渡过倒水河，正面攻击红军之悟仙山阵地；第六旅在本旅右翼经小明家、双河口渡河向古风岭进攻；第三师第九旅向悟仙山北麓进攻，从左翼配合本旅正面进攻；第四旅为师预备队。

战况非常激烈。本旅第十团和第九团一部在火炮掩护下，向悟仙山一线发动猛烈攻击。红军虽然装备低劣，但打得极为顽强，寸土必争。双方在悟仙山东侧展开了一次次剧烈的冲击与反冲击，有几次我攻击部队已接近山顶，但很快被红军以肉搏战反击下来，彼此伤亡甚重，本旅第九团团长刘启雄负伤，两团的营连长阵亡多人，我平素很器重的一个迫击炮连连长也被打死了。

激战至午后，我已将手中掌握的预备队全部投入攻击，但战斗仍处于胶着状态。下午4时许，红军集中第十、十一、十二、七十三及独立第一师等五个主力师突向本旅发起强大反击。红军大部队漫山遍野向我攻击部队两翼冲杀过来，杀声震天。本旅官兵经半日激战，已经精疲力竭，伤亡惨重，实在无法抵御红军强大兵力的冲击，只好且战且退。在我紧急请求下，黄杰师长命令本师第六旅第十一团加强倒水河西线阵地，并派第四旅第八团跑步增援本旅。同时，第三师第九旅第十七团也向南延伸，策应本旅战斗。但红军攻势凶猛如故，下午5时许，本旅正面已经动摇，不少官兵溃退到倒水河边。我见情况危急，即命刚刚增援上来的第八团团长杨少初率部迅速投入战斗。命令下达后，却半晌不见部队行动，亦不见杨团长踪迹。正焦急间，左右向我报告说，第八团已经溃散，杨团长去向不明。我大吃一惊，原来杨氏刚到任不久，与该团一些军官不和，故在紧要关头部下不服从指挥，擅自撤退，杨氏见情况不妙，竟也跟着逃命去了。

我虽征战多年，这种情况却还是初次遇到，简直气昏了。这时前面部队已经完全瓦解了，在红军追击下乱糟糟地溃退下来。起初我还竭力组织溃散官兵就地抵抗，无奈兵败如山倒，溃兵们只顾逃命，根本无法掌握。不多久，红军就逼近了旅部，几名传令兵见大势已去，不由分说地挟我上马，与旅部人员一起随着部队向后溃逃。我们刚一离开，红军就冲进了旅部驻地，高喊："缴枪！缴枪！"倘再迟一步，我就成了红军的俘虏了。

晚七时，在倒水河西线的第十一团也被红军击溃，团长周良阵亡。红军趁势越过倒水河，全线向我纵深追击约八九华里，直抵白马嘶河一线。黄杰师长亲率第四旅第七团及特务连工兵营等直属部队占领白马嘶河东北高地固守，打退红军多次进攻。以后陈继承将军率第三师主力增援上来，与红军激战终宵，始将阵地稳定下来。次日黎明，红军主动撤退了。

此后，双方在倒水河两岸继续对峙了两三日。这期间，第二师重新进行了整顿，第八团因作战不力被编散，该团团长杨少初亦以临阵逃脱罪被宣布枪决（后闻黄杰师长将其偷偷释放了）。本旅（第五旅）番号撤销，改为第四旅，所辖第九、十两团的番号改为第七、八团。原第四旅之第七团改为师直属团。

8月18日，第二纵队各师继续向红军扼守的悟仙山一线阵地发动进攻。经激战，第八十师、第三师分别于当日占领悟仙山、酒醉山。时北路第一纵队张钫部正向红四方面军总部所在地新集挺进，第六纵队卫立煌部亦由南路向七里坪迫进，红军面临被合击的危险，遂向新集西北的胡山寨转移，企图打击北路战力较弱的张钫部。

根据情况变化，"进剿"鄂豫皖苏区的国民党军队重新调整了部署：中路军副总指挥刘峙亲自指挥第一纵队主力驻潢川一线，堵击红军北进；另以第六纵队有力之一部向红军左翼包抄，并调第一师胡宗南部、第十三师万耀煌部分别在豫南罗山和鄂东黄安集结；第二纵队则转进至宣化店集结，向红军右翼攻击。

红四方面军主力在胡山寨及附近地区与国民党军队激战数日，处于四面围攻之中，势难立足，乃于9月中旬前后相继放弃新集、商城，撤离豫东南地区，向皖西地区转移。

红四方面军主力刚刚在皖西金家寨与红二十五军会合，第六纵队卫立煌部即追踪而至。红军放弃金家寨，继续向霍山、六安方向转移，又遭到徐庭瑶纵队的堵击，乃掉头南下，攻打莫山，未克，遂又分路东进，向黄麻地区转进。

蒋先生发现红军转来转去，又转回鄂东，急令西线的第一师、第八十八师、第十三师分由平汉线经河口、华家河向黄安、麻城方向阻截；令第二、第六纵队继续尾随红军之后，穷追不舍。

红四方面军进入河口以东及冯寿二地区后，即与西线国民党堵截部队遭遇，激战后红军向黄柴畈转移。这时第二纵队先头第二师已经赶到，本旅因担任前卫部队，故先与红军隔河交火。稍后，师直属团也抢占了本旅右翼一处高地。几小时后，红军突然组织强大兵力发动凶猛反击，战况极为激烈。据守右翼高地的师直属团阵地几度危急，激战中有的官兵竟惊慌得将手榴弹未拉弦就抛了出去。以后黄杰师长亲自赶到第一线阵地指挥督战，部队总算勉强守住了阵地。

这时各路国民党军队正纷纷向红军步步进逼，为避免遭到合击，红四方面军主力被迫于10月10日左右向西经四姑墩、夏店突围，随即在广水以南越过平汉线向西转移。以后红四方面军主力屡经艰苦征战，终于摆脱了几十万国民党军队的围追堵截，另在川陕地区建立了新的根据地。

我所在的第二师因长期作战，屡受红军打击，损失较大，故红军主力西越平汉线后，即奉命调赴河南潼关、洛阳一带休整，我的第四旅驻于洛阳。

从国民党军队大举发动对苏区的第四次"围剿"战争，到红四方面军主力退出鄂豫皖苏区，前后历时三月余。其间红军虽在一些局部战役中迭获胜利，但始终未能摆脱被动局面，最后不得不撤离这块老革命根据地，原因是多方面的。从国民党方面看，为进行这次"剿共"战争作了精心准备。蒋介石先生先后调集了四十余万军队，其中许多是中央嫡系部队，如用于"围剿"鄂豫皖苏区的第一、二、三、四、九、十、八十、八十三、八十八、八十九师等部，都是国民党军队的精锐主力师。与红军相比，国民党军队无论在兵力和火力上，均占绝对优势，这与前三次"围剿"有很大不同（以前主要是使用杂牌部队和地方武装）。同时，国民党军队在战术上作了较大调整，再加上蒋先生亲自指挥，号令统一，各部行动比较协调，作战也较以前更为积极，使部队不易像以往那样为红军各个击破。从共产党方面看，当时在鄂豫皖苏区的中共领导人张国焘搞"肃反"扩大化，根据地内部不稳定，红军实力亦受到削弱。在军事上，红军也未能充分发挥其独特的"大胆实施外线进攻，集中兵力，各个击破敌人"的灵活战术，致使自己在兵力、装备占绝对优势的国民党军队四面围追堵截下穷于应付，无法掌握战役的主动权。现在回想起来，在国民党军队对鄂豫皖苏区发动第四次"围剿"之初，红四方面军南下围攻麻城确属下策。红军主力在麻城及附近地区前后逗留月余，忙于"围点打援"，国民党军队乃乘虚由东、西、北三面深入苏区中心区域。待红军察觉到情况严重，匆忙调主力北上迎敌时，国民党军队合围已成，红军很难再有合适的战机和充足的时间来打垮或消灭某一路敌人，亦难寻找缝隙从容突围。而且，红四方面军主力北上之后，又企图用打硬仗的方式，先消灭或打垮国民党军队一部主力，一举粉碎国民党军队的"围剿"，这固然是为情势所迫，但其设想也是不现实的。依红军当时的兵力、火力和敌情条件（各个主要作战区域的国民党军队相距甚近，可以随时相互策应），似无把握一下子吃掉国民党军队几个精锐主力师。因而红军虽一再变更打击目标，并在七里坪等地取得局部胜利，却因力量有限，未能取得所期战果，自己反而受到严重消耗。这些都是红军此次反"围剿"战争失利的原因。

悲壮的长城抗战

日本帝国主义以武力强占我东北三省后，亡我之心有增无已，为实现其预谋已久的所谓"大陆政策"，即谋进一步侵略华北，不断向南进逼。1933年元月1日，日本关东军向山海关发动进攻，东北军将领何柱国将军率守军奋勇抵抗，是为长城抗战的开始。

日军出动的兵力大约有三个师团，分四路向热河进攻：由绥中沿北宁路向山海关正面进攻，由朝阳、凌源、平泉之线进攻，由开鲁向赤峰进攻，由林西向多伦进攻。其第三、四两路计划先会师热河省会承德，再分兵进攻长城各口。

元月3日，山海关守军安德馨营全部壮烈殉国，日军侵占该关，不久又相继攻陷九门口、石门寨。日军鉴于在山海关方面受到何柱国部的激烈抵

抗，乃以主力改道直趋热河，于2月下旬先后占领了开鲁、凌南以东各地，继续向赤峰、建平、凌源等地进攻。驻守这些地区的东北军没有组织有效的抵抗即纷纷溃退，连平泉以北承德以东的战略要地黄土梁子阵地也不战而弃了。热河省主席、东北军高级将领汤玉麟闻前方败讯，竟用汽车满载他的财产，仓皇退逃滦平，致日军于3月3日仅以百余轻骑占领了承德。

日军大举侵入热河后，举国哗然。南京工人通电抗日，平、津等地各界也纷纷电请南京中枢对日宣战。南京国民政府此时正调动大军专力准备在南方各省对苏区发动第五次"围剿"，只是迫于日本帝国主义的步步紧逼和全国舆论的压力，乃在对日问题上采取一面抵抗、一面交涉的方针，仅派中央军第十七军（辖第二师、第二十五师，以后又增派第八十三师）匆匆增援华北前线。

1933 年 2 月 28 日，陆军第二师在潼关誓师

南京中枢的设想是，凭借两千多年前秦始皇时期遗留下来的万里长城及其周围的险峻地势，死守独石口、古北口、喜峰口、冷口等长城各口，阻止日军继续深入，争取时间进行国际交涉。据此命令第五十九军傅作义部守独石口，中央军第十七军守古北口，原西北军旧部编成的第二十九军宋哲元部守喜峰口，第三十二军商震部守冷口。由长城撤下来的东北军整理后调北宁线天津以东及冷口以东地区担任防御，同时命令孙殿英部坚守多伦以东地区，威胁敌后。从上述军事部署上即可看出，南京中枢根本没有向敌人进攻以收复热河等失陷国土的决心，军事上完全是消极抵抗、被动挨打的架势。这种错误的政治、军事策略，再加上中国军队装备低劣，战力参差不一，以及内部派系复杂、缺乏有力的统一指挥，等等，不能不导致后来长城抗战的失败。

我所在的第二师于 2 月下旬接到命令：全师火速集中洛阳，28 日开赴华北前线，限 3 月 8 日前抵达通县待命。驻徐州、蚌埠一带的第二十五师奉命提前两日，于 2 月 26 日开始输送，限 3 月 5 日以前在通县集中完毕。在湖北花园、孝感一带的第八十三师，也于 2 月下旬集中汉口，3 月上旬开赴

参加誓师的陆军第二师官兵

洛阳（据说是为了对日军保密，故在洛阳绕道），3月20日前后到达北平附近，3月25日集中密云。此外独立炮兵第四团、炮兵第七团、骑兵第一旅、重迫击炮第一营及其他直属部队等，均在3月下旬至4月上旬间，先后开到密云，统归第十七军军长徐庭瑶将军指挥。

在全国民众掀起的抗日救亡热潮鼓舞下，我们北上抗日部队士气高昂，官兵们摩拳擦掌，纷纷准备与敌人决一死战。那几年间部队几乎天天忙于打内战，同胞间彼此残杀，我们都有一种厌倦心理。现在总算有了一个机会，可以为国家效命疆场，尽军人的守土之责，大家的心情不由得为之振奋。我们这些人自不消说，连我的老长官徐庭瑶将军，本已奉命到江西上饶担任赣东北"剿共"指挥任务，这时也主动向南京中枢请求北上抗日，可见那时在国民党军队内部，要求抗日的呼声已经愈来愈强烈了。

可是，由于国民政府长期以来对日采取妥协态度，缺乏抗日的决心和必要的准备，因而战争一开始就使我军陷入被动的境地。本来长城一带地势险要，我军倘若提前构筑坚固工事，加强纵深防御，并调精锐部队据险防守，则以敌人有限的兵力是很难突破我军防线的。但令人痛心的是，当时的国民政府对此几乎丝毫未曾加以注意，更谈不上修建什么国防设施。部队匆匆赶到前线后，因阵地上多半是岩石，工具又很缺乏，已经无法也来不及修筑像样的工事，官兵们只能凭借祖先留下来的古老的长城，以血肉之躯来阻挡装备精良的敌人的进攻。同时，由于部队平日训练都以"剿共"为目的，缺乏对日作战所需要的对空和对战车以及近代的筑城作业等训练，因而我军未战之前，即在日军飞机、战车、大炮等优势火力的狂轰滥炸下出现了相当大的伤亡。更荒唐的是，一些部队在开赴前线时，连军饷、服装、武器等项尚无着落。譬如，第二十五师2月25日由徐州出发时，3月份的伙食费还没有领到。该师只得临时在地方上借了十万元，部队才能开拔。当时北方还是冬

四位妇女拿着第二十九军的大刀合影

长城抗战期间，北平妇女慰劳队赶到前线慰问部队官兵

长城抗战期间，清华大学抗日救国会组织修路队，赶到前线支援工兵部队作业

第十七军二师师长黄杰、副师长惠济、参谋邵平凡、第四旅旅长郑洞国（从左到右）与该师将士们集结在长城古北口阵地上（此图片由台湾秦风先生提供）

季，尤其是古北口一带都为冰雪所覆盖，可我们的部队到达时，许多士兵还穿着草鞋，根本没有防寒服装，幸亏北平各界民众大力支援，始基本解决了部队的防寒困难；第二师由洛阳开到北平时，刚刚从仓库里领到轻机关枪，官兵们还不知道如何使用（以前部队里只装备重机关枪，没有轻机关枪）；前线部队的粮秣补给也很困难，当时后勤部队卡车很少，勉强可供运输弹药之用。粮秣运输皆赖骡马和牛车运输，一日行程不及八十华里。为了防空，运输都必须在每日下午5时至翌日晨6时间进行，其余时间只能在树林中隐匿，这样由石匣镇往返北平一次，大约需六七日，部队给养时有中断之虞，如此等等。当年我们的抗日将士就是在这样困难的条件下，同穷凶极恶的日本侵略军进行殊死战斗的。

我第十七军官兵向日军高地冲杀

　　我第十七军先头第二十五师开抵古北口前线时，长城战事正酣。日军占领承德后，以一旅团兵力南下喜峰口，另以主力一个多师团进攻古北口。原退集喜峰口的东北军万福麟部，一经与敌接触即直溃口内，日军于3月9日占领喜峰口。这时调往该方面增防的第二十九军主力刚刚到达遵化，只有其先头第三十七师冯治安部黄昏时到达喜峰口。冯部乘敌不备，利用黑夜以大刀队对敌实施逆袭，多有斩获，重新夺回了这一重要关口。第二十九军大刀队由此威名远扬，令敌胆寒。此后，日军一再进攻喜峰口及附近地区，均遭第二十九军各师坚决抗击，一时形成对峙状态。古北口方面，东北军王以哲部抵挡不住日军攻击，节节败退，企图固守古北口，等待中央军增援。我第十七军先头第二十五师于3月9日夜到达古北口，但防守古北口第一线阵地的东北军一一二师张廷枢部已被日军击败，急于退走，竟于3月11日轻易将古北口险峻阵地丢失了。以后第二十五师曾举行全线反攻，企图夺回古北口，可惜未能成功，且有相当伤亡，该师第一四九团团长王润波阵亡，师长关麟征将军也不幸负伤，部队只好退守南天门及左右阵地。

先是，第二十五师开抵古北口之初，王以哲将军即要求该师迅速接替长城一带第一一二师阵地。第二十五师七十三旅旅长杜聿明等将领也认为王以哲部已兵无斗志，无法强留，即留亦不能力战。而且从地形上看，长城居高临下，易守难攻，得之则占先制之利，可以瞰制敌人；失之则处于不利的态势（因古北口南城地势低于长城，历史上是驻兵后方所在，形成一个小市镇，北关大，城内小，军事价值不及镇外的长城）。倘以第二十五师接防古北口将军楼第一线阵地，让第一一二师占领古北口以西、河西镇以北长城及八道楼子之阵地，使双方阵地正面缩短，互有依托，这样也能减轻第一一二师的压力，尚可使其多留几日。但关师长为图自保，坚持不肯接防长城第一线阵地，命令所部占领古北口南城东西两侧高地，并向两侧高地延伸，布置第二道防线。岂料在第一线阵地的第一一二师仅留少数兵力监视敌人，大部擅自撤走，致使古北口阵地轻陷敌手。国民党军队各派系间不顾大局、各图自保的情况，由此可见一斑。

尽管由于举措失度，我军在古北口初战失利，但广大官兵们在战斗中还是表现出了极其勇敢顽强的精神。当时第二十五师仅以四个步兵团独当优势之敌（日军兵力为第八师团和骑兵第三旅团），在既无坚固阵地可凭、友军又不肯协力作战的情况下，与敌血战三昼夜，毙伤敌两千人以上，自己也伤亡了四千余人。特别应当提到的是，3月12日该师第一四五团向南天门阵地转移时，前沿阵地有一个班的七名士兵因远离主力，未及撤退。这七名士兵携带一挺机关枪，顽强据守日军必经的一个小山头，自动担负着掩护大部队的任务。他们前后毙伤日军百余名，阻击了敌人很长时间，为主力转移争取了宝贵时机。后来敌人恼羞成怒，竟出动飞机大炮对这个小小的山头反复轰炸，我七名壮士英勇殉国。日军对我军士兵坚强不屈的精神不得不表示钦敬，事后特将这七名士兵的遗骸埋葬在一起，并题"支那七勇士之墓"。据说，日军起初并不晓得有中央军开到古北口前线，在遭到我军猛烈反冲击后尚觉惊讶，方知遇到强劲对手，遂不敢再轻敌冒进。

我第二师于3月上旬准时到达北平，补充了部分枪械弹药及粮秣、服装

陆军第二师在长城上向阵地前进

后，即奉命由通县向古北口前线进发。我率本旅走在前面，师部及第六旅随后跟进。

部队进入顺义县境，即听到前线炮声隆隆。在通往密云的路上，不时有些东北军的溃兵稀稀拉拉地撤下来，从他们口中了解到前线的一些情况。我求战心切，命令部队一再加快行军速度。

快到密云时，正巧我的军校一期同学、时任北平军事委员会分会代理委员长何应钦将军（原北平军分会代理委员长张学良将军刚刚引咎辞职，由何氏继任）少将高参的严武也从前线下来，一见面就向我说起前线情况如何如何坏，劝我不必上去了。我素闻此君胆小，缺乏实际作战经验，心想我们千里迢迢为抗日而来，哪有一闻炮响就向后转的道理？遂不理他，率领部队继续兼程赶路。

3月12日午夜后，本旅赶到距古北口以南约三十华里的军部所在地石匣镇。我顾不上休息，即去军部领受任务。身材瘦长的徐军长正与几位幕僚借着微弱的灯光察看地图，一脸倦容。见我进来，他走过来同我紧紧握了握手，算是打过招呼了，随即引我到军用地图边，很简洁而又语气沉重地说："现在前线的情况很紧张，第二十五师已经打残了。有情报说日军正源源向古北口增兵，估计不久日本人的进攻将更为猛烈。现在命令你部即刻出发，务于天亮前接防第二十五师的阵地。"接着军部作战参谋又向我扼要地介绍了一下前线敌我态势，以及作战中需要注意的问题。走出军部，已是凌晨1时许了。

我回到部队，马上集合全体官兵，作了一个简短的动员，即下令以强行军的速度向南天门疾进。虽然部队经过整日行军相当疲劳，但士气非常高昂，没有一人叫苦，也没有一人掉队。一路上安静极了，只听见"沙沙"的脚步声和轻微的武器碰撞声。部队排成整齐的纵队，犹如一条长龙，在夜色中沿着蜿蜒起伏的山地，悄悄地但又飞快地向前跃进。

凌晨4时前，我们就赶到了南天门。第二十五师代理师长杜聿明将军在阵地上热情地接待了我。他简洁地向我介绍了第二十五师的作战情况和日军的动态，还亲自带我借着微弱的月光巡视并交接阵地，直到凌晨5时，才与

陆军第二师师长黄杰、旅长郑洞国等在南天门察看战场。中间持刀立者为黄杰，其下黑帽站者为郑洞国

我紧紧握手道别，率部撤到后方休整。杜氏也是我的军校一期同学，彼此虽是初次见面，但他的热情和做事的精明、练达，却给我留下了很好的印象，以后我们竟成了莫逆之交。

第二师接防南天门阵地后，敌人正忙于调动兵力，调整部署，战场上暂时沉寂下来。这时，日军因在喜峰口方面屡受我第二十九军打击，无隙可乘，遂移兵古北口，企图集中优势兵力一举击破中央军，以达到向南京国民政府施加压力、逐步控制华北的企图。自4月15日起，日军将滦东兵力逐渐向古北口方面转移，除原来的第八师团等部外，又相继增加了第六师团主力、第三十三旅团，并附有强大的空军、炮兵和战车等部队。而前线我军只有一个步兵师（第八十三师稍后开到）。据说徐庭瑶将军曾向南京中枢和北平军分会请求增调兵力，但得到的答复是：要以现有兵力竭力抵抗，不要指望再增加援军云云。徐氏无法，只好下决心用仅有的这点兵力死守下去。

南天门阵地，右自潮河岸的黄土梁起，左至长城上的八道楼子止，正面

驻守南天门的郑洞国将军

宽约十华里的中段以四二一高地为据点。本旅奉命担任第一线防御（第六旅一部守备八道楼子阵地），第六旅为预备队。鉴于前一阶段的作战经验，我们乘战事间歇，加紧构筑阵地，阵地编成系以抵抗巢为核心的纵深配备，并修筑阵地内的交通，以利炮兵的活动。南天门阵地后方，还构筑了六道预备阵地。同时，各师还自发地组织别动队，迂回敌后袭击敌人，如4月5日，本师别动队在色树沟以短枪、手榴弹伏击敌人，毙敌骑兵第八联队军官一名、士兵数十名，并炸毁军车数辆。第八十三师的一支别动队，也袭击了古北口北关，给敌后方以沉重打击。4月11日，我各师别动队在敌左右两翼与敌激战，并将偏桥通承德的公路破坏，使敌后方补给断绝多次。敌人对我军小部队骚扰活动颇为头痛，当时日文报纸曾说我军在运用克鲁巴金战术云云。

4月16日至18日，日军出动飞机相继轰炸了第二师师部驻地石匣镇和第十七军军部驻地密云县城。我判断这可能是敌人发动大规模进攻的前兆，遂命令部队日夜加强戒备，准备迎接即将到来的一场血战。

就在这时，我南天门左翼险要制高点八道楼子（该处有古时八座碉楼，故名）却不慎失守了。八道楼子位于我军防线西段大拐弯处，是一个光山秃岭的制高点，地势极为险要，为南天门阵地左翼重要支撑点。且因八道楼子高出群峰，凭楼俯瞰长城外的古北口镇，了如指掌。谁占据此处，谁即可以火力控制古北口全镇，为兵家必争之地。军部原命令第二师派一营兵力防守八道楼子，但黄杰师长一时大意，认为日本兵穿皮靴，无论如何是爬不上这几座碉楼的，所以决定只派第六旅第十一团的一个连防守。而这个连的官兵也以为地势险要，放松了警戒。4月20日夜，日军以一个大队的兵力由古北口一个姓李的汉奸（原任保长）带路偷袭过来，仅一夜之间，这八座碉楼就全部被敌人占领了。黄杰师长闻讯大惊，急将八道楼子失守的情况向徐庭瑶将军报告；徐军长极为震怒，在电话中严责黄氏说："你们怎样失守，你们就负责任怎样收复！"黄师长乃下令第六旅组织反攻，但均无效。次日又命令我率本旅第八团并指挥第六旅第十一团继续反攻。我指挥部队由八道楼子东面五百米以外的光秃秃山坳上，在无地形掩蔽、又缺乏炮火支援的情况下，向敌人发动了一次次仰攻，整整激战了一日，可惜仍未能成功。眼见一批批勇敢的弟兄冲上去，又相继倒在敌人密集的枪弹下，我五内俱焚。最后，我认为这样硬攻牺牲太大，而且没有成功的把握，只好请示上级忍痛将部队撤了下来，并于22日夜间将阵地变换到田庄小桃园之线。

4月23日晨7时，日军利用八道楼子瞰射之利，以陆空军联合向我南天门阵地中央的重要据点四二一高地发动大规模猛攻。敌人的飞机、大炮、战车一齐出动，以密集的炮火覆盖我军阵地，接着以步兵群一波接一波地轮番向我阵地进攻。我军官兵均镇静地伏在工事中不动，待敌接近至我前沿阵地二三十米处，突然以轻重火力集中扫射，打得敌人人仰马翻，死伤枕藉。日军士兵受武士道精神毒害，且训练有素，作战很顽强，一批被打倒了，另一批又嚎叫着涌上来，几度冲上我军阵地，与我军官兵在工事中拼杀扭打，我急命预备队上去增援，方把敌人压了下去。

战斗中，我军因火力不够，也吃了敌人不少亏。我军火炮很少，且性能亦差，往往需发射三发炮弹方能命中目标。但这里一发炮弹刚刚出膛，即为敌炮兵发现，马上招来排炮轰击，只好频频更换火炮位置，不敢集中放列作连续射击，故而大大限制了火力威力。敌人因在火力上占绝对优势，愈加骄狂，每次进攻之前，都以飞机大炮向我军阵地狂轰滥炸，阵地上几无一寸完好之地，官兵死伤甚重。最讨厌的是敌人的飞机，从早到晚在我们头上盘旋轰炸，不断造成伤亡，并威胁我军补给线。当时我军没有防空武器，一些官兵愤极，就用肩膀扛着轻机枪朝着向我阵地俯冲的敌机射击，迫其不敢低飞。23日这一天，我军一共打退了日军四次疯狂进攻，阵地前横七竖八地躺着不少敌人溃退时来不及拖走的尸体。本旅牺牲也很大，一共死伤了三四百名官兵。

4月24日晨6时起，日军再度发动全线猛攻。敌人仍然采用老办法，先对我军阵地施以轰炸，摧毁我军防御工事，再以步兵分梯队轮番猛攻。我军官兵沉着应战，击退敌人多次进攻，未失一寸阵地。战至午后，敌人不断增加兵力，攻势更为猛烈。第六旅第十一团官兵伤亡过半，阵地被敌人突入，双方展开肉搏战，情形极为危急。黄杰师长急命补充团前往增援，遂将

八十三师在南天门修筑工事

敌人打下去。

日军屡攻屡挫，恼羞成怒。4月25日，以前所未有的猛烈炮火对我南天门阵地实施报复性轰击。从晨至晚，敌人的炮击几乎终日未绝，不少士兵的耳朵都震聋了，但未见敌人步兵攻击。

此时第二师已与日军血战五昼夜，伤亡甚大，疲劳不堪，遂奉命于4月25日夜间撤出阵地休整，由第八十三师接替南天门阵地的防守任务。

次日拂晓，第八十三师接防甫毕，敌复集中炮火向四二一高地猛轰，防御工事全被击毁；继以步兵猛扑，经该师第四九七团顽强抵抗，激战至下午。因伤亡太大，终于放弃了这一重要据点。

4月28日晨5时，日军集中火力向我南天门附近的三七二高地及四二五高地射击，其步兵分三纵队向我猛冲，同时以战车掩护骑兵威胁我军左右两翼。第八十三师第四九七团及补充团的一营，与敌激战竟日，营长三员均负重伤，伤亡惨重，阵地工事完全被敌毁坏。因此于是晚变换阵地，占领南天门以南六百公尺（米的旧称）的预备阵地。

自4月20日至28日，中日军队在南天门一线血战了八昼夜。中国军队以劣势装备和兵力顽强抗击几倍于我的装备精良的日本军队，给敌以重大杀伤，粉碎了日军"一星期内攻下南天门华军阵地"的预言，使战线仍胶着在南天门附近，实为九一八事变以来所少有，殊出敌预期之外。但我们自己也付出了沉重的代价，又有两千名将士血染沙场。

这时日军已攻占冷口及其以东长城各口，接着多伦又告失守，整个战局对我愈加不利。

古北口方面，自4月29日以后，日军虽停止大规模进攻，每日仍以炮火向我阵地零星射击，时常以小部队向我袭击。

5月10日晨，日军重新发动进攻。大约五百余名步兵在猛烈炮火掩护下，向我东头峪阵地进攻，被第八十三师第四九三团击退。翌日凌晨1时，日军第三十一、第三十二两个步兵联队五千余人倾巢出动，向我稻黄店涌泉庄及其以南高地，用密集队形夜袭，战斗非常激烈。第八十三师的第四九三团及补充团损失极大。凌晨5时，日军六辆战车冲至上店子，威胁我军侧背。晨7时，日军又出动飞机八架在我阵地上空往复轰炸，协同其步炮兵攻击，双方形成混战状态。至上午8时，敌集中七十余门火炮协同两千余名步骑兵，猛扑我左翼笔架山阵地，第八十三师第四九四团拼死抵抗，鏖战至午，团长魏巍负重伤，中校团附汪兴稼阵亡，官兵伤亡达三分之二。由于第八十三师各团均伤亡巨大，无法支持，遂导致全线崩溃，不得已撤至后方十华里的预备阵地。该师师长刘戡将军，以部队在一昼夜间遭到如此惨重损失，被迫撤离阵地，悲愤难当，企图拔手枪自杀，幸被部下及时拦下。

这时，第二师正奉命开往后方整理补充。5月10日夜间，我率第四旅已行至密云，忽接上级十万火急命令，说前线军情紧急，要我师各旅迅速回

第二师第四旅官兵向新开岭集结行军

师增援。正在北平郊区休整的第二十五师也接到了同样的命令。

接到命令，我顾不上多想，急命部队掉头向南天门方向跑步前进。5月11日上午11时左右，本旅率先赶到阵地，接替了第八十三师的防务。我们喘息未定，日军即出动四五千人兵力，在飞机大炮掩护下向我磨石山、大小新开岭、香水峪一带阵地大举进攻，并以战车十余辆，冲至白水涧附近，截击我后方的交通。此刻我后续部队尚未上来，本旅仅剩不足两千名的战斗员，兵力单薄，且经连夜行军相当疲劳，在敌人疯狂进攻下，各处阵地均频频告急。我感到情况极其严重，手中又无兵可派，确实已到了生死关头，只有拼命了。遂脱掉上身军衣，穿着白衬衫，提着手枪，带上身边仅有的一个

第二师第四旅官兵对敌作瞭望警戒

特务排，亲自赶到最前线往复督战，以示必死的决心。经过一天血战，总算守住了阵地，赢得了后续部队增援上来的宝贵时间。

5月11日夜间，敌人又夜袭我小新开岭左翼四五高地，被我军击退，次日，敌复增加兵力发动全线进攻，第二师各团伤亡惨重，遂撤至后方七华里的新阵地。此时第二十五师第一四九团覃异之部尚在西北岭及下会之线与敌激战，支持至13日始撤至后方六华里的新阵地。

5月12日下午3时，日军攻占我大小新开岭一带阵地后，乘胜向石匣镇攻击，与我第二师在摇亭南香峪之线激战。傍晚，敌战车十余辆冲至南茶蓬我炮兵阵地，炮兵第四团第九连军官全部伤亡，炮四门被毁。同时我在潮

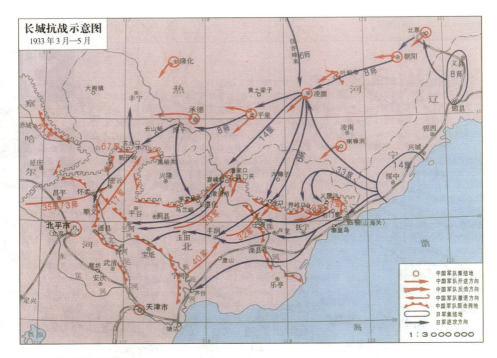

长城抗战示意图

河西岸的炮兵亦遭敌重炮轰击，毁炮三门。由于我炮兵受严重损害，火力间断，敌之战车更加活跃，激战至13日午，我军防线渐呈动摇之势。徐军长急命守潮河右岸的第二十五师，抽出一个旅向左翼延伸，占领后方八华里之新阵地，掩护第二师撤至黄岗峪不老屯之线。13日午后1时，第二十五师第七十三旅向左翼移动（此时该师第七十五旅仍在城子村小槽村原阵地与敌激战），该旅第一四六团未及占领阵地，即遭到优势之敌攻击。敌战车亦已越过石匣镇三华里许，冲至我南山口附近阵地。午后4时，敌炮兵向石匣镇集中轰击，掩护其步兵前进，石匣镇遂陷敌手。第一四六团在南山口与向南追击之敌激战，死伤甚大，当日午夜退守后方六华里新阵地。

5月14日拂晓，敌步骑炮联合两千余人在飞机掩护下向我潮河右岸阵地攻击，其战车二十余辆由潮河滩上突进，与我第二十五师激战达三个小时，后向石匣镇方向退去。同时我第二师在黄岗峪不老屯之线亦与敌小部队不时交火。

连日以来，第十七军各师又相继死伤四千余人，损失兵力过半，如不补充，实无法再作有力之抵抗，遂奉令以第二十六军于 5 月 14 日夜进入九松山预备阵地。第十七军除第二十五师一部担任石铁峪五座楼之线警戒任务外，皆调密云整理补充。15 日各师开始移动，17 日复奉命调回怀柔、顺义之线。第八十三师奉命担任北平城防。

第十七军在古北口、南天门一带，前后与日本侵略军恶战两月余，毙伤敌五千余人，自己也伤亡了八九千人，此区域成为长城抗战作战时间最长、战事最激烈的地方。虽然由于敌我力量悬殊而失败了，但还是使敌人初步认识到，中国军队是不容易对付的，中国人民是不好征服的。

我军撤退以后，当地一位姓张的道士，约集一些百姓，冒着生命危险，偷偷将我阵亡将士的忠骸掩埋在长城脚下，最集中的一处，在古北口镇西南，当地人称为"肉丘坟"，那里埋葬着五百余名壮烈殉国的抗日官兵。54 年后，即 1987 年夏天，我和我的老朋友、原第二十五师第七十五旅第一四九团团长覃异之同志，重新来到古北口，凭吊了当年的旧战场和经过当地人民政府修缮了的原第十七军抗日烈士合葬墓。经历了半个多世纪的沧桑岁月，山河依旧，而当年参加过这一悲壮抗战的人，已存者寥寥，我们两位也都是年逾八旬的老人了。追思往事，怀念战友，真是感慨万端！覃异之同志当时曾赋诗二首，颇能表达我们这些幸存的抗日老战士的心怀，诗曰：

（一）

五四年前血战地，
白头老将又重来。
长城依旧雄华夏，
倭寇而今安在哉！

（二）

当年喋血卫神州，

1987年夏，郑洞国将军（右）与当年参加长城抗战的老战友覃异之凭吊古北口战役阵亡将士公墓

八载鏖兵报国仇。

古北口前怀战友，

中兴喜讯告坟头。

第十七军在古北口方面失利前后，在滦河以东的中国军队亦相继撤守乐亭、迁安间的滦河西岸，再向天津通县间的北运河西岸撤退，使我喜峰口守军过于孤立，第二十九军遂奉命撤守通县城附近北运河西岸。日寇步步进逼，整个战局由此急转直下。这时北平方面正酝酿停战谈判。5月31日，国民政府同日本签订了丧权辱国的《塘沽协定》。这个协定实际上承认了日本帝国主义占领我国东北三省及热河，并划绥东、察北、冀东为日军自由出入区，这样就进一步便利了日本控制、吞并华北的企图，由此使我国面临着更加深刻的民族危机。而长城抗战，无数官兵的牺牲，所付出的代价，也就被一纸《塘沽协定》断送了。

江西"剿共"战争和西安事变

第十七军从古北口撤下来后，都集中在北平及附近地区整理补充，我的第四旅就驻在北平城外的黄寺。

转眼到了秋天，经我的同乡、时任国民党中央候补执委的肖忠贞先生介绍，我与陈碧莲小姐结了婚。当时陈小姐年方17岁，是位聪慧秀美的南国少女，我们几乎是一见钟情。

不久，我奉命进入南京中央军校高等教育班第一期学习。这一期学员不少是国民党军队中师旅级将领，不过高教班开设的课程却大多是中下级军官必须掌握的诸如营连排指挥，以及军事战术等项。过去我们在黄埔军官学校前后只匆匆学习了七个月，经过几年军事实践，现在再回过头来重新学习这些军事理论，感受确有不同。

在高教班里，我有幸与杜聿明将军重逢，那时他已任第二十五师副师

郑洞国将军与夫人陈碧莲新婚不久后的合影，摄于 20 世纪 30 年代

郑洞国将军在南京中央军校高等教育班第一期学习时的照片

长。由于彼此都是黄埔军校一期同学，在古北口前线又有一面之缘，所以很快就熟识了。杜氏为人热情豪爽，肯钻研，且处事果敢，是一位优秀的军人。从那以后，我们成了无话不谈的挚友。

我在高教班受训前后有三四个月时间。这时，国民党军队正对苏区发动空前规模的第五次"围剿"。1934年春，我接到命令，要我即刻返部，率第四旅与第二十五师七十五旅一道去江西参加"剿共"战争，于是我提前结业，匆匆回到北平，不久即率部南下。

我们这两旅官兵抵达军委会委员长行营所在地——江西省会南昌时，受到蒋介石先生的检阅。这两支部队经过长城抗战的洗礼，再加上近一年的整理补充，战力得到恢复和加强，检阅时队伍严整、军容甚盛，蒋先生观后大为高兴，连声称好，还向官兵们训了话，内容大多是什么"攘外必先安内""剿共关系到革命军和国家成败生死"等那一套。

老实说，对于蒋先生的训话，以及那场"剿共"战争，包括我在内的不少官兵是有些看法的。九一八事变后，我们丢掉了东北三省，现在又丢掉了热河，日寇正进一步蚕食华北，其狼子野心国人皆知。按常理，我们应当举国一致，共同对付日本人才是上策，倘无休止地打内战，骨肉残杀，岂不是亲痛仇快、自毁长城吗！尤其使人难以理解的是，长城抗战期间，南京中枢仅派出区区三师中央军，而打共产党却不惜动用百万大军，难道共产党比日本人更可怕吗？不过，这些想法只能朋友间私下说说，无人敢公开讲，免得招惹麻烦。

我们在南昌仅驻扎了很短一段时间，便奉命开往前线。南京中枢对这次"剿共"战争几乎下了全部赌注，蒋介石先生亲任"剿共"总司令，先后调集了一百万兵力，两百架飞机，仅对江西中央苏区就投入了五十万军队。这在当时可谓是倾尽了国民党政权的全部军事力量。

为了彻底击败并消灭红军，国民党军队吸取以往"剿共"屡屡失利的教训，在军事上转而采取"战略攻势，战术守势"，"步步为营，节节推进"的战略，即在中央苏区四周修筑碉堡，一面修，一面慢慢向前推进，企图依托堡垒逐步前移，压缩中共根据地，先消耗红军力量，然后设法与红军主力决战。同时，为了困死红军，国民党军队还对苏区实行了严格的经济封锁，禁止食盐、火油、药材、电器等物资输入苏区。

当时中共党内正是王明"左"倾路线统治时期，面对国民党军队以强大兵力的四面"进剿"，中共"左"倾领导人放弃了红军以往行之有效的"诱敌深入，各个击破敌人"的机动灵活战术，坚持"御敌于国门之外"的错误方针，硬是命令红军"以碉堡对碉堡"，冒险与装备、兵力均占优势的国民党军队打阵地战，死顶硬拼，因而陷入十分被动的境地。

本旅和第七十五旅开抵前线后，编入顾祝同将军指挥的北路军作战序列，在吉水、吉安一带负责守备第二线碉堡。

战争打得激烈而残酷，枪炮声从早至晚终日不绝。为了争夺某一阵地，

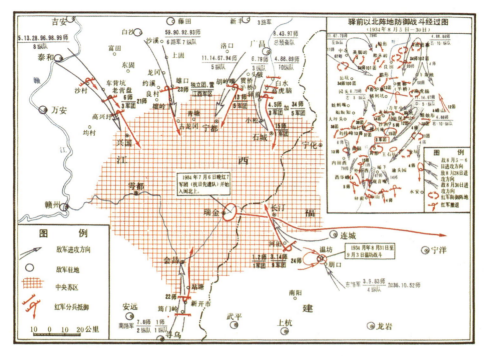

共产党中央革命根据地第五次反"围剿"作战经过要图（1934年7月—9月）

双方常常投入大批兵力往复厮杀，彼此伤亡惨重，每天都有大量伤员源源从前线运下来。

这时已是五六月间，江西的气候炎热起来，由于战场上众多阵亡者的尸体未曾认真掩埋，加上卫生条件太差，医药匮乏，以致军中疫病流行。我们这两个旅虽未直接参战，但不少士兵是新从北方补充的，水土不服，许多人发烧、腹泻、打摆子。起初我们以为是一般的疟疾，还不大注意，不久就有人死去了，而且病倒的人愈来愈多，疫情蔓延得很快。短短几个月中，我这一旅官兵中竟有数百人染病不起，连从北方带来的一些拖炮、驮军用物资的骡马，也都死得干干净净。那时我的身体很弱，幸赖天天服用奎宁，才算平安地挨了下来。

到了1934年秋天，红军经过整整一年的艰苦作战，损失惨重，兵日少而地日蹙，无法打破国民党军队的"围剿"，主力被迫撤出江西苏区，向湖南、贵州方向突围转移，开始了闻名世界的二万五千里长征。

红军主力突围后，我们奉命追击。此时部队减员较大，官兵体力甚弱，士气下降，大家都无精打采。部队冒着连绵的秋雨，走走停停，一路掉队的人很多，个别连队前面一个掌旗兵，后面稀稀拉拉跟着几十人，行军序列乱糟糟的，第七十五旅的情况似乎更糟。看到好端端的一支队伍，在"剿共"战争中被拖成这副模样，我心里既感到窝囊，又感到难过，终日郁郁寡欢。

就这样，我们从江西出发，几乎横贯湖南全省，连红军的影子也未见到，一路"护送"着红军走到芷江。经反复电请，上峰始准许我们返回北平，归还建制。命令传下来，大家普遍有一种得解脱的感觉。

回到北平，本旅奉命驻扎南苑。这时中日关系很紧张，日军屡屡寻衅，借机在华北挑起事端。我们意识到中日之间随时有爆发冲突的危险，乃抓紧补充、训练部队。

1935 年 6 月，国民政府竟屈从于日方压力，与日本签订了《何梅协定》。据此，中国政府被迫取消在河北的党政机关，撤退驻河北的国民党中央军和东北军（冀察两省及平津两市仅由第二十九军宋哲元部驻防），甚至承诺撤换其指定的中国军政人员和禁止一切抗日活动，等等。这个协定比起两年前签订的《塘沽协定》，更严重地损害了国家主权，使国家民族蒙受了更大的屈辱。

根据《何梅协定》，中央军各部队必须撤出北平（因日本人痛恨第十七军，连该军的番号也被迫取消了）。撤军命令下达后，大家心头都仿佛笼罩着厚厚的阴云。我辈身为军人，守土有责，现在却将不战而退出这座历史名城，实在愧对华北和全国父老！

撤离北平的前几日，黄杰师长请各旅、团部队长到他的住处吃饭。席间，他举杯沉痛地说："今天请各位来吃杯告别酒，此番离开北平，尚不知何时才得故地重游啊！"言未毕，眼中涌出热泪，再也说不下去了。大家的心情同样伤感，彼此相对无语，默坐了半日方散去。撤军的那天，官兵们在操场上抱头痛哭，最后恋恋不舍地离开了北平。当时的情景，我至今难忘。

第二师撤离北平后，奉命开赴徐州、蚌埠一带驻防。这期间，本师重新

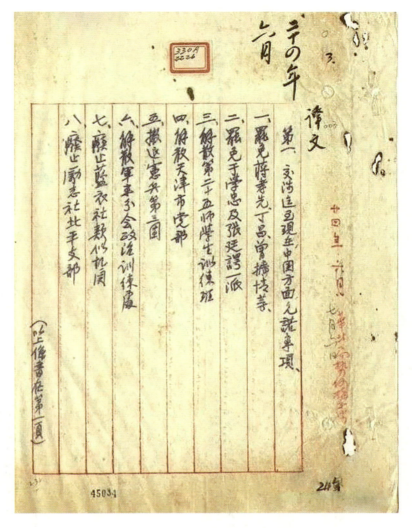

1935年6月，日本方面向南京国民政府提出的谈判条件

组建了独立旅，以钟松（黄埔军校二期毕业生）为旅长。

次年秋，黄杰将军调任税警总团团长，由我接任师长。我接任不久，钟松的独立旅便奉调去四川与红军作战了。

我们在徐蚌地区前后驻防一年有余，度过了一段少有的太平日子。

1936年底，国内突然发生了一件震惊中外的大事件：东北军统帅张学

1936年3月27日，郑洞国致电第十三军军长汤恩伯，报告第二师独立旅钟松部向河南新乡开赴情况

1936年4月12日，郑洞国电复第二师独立旅旅长钟松请示事宜

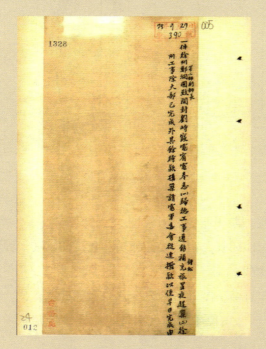

1936年9月27日，第二师副师长郑洞国致电河南省政府主席刘峙将军，请求拨付修筑徐州国防工事的经费

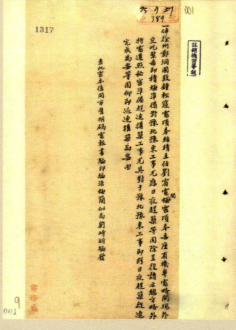

1936年9月27日，郑洞国致电第二师独立旅旅长钟松，令其加快修筑豫北国防工事

1936 年，蒋介石在南京会见各界要求抗日的民众

良将军和第十七路军总指挥杨虎城将军于 12 月 12 日凌晨在西安发动兵谏，扣留了正在那里部署"剿共"军事的军事委员会委员长蒋介石，并通电全国提出八项政治主张，要求停止内战，一致抗日，是为著名的西安事变。

事变发生后，国内反响强烈，也引起了世界各国的普遍关注。由于南京中枢严密封锁新闻，人们无从全面了解事变的真相，一时各种议论纷起，情况极为混乱。各方面的政治势力和一些政客们，出于不同的政治动机，都四处活动。日本方面也乘机兴风作浪，对国民政府威逼利诱，施加压力，企图挑拨中国内战，从中渔利。中国政局在这一突发事件震撼下，更为错综复杂、动荡不安。

这期间，国民党内决策层围绕如何解决西安事变问题，发生严重意见分歧。军政部部长何应钦将军和部分有影响的国民党元老力主武力讨伐；而蒋夫人宋美龄女士、行政院副院长孔祥熙、财政部部长宋子文等则主张与西安谈判，和平解决争端，讨伐派一度占了上风。国民政府于 12 月中旬对张、

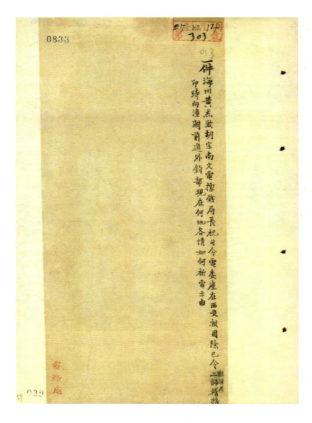

1936 年 12 月 14 日，税警总团长黄杰致电第一军军长胡宗南，通报第二师郑洞国部向潼关进发，并询西安事变后情况

杨发布了讨伐令，并委任何应钦将军担任"讨逆军总司令"，组织东西两路集团军，准备进攻西安。同时还出动空军轰炸西安附近地区。

根据我的记忆，当时国民党军队进攻西安的军事部署大致如下：

东路：刘峙将军任"讨逆军东路集团军"总司令，指挥第七十八师董钊部，第三十六师宋希濂部，第五十七师阮肇昌部，第七十九师樊崧甫部，桂永清的教导总队及炮兵第一、第五团和工兵一团，沿陇海铁路西侧进攻西安；另以第十师李默庵部、第八十三师刘戡部由潼关进攻洛南、蓝田，威胁西安侧翼安全；我的第二师和第二十三师李必蕃部为东路集团军总预备队，集结于潼关附近。

西路：顾祝同将军任"讨逆军西路集团军"总司令，指挥第一军胡宗南部由甘肃天水向宝鸡、凤翔进攻；驻宁夏吴忠堡的第二十五师关麟征部亦向固原、平凉地区挺进；另以驻汉中的第五十一师王耀武部经子午谷，进出于西安以南地区。

大约是 12 月 16 日，我率第二师到达潼关，这时中央军各部已基本完成了对西安的包围态势，一场新的内战迫在眉睫。

对于张、杨扣蒋兵谏的行动，当时我是不理解的。当然，我也知道蒋先生顽固坚持"攘外必先安内"的方针有失人心，加上他一贯对非嫡系部队采取歧视和排斥的态度，利用他们做内战工具，因而导致了事变发生。但是出于封建正统观念，我还是认为张、杨二将军的做法是一种"犯上作乱"的行为，是作为部下所不应取的。那时我对蒋先生迷信很深，认定他是唯一能领导全国的政治领袖，所以他的被扣是国家的一大"不幸"。

不过，对于军事讨伐西安的行动，我的态度倒是有所保留的，恐因此而危及蒋先生的生命安全，也担心引发新的内战，使日本人有隙可乘。有这种想法的人在黄埔系将领中远不止我一人，故讨伐令下达后，许多将领并未真正准备大战一场，而不过希望以大军压境的态势，给对方造成压力，迫使张、杨释蒋。

当中央军与张、杨所部在西安外围剑拔弩张、紧张对峙之际，南京的宋美龄女士和孔祥熙、宋子文先生等，也正在为营救蒋先生、和平解决西安事变而积极奔走。他们一面在国民党中央和国民政府内力陈和议，一面派澳籍顾问端纳先生飞赴西安调解。

在这关键的历史时刻，中国共产党为谋求西安事变的和平解决，发挥了极为重要的作用。事变发生后仅数日，由周恩来、博古、叶剑英、李克农等同志组成的中共代表团，即应张、杨二将军之邀飞抵西安。他们从抗日救国的大局出发，积极宣传中共停止内战、团结抗日的主张，在张、杨与蒋先生及宋美龄女士、宋子文先生等之间大力斡旋，做了许多卓有成效的工作，最后终于说服蒋先生基本接受了西安方面提出的八项政治主张，并使他承诺停止"剿共"政策，联合红军一道抗日。不久，蒋先生回到南京，西安事变得到和平解决。

西安事变和平解决以后，中央军各部奉命撤回原防，我率第二师离开潼

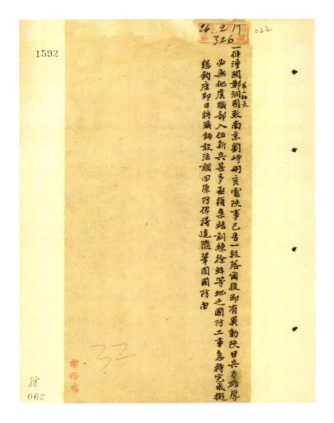

关，重新回到徐州。撤离潼关前，我专门置备了几桌酒席，与部属痛饮，庆贺蒋先生安然回到南京。当时我们既为蒋先生平安脱险而庆幸，也为消弭了这场内战战火而高兴，但对于西安事变和平解决的伟大意义，却还是认识不足的。现在回过头来看，不能不深切感到，西安事变的和平解决，是那时中国时局转换的枢纽，从此基本结束了连续多年的内战烽烟，奠定了国共两党重新合作的政治基础，为后来抗日统一战线的形成，提供了可靠的保证。从这个意义上讲，周恩来等中国共产党人和张、杨二将军，以及共同为事变和平解决而奔走努力的人士，都为中华民族立下了卓越功勋，是永远值得人们怀念的。张学良将军目前仍健在台湾。不久前，我从报刊上读到他接受日本记者采访时对往事的回顾，更深切地体会到他当时的抗日态度和爱国心迹，心中无比感慨和钦敬。

第四章

抗日军兴

第二十九军战士守卫在卢沟桥桥边

平汉路北段的涿州、保定战役

丧权辱国的《塘沽协定》《何梅协定》相继签订后，我冀、察两省实际上已在日本帝国主义的控制下，华北局势日益险恶。日本方面并未以国民政府的不断妥协退让为满足，反而加紧策划对华北的"分离"阴谋，企图使华北脱离国民政府，建立一个由日本直接控制、与伪满洲国有密切联系的特殊区域。1935 年 10 月，日本策动汉奸进行所谓"华北五省自治运动"，在冀东 22 县"非战区"，成立了以汉奸殷汝耕为头目的伪冀东防共自治政府，接着又在内蒙古策动蒙古族贵族德王成立所谓"内蒙自治政府"。同年 12 月，国民政府再次屈从于日方压力，在北平成立了以宋哲元为首的"冀察政务委员会"，进一步满足了日本关于"华北政权特殊化"的无理要求。

日本帝国主义在对华问题上屡屡得逞，更助长了其侵华野心。1936 年 8 月，日本内阁五相会议（首相、陆相、海相、外相、藏相），通过所谓《国策基准》，企图压迫中国正式承认伪满洲国，并决定以军事手段占领中国华

北，使其与东北、内蒙古连成一片，作为日军在华的后方基地，进而侵占华中，达到吞并整个中国的战略目的。为此，日本帝国主义穷兵黩武，大肆增兵华北，并更加频繁地在华北地区进行军事挑衅活动，加紧策划扩大侵华战争。日本关东军头目甚至狂妄叫嚣要在三个月内解决中国，中日战争大有一触即发之势。

1937 年 7 月 7 日晚，驻北平西南丰台的日军在卢沟桥附近举行所谓军事演习。是夜，日军诡称一名士兵失踪，蛮横要求进入宛平城搜查，遭到中国守军严词拒绝，日军遂向宛平城开枪开炮，守军在忍无可忍的情况下奋起抵抗，予敌痛击，伟大的抗日战争由此全面爆发。

卢沟桥事变发生后，在全国上下引起了极大的震动。平津危急，华北危急，全中国都在危急之中，中华民族到了最危险的时候。为了拯救国家和民族，全国人民迅速掀起了更加声势浩大的抗日救亡运动，南京中枢也进一步坚定了实行全面抗战的决心。1937 年 7 月 17 日，蒋介石先生发表了著名的

1937 年 7 月 17 日，蒋介石发表抗战演说

庐山演说，表示抗日"只有牺牲到底，无丝毫侥幸求免之理。如果战端一开，那就是地无分南北，年无分老幼，无论何人，皆有守土抗战之责任，皆应抱定牺牲一切之决心"。国民政府军事当局同时也作了各种紧急应付战争的准备，迅速在国内进行了战争动员和部署，并相继调动第二十六路军孙连仲部、第四十军庞炳勋部、第五十三军万福麟部、第十三军汤恩伯部、第五十二军关麟征部（原第十七军）、第十四集团军卫立煌部、第八十四师高桂滋等部增援华北前线。

当时，我正在庐山军官训练团受训。抗战一爆发，我即奉命匆匆返回第二师，随即率部开往平汉线北段满城、保定、新安镇一线赶筑防线。由于时间仓促，我们只能在行军途中对官兵进行抗日宣传动员工作。本师因参加过长城抗战，对日作战有一定经验，加上受全国抗日救亡热潮的影响，官兵均

卢沟桥事变消息传来，正在庐山上受训的军官群情激昂，振臂高呼抗日口号

对日寇怀有仇恨心理，故士气是很高涨的。

我第五十二军各师赶至保定以北新安、漕河、满城一线阵地时，平津已经失陷，日军正调集重兵从北平、天津分三路发动攻势：一路沿平绥路西出南口，进攻山西、绥远；一路沿津浦路向南攻打沧县、德州，进攻山东；一路沿平汉路南犯，进攻涿县、保定、石家庄。华北局势极为危急。与此同时，日军还以重兵在华东淞沪地区发动进攻，企图南北夹击，速战速决，"三个月内灭亡中国"，其气焰嚣张至极。

在平汉路方面，中国军队的作战主力为第一战区第二集团军，辖第二十六路军、第五十三军、第五十二军等部，第二十集团军商震部、独立第四十六旅也配属在这一作战区域。第二集团军总司令刘峙将军驻节保定指挥作战。

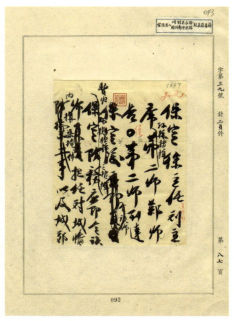

1937 年 8 月 9 日，蒋介石电令郑洞国将军于保定积极构筑工事，抵抗日军

中国军队在平汉路方面的作战要领是，沿平汉路多线设防，步步为营，节节抵抗，以期实现"以空间换取时间"的战略。其具体部署是：以第二十六路军孙连仲部、第五十三军万福麟等部为第一线防御部队，防守房山、周口店、琉璃河、码头镇、固安、永清一线，保卫保定前哨涿州；以第五十二军关麟征部为第二线防御部队，防守新安、漕河、满城一线，拱卫保定城；以第二十集团军和独立第四十六旅为第三线防御部队，固守石家庄以北之正定。

9 月 14 日，日本华北方面军第一军主力（第六、第十四师团）避开涿州正面中国军队的猛烈抵抗，分由固安、永清强渡永定河，侧击涿州，但遭到守军坚强阻击，孙连仲将军亦派出有力部队在拒马河一线堵截敌人。次日，日军增调兵力，在战车、重炮掩护下，加强攻势，强渡拒马河，将守备这一线阵地的第四十七师裴昌会部分割包围，守军与敌激战半日，被迫突围撤退。18 日，涿县陷落。日军遂长驱直入，沿平汉路两侧向保定扑来。

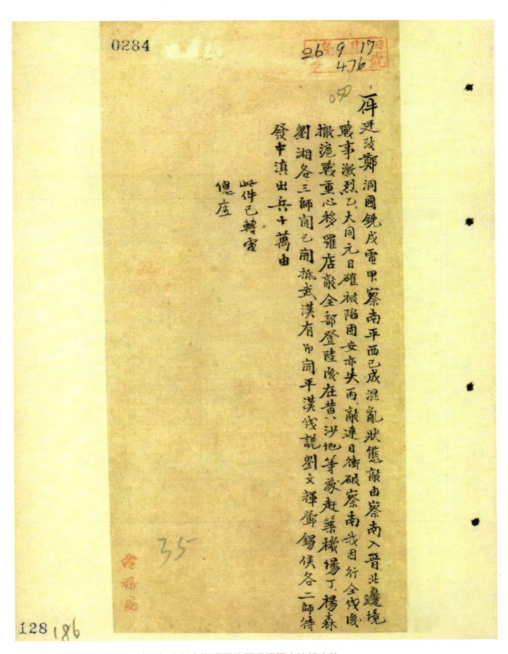

0284

一呈廷發鄭洞國銑戍電甲察南平西已成混亂狀態敵由察南入晋北邊境
戰事激烈乙大同元日確被陷固安亦失丙敵連日衝破察南戰目行全殘隊
撤滬戰重心移羅店敵全部登陸隊在黄沙地筆家赶築機場丁楊森
劉湘各三師聞已開振武漢有市開平漢戡說劉文輝鄧錫侯各二師待
發中滇出兵十萬由

此件已轉寄

總座

1937 年 9 月 17 日，战区长官部向郑洞国将军通报国内抗战态势

平绥铁路沿线作战要图

涿县一失，保定失去屏障，其防御岌岌可危。这时前线友军在日军压迫下纷纷溃退，已经无法节制。刘峙将军非常焦急，急电南京中枢请求火速增派援军。但中国军队大部主力此时正在淞沪战场与日军鏖战，无法北调，南京中枢只得指示刘峙将军"应就现有兵力，努力支撑，与敌持久"，并要求第二集团军"在保定附近与敌决战"。

防守保定的中国军队只有第五十二军（辖第二师、第二十五师）和刚刚增援上来的陕军冯钦哉部的第十七师。以后云南部队第三军曾万钟部奉命增援保定，但该部未开至前线，即借口与刘司令失去联络，匆匆退往安国。尽管兵力如此单薄，第二集团军还是决定坚守保定。

我军防守保定的部署是，我的第二师居中担任保定城防及平汉路正面防御。第二十五师在本师左翼，防守满城至保定一线阵地。陕军第十七师在本师右翼，防守保定至高阳一线阵地。据此，我命令第四旅守卫保定城垣，第六旅在保定以北沿漕河南岸占领阵地，并命该旅派出一营兵力向徐水方向警戒。我的指挥部设在城南关外。

9月20日，日军突破徐水、遂城之线，以第六、第十四、第二十师团共三个师团的强大兵力向我满城、漕河、新安防线席卷而来。孙连仲的第二十六路军抵敌不住，纷纷经满城向后方溃退。本师第六旅派向徐水方向警戒的一营，在与敌人发生前哨战后，即撤回漕河一线阵地。

22日晨，日军在飞机大炮的掩护下，向我满城、漕河一线阵地发动猛攻，正式拉开了保定战役的序幕。

日军依仗着强大的炮火优势和雄厚的兵力，向我军阵地发动了一次次凶猛的进攻，战斗极为激烈。第五十二军以仅有的两师兵力，沿漕河南岸，右依湖沼地带，左倚满城高地，防守着长约四十华里的广大正面，兵力颇为单薄，且漕河水浅，随处可以徒涉，不成障碍，形势对我军极为不利。幸赖我军士气旺盛，将士用命，拼死击退了敌人的多次进攻。

战至午后，日军后续部队源源而至，攻势愈加凶猛。日军飞机不断向我军阵地低空俯冲，扫射轰炸，敌重炮群也隔河齐射，将我漕河南岸阵地几乎

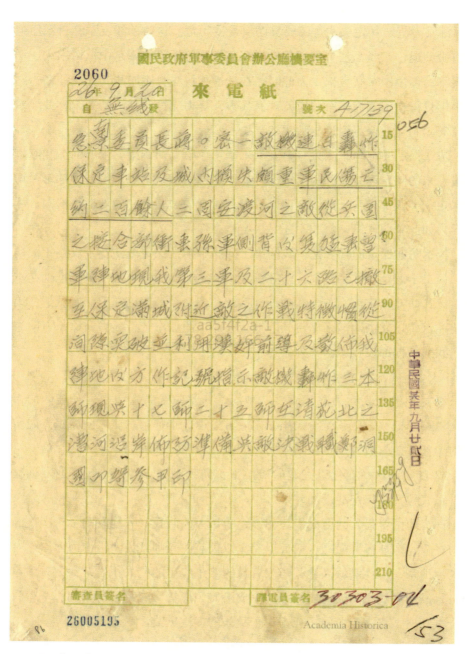

2060

26年9月20日

國民政府軍事委員會辦公廳機要室

來電紙

自 無線發

號次 A-1739

056

急漢委員長蒋〇密一敵機連日轟炸
保定車站及城內損失頗重軍民傷亡
約二百餘人二囘安渡河之敵從其囘
之挺念部衝袭孫軍側背攻笈陣地晝
軍陣地現我第三軍及二十六路已撤
至保定滿城附近敵之作戰特徵慣從
間隙突破並利用漢奸前導及散佈我
陣地內又作記號指示敵機轟炸三本
師現英十七師二十五師在清苑北之
瀗河迟岸佈防準備與敵決戰職鄭洞
國叩皓參甲印

審查員簽名

譯電員簽名 30303-02

26005195

Academia Historica

153

中華民國廿六年九月廿民日

1937 年 9 月 20 日，郑洞国将军致电蒋介石，报告保定战况

全部击毁，继之出动大批步兵在十余辆战车的掩护下涉河向我军轮番冲击。我第六旅伤亡惨重，官兵们匍匐在倒塌的工事里，冒着敌人的枪林弹雨顽强抵抗，将一批批冲上来的日军消灭在阵地前，漕河河道里也横七竖八地躺着不少日军尸首，将河水都染红了。由于我军缺乏战防炮，对敌人的战车活动一时没有办法，致使其几度冲入我军阵地，左冲右突，给我军造成很大伤亡。后来一些士兵使用炸药和集束手榴弹，冒死爬上敌战车，将炸药和手榴弹挂在战车上，炸毁了几辆，其余的见情形不妙，才仓皇遁回北岸。

黄昏以后，战斗仍在持续。我军与敌人血战一天，伤亡很大，第六旅旅长邓士富连连向我请求增派兵力，我从城内抽出一部兵力增援了上去。入夜，双方在满城、漕河全线激战整夜，枪炮声震耳欲聋，战火映红了夜空。

翌日黎明前，日军终于突破了第二十五师在满城高地的阵地，随即向我军左翼迂回攻击，与第二十五师各团混战。我闻讯急命第六旅抽出第十一团，前往增援该师作战，但敌人已乘虚涉过漕河，第十一团险被包围，经苦战才摆脱了敌人。我见漕河阵地已不能守，只得命令第六旅放弃沿河阵地，退守保定城垣工事。

当日上午 10 时许，敌人在飞机和地面炮火的掩护下，直扑保定城下，敌战车多辆亦经过漕河铁桥（该桥曾为我军爆破，因破坏不彻底，很快为日军修复）直冲保定城北门。保定城墙外虽有一道护城壕，但并不能起到作用，很快被日军突入，双方在北门内外和附近城垣上发生激烈的肉搏战。我见战况危急，急命师直属部队前往增援，并令部队由两翼组织反冲击，截断攻城的日军。激战到中午，我军终于将突入城内的百余名日军全部歼灭，并将余敌逐出沿城工事。以后敌人又发动了几次攻击，均为我军坚决击退。

日军见正面进攻受挫，遂派一部兵力迂回袭击于家庄和方顺桥车站，黄昏前亦被我军打退。

午后 3 时许，我正指挥部队与敌激战，关军长突然打来电话。我刚刚拿起听筒，耳边即传来他急促的声音："郑师长吗？你那里情况怎样？"

我报告了已将敌人击退，现在与日军在城外对峙的情况。关氏听后连连说："好，好！保定一定要守得时间长一些，愈长愈好。"停了一下，他又

1937年9月，保定前线受伤之官兵在运转后方

说："现在第二十五师压力很大，有的部队已经垮下去了，我准备转移阵地，将第二十五师布置在保定以南地区，作军的预备队。裴昌会的第四十七师正在向我们靠拢，刘总指挥已命令他协同你师守城。你有什么情况可随时与我联系。"

我又问刘总指挥现在何处，关氏回答说他几天前就已经撤到后方去了。话未说完，电话就中断了。

傍晚，日军攻击一度减弱，我估计敌人正在准备新的攻势，乃抓紧时间调整部署，决心与敌人背城一战。谁知晚上情况突然发生逆转，日军一支骑兵部队，乘第二十五师后撤，偷偷由我军左翼包抄过来，袭击了本师后方机关，将辎重部队、医务队和电台等全部冲散，并对保定采取包围态势。这样我们同上级和友军完全失去了联络，后方补给也中断了，保定事实上已成为一座孤城。我感到事态严重，因电话通讯也已中断，遂派人连夜去寻找军部

1937 年，平汉线上的中国军队掘壕据守

请示机宜，并与友军第十七师联络。午夜前，派出去的人先后失望而归，报告说军部和第二十五师早已走得不知去向，根本未在保定以南地区停留。右翼第十七师也无法联络上（事后得知他们也早已后撤了）。

当时我对关将军很有看法。我们都是黄埔军校一期同学，共事日久，彼此总该有些关照，但作战时他将我这一师摆在最危险的地方，撤退时竟连个招呼都不打，任凭我们去牺牲，不仅全无一点情义，而且也太不负责任。更令我心焦的是这一师人今后的命运。我辈身为军人，要对国家负责，没有上级命令不能随便弃城不守。可眼下大敌压境，我们的一切外援均已断绝，孤军困守危城，要想扭转战局已不可能，这样硬撑下去也只能是坐以待毙。何去何从，我苦思一夜而无良策，最后决定还是先坚守下去，待第四十七师裴师长来后再作商议。

24 日天刚亮，日军就对保定城发动了全面总攻。敌人多架战机发着凄厉的尖叫声，在保定城上空往复俯冲、轰炸，士兵们伏在工事里，几乎可以看清楚敌飞行员的面目。不多时，城内便硝烟弥漫，燃起多处大火。紧接着，日军集中几十门大炮猛烈轰击我城垣工事，长达一小时之久。敌人的一排排炮弹铺天盖地袭来，炮火之猛烈达到空前程度。据守在墙垣工事里的官兵们，被炸得血肉横飞，惨不忍睹，城墙也被打塌了多处，形成了几道很宽的缺口。日军千余步兵乘机蜂拥突入，与我守军短兵相接，发生激烈混战。我军官兵虽然遭到敌人炮火很大杀伤，仍顽强据守在城内建筑物里和街道两侧民房屋顶上，居高临下，以交叉火力猛扫突入城内的日军。城墙缺口边躺满日军尸体和伤兵。但敌人愈来愈多，大批日军在战车掩护下继续涌进城内，并向两翼扩展以发展战果。

正在城内巷战激烈进行之际，裴昌会将军率第四十七师赶到了。他将队伍驻扎在城外，只带了几名随从匆匆来到我设在南门城下的师部。裴氏北伐前原系孙传芳部下一员战将，久历戎行，作战经验丰富，所部也颇有战力。这时各路友军已不受命令约束，都在竞相向后方逃命，唯裴将军不避艰险，依令而来，此举使我对他十分敬重。

见面后，裴师长便急切地了解城内战斗态势，并向我询问是否将其所部官兵开进城内与日军接战。我请参谋长舒适存扼要地介绍了一下敌我战斗情况，以及我军所面临的险恶处境，说明目前日军完成了对保定的战略包围，我军孤军作战，恐难挽回败局，且有被敌人消灭的危险。裴氏闻言默然良久，未明确表示态度。其实大家心里都明白，此刻死守保定城已无希望，只是碍于未接到上级的撤退命令而不好言明。

到了上午 11 时左右，我守军已防守不支，日军逐渐占领了大半个城市，并对我军实施分割包围，第四旅旅长赵公武率大部守军被迫突围向保定东南的张登镇方向转移。此时城内一片混乱，除了师直属部队以外，我对其他各旅已失去掌握，形势万分危殆。我的参谋长舒适存见情况紧急，在一旁焦急地说："依目前情况，我们很难支持多久，现在或是死战殉城，或是乘机自动撤退，以全实力，请两位师长速作决断，否则就来不及了！"

1937 年 9 月，平汉前线我军指挥员在指挥作战

　　裴将军也以探询的目光注视着我。我知道时间不允许我们再拖延下去，遂下决心说："我们并未奉死守到底的命令，况现已抵抗二昼夜，孤军难支，应撤出保定以保全部队，将来若有问题由我承担。不知裴师长意下如何？"

　　"我同意郑师长的决定，此事还是大家共同负责，就赶快行动吧！"裴将军见我态度明确，遂也表示同意。

　　我见大家均无异议，乃下令撤退。这时日军已逼近南门，我指挥骑兵团、工兵营、通讯营、山炮营、特务连等师直属部队且战且退，沿平汉路向南撤退，保定城遂告陷落。

　　日军以攻占保定为目的，并未认真追击我军，所以我们比较顺利地摆脱了敌人，一路向南走。我原以为关军长会在唐河南岸占领阵地接应我们，两师会合后再作他图。谁知到了唐河岸边，连友军的影子也没有见到，一问方知他们在唐河也未停留，一直向南撤退了。

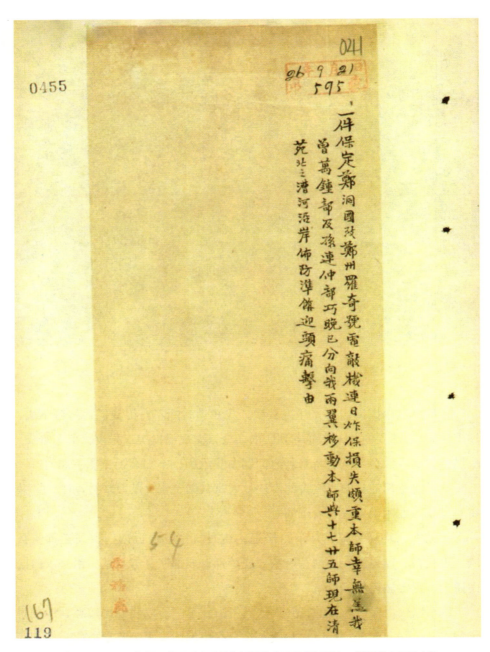

一併保定鄭洞國致鄭州羅奇艷電敵機連日炸保損失頗重本師幸無甚我曾萬鍾軍及孫連仲部巧晚已分向我兩翼移動本師與十七廿五師現在清苑北之潴河沿岸佈防準備迎頭痛擊由

1937 年 9 月 21 日，郑洞国将军致电驻防郑州的第十五师师长罗奇，通报保定战场态势

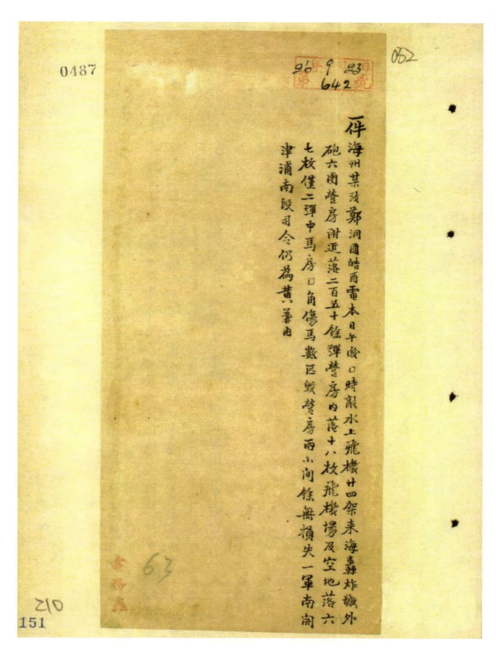

件 海州某處鄭洞國皓酉電本日午後□時敵水上飛機廿四架來海直轟炸城外砲六團營房附近落二百五十餘彈營房內落十八枚飛機場及空地落六七枚僅二彈中馬房□角傷馬數匹毀營房兩小間餘無損失一軍南開津浦南段司令仍為黃蓋由

1937 年 9 月 23 日，海州驻军向郑洞国将军通报日军轰炸情况

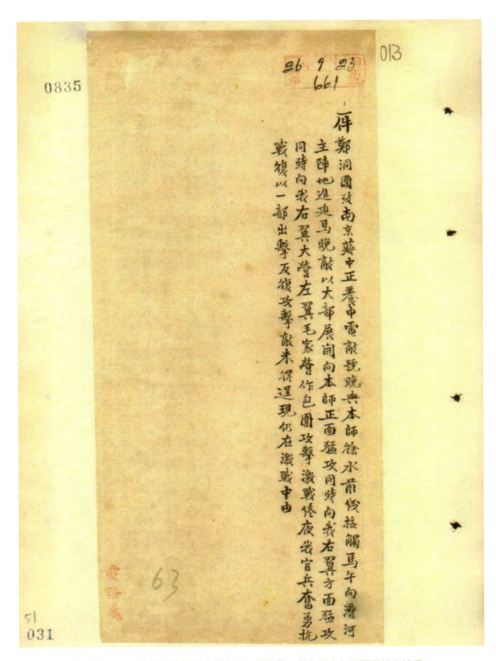

限即到

郑洞国致南京蒋中正委员长电

窃本师徐水前线接连马午向漕河
主阵地进攻马晚敌以大部展开向本师
正面猛攻同时向我右翼方面猛攻
同时向我右翼大营左翼毛家营作包
围攻击激战终夜我官兵奋勇抗
战复以一部出击反复攻击敌未得逞
现仍在激战中由

日军占领后的保定城垣一角俯瞰图

　　此时第四十七师已与我们分开行动。过了唐河后，我慢慢把溃散的部队收拢了。由于没有通讯设备，与上级联系不上，也不了解敌情，部队只好盲目地向南走。那时我们的辎重粮草都丢光了，部队没有饭吃，幸亏沿途得百姓帮助，才饥一顿、饱一顿地挨了下来。

　　事后得知，因为我们与后方消息隔绝，人们以为本师已在保定全军覆没了，有的报纸还发表了我"壮烈殉国"的消息。我的家人闻此谣传，着实虚惊了一场。

　　大约在9月底，我们才找到后方部队。不久部队又撤到邢台。这时程潜将军刚刚出任第一战区司令长官，驻在该地。他听说我是从保定撤下来的，特召我前去谈话，抚慰了一番，并很详细地了解了保定战役的情况，以及日军的装备、火力和作战特点等。

　　当时，为了挽回平汉线上的败局，程潜将军正调整部署，拟在正定附近滹沱河畔与日军决战。但因山西战局吃紧，平汉路方面的中国军队主力纷纷经娘子关调入晋东地区作战，只留下第二十集团军商震部、第三军曾万钟部、第五十三军万福麟等部分守正定、石家庄等地，兵力十分单薄，无力抵抗日军的凌厉攻势。10月8日，日军攻陷正定，随后又接连攻陷石家庄、邢台、邯郸等重镇。11月5日，连豫北要邑安阳也失守了。至此，中国军队在平汉路北段的战事完全失利了。

抗战初期中国军队在平汉路北段乃至整个华北的作战失利，究其主要原因有三：

国民政府缺乏充足的抗战准备。虽然自日本在华北加剧侵华步骤以来，南京中枢已觉察到日本企图鲸吞中国的野心，认识到中日战争不可避免，但对卢沟桥事变这一突发事件迅速演变为全国性抗战，明显估计不足，甚至还对日军进攻华北抱有侥幸心理，希望西方国家出面干预、调停。因此当日军加紧调兵遣将，准备进攻平津之际，我大批援军尚远在冀中、冀南地区观望，坐失战机。直到日军占领平津后，分三路大举向山西、山东、河南进攻时，方如梦初醒，各军仓促前往应战，一开始就陷入被动、混乱的境地，此其一。

国民党军队内部各派系间矛盾重重，互相猜忌，各图自保，指挥系统不统一，遂为日军各个击破。如涿州、保定之役，一些将领不负责任，亦不服从命令，使坐镇保定的刘峙将军不能自如地调动部队，无法组织各部与敌决战。特别是前线失利后，各部为保全实力，竟置大局于不顾，争相撤退，连中央军也是如此，由此导致全线崩溃，此其二。

军事上采取"多线设防、步步为营、节节抵抗"的消极防御战术，更是造成我军失利的致命原因。以当时中日军队相比较，我军在武器装备与训练素质方面远逊于敌，而将兵力分散主要作阵地防守，不仅大大限制了我方的作战机动性，使我军处于被动挨打的境地，且因以有限兵力占领广大正面，使我军既不容易作持久抵抗，亦无法集中兵力对敌实施有力反击。日军反倒因此得以充分发挥其装备优势，集中兵力与火力突破我军防线中一点，便使我方全线瓦解，此其三。

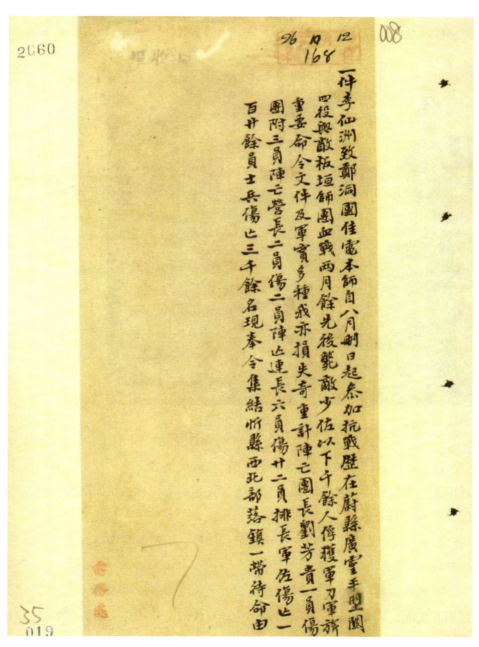

一伻李仙洲致鄭洞國佳電本師自八月卅日起叅加抗戰歷在蔚縣廣靈平型關
四役與敵板垣師團血戰兩月餘先後斃敵少佐以下千餘人俘獲軍刀軍旅
重要命令文件及軍實多種我亦損失奇重計陣亡團長劉芳貴一員傷
團附三員陣亡營長二員傷二員陣亡連長六員傷廿二員排長軍佐傷亡一
百卅餘員士兵傷亡三千餘名現奉令集結忻縣西北部落鎮一帶待命由

1937 年 10 月 12 日，李仙洲师长致电郑洞国将军，通报所部在蔚县、广灵、平型关等地与日军激战情况

1937年10月，郑洞国将军（右）率第二师在河南林县地区积极袭扰日军

由于以上这些原因，虽然广大爱国官兵浴血奋战，英勇抵抗，但在华北战场上还是遭到严重失败，很快就丧失了大片国土，抗日正面战场上出现了极为不利的形势。

当豫北安阳吃紧时，第二师正在淇县休整，为牵制日军继续南下，遂奉命开往林县山区游击作战。

初到林县地区，我们人地生疏，又是在敌后活动，处处显得畏首畏尾，打不开局面。因为国民党军队历来只会正规作战，就怕失去后方，对游击战更是一窍不通，根本不会像共产党军队那样去发动和武装群众。以后时间长了，情况才稍有些改变，常常以小部队分散出击，四处袭扰敌人。记得某次本师派出的一支别动队，乔装成日军，深入到安阳附近，袭击了日军在安阳的飞机场，给敌人造成较大恐慌。

不久，本师又奉命转移到漳河地区，接应由邢台方面撤退下来的第一战区部队。在漳河南岸，我们与一路穷追我军的日军打了一场恶仗。那天，一支日军先头部队乘夜偷偷渡河，击溃第二十五师一个团，随后与本师骑兵团激烈交战，我闻讯迅速集中师主力压上去，迫使日军龟缩在漳河南岸的几个

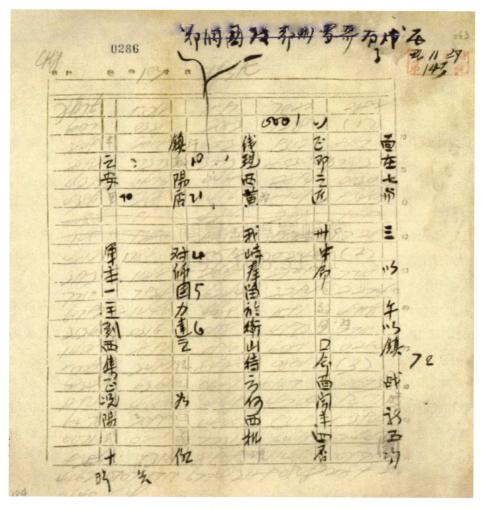

1937 年 11 月 29 日，郑洞国致电第十五师师长罗奇，通报平汉线正面日军正在安阳以西之七里店附近与我第三十二军商震部对峙情况

小高地上动弹不得。可惜我军火炮太少，缺乏攻坚能力，反攻一昼夜未能消灭这股敌人。后因掩护任务已完成，加上日军后续部队陆续到达，才奉命撤出战斗，全师开往河南舞阳休整。

这次战斗中，曾有一段小插曲。在我军撤退前的下午，我正在漳河河畔指挥战斗，忽见远处一架受伤的飞机摇摇摆摆地由北向南飞来，乃立即向军部报告。关军长不假思索，高兴地说，那是敌人的飞机，被第二十五师打伤的。我心里有些奇怪，因为漳河以北并无第二十五师的队伍，怎么会在那个方向打伤敌人的飞机？但也未细问。过了一会儿，那架飞机坠落于地，军部马上派人前去查看，发现飞机是我方的，飞行员已经牺牲了。关军长赶忙又特地打电话给我，声称飞机不是第二十五师打的，让我哭笑不得。

徐州会战

1938年初，国内的抗战局势是相当严峻的。在华北方面，中国军队节节溃败，失地千里。继平津沦陷后，不到半年的时间里，保定、沧州、石家庄、张家口、太原、德州等重镇先后失守，我军被压迫至黄河南岸；在华东方面，七十万中国精锐部队在淞沪战场与日军浴血鏖战近三个月，虽予敌很大杀伤，粉碎了日本帝国主义"在三个月内灭亡中国"的狂妄预言。但终因日军在杭州湾登陆，我军腹背受敌，遂导致全线溃退，连首都南京也于1937年12月13日被日军攻陷，国民政府被迫迁往重庆。日军在南北战场得手后，紧接着将下一个进攻目标指向徐州。

徐州，地处津浦与陇海铁路交叉点，扼苏、鲁、皖、豫四省要冲，是中原和武汉的重要屏障，自古为兵家必争之地，战略地位极为重要。日军的战略企图是，调集重兵分别由津浦路南段、北段进攻，迅速打通津浦线，夺取徐州，再循陇海路西进，取道郑州南下，占领我国当时的军事、政治、经济中心——武汉。

为了稳定战局，我国最高军事统帅部指示负责这一区域作战指挥的第五战区长官部，利用黄河、淮河天险，遏制日军攻势，力求保持我国军事上的大动脉——陇海路，确保郑州和平汉路南段侧背，使武汉后方有充裕的时间进行战略部署，作好持久抗战的准备。

于是，中日两国军队以攻守徐州为目标，在津浦路南北两段展开了一次大规模的会战，这就是著名的徐州会战。

会战初期，日军以津浦路南段为主攻，北段为助攻，分由南北两个方面向徐州推进。

在津浦路南段，日军近卫师团、第十三师团、第一〇六师团等共八万余人在畑俊六指挥下，从镇江、南京、芜湖渡江北上。日军一部主力在攻陷滁州后，循津浦路正面北进至盱眙、张八岭一线；日军另一部主力在攻陷裕溪口后，亦循淮南铁路北进至巢县、全椒一线。在这一方面的中国守军第十一集团军李品仙部、第五十一军于学忠部，以及后来增援上来的第二十一集团军廖磊部、第五十九军张自忠部，则利用池河、淮河、淝河、浍河等地形障碍，节节抗击日军北犯。中日军队在淮河流域激战近两个月，双方都有较大伤亡。日军虽一度打过淮河北岸，但在我军有力反击下，又被迫于 1938 年 2 月下旬退回南岸，与我军隔河对峙，此后战事便胶着于淮河一线。

日军在津浦路南段进攻受挫后，鉴于其"南北夹击"的计划无法实现，乃不得不改取"南守北攻"的战略，以其精锐的第五师团（师团长板垣征四郎中将）、第十师团（师团长矶谷廉介中将）共五六万兵力，在津浦路北段迅速向南推进，会攻徐州。

先是，日军第十师团及本川旅团，于 1937 年 12 月 23 日夜渡过黄河，负责这一线防务的第五战区副司令长官、第三集团军总司令韩复榘在日军的大举进攻面前，为图保存个人实力，竟置国家、民族的利益于不顾，擅自放弃黄河天险，率八万大军望风而逃，使日军沿津浦路长驱南下三四百华里，如入无人之境，在不到二十天的时间里，连陷济南、泰安、兖州、曲阜、济宁、邹县等城，致我津浦路正面大门洞开，徐州危殆。我第五战区司令长官李宗仁将军急调川军第二十二集团军孙震部开赴临城以北，正面堵截沿津浦路北段南下的日军第十师团，并命退守鲁西地区的第三集团军孙桐萱部（原该集团军总司令韩复榘已被逮捕枪决）侧击津浦路附近南下之敌，方使战局

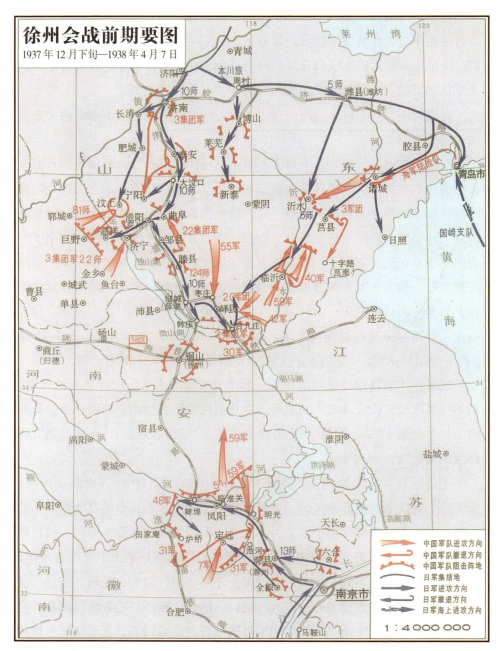

徐州会战前期要图

稍有稳定，敌我对峙在邹县、滕县之间。

在日军第十师团于鲁南大举进攻之际，日军第五师团亦由保定开到青岛。1938年2月中旬，该敌见敌我双方在津浦路南段淮河流域相持不下，遂全师沿胶济路西进，至潍县后，再循台潍公路南下，企图夺取鲁南军事重镇临沂，与津浦路北段正面的日军第十师团相呼应，从东路包抄徐州。

从日军在津浦路北段的部署和行动来看，敌人是相当骄狂的。他们根本未把中国军队放在眼里，以为只要挟其胜利余威，长驱南下，分进合击，即可一举击破津浦路北段之我军，迅速攻占徐州。

我最高军事统帅部和第五战区长官部，抓住日军孤军深入、冒险轻进的弱点，决定利用我军的优势兵力，大胆实行机动灵活的运动战，于敌分进运动。没有合围前实行各个击破，以确保徐州。为此，第五战区长官部作出如下部署：命第三军团庞炳勋部由海州移驻临沂，阻击循台潍公路南下的日军第五师团；将津浦路南段怀远地区的第五十九军张自忠部调至北段滕县南侧，作为津浦路北段正面第二十二集团军孙震部的预备队。同时请准将原属第一战区战斗序列的第二十军团汤恩伯部置于运河以北地区，形成一支强大的打击力量，相机在友军配合下歼灭津浦路正面敌人。命第二集团军孙连仲部迅速开往鲁南，支援第二十军团作战；命第二十四集团军韩德勤部在高邮、宝应一带，拒止由扬州北进之敌，掩护运河的交通；命第十一集团军李品仙部及第二十一集团军廖磊部、第五十一军于学忠等部，拒止淮河沿线日军。

我军部署尚未完成，日军第五师团主力已扑至临沂城下，与我第三军团庞炳勋部发生激战。

第三军团原系西北军旧部，不久前在津浦路北段的姚官屯、沧县之役中受到很大损失，未及补充，虽名为军团，实则只有五团兵力，实力尚不足一个军。但庞部官兵同仇敌忾，据城死守，与敌血战兼旬，使日军不能越雷池一步。

第五师团是日军中最为精锐的"王牌"部队之一，号称"钢军"，此番竟受挫于一支装备低劣的中国"杂牌部队"，使敌酋板垣颜面大失，乃加急督战，拼力攻城。第三军团经连日苦战，伤亡奇重，在敌重兵猛烈攻击下渐感不支，频频向徐州告急。第五战区司令长官李宗仁将军闻报急调第五十九军张自忠部星夜前往驰援。该军于3月12日以强行军的速度抵达临沂西郊，时日军攻城正急，守军穷于招架，忽见援军开至，士气大振，遂里应外合，共同发起全面反击。敌第五师团在临沂城下屡攻不下，已是师老兵疲，忽遭我第五十九军这支生力军的迅猛打击，阵脚大乱，也顾不得昔日"皇军"威风，仓皇溃退九十华里，缩入莒县城中不敢出战，我军取得了临沂大捷。

临沂一战，斩断了日军由津浦线南下的左翼，其两路会攻徐州的计划遂成泡影。同时，敌第五师团的失利，也造成了敌第十师团沿津浦路孤军深入的态势，为尔后我军取得台儿庄战役的胜利，提供了有利条件。

就在我军于临沂获捷之时，津浦路北段正面防线又告危急。3月中旬，敌第十师团乘我第五十九军东移，再度大举南犯。我第二十二集团军兵力单

中国军队的重机关枪部队正在赶往前线

薄，装备亦极差，在强敌压迫下且战且退。3 月 16 日，日军濑谷支队五千余人进迫滕县（今山东滕州），向守军第一二二师王铭章部猛烈进攻。

第五战区长官部根据敌情变化，命令第二十军团先以驻河南归德的第八十五军输送至滕县附近支援第二十二集团军作战，掩护军团主力在运河以北地区实行战略展开，拟于临城东西之线歼灭冒险轻进之敌。

第二十军团共辖第十三、第五十二、第八十五等三个军，但实际只有五个师和一个独立骑兵团。第十三军军长由军团长汤恩伯兼任，下辖第一一〇师，师长张轸。第五十二军，军长关麟征，下辖第二师，师长郑洞国；第二十五师，师长张耀明。第八十五军，军长王仲廉，下辖第四师，师长陈大庆；第八十九师，师长张雪中。

我在 3 月中旬接到第二师火速开往运河以北之临城附近集中的命令，随即率部由河南舞阳经周口、亳州、归德兼程前进。本师的行军序列是，第六旅先行，师部和第四旅随后跟进。

3 月 18 日傍晚，我率师部及第四旅刚刚到达第五战区长官部所在地徐州，即惊悉滕县已失，师长王铭章将军以下两千余官兵壮烈殉国。敌濑谷支队第六十三联队同时由滕县以东向枣庄南下，与我第八十五军先头部队发生激战。此刻，日军正在积极南犯中。鉴于战局发生如此急骤变化，我军已来不及实施在运河以北临城之线迎击敌人的作战计划，即使先敌一步到达运河北岸，也可能因立足不稳而被敌各个击破，这样连徐州亦将陷入险境。为此，师参谋长舒适存向我建议：师主力迅速开抵运河南岸占领阵地，掩护友军集中，以确保徐州。我亦认为舒氏的想法不失为应急良策，但又考虑这与战区长官部的命令相抵触，事关重大，不好擅作决定。正迟疑间，关麟征将军率军部也赶到了。他听了舒氏的想法，也表示赞成，遂决定由他即往长官部报告情况，并决定将本军行动改为后退集中。

计议已定，我命令部队连夜乘火车至运河以南利国驿站下车，随即驰赴韩庄附近，沿运河南岸占领阵地。同时以无线电指示担任前卫的第六旅与枣庄、临城间的第八十五军联络，相机由津浦路东侧向韩庄以东地区归还。

3 月 19 日晨，本师先头第六旅一部已赶至临城东南二十华里处的沙沟

1938 年，徐州会战期间中国军队的炮兵阵地

占领阵地，掩护我主力部队在韩庄、利国驿一线集结。但该部尚未及构筑工事，日军已从临城方向奔袭而来（临城 17 日晚失陷），我军抵敌不住，只得节节抵抗后撤。午后 2 时前后，我率师部和第四旅到达利国驿车站，这时敌人已夺占韩庄，其千余步兵在十余辆战车的掩护下向我第六旅猛烈攻击，企图强渡运河。我见情况危急，即命第四旅冒着敌人浓密的炮火跑步沿运河南岸布防，与日军隔河激战，暂时遏制了日军的攻势。午后 3 时许，日军后续部队源源而至，再度向我军发动猛攻。恰巧此时配属本师的一营炮兵也已运到。该营配备有十二生榴弹炮十二门，这是当时威力较大的一种火炮。我命炮兵营长立即放列射击。不多久，我军大炮怒吼起来，一排排炮弹准确地落入敌阵，将日军进攻队形打得七零八落，溃不成军，据守运河南岸的我军步兵见状欢悦无比，齐声喝彩。自抗战以来，我师都是在敌人的优势炮火压制下作战，吃了不少亏，唯这一次算是狠狠地给了日军一次教训。

日军见我军炮火猛烈，不敢再贸然强渡运河，遂以炮兵还击，双方隔河展开炮战，至晚方息。此后日军因南岸有我军严阵以待，乃以主力东移，沿枣台支线进攻台儿庄。

运河南岸利国驿一战，实属我军之幸运。倘当时我第一线作战部队未依实际情况而灵活处置或动作迟缓，使日军冲过运河，则徐州势所难保。而在运河以北枣庄、峄县间的我友军各部亦将陷入困境。这样整个战局将面目皆非，也不会有后来的台儿庄之捷了。

19日晚，汤恩伯将军来到第二师师部视察，对本师当日战果甚表满意。他还转达了第五战区长官部的作战命令，其要旨是：（一）命新由郑州、洛阳赶至徐州以北的第二集团军孙连仲部及第二十军团一一〇师接替第五十二军防务，沿运河南岸布防，扼守台儿庄正面阵地。（二）命第二十军团主力第五十二、第八十五两军让开津浦路正面，在峄县东北之兰陵、向城一带集结、迂回，诱敌深入，待日军主力进攻台儿庄时，即行南下，积极向临枣地区日军之侧背攻击，断敌退路，会同第二集团军将敌压迫至微山湖畔歼灭之。

根据这项作战命令，本师于次日将运河南岸的防务移交给第一一〇师。为了保守行动秘密，部队于20日晚才循运河南岸经台儿庄、兰陵镇开往向城。

第五十二军抵达向城后，得知情况如下：（一）日军第十师团已攻陷枣庄、峄县，其主力在临城、枣庄、峄县各有一部；（二）第八十五军王仲廉部现在枣庄以北抱犊崮一带山区集结。

3月22日，第五十二军奉命秘密向枣庄以东之鹁鸽窝、郭里集之线挺进，准备按作战计划与第八十五军从东、北两方面向枣庄进攻。第二十五师为军之先头部队，经新兴庄沿九山北麓，循临枣大道，向郭里集附近地区前进。军部率第二师及炮兵第七团一部，在第二十五师之右后成梯次，经南岩、税郭以北高地边缘，向郭里集东北之鹁鸽窝一带前进。

次日黎明，忽闻郭里集方面传来密集枪炮声，后来才知道这是第二十五师第七十五旅与日军一支先头部队发生了一场颇具戏剧性的遭遇战。原来

1938 年，第二集团军总司令孙连仲赶往台儿庄前线指挥作战

在该旅到达郭里集之前，我军便衣侦察队曾于白天到过这一带，发现新兴庄、郭里集一带均无敌情，乃于黄昏前离去。谁知傍晚时有一支五六十人的日军小部队也到达该村，敌人想不到我军会来到这里，便照例大模大样地在村边的炮楼里住了下来。我军也疏于防备，竟未察觉，这样敌我居然同宿营在一个村落里。天亮后，敌人发现我军，立即从炮楼里开枪射击，有十余人伤亡。第七十五旅最初以为是敌人暗藏之便衣队，一两个小时以后才判明炮楼里有敌人，乃以轻重机枪及苏罗通机关炮封锁炮楼的射击孔，并挖地道准备用炸药把炮楼炸毁。关军长闻讯，马上派去几门野炮，命令必须迅速歼灭这股敌人。我军用野炮直接瞄准，很快就把炮楼轰垮。午后 4 时前后，敌人大部被歼灭，只有十余人突围逃跑。当时我军希望多捉几个俘虏，曾设法追捕。但日军士兵身体素质比我军士兵好，逃得很快，结果只俘获一名负伤的中士。

1938 年春，蒋介石与李宗仁将军（左）、白崇禧将军（右）在徐州前线

中国工兵部队在台儿庄以南运河上架设浮桥

中国军队的机枪手们正在津浦前线展开行动

　　当郭里集发生战斗时，第二十五师曾派出一营兵力对枣庄方面警戒。正午前后，枣庄之敌约两三百人，曾企图向郭里集增援，被我拒止。下午3时前后，发现临城、枣庄之大道上尘土飞扬，显然是大股敌人向郭里集前进。军部判断敌人很可能于次日对郭里集一带大举进犯，即命第二十五师除留一个加强营在原阵地欺骗敌人外，主力撤至郭里集东北山地隐蔽。该师师长张耀明将军决定第七十三、第七十五旅各派一个营长指挥两个步兵连及便衣队，统归第一五〇团团长高鹏指挥，在原阵地逐步抵抗，分批后撤。

　　3月23日拂晓，敌机果然对郭里集一带村庄分批轮番轰炸，上午8时许，敌先用炮轰，继以战车掩护步兵攻击。至10时前后，敌人占领了郭里集一带村落，浪费了许多炮弹炸弹，却扑了个空。正午时分，敌机在附近高地上空盘旋，其地面部队约五六千人向峄县台儿庄方向开去，后来知道这股敌人是以第十师团之濑谷旅团三个步兵联队为基干，加上骑兵、炮兵、

1938 年，第二集团军部队与日军在台儿庄内激烈巷战

工兵各一联队组成的加强旅团，目标是进攻我军徐州以北运河一线的重要据点台儿庄。

第二师方面，22 日夜间奉命向鹁鸽窝前进，因山路行军走了不少弯路，天亮才找到目的地。在听到郭里集方面激烈枪声不久，枣庄之敌派出几十人到鹁鸽窝西南高地构筑工事。我即命第六旅第十二团派出一营兵力驱逐该敌，并占领高地，对枣庄方面警戒。

3 月 23 日下午，由台枣支线南下的敌濑谷支队主力逼近台儿庄及运河一线，与台儿庄守军发生前哨战。次日，日军在飞机大炮掩护下，正式向台儿庄发起猛烈进攻，驻守城寨内的我第二集团军第三十一师池峰城部奋起迎战，拉开了台儿庄大战的序幕。

台儿庄位于津浦路台枣支线及台潍公路交叉点，扼运河的咽喉，是徐州的门户，具有重要的军事地位。日军在利国驿一战受挫后，即掉头东进，企图利用枣庄、峄县至台儿庄一带的平坦地势，发挥其机械化部队的优势，一举攻占台儿庄，将运河南北的中国军队截为两段，以便各个击破。因此，台儿庄之得失，已经成为敌我双方夺取这次会战主动权的关键。

在 24 日的激战中，日军以强大的炮火摧毁台儿庄北部寨墙，有数百名步兵在战车掩护下突入庄内，经我守军勇猛反击，将其全部歼灭。以后一连数日，日军不断增兵，向台儿庄及附近地区猛扑，并几度攻入庄内，均为第三十一师官兵坚决击退。

正当敌我在台儿庄方面进行激战，日军主力被我第二集团军吸引于台儿庄附近之际，第二十军团应该如何行动？是按原计划攻击枣庄呢，还是转移主力对南犯台儿庄之敌进行歼灭性之打击？根据战区给第二十军团下达的"侧击南犯之敌"的基本作战要求，显然应该采取后一措施。假如当时军团以一部分兵力（最多一个师）监视临枣之敌，集中三个师的兵力与台儿庄正面的第二集团军前后夹击轻敌冒进的敌濑谷支队，则很有歼灭这股敌人的可能。这应当说是一个难得的战机，理应很好地抓住这一战机进行战斗。可惜军团长汤恩伯将军无此决心，也无此打算，仍主张进攻打枣庄。在这个作战

1938 年 3 月台儿庄会战中，在阵地与日军拼死搏战的中国士兵

决策问题上，汤氏是有私心的。有一次他曾私下对第二十五师参谋长覃异之表示，“敌人正在猛攻台儿庄，看来台儿庄是守不住了，敌人可能比我们先过运河南下”。他的担心是，一旦日军突破台儿庄防线，越过运河，那么远在敌后并与敌主力胶着在一起的第二十军团就有遭日军围歼的危险，所以不愿南下拊敌之背，而宁愿进攻对战局并无根本影响的枣庄。后来的事实证明，汤氏对攻击枣庄也不是认真的。

3 月 26 日，我奉命率第二师全力向枣庄外围发动攻击。按作战命令要求，第五十二军和第八十五军本应各以一师兵力从东、北两个方向会攻枣庄。但当本师在枣庄以东的开阔地势上艰难向前推进时，第八十五军只派出一个旅下山配合作战（第八十五军此时仍在抱犊崮山区），而旅又只派出一个团，团只派出几个排在枣庄外围骚扰一阵后即撤走，使得敌人可以集中全力在城东抵御本师进攻。

第二师在枣庄激战两昼夜，将敌守军歼灭近半，一度占领了大部市区，残敌纷纷缩至城内一隅顽抗。后来有临城日军千余人赶来增援，与我军在市区内拉锯争夺，演变成胶着状态。我因迟迟不见第八十五军方面的动静，非常焦急，不断向军部催问。关军长要我派人去与第八十五军联络，但派出几批人连个影子也未找到。关将军对汤恩伯将军也很不满，在电话里向我大发牢骚说：“汤先生是我们的老长官，对我们也玩弄这一手，实在太不应该了！”以后关氏亲派军参谋长姚国俊和第二十五师参谋长覃异之去军团部见汤将军，也不得要领。

这时，台儿庄方面的战事已处于白热化状态。日军凭借优势炮火，竭尽全力向我军围攻，终于再度从城寨东北角攻入庄内，占据全庄三分之二以上。我守军拼死抵抗，与敌在城寨内展开激烈的拉锯战，逐街逐屋争夺，最后终因伤亡过大，被迫退至台儿庄西南角的最后堡垒固守待援，情况十分危急。在这种情况下，孙连仲将军接连向汤恩伯将军求援，要求第二十军团积极行动，全力支援台儿庄正面之防御。

尽管战局已处在千钧一发的紧要关头，但汤恩伯将军仍无南下与敌决战的勇气。他提出由第五十二军和第八十五军各抽出一个团，配属一部分炮、骑兵，组成一个混成旅，向峰县攻击敌之侧背，以应付台儿庄之作战，主力则暂集结于抱犊崮山区，俟看准后再打。这个主张立即遭到第五十二军一些将领的反对。我们鉴于日军复由临城向枣庄增援，在短期内攻克该城已不可能，提出放弃攻击峰枣之作战计划，以军团主力全力攻击敌之侧背，这样既可减轻台儿庄、运河一线我第二集团军的压力，又可包抄敌濑谷支队的后路，寻机将其全歼。关麟征将军尤不同意以小部队攻击峰县敌之侧背，主张要打就全力打，不可零打碎敌。其后第五战区司令长官李宗仁将军亦严令第二十军团务须以主力迅速向台儿庄之敌侧背运动，不得贻误战机。汤恩伯将军由此才率军南下，对台枣支线敌之侧背展开攻击。

第二军团的攻击部署是：第八十五军在左（南面），第五十二军在右（北面）。汤恩伯将军这样部署，是存有偏心的。第八十五军是汤氏的老部队，所以他处处想使该军在承担作战任务时避重就轻。在攻击枣庄时，第五十二军由东向西打，面对着临城、枣庄敌之主力，第八十五军却紧靠着抱犊崮山地。现在向台枣支线攻击，他却把原在北面的第八十五军南调，左翼依托台儿庄，右翼是第五十二军，使该军处于比较安全的位置。

当时第五十二军的兵力部署是：第二师在右，向南北洛、北大窑攻击；第二十五师（留一个营归军部掌握）在左，向红瓦屋屯攻击，务将敌压迫于台枣支线以西而歼灭之。战斗初期，以二十五师七十五旅（欠一个营）为军预备队。

我军南下与敌接触后，即发生激烈战斗，其中第二师在北大窑附近的战斗最为惨烈，敌我都有很大伤亡。日军为保护侧背安全，从台儿庄方面抽出有力部队，在飞机和猛烈炮火掩护下，不断向我攻击部队疯狂反扑。我严令各旅必须人与阵地共存亡，不得丢掉一寸阵地。全师官兵士气昂扬，全线与敌殊死搏战。战斗最激烈时，敌我双方在阵地上混战一团，展开白刃战，敌人的飞机、大炮都失去了作用。本师的多处阵地，曾几度得而复失，失而复得，经过反复争夺才稳定下来。一些官兵负伤不下火线，挣扎着用刺刀、拳头甚至牙齿与敌人厮打，直至壮烈牺牲。战后清理战场时，我们发现不少我军阵亡官兵的尸体与日本士兵的尸体紧紧抱在一起，分都分不开。

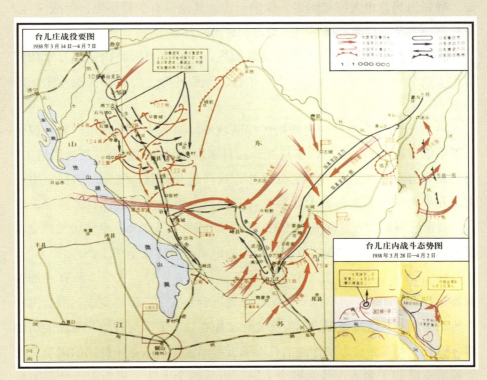

台儿庄战役要图

日军刚刚在台儿庄遭到我第二集团军的顽强抗击，没有想到背后又被中国军队狠狠地插上一刀，实在难以招架。激战两日后，日军死伤枕藉，损失惨重，被迫撤至台枣支线附近。第二十军团各军遂全线进逼，对敌形成包围之势，并一度将台儿庄、峄城之交通切断。随后，我奉命率第二师猛攻位于台枣支线上的重要城镇峄县。第二十五师亦在该城以东地区与敌激战。

当时我军火炮很少，原来配属本师的榴弹炮一营已被第五战区长官部调走，师属炮兵营也大部被调走，仅余一连，其他只有少量小炮，野战尚可，攻城则嫌不足，故而官兵只能凭勇敢和血肉冲锋。

第二师在峄县城东一带与敌反复鏖战，并一度突入城内，但日军依仗其炮火优势，兼以坚固城垣工事为依托，顽强死守，使我军几次攻击均未奏效。

30日上午，我亲自到前线指挥部队攻城。激战中，我身边一名参谋人员手中的望远镜不慎在阳光下反光，被日军发现，立即招来一顿猛烈炮击。有一发炮弹落在我右前方不远处爆炸，我尚未及躲避，便觉左胸被重重一击，几乎跌倒，后面两名卫兵急忙将我扑倒，用身体遮护住我。待炮击过后，我奇迹般地发现，除衣袋内的一枚银圆被弹皮击弯外，身体居然丝毫未受损伤。真没想到这枚偶然放在衣袋内的银币，竟使我幸免于伤亡。

31日，峄县守敌在我军猛烈进攻下渐呈不支之势。我令全师官兵加强攻势，务求尽快破城。第二十五师也已逼近台枣支线，即将完成对敌合围歼击的态势。不料这时情况突然发生变化，原在临沂方面与我第三军团庞炳勋部、第五十九军张自忠部作战的日军第五师团，为解救第十师团的困境，派敌坂本支队四千余人（步兵四个大队、炮兵两个大队，相当于一个旅团兵力）绕过临沂，突向向城、爱曲一带前进，攻击我第二十军团侧背。

在发现向城方面的敌情时，军团长汤恩伯将军恰巧在第五十二军军部。面对这一突发情况，汤氏显得有些惊慌，拟令第五十二军转移，以免被敌包围。关军长坚决反对，认为白天于敌前转移部队，容易暴露企图，且因敌机不断轰炸，部队有崩溃的危险。汤将军经过思考，接受了关军长的意见，决定暂置台枣支线敌人于一边，集中军团主力迎击敌坂本支队。

我军的部署是：第二十五师于 31 日晚脱离战斗，迅速往后转移，在兰陵镇以北迎面阻击向城方向突进之敌，第四师由甘露寺地区转移至秋湖、爱曲，协同第二十五师向敌展开包围；第八十九师由向城附近，开抵洪山镇以东地区，掩护第二十五师侧背；第二师由峄县以东撤至北大窑附近，依托山地掩护军团主力行动，并监视台枣支线敌人的动向。稍后，新增援第五战区的第七十五军周碞部也奉命归第二十军团指挥，部署在岔河镇、大良壁一线。

3 月 31 日晚，敌坂本支队在兰陵镇西北地区遭到第二十五师七十五旅的迎头痛击。不久，第二十五师师长张耀明将军率第七十三旅亦赶到，马上投入战斗。敌坂本支队急于同敌濑谷支队取得联系，无心恋战，除留一个加强中队约数百人负责掩护外，主力绕过兰陵镇，到达该镇以南、台枣支线南段东侧的杨楼、底阁一带，与第十师团部队会合。我第二十军团主力跟踪而至，重新将这股敌人包围在杨楼、底阁地区。同时，第二十五师一四五团在炮兵支援下，经一昼夜战斗，将敌掩护部队全歼于兰陵镇西北的傅庄。

在军团主力与敌坂本支队交战时，峄县之敌乘机反扑，同第二师发生激烈战斗。我指挥部队利用北大窑一带的有利地形，顽强阻击敌人，竭力避免我军腹背受敌。

某晚，军团长汤恩伯将军来到我的师部视察，决定打击峄县之敌以免除后顾之忧。他命第八十九师接替第二师阵地，抽出第二师乘夜色绕出敌后，迂回攻击峄县之敌。汤氏这一着，又一次暴露出他的私心用事。按一般军事常识，第八十九师开到后直接插入敌后甚为便当，汤氏却偏偏不怕麻烦，硬要两师换防，意在让第二师承担更为困难和危险的任务。可是后来情况发生了变化，第八十九师于当夜接替阵地后不久，即被日军冲垮，该师师长张雪中将军连连向汤将军告急，汤氏只好下令第二师迅速回援。我接到这项新的命令时已是深夜，各团均已奉命分开活动，我和参谋长费了很大气力才将部队收拢在一起，待赶回北大窑附近时已是次日天明。在通过一片丘陵地带时，敌人的飞机不断向我军扫射、轰炸，企图阻止本师与第八十九师靠拢。我一面组织轻重火力对空射击，一面命令部队利用地形隐蔽，分散向前跃进，交替掩护，所以没有受到大的伤亡。

台儿庄大捷后中国军队乘胜追击

　　本师与第八十九师会合后，立即向敌人发起反击，日军两面受敌，招架不住，重新缩回峄县附近。汤将军看到第二师冒着敌机的轰炸赶回增援，部队居然毫不混乱，大为高兴，对我一再称赞："你的部队不怕敌人的飞机，了不起，了不起！"汤氏身边的一位幕僚事后对我说，汤先生是在南口战役中被日军飞机轰炸吓坏了，见到敌人的飞机就头疼。看见有的部队能在敌机的轰炸下安然行动，自然觉得有些惊奇。

　　第二师击退峄县之敌后，又奉命转移至甘露寺以西，会同第二十五师主力对盘踞在杨楼、底阁一线的坂本支队展开猛烈攻击，第八十五军、第七十五军亦在大良璧及岔河镇各南北之线与敌对峙。

　　日军虽为我军包围，犹作困兽之斗，凭借村寨顽强抵抗，多次向我反扑。第二十五师一四六团营长曹云剑阵亡，攻击一度受挫。第八十五军、第七十五军方面亦无进展。

　　大约是 4 月 6 日，第五十二军奉命再兴攻势，不惜代价地猛烈冲击敌

第五战区司令长官李宗仁将军在台儿庄火车站

阵，经终日激战，大败敌坂本支队主力，从根本上解除了日军对军团侧背及台儿庄东北方面的威胁。随后，第二十军团复全力向台枣支线之敌进迫，并与据守台儿庄之第二集团军部队会师，对敌濑谷支队等部形成内外夹攻之势。此时，日军经十余日殊死鏖战，已是人困马乏，弹尽油绝，全线发生动摇，有北撤迹象。

4月6日夜间，日军突然向第五十二军阵地疯狂反扑，战斗异常激烈。根据以往经验，敌人很少夜间攻击（因其夜间不能利用空军优势），我们分析当时情况，判断这可能是敌人撤退前的反扑。因第五十二军对敌之侧背威胁最大，非打击第五十二军，其退却不能安全。军部也认为这是敌人退却之征候，于是自军长关麟征将军以下军师将领，均亲赴前线指挥，鼓励各部坚决固守，并乘机反击。深夜，敌濑谷支队果然沿台枣支线仓皇北撤，敌坂本

台儿庄战役日军遗弃的作战物资

支队残部也随后向峄县东北地区溃逃。我军士气大振，遂发起全线反击，台儿庄守军亦从庄内杀出，与我部齐头并进，向北追击。一路上，敌人焚毁的战车、遗弃的军用物资和已焚化的阵亡日军尸骨随处可见。我们一直追击到峄县附近，因敌人已在峄县附近高地占领阵地乃止，这就是抗战前期震惊中外的台儿庄大捷。

是役，我军共歼敌一万余人，这是继平型关战役以后中国军队取得的又一次重大胜利。这一胜利，不仅有力地挫败了日军一举攻取徐州、再迅速进军武汉的战略企图，为我军准备武汉会战赢得了宝贵时间。同时，由于日军号称精锐的第五、第十两个师团，一挫于临沂，二阻于滕县，三败于台儿庄，其嚣张气焰，不得不有所收敛，大大振奋了前线将士和全国人民的抗战信心。

第二十军团追击日军至峄县后，因敌坚守不动，遂以小部队监视日军，

台儿庄大捷后，河南各界民众代表向第五战区参战部队赠送宝鼎和锦旗，左三为李宗仁将军

主力进行整顿。第五十二军驻于峄县以东地区，第八十五军驻于峄县东南地区。

两日后，第五战区长官部命令各部队对峄县附近之敌发动攻击。攻击部署大致是：第二十军团由东向西进攻，第二集团军由南向北进攻。第二十军团以第五十二军由东向西，第八十五军由东南向西北，形成包围攻击之势。第五十二军的部署是：第二师在左，向九山及其以南攻击；第二十五师在右，以主力（三个团）向九山以北各村庄之敌攻击；留一个团为军预备队。

九山是峄县城附近的最高点，可以俯瞰全局，为最好的炮兵观测所。夺取九山是第五十二军由东北面进攻峄县的重要步骤。

第二师第一天就攻击至九山脚下，但日军凭险据守，弹如雨下，使我军无法接近。我仔细地观察了九山的地形，觉得这座光秃秃的石头山确实险要，而且敌人已经构筑了坚固的工事，如果白天强攻牺牲一定很大，遂与参谋长舒适存计议，决定改强攻为智取，拟采用"精兵夜袭"的办法来夺取九山高地。

当晚，我们挑选了约一营精壮士兵，配备了短枪、刺刀和手榴弹，悄悄潜伏于九山脚下。午夜以后，我见九山日军阵地上没有动静，估计敌人都在睡觉，即命开始行动。

我军士兵悄悄摸上山去，敌人一点也未察觉，行动非常顺利。突击营爬入敌人阵地后，士兵们纷纷将一束束预先准备好的手榴弹投入日军休息的碉堡和工事里。从山下望去，只见敌人阵地上火光闪闪，轰隆隆的爆炸声响成一片，不少日本鬼子在睡梦中就被送上了西天。日军未料到我军会发动夜袭，显得惊慌失措，几乎来不及组织抵抗，九山阵地就被我突击营占领了一半。我军第二梯队趁势冲上山去，与敌激烈争夺，拂晓前即将九山阵地全部拿了下来。防守九山的日军大部被歼灭，只有少数敌人丢盔弃甲地逃至峄县北关附近。

九山之占领，对我军以劣势炮兵对敌优势炮兵之战斗，起了很大作用。为了便于指挥，我将师指挥所移至九山山下，督促各旅继续向敌攻击。

第八十五军方面经两日战斗却无多大进展。汤恩伯将军似乎觉得面子上不好看，便将责任归咎于第二集团军，说孙连仲将军的部队没有如期攻下獐山（獐山于 4 月 13 日才被我军攻下），第八十五军受到獐山敌炮的威胁，所以进展缓慢。

据说九山比獐山难攻，第二师竟然一举攻下九山，使关麟征将军大为高兴，亲自来九山阵地视察。他带的随行人员较多，结果暴露了目标，惹来敌人炮轰，我方炮兵亦予以还击，双方展开激烈炮战。一时炮声隆隆，九山顶上山石横飞，虽未造成什么伤亡，但不少人的衣服都被碎石片划破了。黄昏前，九山南端距峄县城北关不远的一个小村落，也一度被第二师占领了。

第二十五师方面，经过几天激战，相继占领了九山以北的几个村落，使敌侧背受到很大威胁。日军抽出兵力在炮火掩护下对第二十五师发动多次反扑，均被击退。

4 月中旬某日下午，日军由税郭方面对第二十五师右翼之第一四五团一营三面包围攻击，该营阵地被突破，第二十五师右翼因此受敌反包围。该师全力反攻，经过三个小时苦战，右翼阵地始稳定下来。黄昏前后，该师侧背又发现敌人的增援部队，炮弹不断落到师指挥所周围，情况紧张。当夜，第二十五师奉命转移至九山以东，与第二师阵地衔接，构成由南向北的战线。事后，关军长追究这次作战不力的责任，枪毙了第一四五团一营营长奚濯之以示诫全军。

这期间，第二师会同友军，几度攻击峄县城，但日军龟缩在城内死守待援，我军攻击均未奏效，敌我双方形成对峙局面。

4月中旬以后，战场形势开始发生了变化。日军经台儿庄一役的惨败，意识到徐州战场集结着中国精锐军队，若不增调重兵，则无法打通津浦线，攻下徐州。于是，日本大本营决定其华中派遣军与华北方面军协力作战，先后自平津、晋、绥、苏、皖一带增调十余个师团，共三十余万兵力从南北两个方向夹攻徐州，企图一举包围、歼灭徐州战场中国军队主力。仅在津浦路北段，日军第五、第十师团就得到了第十六、第一一四师团及独立混成第五旅团十余万兵力的增援，峄枣之敌由此转守为攻，这一线之我军则被迫转入防御作战，战局对我日渐不利。

4月17日，第五十二军奉命放弃攻击峄县的企图，向邳县以北之艾山、连防山、燕子河之线转移，防御正面攻击之敌。

敌人的动作很迅速，我军刚一移动，就遭到日军的堵截和追击，不得不且战且退。第二师在转移途中，前卫第四旅率先与截击我军的一股敌人遭遇，发生激烈战斗，很快将敌击退。不多久，后卫第六旅又与尾追之敌交上火，一直打到傍晚才摆脱了敌人。我们趁敌人尚未合围，很快从日军的缝隙中钻了出去，与第八十五军会合，一起向后方转移。

当晚，我们就宿营在台儿庄西北的一片山地中，我的师部驻在一座山的山脚下。夜里一股日军不知怎么又跟踪摸上山来，袭击我军，与担任警戒的师骑兵团部队激烈交战，一时枪声大作，约个把钟头后始将敌人击退。此后倒再未受到敌人袭扰，部队于次日顺利到达指定阵地。

第五十二军转移至邳县以北，在艾山与燕子河之间占领阵地后，即积极构筑工事，准备御敌南犯。我军的兵力部署是：第二师在右，其右翼在燕子河，左翼在连防山正南的大刘庄与第二十五师衔接，重点保持在右翼；第

台儿庄战役期间，第五战区司令长官李宗仁将军（左）与中国军队副总参谋长白崇禧将军在前线

二十五师右翼与第二师衔接，左翼在艾山以北之虎皮山、艾山西等处。第二十五师七十五旅一五〇团在连防山占领前进阵地（艾山、虎皮山东北）。卜福士山炮在艾山南无名小河南岸（沿河有稀疏树林）分散放列，野炮在更后方分散放列。观测所设于艾山，这是全军阵地的最高点，高150米至200米。

连防山是一个有千户左右人家的大村落，位置在我军阵地之正前方，守住这个村庄，全军阵地都可得到掩护，实为我主阵地的重要前进据点。村庄周围有残破的土围墙，并有稀疏树林，对敌方面是一片开阔的麦田。在这里倘能认真构筑工事，至少可以支持几日。可惜第一五〇团团长高鹏麻痹大意，以为敌人一时不会来犯，拟休息一日再构筑工事。不料第二天晨8时，敌机即轮番轰炸，继以炮击，步兵从三方面向该团进攻。第一五〇团仓促应战，因无工事依托，不到三小时阵地即为敌突破，官兵伤亡很大。关军长和第二十五师师长张耀明闻讯亲自赶到艾山督战，曾由虎皮山方面派出部队向敌侧击支援该团，因敌机轰炸，未能奏效。

这时高团长退到连防山南端，正在收容败退下来的官兵。关军长因这处重要阵地竟轻易失守，十分恼怒，严令他迅速反攻，一定要把阵地夺回来。高鹏无奈只得硬着头皮收拾残部反攻，不到一小时即中炮牺牲，队伍重又垮了下来。关氏无计可施，遂命第二师派一个团加强大刘庄之防务（该处阵地原属第二十五师，后移交给第二师），同时命令炮兵火力及虎皮山、大刘庄两地火力压制连防山之敌，使其不得继续前进。

连防山阵地丢失后，我军主阵地暴露在日军面前，敌机连日在我阵地上空盘旋侦察。军部判断，虎皮山可能是日军下一个攻击目标。因虎皮山与艾山连接，是全军阵地之锁钥部，敌人势在必得。

守半步店子、虎皮山、艾山西等地之第七十三旅，日夜加强防御工事。由于这一带都是石头山，构筑掩蔽部用的泥土都要由山下运上来，非常吃力。但鉴于上次教训，官兵们不敢再有丝毫马虎，千方百计地加固阵地。经两昼夜之努力，防务大大加强。

第三日，日军果然向虎皮山大举进攻，敌步兵在飞机和炮火掩护下，逐步接近我军阵地。在敌机轰炸和炮击时，我守军除少数在阵地上监视敌人外，都进入掩蔽部，俟敌步兵接近我军前沿阵地，即跃入工事，以轻重武器猛烈扫射，同时派出小部队由两翼侧击，给日军很大杀伤。当天敌人的两次进攻，都被我军坚决击退了。

第一天的胜利，大大鼓舞了部队士气。为了避免第一线部队过度疲乏，第二十五师以营为单位，二十四小时轮换一次，使官兵的士气始终饱满，这对于持久防御非常有利。

翌日，日军以一部向虎皮山佯攻，主力绕攻艾山西，企图从侧背切断艾山与虎皮山的联系，战况较前一日更为激烈。两军相持之际，第七十五旅一四九团团长刘世懋派出部队主动出击，由侧背抄袭进攻之敌，日军猝不及防，遭到很大杀伤，又垮了下去。

日军白天攻击屡次受挫，军部判断敌人可能进行夜间攻击，命令各师旅作好夜战准备，连日在阵地上布置夜间射击设备。4月27日，日军果然利用夜间，以一部攻击半步店子，主力分股冲上虎皮山。我军虽有准备，但敌人来势很凶，战斗异常激烈，半步店子被敌人占领了一部分，双方展开巷战。虎皮山向敌之斜面，亦为敌所占领。根据当时情况，我军必须在天明前将阵地前的敌人消灭掉，否则天亮以后，敌人得到飞机、大炮的支援，对我军很不利。因此，凌晨2时前后，第二十五师在炮兵支援下组织了有力的反击。我军在近距离用手榴弹及六迫击炮，山脚至山腰用八二迫击炮，更远之处用卜福士山炮及野炮，由近到远构成浓密火网，同时倾泻到敌人头上，随即从正面及两翼派出少数部队向敌人袭击，两个小时内即将敌人完全击垮。

天亮时，阵地前敌人遗尸甚多，日军用炮火封锁，飞机亦在空中盘旋扫射，阻碍我军清扫战场。半步店子之敌仍占据着几个独立房屋，顽强抵抗。第二十五师判断敌人第二晚可能继续攻击，也可能以攻击掩护其搬运尸首。黄昏前后，该师派工兵在虎皮山一带阵地前沿悄悄埋下不少地雷，并加强侧防火力。

不出我军所料，天黑后日军果然来犯，在我军阵地前沿就遭到很大杀伤，我军乘夜把半步店子之敌驱逐了出去。这一晚战况没有头一晚激烈，天明前敌即退去。次日，日军继续用炮火封锁，并有飞机监视，我军仍无法清扫战场。那时鲁南、苏北地区的天气已非常炎热，阵地上的死尸因不能运走，都腐烂了，臭气难闻。但自此以后，日军未敢再进犯虎皮山。在这次战斗中，从俘获敌人的文件中得知，连日进犯之敌是日军第十师团的部队。

日军进攻虎皮山受挫后，停止了两日，即转移其攻击目标于第二师方面，企图从大刘庄对我阵地实行中央突破。几日来，第二师之防御工事不断加强，村与村之间构成交叉火力，并有交通壕连接。大刘庄阵地前面是一片

中国军队使用德制火炮在台儿庄向日军实施轰击

开阔麦地，颇利于发扬火力，且可得到虎皮山、半步店子方面火力之支援。

5月1日，日军出动数百步兵在飞机、大炮优势火力掩护下对我大刘庄一线阵地发起猛烈进攻。我军凭借坚固工事顽强抗击，并不断以小部队抄击敌之侧背，日军伤亡很大，被迫溃退下去。隔了一日，日军利用夜色再次接近我军阵地，悄悄潜伏起来，拂晓时在飞机大炮掩护下突然向我军发动冲锋，势头很猛。我守军集中各种火力向进攻之敌迎面猛扫，敌人在阵地前死伤枕藉，但攻势未曾稍减，两军在阵地上展开白刃战，杀声震天。这时日军的飞机大炮都失去了作用，我军因人数占优势，渐渐占了上风。激战至午，敌人被消灭大半，其余的都仓皇退了下去。后来查明，进攻第二师阵地之敌是日军第五师团之坂本旅团。

我根据第二十五师的经验，以团为单位，每经一次战斗之后即轮换一次，故部队始终保持着锐气。

日军从正面攻击一再失败，停顿两日，改向本师右翼攻击。经一日之激

1938年5月，待命出击的中国士兵在吃花生

战，大刘庄东边的一个小村庄（一个营防守）失守了。次日，敌人从三个方面向大刘庄攻击，守军第七团奋力抵抗，战况异常激烈，敌我均有重大伤亡。激战中，团长刘玉章负伤，仍不下火线，坚持指挥，打退了敌人一次次进攻，我军阵地始终屹立未动。

日军的攻击虽连遭顿挫，仍不甘心，潜伏在我军阵地前的麦田里，并构筑工事，伺机再犯。我感到让敌人停留在阵地前对我军是个很大的威胁，必须消灭他们。入夜，我抽出师预备队一部，配合第七团从两翼出击，一举将敌击垮，击毙日军甚众，阵地前仅日军撤退时未及运走的尸首就有一两百

1938 年 5 月，台儿庄前线我军哨兵正在城墙上瞭望

具。经此几战，日军遂不敢轻举妄动，以后除零星炮战外，敌人再未向第五十二军阵地进犯。

当大刘庄东边的小村庄被敌攻破时，第二师曾几次反攻，都未奏效，部队且有相当损失，我决定暂时作罢。但关麟征将军却大发脾气，一定要第二师把这个小村庄夺回来。我反复向他解释，这个小村庄之失，对全师阵地并无多大影响，而且已经几次反攻无效。根据以往经验，攻击敌人占据的村落，每每要遭受很大伤亡（第一五○团反攻连防山所受的损失便是一例），第二师经连日战斗伤亡甚大，不能再浪费兵力去反攻一个关系不大的小村庄了。但关氏根本听不进去这些话，竟在电话里说了许多难听的话。我历来看不惯关氏的蛮横作风和自私心理，特别是这次连防山以南之大刘庄，本该属第二十五师防守。因为第二十五师防御正面较小，且有虎皮山的有利地形，可以节约兵力。而第二师在平地，防御正面宽广，右翼无依托（燕子河可以徒涉，不能成为障碍）。当时把大刘庄防务划归第二师时，我就觉得关氏偏心，现在为一个小村庄的失守，他却如此过分责备。再联想起以往一些不愉快的事情，心中更为不满，以后干脆不去接他的电话，由参谋长舒适存去与其打交道。从这时起，我即有了不愿再与关氏共事的打算。

自3月中旬开赴鲁南以来，经过一个多月连续不断的作战，第五十二军两个师都有很大伤亡，特别是第二师，因接连打过几场硬仗，损失更大，有作战能力的官兵，已不足原来人数的一半。5月上旬，第五战区长官部调第二军接替第五十二军的防务，让我们这支疲惫而残破的部队开往徐州附近待命，5月13日又奉命开归德整补，从此便结束了在徐州战场的作战任务。

这时徐州战场的形势对我军已极为危殆。尽管第五十二军与友军（第二集团军、第二十二集团军、第五十一军、第六十军、第九十二军等部）在韩庄以南运河沿线及邳县以北艾山、连防山、燕子河一线与日军激烈鏖战二十日，成功地阻止了敌人的进攻，却未能扭转战局。相反，由于我军主力部队均在第一线阵地与敌胶着，由原来的外线机动作战转为单纯的阵地防御战，逐渐丧失了战争的主动权。

5月中旬，日军第六师团攻陷合肥，解除了其华中派遣军主力北上的侧

徐州会战后期郑洞国将军（背对镜头者）在阵地上午餐

背威胁。日军第九、第十三师团主力亦沿涡河两岸及北淝河向蒙城前进，相继攻陷蒙城、永城等重镇。随后，该敌一部经韩道口突袭黄口，切断了陇海铁路，另一部由百善北进，进至徐州西南四十余华里的萧县地区。同时，苏北日军第一〇一师团等部已陷高邮、宝应，进迫淮阴，并以一部攻陷盐城、阜宁，积极向邳县西进，以包抄徐州。在津浦路北段，日军华北方面军第十六师团于5月中旬攻陷鱼台、金乡，17日占领丰县。日军第十四师团也于11日夜由濮县附近渡过黄河，连陷郓城、鄄城、菏泽、曹县，进逼兰封，切断了我第一、第五战区的联络。在运河以北正面的日军一部主力绕过台儿庄及运河以西，渡过微山湖向沛县进攻，于18日占领沛县，其先锋距徐州城仅十余华里。

至此，徐州已处于敌人的四面包围之中，我陆续增援至徐州战场的六十万大军面临着全军覆没的危险。鉴于战局急转直下，已经到了最后关头，我最高统帅部不得不下决心放弃徐州，命令第五战区野战军主力分向豫、鄂、皖地区转移。

这时我率第二师已撤往归德，事后得知我第五战区主力部队，在李宗仁将军指挥下，行动迅速，利用日军合围阵容混乱，以及不熟悉地形、不敢夜间作战的弱点，昼息夜行，分别自日军的间隙中巧妙通过，安全跳出敌人的合击圈。其中，孙连仲将军指挥的鲁南兵团（徐州会战后期，第一、第五战区主力部队划分为陇海兵团、鲁南兵团、鲁西兵团等三个野战兵团）由徐州南面突围，经灵璧、泗县、五河渡淮河向西撤退；第五战区长官部和汤恩伯将军指挥的陇海兵团主力放弃徐州，向南撤往宿县，因宿县已失守，陇海兵团乃向西突围，由亳县、涡阳附近渡过涡河西撤。长官部则在我淮北兵团接应下在太和、阜阳地区突出重围。5月19日，日军终于占领徐州，但得到的仅仅是一座空城。敌人企图在徐州战场围歼我野战军主力的计划，完全成为泡影。

这里要补述一件事：第二师由峄县转到邳县以北地区防御作战之初，参谋长舒适存向我提到，我军阵地后方有运河之阻，仅靠铁道桥交通，不单人马通行不便，一旦被敌机轰炸，危险更大，应及早采取相应措施。根据他的建议，我命令师属工兵连星夜驰赴碾庄圩东侧，架设浮桥，以能通过人马及载重汽车为度。该连以一昼夜的时间，就地征集民船木材，使用木船连接，上铺垫粗厚树条及木板，加盖泥土，使车马通行无阻。没有想到，徐州会战末期，我军在运河东北地区的主力部队，有十余个师赖此桥而得以撤出徐州战场。可见，大兵团作战，战地交通至为重要。追忆此事，亦感叹舒氏之功不可没矣。

徐州会战是抗战初期的一次重要战役。这次战役虽然以日军占领徐州、中国军队遭受失利而告终，但由于广大抗日官兵的浴血奋战，还是给予了日本侵略者沉重的打击。从1937年底至1938年5月，我军在津浦路南北两段

徐州失陷前，在运河东北地区作战的中国军队主力十余个师，从邳县的浮桥撤退

与几十万骄横不可一世的日军精锐部队整整周旋了五个多月，并取得了台儿庄战役的胜利，极大地鼓舞了我国军队的抗战士气，也为大后方部署对敌持久抗战，赢得了宝贵的时间。

应当指出，徐州会战期间，中国军队在战略运作上有了很大进步。会战前期，我军利用敌人的骄傲心理，大胆采用攻势防御战略，以运动战和阵地战相结合，有计划地使用优势兵力，对津浦路北段轻敌冒进之敌予以果断地包围攻击，遂有台儿庄之捷。可惜由于汤恩伯将军的犹疑，拖延了第二十军团南下抄击台儿庄之敌的时间，待军团南下后，又受到临沂增援之敌的纠缠，以致未能全歼该敌。倘第二十军团早一步南下，与台儿庄及运河沿线的

日军被击毁的物资遗留在台儿庄

第二集团军前后夹击孤立无援的日军濑谷旅团，则极有可能取得更大战果。尽管如此，我军当时的整体部署还是正确的、积极的。较之抗战之初，我军在华北和淞沪战场采取的将主力部队配置于既设阵地、与优势敌人死拼的消极防御战略，台儿庄战役不能不说是一大进步。

指挥系统不统一，各军队派系互不协调、各图自保，是当时中国军队的致命弱点之一。就我所经历的1933年长城抗战之役和抗战爆发初平汉路北段的保定之役来说，我军失利无不与此有关。但在徐州会战期间，我军却能较好地克服了这一弱点。会战前期我方参战部队仅第二十军团为中央军，装备尚好，其他部队不仅装备、战力相差悬殊，有的彼此间还有宿怨。但在作战中却能服从指挥，相互配合，使敌无隙可乘。如张自忠将军与庞炳勋将军在以往的内战中曾结下很深的私怨，但当庞部在临沂孤军奋战、形势危殆之际，张将军以大局为重，不计前嫌，毅然率部往援，与庞部合力击溃进攻临沂之敌，一时传为佳话。即使在会战末期，我几十万大军已处于敌人合围之中，各部仍能按照统一部署，有条不紊地撤出徐州战场，与我军在淞沪战场撤退时的混乱情况，形成鲜明对照。

究其原因，除了战区长官公正、有力的指挥外，在当时举国同心、一致御侮的形势下，我军自高级将领到一般士兵，均有强烈的抗敌意识，对侵略者的民族仇恨已远远超出个人或集团间的利害冲突，故而能在强敌面前团结一致，共同奋战。再者，会战初期，最高统帅部下令枪毙了率大军临阵脱逃的第三集团军总司令韩复榘，对我军诸将领震动很大，以后高级将领中鲜有敢违令擅自弃地不守者。即使作战不力、有消极避战表现的将领，也受到了严厉制裁，如第三十二军黄光华师长在作战中裹足不前，坐视友军危殆而不救，结果被撤职查办。由于军纪严明，各部畏于军法，只能力战抗敌。

当然，徐州会战期间，我军在兵力部署调配和作战指挥方面的失误也是不少的，有的还属于战略性的错误。如我军在台儿庄击溃日军后，本应乘胜横扫峄枣之敌，但战区和前线指挥官均满足于已有胜利，未尽全力进攻峄县，反而让前线各部队在峄县外围休整了两天，结果使敌人站稳了脚跟，失去了一次很好的战机。以后日军得到增援而死灰复燃，卷土重来，我军乃陷于被动之中。再如会战第二阶段，我最高统帅部因台儿庄获捷而振奋，陆续增调几十万大军源源开赴徐州战场，企图扩大战果。但这些部队大多被派往韩庄以东运河沿线和邳县以北之艾山、连防山、燕子河一线等阵地与敌对峙，使我野战军主力陷于第一线之阵地战，战区长官部无法集中掌握强大的打击兵团，保持外线机动作战的有利态势，反而使自己内线应敌，四面招架，遂由主动转为被动，最后险遭敌人围歼，幸亏我军撤退及时，主力未受损失，否则会给后来的抗战造成难以想象的后果。

文

閱呈

承辦機關號次
侍從秘書號　　秘(乙)第6207號

2674 真一辦

姓名或機關	鄭洞國
地址	
來文月日	

職 林蔚 呈 二十七年 六月 十日

來文摘要擬辦批示

根據本師參與台兒莊會戰，擬交軍令部作為編纂教令及戰史之參考並復

經驗爰述所見以資檢討

(一)關於用兵方面者

1.側背運動之成功示板的正面防禦極少成功之望攻敵之背防禦立於主動地位實為致勝之主因。

2.欲予敵以殲滅打擊必使用可期必勝之兵力，敵台莊失敗困守棗嶧戰由兵力不足，逐遺遺功虧一簣之憾。

3.防禦必須有目的有時間性在邳縣東北地區之防禦為求得時間餘裕以待增援兵團之到來故士氣旺盛逐能達成任務。

若徒然死守而無攻勢轉移之企圖又不適時撤退性全體犧牲徒博壯烈之名而無碑於戰局。

4.增援兵團之集結必須有充分時間與確實掩護。

第一頁　130525　⑦①

1938 年 6 月 10 日，郑洞国将军于第五十二军第二师师长任内参加台儿庄战役后向蒋介石侍从室呈报的战役分析、检讨（此为第 1 页）

來文文號					
姓名或機關					
地址					
來文月日					

來文摘要

路破壞。

6. 陣地守兵負傷無論輕重均須待戰鬥告一段落後方宜後送。

7. 防禦機槍火網之編成應以重機槍為主輕機槍為輔其槍班勿過早使用應控置適當地點以應戰況之推移又火網組成之概況應使士兵一體明瞭。

8. 防禦陣地常以小部隊不斷的施行夜襲既可使警戒嚴密又能妨害敵之攻擊準備。

(四)其他

1. 幹部傷亡其次級者應即代理其指揮維續戰鬥。

2. 愛惜武器節省彈藥之教育特須注意。

3. 應使每一士兵均學習之日語以便陣前宣傳優待俘虜之日語以便陣前宣傳。

4. 久戰之後傷亡達至某一程度即須後調補充。

擬辦	批示	呈 年 月 日

第五頁

28　　　㊂⑤

1938年6月10日，郑洞国将军于第五十二军第二师师长任内参加台儿庄战役后向蒋介石侍从室呈报的战役分析、检讨（此为第5页）

从徐州撤退到武汉会战前后

第五十二军奉命从邳县以北之燕子河、连防山、艾山第一线阵地撤出后，即徒步向徐州开进。行军序列是第二师在前，第二十五师在后，彼此相距约一天路程。

本师行至邳县，即与苏北突进之敌相遇，发生激烈战斗，苦战大半日始摆脱敌人。那时我们已与敌人血战了近两月，人员消耗过半，部队疲惫不堪，撤退途中若与敌人主力部队胶着在一起是很危险的。

从邳县到徐州有一百五十余华里的样子，我们昼息夜行（躲避敌机轰炸），走了两天方赶到徐州。记得本师到达徐州城外时，天色尚早，我命部队在东门外的一大片坟地中休息，自己准备进城去长官部晋见李长官请示机宜（这时我们已接到开往河南整补的命令），并顺便了解一下战场情况。尚未动身，四五十架敌机即呼啸而至，猛烈轰炸徐州城。不多时，城内硝烟弥漫，大火冲天，许多市民争相向城外逃命。本师官兵因分散隐蔽在城外的坟地里，幸未被敌机发现，故未受到任何损失。敌机离去后，我见城内一片纷乱，遂打消了去长官部的念头，率部沿陇海线以北向西徒步行进。

走到砀山附近，我们与南渡黄河的一小股日军遭遇，遂将其击退，也未追击，继续赶路。第二天，又碰上另一股日军，仍是将其打退后就走，不想恋战，因为我们随时有被敌人切断的危险。

这时，日军土肥原师团（第十四师团）主力已渡过黄河，大举南下，企图在东路第十六师团的配合下合击我置于陇海线东段兰封、归德砀山之间的鲁西兵团，遂又有兰封战役。

第二师到达归德时，兰封战役尚在激烈进行，我军一部主力正向仪封、内黄地区攻击日军土肥原师团，另一部主力则在砀山、归德地区与敌第十六师团激战。我一到归德，鲁西兵团指挥官薛岳将军即召我前去，详细询问了徐州方面的作战情况，并命我将部队暂控制在归德附近，作为兵团的预备队。

我们在归德以西地区逗留了几日。这时东路日军攻势猛烈，相继攻陷砀山、归德等军事重镇，沿陇海路直逼鲁西兵团侧背，使我军围歼敌土肥原师团的计划落空，被迫向平汉线以西地区转移，第二师则奉命先行撤到漯河整补。

1938 年 6 月初，豫东战局继续恶化，日军土肥原师团发动反攻，先后占领兰封、开封，第十六师团亦攻占尉氏、扶沟，步步进逼郑州和平汉线。为阻敌前进，我最高统帅部竟决定以水代兵，下令掘开花园口黄河大堤，造成洪水泛滥。这个行动虽然暂时遏制了日军西进平汉线的势头，却使豫、皖、苏三省的广大地区尽成泽国，数百万人民丧失家园，流离失所，饱受灾难之苦。

豫东日军被迫后撤后，我军获得短暂的喘息机会，乃抓紧部署，准备抵抗日军下一步对武汉的进攻。6 月 10 日前后，第二师又奉命与第二十五师会合，经河南南阳，湖北随县、安陆向鄂东地区转移。

行军途中，原第五十二军军长关麟征将军升任第三十二军团长，他报请军令部让第二十五师师长张耀明将军升任该军军长，拟让我任副军长，但不再兼第二师师长。我深知关氏用心，他将军长职务交给他的同乡（关、张二人同是陕西人）、老部下张耀明，可以保持其老班底，同时让我做一个有名无实的副军长，又可乘机削掉我的兵权。我与他本已有隙，此次气愤之下，遂坚辞不受，并向军令部请假离开部队，回到长沙。自北伐以来我就在第二师中服役，南征北战前后达十余载，此番离去，心中颇感凄凉。

第二师中不少军官亦对关氏为人反感，故我离开第二师时，不少人含泪相随，后来我在第五军任荣誉第一师师长时，又有一批军官离开第二师，赶来与我共事，如参谋长舒适存，参谋主任赵霞，团长汪波、吴啸亚等，此为后话。

我在长沙仅住了很短一个时期，这时我的女儿凤云正准备结婚，我因赋闲无事，遂赶回家乡参加她的婚礼。自投笔从戎以来，除了第一次东征战役结束后，我曾请假回乡小住外，一直没有机会重返故里。离乡多年，不觉对家乡的一草一木都感到无比亲切。家乡父老对我十分敬重，接连举行隆重仪式欢迎我，使我应接不暇，这真诚、凝重的乡情，竟一扫我离开部队以来的

武汉会战期间，蒋介石与军委会人员研究作战计划

不快情绪。

凤云的婚事操办完毕后，我于8月中旬奉召匆匆返回鄂东，在汤恩伯将军身边任参议（时汤部番号已改为第三十一集团军），此时武汉会战正处于激烈阶段。

先是，日军自攻占徐州后，即以四个师团之众沿陇海路西犯，准备夺取郑州、开封，再南下信阳，与在长江方面的第十一军主力会攻武汉。敌人的战略企图仍是"速战速决"，迅速击破中国军队主力，攻占我国核心城市武汉，迫使国民政府投降。后因我方在黄河花园口决堤，逼退豫东日军，此路日军乃相继南调，以主力沿长江西进，攻取安庆、潜山、太湖，另一部沿大别山北麓西进；同时，原在南线的日军第十一军共五个半师团，亦积极进犯黄梅、九江，再沿长江两岸进攻武汉并切断粤汉线，由此形成对武汉的合击之势。敌人的进攻重点在长江以南，以北、东、东南三面合击我野战军主力。

根据敌人的进攻态势，我最高统帅部确定以长江以北第五战区（司令长

武汉会战期间，中国军队的重机枪阵地

官李宗仁将军）和长江以南第九战区（司令长官陈诚将军）共同参加武汉会战。我军作战的指导方针是：以确保武汉核心、持久抗战为目的，重点立于外线，在豫、鄂、皖、赣诸省广大区域，节节抵抗，不断消耗日军，争取以空间换取四至六个月的时间。我军的防御重点保持在长江以南。据此，第九战区第一兵团（司令薛岳将军）奉命防守南昌至德安附近鄱阳湖西岸，阻敌南犯；第二兵团（司令张发奎将军）防守德安至九江一线阵地。第五战区的第三、第四兵团（司令分别为孙连仲将军、李品仙将军）则担任长江以北、大别山东麓一线防御。

我回到第三十一集团军不久，我军即弃守九江以西之瑞昌，节节抵抗西撤。第三十一集团军在码头镇、富池口一线猛烈抵抗西进日军，这两处沿江要塞于9月下旬相继失守后，集团军被迫退至富水河南岸继续阻击敌人。薛岳兵团仍在德安一线与敌相持，战局相当吃紧。某日，汤恩伯将军派我前往前线第三十七军督战。该军军长恰是我过去的老上级、北伐时被蒋先生撤职的旅长黄国梁将军。自那时别后，我们彼此再未通音讯，想不到在这里相见

武汉会战期间，武汉市军民举行保卫武汉大游行

了。黄氏待我格外亲热，指挥余暇，便与我天南海北地闲聊，有时谈到深夜，二人便抵足而眠，情同手足。过了些日子，汤将军突然给我打来电话，指责黄将军指挥无方，所部战绩不佳，要我取代他的位置。这时我才明白汤氏当初派我到此督战的真正用意。对他的一番好意，我当然心领，但黄将军是我过去的老长官，且此次相见以来，对我推心置腹，信任有加，我怎么能忍心夺他职位？况且我受传统礼教影响颇深，纵然万死，亦不愿担此暗算朋友之嫌，所以便委婉而坚决地谢绝了汤将军的提议。我担心再待在这里还会节外生枝，故赶紧寻了个借口，回到集团军司令部。黄将军始终被蒙在鼓里，见我匆匆返回，还一再挽留不舍呢。

事后，汤将军身边的一位幕僚不知如何知道了此事底细，某次曾私下半开玩笑地同我说："你老兄放着军长不去做，还跑回来做这个光杆参议，为人也未免太迂了。"我闻言一笑置之。以后想起这件事，我始终不悔。"忠诚老实"四字，是我一生为人的信条。

10月下旬，德安终于失守。在此稍前，日军已相继攻克半壁山、阳新、大冶等地，分兵三路向通山、咸宁、贺胜桥前进，意在截断粤汉线，我长江以南各军相继退却至武宁、通城、岳州一线。同时，长江以北的日军也于10月12日占领信阳，其主力转沿平汉线南下，连陷武胜关、平靖关等要隘，兵锋直逼汉口以北。这时武汉以东之商城、麻城等地先已失守，外围屏障尽失，处于日军北、东、东南三面包围之中，我最高统帅部乃下令放弃武汉，全线撤退，武汉于次日失陷。

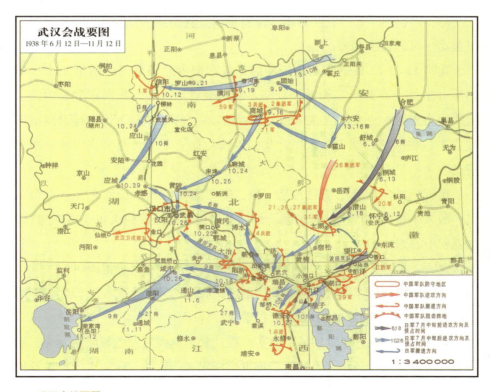

武汉会战要图

武汉会战是我国抗日战争中规模空前的一次重要战役。是役我军先后投入120余个师，一百万以上兵力，日军也陆续投入12个师团以上，近40万之众，双方在豫、皖、鄂、赣四省广大区域激烈鏖战达四个半月之久。其间日军伤亡达20万人，占其参加此次作战的总兵力的一半，我军伤亡则倍之，由此亦可见战争的剧烈程度。尽管日军最终占领了武汉，但并未达到其速战速决、以夺取武汉来迫使中国屈服的战略目的。相反，由于日军战线太长，兵力分散且消耗过大，加上中国共产党领导的抗日武装在敌后战场积极袭扰敌人，使日军一时无力再对我正面战场发动大规模进攻，抗日战争从此进入战略相持阶段。

武汉失守以后，第九战区主力撤至江西、湖南两省的永修、幕阜山、岳阳以南一线与敌对峙。第三十一集团军奉命开到湖南益阳一带休整。

过了不久，我接到去南岳衡山参加重要军事会议的通知，便带了随身卫士文健，经岳州、长沙赶往衡山。没有想到，我们到达长沙的当晚，就遇上了轰动一时的长沙大火。

我是11月12日下午到达长沙的，住在市内北长街路西的第三十一集团军办事处，准备第二天继续赶路。次日凌晨2时许，我尚在酣睡中，忽被人用力摇醒，见文健立在床边，急促地说："师长（部下仍这样习惯地称呼我），快醒醒，城内起火了，我们得快走！"言毕又匆匆跑到外面察看情况。

我听到城内起火的消息先是一惊，随即想到前线距长沙尚有三百余华里，敌人不可能这样快就打进来，也许是居民不慎酿成的火灾。这样想着，也就安下心来。

少顷，文健又跑进来，见我仍坐在床上从容地穿衣，急得大叫："哎呀，师长，请您快些吧，大火都快烧到门前了，我们必须马上走！"说完三下两下打起铺盖，一手扛在肩上，一手拉着我往外闯。

来到门外，我方感觉到情况确实严重，此刻城内到处燃起熊熊大火，连我们办事处对面一马路之隔的建筑物也燃烧起来。远处一座军火库正在发生猛烈爆炸，噼里啪啦地响成一锅粥，街上的老百姓惊慌失措，哭爹喊娘地争相奔往城外逃命。我们只好随着人流往外走，但大火已将许多道路封死，情况极为混乱，文健拉着我左弯右拐，好容易才绕出北门。

出了城，稍缓了口气，才发现周身已被汗水湿透了。回头望去，长沙城一片火海，火势愈来愈大。我还很镇静，心中盘算，这场大火看起来虽非一般火灾，但不可能是日军逼近造成的，恐是敌人利用汉奸搞破坏，制造混乱。因此决定先留下不动，看看情况再说，遂在附近一户百姓家中借宿，休息了几个钟头。

翌日天明，我带着文健重又进城去，只见城内满目疮痍，一片废墟，不少建筑物还在继续燃烧。走不多远，长沙警备司令酆悌、保安处长徐权乘车迎面而来。他们都认识我，故见到我即将车子停到路旁，一起坐在一户民房的残墙断壁边谈话。酆氏一脸焦灼不安的神色，问我："洞国兄，你知道昨夜究竟是怎么回事吗？"

"我昨天刚刚到这里，哪里晓得，正要问你呢！"我又好气又好笑，心

文夕大火后的长沙城里，不少建筑物还在继续燃烧

想你们负责全城治安，出现这样大的灾变竟毫不知情，倒来问我一个过路人。

我们略谈了几句，鄷悌他们有事，即登车匆匆而去。当时陈诚将军也住在长沙，晚上我去见他，他也不清楚昨夜的情况，见面就问这场火灾是怎么回事，我回答说自己只是路过长沙，一点不了解情况。陈将军在房内踱来踱去，显得十分焦躁，临别时吩咐我赶快去查一下，向他报告。以后我急于去衡山开会，同时听说中央已着手调查，故于次日就离开长沙去衡山了。当时大火虽已熄灭，但长沙城内人心惶惶，谣言四起，不少百姓结队向后方逃难。我乘车南行，沿途见灾民们扶老携幼，推车挑担，艰难地行进着。行至湘潭，江边渡口早已挤满灾民，我足足等了半日才渡过江去。

长沙大火是一场浩劫，一夜之间几乎全城人民的房屋财产统统化为灰烬，并造成一定的人员伤亡。此事引起的震动极大，各界纷纷要求调查事件原因。但是，后来调查的结果却大大出乎所有人的意料，这场不幸的灾变竟不是出自敌人的破坏，而是我们自己人造成的。原来，自武汉陷落后，最高统帅部分析日军下一步可能要攻取长沙或南昌（以后敌人确向南昌进攻），乃指示湖南地方军政当局，长沙万一不能守时，即实行焦土抗战，将全城焚毁，免资敌用。但是，受命执行这项任务的保安团士兵因缺乏训练，事前准备不周，听到敌人迫近长沙的谣传后，不待发出警报即在全城放火，以致酿成惨祸。事后，蒋介石先生亲到长沙视察，下令枪毙了在此事件中负有直接责任的长沙警备司令鄷悌、保安团长徐昆、长沙市警察局局长文重孚三人，并指示采取措施安置灾民，局势才渐渐安定下来。

11月25日至28日，蒋先生在衡山亲自主持了重要军事会议（第一次南岳军事会议），参加者主要是第三、九战区师长以上将领和有关方面负责人，共一百余人。会议检讨了自抗战以来正面战场我军的作战情况，确定了进入战略相持阶段的抗战方略和军事部署，重申我国将继续实施持久作战的战略方针，在局部战场上不断发动有限度的攻势与反击，以牵制和消耗敌人，策应敌后的游击部队，迫敌局促于点线，粉碎其以华制华、以战养战的企图。在军事部署上，准备轮流以三分之一兵力用于正面战场的防御，三分之一兵力进入敌后进行游击战争，三分之一兵力调后方整训补充，强化战

第一次南岳军事会议，前排右一为郑洞国将军

力，准备将来的总反攻。

会议的另一个重要内容是决定整顿军队，重新划分战区，简化指挥层次，以提高部队的战力和机动性。据此，全国战场划分为第一、二、三、四、五、八、九、十战区和鲁苏战区、冀察战区，并设桂林及天水行营，统一指挥南北两战场之各战区。同时，决定废除兵团、军团两级建制，以军为战略单位，使最高军事统帅部至战略单位，只有军委会、战区、集团军、军四级，而新编制之师，也废去旅一级建制，由此使我正面战场之正规军队无论在战略指挥和战术指挥上，都较前灵活了。

第一次南岳军事会议是我国抗战史上的一次重要会议。会议确定的我方在战略相持阶段的作战方针和军事部署，应该说是基本适当的，特别是从各战区抽出部队轮流整训一举，尤为必要。因为自抗战全面爆发以来，历经平津、淞沪、忻口、徐州、武汉诸会战，我正面战场野战军主力多已残破，亟待喘息、整理、补充和训练，以恢复和提高战力，否则是很难承担起持久抗战的军事责任的。事实上，由于我们抓住战争进入战略相持阶段之机，着力整训军队，确定使一批批部队迅速恢复了元气，并在后来的战争中取得出色战绩（如经过近一年整训的第五军在 1939 年底至 1940 年初的桂南会战中攻坚作战，全歼日军一个旅团）。此外，由于对军队的指挥系统重新进行了调整，也在一定程度上改变了自抗战初期以来正面战场我军指挥混乱、层次繁杂，以及命令传达迟滞、部队运动不灵的弱点。

第一次南岳军事会议结束后，我重新回到设在益阳的第三十一集团军司令部，不久，被任命为第九十八军军长。

但这并不是一件令我愉快的事情。这支部队原是湖北地方军队，战力很弱，内部成分亦复杂，官兵均有浓厚的乡土观念，对我们这些"外来人"，特别是像我这样出身黄埔的将领，似乎怀有很大的戒心，使我颇难打开局面。上任伊始，我处事十分谨慎，力求一点一点地改造这支军队。然而我履任新职不足一月，一项新的任命将我调离了该军。

1938 年 12 月中下旬，我突然接到我的老朋友、时任新编第十一军副军长的杜聿明将军的一封电报，大意是说该军刚刚由第二〇〇师扩编而成，亟须人才，现其荣誉第一师师长一职尚空缺，问我是否有意"屈就"。

接到这封电报，我考虑了整整一夜，最后决定辞去第九十八军军长一职，接受杜将军的邀请。我的想法是，在汤恩伯将军这里，虽然位居军长，但以该军现状，恐很难有所作为。再者，汤氏本人虽然一向待我算是不错，但我对他是有些看法的。他这个人指挥作战缺乏计划性，忽东忽西，不讲章法，非大将之才，且其专好重用亲信，大权独揽，故不易在其底下放手做事。而新编第十一军是我国当时唯一的机械化部队（该军前身为陆军装甲兵团，1938 年初扩编为第二〇〇师，年底再扩编为军），装备精良，战力甚强，在这样的部队中带兵打仗，不难有一番作为。况且军长徐庭瑶将军和实际主持军务的副军长杜聿明将军，一位是我多年的老长官，一位是我的亲密朋友，彼此相知很深，在一起推诚共事是没有问题的。两相比较，我毅然选择了后者。

杜聿明将军接到我的复电大喜，即向军政部申报，很快得到何应钦部长

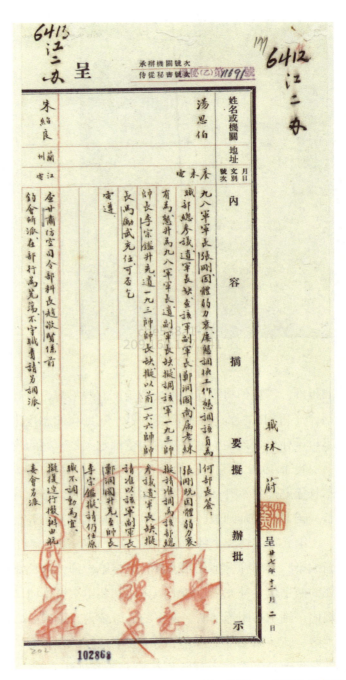

1938年12月国民党军队拟晋升郑洞国将军为第九十八军军长的文件

担任第五军副军长兼荣誉第一师师长的郑洞国将军

的批准。汤恩伯将军知道我要调走，有些不解，似有挽留之意，特地召我谈话，一再问："你真的决定要走吗？"见我的态度十分坚决，遂长叹一声，不再说什么。当晚，他留我在司令部吃了顿丰盛的晚餐，算是为我饯行了。

我于1939年元旦前后就任新编第十一军荣誉第一师师长。去后不久，军长徐庭瑶将军升任集团军总司令，杜聿明将军继升军长，我乃调升为副军长，仍兼荣一师师长。这时，军的番号也改为第五军。

第五军共辖三个师。第二〇〇师，师长戴安澜将军（黄埔三期毕业生）；新编第二十二师，师长邱清泉；荣誉第一师，师长郑洞国。此外，还有军直属的两个步兵补充团、两个战车团和装甲车搜索团、工兵团、汽车兵团、重炮团、辎重兵团等部队，全军约五万余人。第二〇〇师与军部驻于广西全州地区，新编第二十二师驻于湖南东安地区，荣誉第一师驻在湖南零陵地区。

我到第五军时，部队正在后方抓紧训练。徐、杜二将军都善治军。特别是杜氏继任军长后，进一步强化军事训练，提出"操场就是战场"，"平

1939 年蒋介石视察第五军装甲部队

时多流汗，战时少流血"等口号，要求这支新组建的部队具有"五除"（除骄、除惰、除伪、除欲、除恶）、"三习"（习精、习诚、习勤）的朝气，刻苦练兵。他自己也是以身作则，几乎日日夜夜身在部队，严格督促。我初到便感觉到这支军队确有一番不同于其他国民党军队的新气象，令人鼓舞、振奋。

荣誉师是由抗战中伤愈官兵拨编而成的，官兵抗日意志坚决，作战经验丰富，勇敢善战，是一支素质不错的队伍。但由于部队老兵多，统驭起来比较麻烦，尤其是团营级军官中，湖南籍军官同广东籍军官之间也有些矛盾，经过鄂东战役后，这支部队残破不堪，亟待整顿。

我到职后，承军长信任，即悉心策划，锐意整顿，力图在最短的时间内将这支部队训练成为一支抗日劲旅。我先抓部队的爱国思想教育，努力增强官兵对日寇的民族仇恨和抗敌意识，同时大力整顿军风，严肃纲纪。当时本

师第二团有位陈姓团长，平素行为不甚检点，还在军中吸食鸦片，虽受多次劝诫而不能改正，我乃设法将其调出。对于其他不守纪律、违犯军规的官兵，我均按规定视其错误严重程度给予相应的处罚。而对于表现出色的军官和士兵，则及时予以奖励。如第 3 团团长郑庭笈，不仅勇猛善战，治军有方，而且个人操守优良，我对其信任有加，多方倚重。初时有人尚不服，私下说该团长与我同姓"郑"，可能有亲属关系，故有意抬举他。其实郑氏是海南文昌人，我是湖南石门人，彼此家乡相距千里，原来根本不曾相识，更无丝毫"裙带"关系。以后郑团长果不负厚望，在桂南昆仑关战役中立下汗马功劳，颇受杜军长赏识，乃将其调至第二○○师升任步兵指挥官。

总之，经过一个时期的悉心整顿，部队的精神面貌的确有了很大转变。在军事训练方面，我在副师长兼参谋长舒适存的协助下，大胆革除旧的形式主义那一套，侧重实战训练，严格要求每一位官兵都切实掌握射击、拼刺、投弹、夜战、近战等项军事技术。考虑到近代战争已发展为多兵种的联合作

1939 年 1 月 1 日，蒋介石在广西检阅国民革命军第五军。右三为第五军副军长兼荣誉第一师师长郑洞国，右二举臂者为荣誉第一师参谋长舒适存

战，我还格外注意加强部队的步炮（包括战车）协同作战能力。这样从严训练仅半年时间，荣誉师士气旺盛，战力大大提高。

这期间，为了充实部队各级领导力量（我到职前后，师部和团营有不少空缺），我曾延请原在第二师的一些旧属前来共事。不久，舒适存、吴啸亚、汪波、赵霞等先后应邀而来。尤其令我感动的是，舒适存因其才干超群，亦为关麟征将军所器重，曾有意擢升他为军参谋长，而舒氏因与我有约在先，遂坚辞不受，如期而来。他来后，关将军还特地修书送行，其中有"兄之去，有古义士风，钦敬之余，尤使弟爱才难舍"等语。

从 1938 年冬至 1939 年秋，第五军各师进行了近一年的严格整顿和训练，全军的军事素质达到很高水平，精神风貌亦为之一新。其间最高统帅部曾派员到全州校阅，第五军的军事训练列为全国之冠。入秋后，第五军又在广西界首地区举行大规模的师攻、防、追、退演习，历时一月之久，军训部部长白崇禧将军、训练总监徐庭瑶将军等亲来参观督导。通过这次大型演习，进一步打下了第五军的作战基础。

血战昆仑关

自武汉、广州相继沦陷后（武汉会战末期，日军三个师团从大亚湾登陆，于1938年10月21日攻陷广州），我国国际补给线粤汉路被切断，华南沿海海岸线亦为敌人所控制，仅广西与法属安南（今越南）的国际交通线还保持畅通。

日本帝国主义鉴于其"速战速决"的侵华战争战略已无法实现，乃一面在豫、鄂、湘、赣战场对我加强军事压力（1939年先后发动南昌会战、随枣会战、第一次长沙会战等），一面企图截断我国西南国际交通线，实行封锁政策，迫使国民政府因得不到国际援助而屈服。为此，日本大本营于1939年秋，决定以重兵进攻南宁，切断我西南之桂越公路和滇越铁路，并威慑云南、贵州，动摇我抗战大后方，力求达到以军事手段配合其政治上"逼和"的战略目的。

1939年11月15日晨，日军精锐的第五师团、第二十八师团和台湾守备队（一旅团兵力）共五六万兵力，在海、空军的掩护下，先后强行在北部湾海面登陆，侵入广西。我军对日军的作战意图虽先已有所察觉，但因对敌登陆地点判断失误，加上兵力部署过于分散，第一线阵地很快被日军突破，沿海重镇防城、钦州等相继失陷。随后，日军兵分三路，直扑南宁。

为了保卫我西南边陲重镇南宁，阻敌北犯，最高军事统帅部命令第五军星夜开赴桂南前线，配合友军向日军反攻。

当时，因湘北战局曾吃紧，第五军已全军调驻衡山以北地区，担任保卫衡山、衡阳的任务。接到这项新的紧急命令后，本军各师迅速由火车输送至广西永福，然后徒步向南宁东北地区集中。第二〇〇师奉军部命令，派出步兵两团作为先遣部队，先行由桂林用汽车运往南宁。

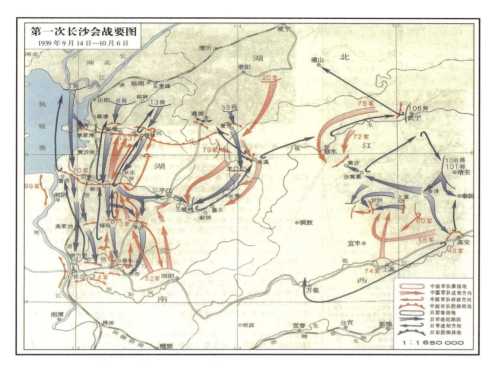

第一次长沙会战要图

　　然而，日军进展太快，11月24日即攻陷南宁。25日，第二〇〇师先头部队第六〇〇团在南宁城郊二塘附近与敌遭遇，发生激烈战斗。日军依恃飞机和炮火优势，向我军发动多次猛攻。第六〇〇团官兵在团长邵一之指挥下，沉着应战，击退了敌人一次又一次的进攻，阵地得而复失，失而复得。次日拂晓，日军改变战法，派出部队向我军侧后迂回，企图包围并切断我军退路。邵团长严令部队坚守阵地，自己亲率步兵一连，向敌迂回部队反击。激战中，邵团长身中两弹，仍不肯退下战场，指挥部队与敌人肉搏，不幸又中一弹，壮烈殉国。第六〇〇团官兵闻团长牺牲，悲愤无比，再度向敌发起有力反击，将日军迂回部队击退，并夺回邵团长遗体，但副团长文模在战斗中负重伤，团附吴其陞牺牲，官兵伤亡达三分之一以上。是夜，该团在第一营营长吴大伟率领下逐步撤至大高峰隘及甘圩附近占领阵地，继续拒敌。这时第二〇〇师主力逐次到达，于南宁东北七塘、八塘间占领阵地，协助友军

郑洞国、戴安澜为1939年12月昆仑关战役中牺牲的第五军第二〇〇师第六〇〇团团长邵一之题词

作战，并掩护军主力集结。该师第五九八团在八塘附近与北犯之敌激战一周，予敌重创。12月3日晚，因友军在高峰隘方面作战失利，第二〇〇师乃奉命向宾阳以北邹圩附近地区转移。4日，敌第五师团第十二旅团进占桂南战略要地昆仑关。我第五军主力荣誉第一师、新二十二师及军直属部队亦已到达迁江附近地区，奉命在宾阳及其以北地区占领阵地。此后，敌我围绕着南宁以北高峰隘和昆仑关一线，形成战略对峙局面。

我最高统帅部最初考虑，日军初犯桂南，兵锋正锐，而我军在这一地区的六师部队（不包括第五军三个师）经连日激战，损失甚大，乃指示桂林行

1939 年 11 月，第五军荣誉第一师将士正快速向广西昆仑关战场进发

营迅速调整部署，慎重应敌，不可企求速胜。同时命令桂南我军各部，加紧对敌游击骚扰，破坏道路桥梁及通讯设施，拒阻日军继续深入，以掩护我反攻部队集结。但白崇禧将军等行营高级将领认为，日军侵桂是策划已久的行动，意在截断我西南国际运输线，若坐待敌人从容恢复交通，增调装备精良之援军，不独使我军日后反攻作战十分艰难，也使今后抗战时局更加险峻。不如趁日军目前在桂南兵力分散，南宁附近仅有四个联队兵力，除少数山炮外，其重兵器及机械化部队无法施展威力，给养补充亦困难，迅速反攻。况我机械化之第五军业已抵达迁江集结，无论兵力、装备都较敌更具优势，倘能抓住战机主动进攻，一举收复南宁的可能性是很大的。第三十八集团军总司令徐庭瑶将军、第五军军长杜聿明将军也持相同看法，先后向最高统帅部提出了反攻建议。

指挥昆仑关战役的第三十八集团军总司令徐庭瑶将军（右）与第五军军长杜聿明将军

12月6日，最高统帅部复电桂林行营，同意并指示桂南我军迅速反攻南宁之敌。桂林行营据此拟订了反攻作战计划，其大致部署是：将桂南我军划分为东、西、北三路军。由第三十八集团军总司令徐庭瑶将军担任北路军总指挥，指挥第五军，作为主力作战部队，迎击沿邕宾路进犯之日军，重点攻击昆仑关，然后在东、西路友军配合下收复南宁。考虑到日军已控制昆仑关、高峰隘等险要阵地，增加了北路军反攻作战的困难，桂林行营决定将刚刚增援上来的第九十九军九十二师也使用在这一方面；由第二十六集团军总司令蔡廷锴将军担任东路军总指挥，指挥第四十六军（欠一师）及部分地方武装，在敌后游击骚扰，并破坏邕江南岸及邕钦公路交通；由第三十六集团军总司令夏威将军担任西路军总指挥，其第一纵队（第一七〇师、第一三五师）负责攻击高峰隘，吸引日军主力，其第二纵队（第一三一、第一八八师）担负破坏敌后交通任务，并切断邕宾公路，阻止南宁日军增援，孤立昆仑关之敌。

第五军军长杜聿明将军

　　根据行营下达的作战计划，第五军积极进行攻击准备。当时邹圩以南迄昆仑关间之道路桥梁及通讯设备已破坏大半，现在忽然又接到反攻命令，各师只好组织部队和民夫星夜抢修。

　　12月10日，杜聿明军长在迁江附近之谭蓬村召开由全军团以上部队长参加的军事会议，作军事部署和战斗动员。由于敌机时常出没骚扰，会场设在一个山洞里，周围树木茂密，非常隐蔽，利于防空。会场里用横布挂着一张桂南五万分之一军用地图，图上用红蓝纸标志着敌我态势。各级官佐都预感到将要打上一场残酷的硬仗，心情既兴奋又紧张，整个会场的气氛十分严肃。那天的会议主要由杜军长讲话，他详细介绍了日军的战略企图、敌我态势、敌人的兵力和作战特点，以及友军的位置和本军作战部署、任务、作战

昆仑关会战中，杜聿明军长佩戴着"还我河山"臂章

时间，等等。杜将军很有信心地一再鼓励大家说：这次战役关系到抗日战争的前途，第五军是抗日战争中新建的第一支机械化部队，全军将士必须勇猛作战，歼灭日寇，一定要打出国威、军威。最后，全体与会军官起立，庄严举手宣誓，务必要胜利完成这次攻坚作战任务。会议一直开到黄昏，各部队长散会后立即返回所在部队传达动员。第五军自组建以来，已整训年余，部队兵强马壮，士气旺盛。作战命令下达后，全军将士摩拳擦掌，跃跃欲试，准备与日本鬼子一决雌雄。

12月12日，各师均按指定路线，利用夜行军秘密进入攻击准备位置，随后以突然动作，一举将号称"钢军"的日军第五师团的第二十一旅团包围于昆仑关地区，抗战以来罕见的一场惨烈的血战，便在这里爆发了！

从广西邕宁七圹、八圹之间的山心坳，到宾阳县思陇圩的古漏关，长数十华里，中间可通的仅有一条崎岖曲折的羊肠小道。唐宋以来这里就是沟通桂南、桂北的交通孔道，其中南宁至宾阳一段就是所谓的"昆仑古道"。昆仑关位于邕宾公路要冲，距南宁东北约八十华里。周围群山叠嶂，绵亘相依，其中多是悬崖深谷，地势极为险要，素有"险峻雄关"之称，自古便是兵家必争之地。北宋名将狄青，曾于宋仁宗皇祐五年（1053年）上元之夜，率军出奇制胜，袭占昆仑关天险，一举平定广南，这是历史上有名的昆仑关大战。此次我军攻打昆仑关，对手是装备精良、久经战阵的凶顽之敌，其困难和艰险又远非当年昆仑关之战所能比拟。

日军侵占昆仑关后，即在关口周围的高地上星罗棋布地修筑起许多据点式堡垒工事，外围设有数道铁丝网和鹿砦等障碍物，并以各种轻重武器编成严密火网，构成拱卫昆仑关的强固防线。日军发觉被我军包围后，企图凭借昆仑关天险，固守待援。这股气焰嚣张的敌人，以为我军无论如何也攻不下这样险要的阵地，绝未料到覆灭的命运已距他们不远了。

我军的攻击部署是：荣誉第一师、第二〇〇师为正面主攻部队，以公路为界，公路线上属第二〇〇师。军重炮团、战车团、装甲兵搜索团、工兵团，协助主攻部队作战；新编第二十二师为军右翼迂回支队，由原地出发，超越昆仑关，选小路进占五塘、六塘，切断南宁至昆仑关之间公路、桥梁交通要道，堵击敌增援部队北上；第二〇〇师副师长彭璧生指挥两个补充团编为军左翼迂回支队，由原地出发，经过岭圩、甘棠、长安圩，向八塘大迂回，进占七塘、八塘，策应正面主攻部队对昆仑关的攻击。另外，军汽车兵团、辎重兵团归兵站指挥，担任后方粮弹补给及伤员输送任务。军指挥所设在正面主攻部队第二〇〇师和荣誉师分界线的公路边一座高山上的山洞里。

12月18日凌晨1时，杜军长下达了攻击令。我军重炮团和各师山炮营集中火力向日军疾风般轰击，揭开了昆仑关大战的序幕。霎时，敌昆仑关及周围各主要阵地上火光四溅，浓烟弥漫。日军也猛烈回击，双方进行炮战。大约40分钟后，日军炮火在我远射程重炮火力压制下逐渐稀疏下来，第一线攻击部队即在战车和我轻重武器的火力掩护下，向敌人阵地运动。荣誉师的突击队，纷纷跃出工事，猛虎般地扑向昆仑关周围各重要高地。

战斗最初十分顺利，荣誉师各团很快就占领了昆仑关外围的金龙山、仙女山、老毛岭、四四一、六五三等重要制高点。11时左右，我师又相继攻

第五军荣誉第一师正在昆仑关阵地上等待进攻。

占了罗塘和同兴西北高地，13时再克高田圩、石寨隘、同平、枯桃岭，第二〇〇师方面攻击也有进展。日军在我军全线猛攻下，一部退守昆仑关核心阵地，一部向九塘溃退。根据缴获的敌人文件表明，本师当面之敌是日军第二十一旅团四十二联队。

在正面主攻部队与敌激战的同时，我右翼迂回支队新二十二师也按原计划占领了五塘、六塘，与敌增援部队展开激战。

中午过后，我和参谋长舒适存率几位参谋和卫士离开师部，亲往昆仑关以北的第二团阵地视察、督战。此时该团已接连夺取了日军几处高地，正在攻打昆仑关北侧的几个小山头，越过这几个小山头，便是昆仑关关口。汪波团长见我们到了，简单地汇报了一下战况，立即将团指挥所前移，在火线上指挥作战。从望远镜中看到，我军官兵个个赛过猛虎，一路猛打猛冲，奋勇异常。14时许，我军又攻取了一两个小山头，日军防线发生动摇。我估计部队很快可以打进昆仑关，遂带着随行人员下山，跟在第二团后面向前移动。但刚行至山下一小块开阔地，东南方向忽然飞来几架日军水上飞机，在我军阵地上空往复轰炸扫射。因敌机飞得很低，很快就发现了我们，立即俯冲扫射。我们一时不及躲避，只好分散卧倒在附近水田的田埂边。敌机盘旋扫射了一阵子，方扬长而去。我们爬起来一看，除每人溅了一身一脸的泥土，竟无一伤亡。舒适存哈哈笑道："难怪人家都说师长是位福将，果然刀枪不入，我们也跟着沾光了。"众人闻言也大笑不止，仿佛刚才的危险不过是场儿戏。

空袭刚过，日军增援部队在战车、装甲车配合下由九塘向我猛烈反攻。扼守昆仑关的敌人也乘机反扑，复将第二团刚刚占领的小山头夺去，该团被迫收缩阵地，与敌对峙。我亦将师部移至仙女山，指挥各团作战。

我第一线部队与敌激战至晚，伤亡颇重，仅荣誉师就伤亡官兵百余名，损失战车三辆。入夜，罗塘及同兴北面高地又陷敌手。

当夜，我和师部人员就宿营在仙女山。在山顶上，可以清楚地望见四四一高地和附近几处高地彻夜鏖战，敌我争夺极为激烈。天明时，师部一作战参谋用望远镜观察敌情，因阳光反射，为敌发觉，立即有一排排炮弹呼啸而至。幸亏山顶上有巨石相合，形成天然障碍，我们隐蔽其间，倒安然无恙。有几位送饭的伙夫，当时也在山上观战看热闹，遭炮击时因无经验，到处乱躲。其中一位急切间只把脑袋插到石缝里，整个身体却都暴露在外边。炮击过后，他还不肯出来，犹在那里撅着屁股瑟瑟打抖，引得众人一阵阵大笑。

19日，杜军长命令荣誉师继续对当面之敌攻击，重点指向六五三高地。这个高地为昆仑关东北之要点，可以瞰制整个昆仑关战场，有两百余名日军据险死守。从拂晓起，本师左翼第三团组织多次冲锋均未奏效，伤亡较大，日军乘我军攻击顿挫发动逆袭，双方激战甚烈。在此关键时刻，我军连长杨朝宣、排长杨明率突击队，携带刺刀、手榴弹冒死突入敌阵，与敌短兵相接，将敌大部歼灭，终于控制了这个重要制高点。日军恼羞成怒，在飞机

第五军官兵向昆仑关日军发起攻击

掩护下不断向六五三高地发动逆袭，并对我老毛岭及四四一高地守军猛烈反击，激战整日，但均被我军击退，损失惨重。日军为了挽回败局，于当日由南宁派出援军分乘四十辆军车，强行通过我新二十二师在五塘的封锁线，驰援昆仑关。这股敌人的意外到来，加剧了我军的作战困难。

　　鉴于敌人正面的顽抗，以及敌人后方部队不断强行增援，杜军长决心增强第一线攻击兵力，命第二〇〇师接替两日来伤亡较大的荣誉师防守仙女山、六五三高地、老毛岭、枯桃岭等阵地，并担任正面攻击，荣誉师则负责向昆仑关之敌两翼迂回包围，以求迅速击破日军。

　　12月20日清晨，第二〇〇师部队在一连战车和重炮支援下，猛攻昆仑关。为了配合第二〇〇师作战，我命荣誉师主力第一、二团由老毛岭、四四一高地，第三团由石塞隘、同平夹击八塘、九塘及其北方公路两侧的敌人，战况颇顺利。7时许，我战车一度突入昆仑关，步兵也从东、西、北三面逼近守关之敌，但日军顽抗不退，在空军配合下拼命反扑，最终我军立足不稳，不得不退出昆仑关。此后我军一连强攻两日，均未能拿下关口，且有较大伤亡。

由于战事处于胶着状态，我军随时都有可能因敌人得到南宁方面的增援而前功尽弃，杜军长为此极为焦虑。12月22日深夜，他同我详细分析了几天来的战斗情况，感到战事之所以未达到预期进度，除了日军训练有素，惯于山地作战，我军对此估计不足外，我军也暴露出一些严重弱点，如正面部队攻击面过宽，使兵力不易集中；步炮及战车协同不良，火力分散，虽弹药消耗多而效果甚少。此外我军未拔除日军在昆仑关两侧各高地上的坚固据点，而径先攻击关口，使自己在四周敌人的交叉火网下难以立足，这在战术上也是失策的。为此，经与各师师长磋商，杜军长决定立即调整部署，改变原来的作战方针，采用要塞攻击法，集中优势兵力夺取昆仑关周围的几个重要高地，重点指向昆仑关西北的罗塘高地，最后再解决昆仑关之敌。

考虑到荣誉师官兵有丰富的作战经验，在近几日的战斗中表现突出，杜军长把攻打罗塘高地的艰巨任务交给了我，同时命我抽出第三团，利用夜行军从右翼高地袭击九塘日军阵地，对昆仑关之敌作战术包围。第二○○师各团则由正面佯攻，牵制敌人兵力。

罗塘高地是昆仑关西北的天然屏障，也是日军的一个重要支撑点。日军在阵地上构筑了坚固的堡垒工事，并在前沿设置了三道铁丝网，其第二十一联队的一个加强中队两百余人，配备轻重机枪十余挺、迫击炮数门，防守在这里。此外，罗塘守敌还得到附近同兴小高地、樀头以东高地日军的火力支援。

12月23日，我命第一团吴啸亚部率先投入攻击。为躲避敌机轰炸，攻击时间定在傍晚。但该团整整攻打了大半夜，也未取得什么进展。杜军长很焦急，不时在电话中催问战果，最高统帅部也直接向我了解战况。我深感此战责任重大，乃决心尽最大努力攻克这一要点。

次日中午，我命第一团接替第二团在四四一高地的防务，改由第二团汪波部担任主攻。为了指挥方便，我偕参谋长舒适存将指挥所又迁回距罗塘高地最近的仙女山，亲自布置对罗塘之敌作最后的总攻。

经连日鏖战，第二团损失很大，兵力仅余不足两营，但官兵们都打红了眼，士气极为高昂。我命汪团长挑选一营官兵组成突击队，于午后3时许隐蔽进入攻击准备位置，另配属德造十五生重榴弹炮一连、迫击炮一营、重机关枪两连作强大火力支援。

临近黄昏，折腾了一天的敌机终于退去，我即命炮兵集中猛轰罗塘高地，摧毁日军工事。一小时后，令炮兵延伸射击，并以少量步兵佯攻，将敌人诱入阵地，再以强大炮火猛袭。这阵炮火打得又准又狠，轰得日军在阵地上狼奔豕突，死伤近半。一刻钟后，我军炮火再度延伸射击，匍匐在山下的突击营官兵一跃而起，以排为单位梯次配置，前仆后继，飓风般地突入敌阵。在攻击中，我军排长喻国强中弹负伤，卧在血泊中坚持指挥战斗，后见另一名排长陆谨卿率队前来增援，勇气益增，夺持大刀一柄，振臂大呼："弟兄们，杀呀！"与陆排长并肩率先冲锋，奋力劈开敌阵地前沿的铁丝网，后继官兵一拥而上，突入敌阵，与敌展开激烈肉搏。我军另一连指导员李高荫在其连排长相继负伤后，自动督率全连官兵向敌突击，最后壮烈殉国。至晚7时，扼守在这一高地的日军除两人负伤被俘（其中一名因伤重于翌日死去），其余全被击毙，我军战旗终于再度插上罗塘高地。但此时我第二团突击营，也仅剩下数十人。

攻克罗塘高地，大大振奋了全军的战斗士气，杜军长格外高兴，下令嘉奖第二团全体官兵，并犒赏法币五千元。蒋介石先生也亲由重庆来电褒勉：

> 桂林郑师长洞国：敬亥参二电悉。密。昆仑关之得失，影响于南宁作战者极巨。该师激战七昼夜，卒克要点，具见该师长指导有方，将士用命，深用嘉奖。仍希本一贯之精神，以歼顽敌，完成任务为盼。川。中。艳申。令一元骥。印。

我立即将嘉奖电及嘉奖令晓示各团，鼓励全师官兵再接再厉，英勇奋战，直至全歼昆仑关之敌。

在我师汪团攻打罗塘高地的同时，第三团在九塘附近也取得了意想不

1939 年 12 月 23 日，徐庭瑶、杜聿明致电蒋介石，汇报昆仑关战役战况

到的战果。24 日下午 4 时许，第三团运动至九塘两侧高地时，正遇敌第二十一联队主力强行向昆仑关增援。该团郑庭笈团长用望远镜观察九塘敌阵地，发现九塘公路边的大草坪上有日军军官集合讲话，遂命第一营在高地上占领阵地，命令迫击炮连、重机关枪连集中火力向敌猛击。敌人未料到我军已悄悄摸到附近，猝不及防，被我军毙伤甚众。战后查明，日军第二十一旅团长中村正雄少将就在这次炮火袭击中被我军击毙。

我军正面两师乘攻克罗塘高地之余威，于 12 月 25 日继续向界首附近及六五三高地西南侧等日军据点发动猛攻，战斗极为激烈。黄昏前，同兴附近有一股日军企图突围，被我军击溃，遗尸遍野，残部狼狈向南溃逃，我军俘获战马三十余匹及文件、武器甚多。昆仑关以西地区，除同兴附近尚有一小股日军顽抗外，其余均为我军控制，荣誉师第三团且已攻略昆仑关部分阵地，并占领其附近各高地，残敌纷纷退守昆仑关东侧高地。

日军这时已处于我军的四面包围之中，仅有招架之功，无还手之力。其

1940 年时的田汉先生（后左一），前中为田汉先生之子
田申（又名陈惟楚），后右一为黄仁宇

弹药给养尤为困难，几陷入绝境，包围圈内的日本鬼子将随身携带的粮食吃光后，便生吞附近田间的稻谷，最后不得不摘食树叶、草根。一些敌兵因弹药用尽，只好用竹子削成梭镖来与我军作战。不少横卧在山野上的被我军击毙的日军尸体，看上去衣衫破烂，有的甚至只着一条短裤，浑身肮脏不堪，从中可见其处境之窘迫。日军曾出动飞机空投物资，救援被困部队，但不断遭到我军炮火拦截，有些降落伞也被我军缴获了，其中有做工十分精致的饼干、肉食、蔬菜、食盐以及罐头等，使我们在前线曾享受过几次日本人"奉送"的大餐。在我军的沉重打击下，这支曾经骄横不可一世的日本"钢军"

的士气开始下降了，我军缴获的日军作战日记中曾有这样的记载："数日以来，当面之敌对我猛烈攻击，其战斗力为对华作战以来从未遭遇者，因此伤亡极重，实足寒心。"

经过一个星期的血战，我军伤亡虽大，却斗志不减。特别令人感动的是，正当前线酣战之际，昆仑关附近的村民自发地组织起来，将家中仅存的酒、肉、粮食、蔬菜等统统拿出来劳军。昆仑关地处桂南山区，土地瘠薄，经济凋敝，老百姓的生活极为贫困。杜军长曾指示各师，务必严明军纪，不准擅动民间一草一木，故对百姓们的盛情，我们再三辞谢。但仍有许多百姓执意要送，而且非要亲自送到火线上去。在罗塘高地激战时，就有一些青壮村民肩挑手抬，准备冒着敌人的炮火将酒肉饭菜送到第一线官兵手中。我出于安全考虑，只好派人收下这些物品，但坚决劝阻他们上火线。面对这些可亲可敬的父老乡亲，前线官兵深受感动。

昆仑关战役后期及战役结束后，后方各界民众也纷纷组织慰问团慰劳前线将士，著名的剧作家田汉先生就是其中的一位。他曾来到我的师指挥所详细了解战况，深为前线抗日将士气壮山河的英勇气概所感奋，并写下了一首气势雄浑的七言诗：

昆仑关

一树桃花惨淡红，雄关阻塞驿亭空。

倭师几处留残垒，汉帜依然卷大风。

仙女山头奇石笋，牡丹岭上阵云浓。

莫云南向输形胜，枢相当年立战功。

从那以后，田汉先生成了我的一位很要好的朋友。

前线父老乡亲的大力支援和后方各界的热情鼓励，给全军将士增添了无穷的斗志。我正面两师根据杜军长的命令，继续猛攻昆仑关东北及界首附近各高地之日军阵地，力图将残敌一举围歼。新二十二师和彭璧生支队，连日来也在六塘、八塘附近与日军激战，予敌增援部队沉重打击。

第五军将士们守卫在经血战夺取的昆仑关关口前

正当我军步步紧逼、胜利在即之际，却突然出现了意想不到的情况：12月25日，由南宁向昆仑关增援的日军台湾守备队之第二联队主力，迂回攻击我左翼第九十九军九十二师防守的高山岭、橘子岭一线阵地。午后，该线阵地为日军突破。第九十二师在新二十二师一个团的配合下，虽于次日重新恢复了原阵地，但前后仍有两千余日军突入，对我攻关部队威胁甚大。

昆仑关残敌得到这支生力军的增援后，死灰复燃，遂凶猛反扑。12月27日，敌援军千余，在空军和地面炮火支援下，向四四一高地猛烈反攻，我守军与敌激战良久，伤亡殆尽，这处位于昆仑关西南的制高点不幸又陷敌手。同时，另有大队日军（约一联队兵力）不顾我新二十二师及友军第九十二师等部的阻击，不断强行由六塘、七塘间渗入。昆仑关战局再度出现反复。

面对这一严重情况，杜军长经向桂林行营和集团军总部请示后，决心进一步收缩兵力，加强正面攻击力量，逐次攻略昆仑关附近各要点。为此，军部将在六塘、八塘附近作战的新二十二师主力和彭璧生支队陆续调回，担任军总预备队；命新增援上来的友军第一五九师主力接替第二〇〇师在六五三高地、六高地、枯桃岭、立别岭一线的防务，该师另一部接替彭璧生支队之原阵地；命第二〇〇师（配属军补充第一团、山炮一连、战车一连、新二十二师迫击炮连）展开于罗塘南端高地、同兴北侧亘界首北侧之线，以重点保持于公路东侧，逐次攻略昆仑关东北侧敌各据点，并向九塘附近进攻；荣誉师占领仙女山及其以南金龙山高地亘老毛岭之线，策应第二〇〇师攻击。杜军长考虑，四四一高地为我军右翼前进之重要支撑点，东可控制昆仑关及至五塘公路，若久为日军占领，则成为我军攻击的一大障碍。乃指示我师抽出有力部队，务必夺回该高地并固守之。我将反攻四四一高地的任务，交给了第一团团长吴啸亚。

12月29日，第二〇〇师在优势炮火的支援下，向界首东西各要点发动强攻，战斗极为激烈。与此同时，荣誉师第一团吴啸亚部也于拂晓在强大炮火支援下，向四四一高地发起猛烈攻击。该团官兵冒着日军炽烈的火网，不顾重大牺牲，经几小时激烈战斗，奋勇杀上主峰，将残敌驱逐至高地南侧，敌我各据反斜面阵地，相距仅百余公尺。未几，敌援兵两三百人赶至，复向我凶猛反扑，双方在主峰两侧肉搏厮杀，血战彻夜，我军阵地始终屹然不动。

这天下午，我正在师指挥所指挥部队攻击四四一高地之敌，忽接杜军长电话。他极为焦虑地告诉我，第二○○师对界首高地的攻坚接连受挫，损失惨重，已无力再施攻击，问我有何办法。我心里清楚：界首，这个位于昆仑关东北的险要高地，山势巍峨陡峭，其东西侧可居高临下俯瞰昆仑关，军事价值极重要。我军若不能有效控制这一要点，就无法夺取昆仑关并在那里站住脚，故杜军长急切的心情是不言而喻的。考虑片刻后，我觉得荣誉师老兵居多，打攻坚战有些经验和把握，虽然部队经连日剧战伤亡甚重，且正与敌人在四四一高地浴血厮杀中。但界首高地之得失如此重要，在此战役关键时刻，不能不作最后拼搏。遂毅然向杜军长表示，本师第三团郑庭笈部刚刚归回建制，尚有相当力量，可调去攻打界首高地。军长见我在紧要关头能以大局为重，不由大喜，大声称好，命将该团即刻调归第二○○师师长戴安澜将军指挥，马上准备投入攻击。

与杜军长通完话，我还不放心，特命郑庭笈团长速到师部来，当面向他交代一番。不多久，郑团长披着满身征尘，急匆匆地跑到我跟前。我扼要地向他布置了作战任务，并提示了一些山地攻坚战的要领，最后加重语气，格外严肃地说："郑团长，能否迅速夺取界首高地，事关战役全局。军长命令你部要不惜一切代价攻克它，倘作战不力，定将以军法论处！"

"请师长绝对放心，我一定拿下这个高地。若攻不下来，不用军长杀我的头，我自己杀头！"郑团长一路跑得气喘吁吁，但口气极为坚定。他庄重地向我行了军礼，转身又大步奔回自己的部队。

当日黄昏，敌机久久不肯退去。第三团官兵冒着敌机的扫射和高地上日军倾泻的浓密火网，高声呐喊，勇猛冲锋，但多次被敌人击退。以后郑团长又组织爆破手，以集束手榴弹炸敌人的地堡，但几批爆破手在日军的侧射火力下无法接近，先后中弹倒下，攻势一再顿挫。此时该团已遭受很大伤亡，九个步兵连中，就有七个连长伤亡。郑团长不愧有勇有谋，见强攻不成，遂

我军攻克昆仑关后，第五军参战部队胜利入关

改为智取。当夜，他挑选了一支敢死队，利用夜色掩护，悄悄地分组爬上山去，在敌人阵地前沿附近潜伏起来。次日拂晓，我军调整后的重炮再度向界首高地猛烈轰击，把敌人的工事打得七零八落。炮击刚停，早已埋伏多时的各突击组便迅猛地跃入日军阵地，用手榴弹摧毁敌人的火力点。日军见我军犹如神兵天降，眨眼工夫就出现在眼前，被打了个措手不及，不由慌乱起来，只好纷纷端着刺刀，嚎叫着跳出工事与我军拼命。郑团长在山下见敌人方寸已乱，即不失时机地挥兵掩杀，经三个小时激战将守敌全歼，终于攻占了这一险要的制高点。

界首一失，昆仑关之敌顿失屏障。军部命令新二十二师超越第二〇〇师阵地，围攻昆仑关。12月31日午前11时许，该师邓军林团将昆仑关完全克复，残敌纷纷向九塘溃退。

郑庭笈团在界首高地传出捷报时，荣誉师正面仍在四四一高地与日军苦战，战况空前惨烈。12月30日晨，日军陆空协同反攻，我第一团余部坚守

克服昆仑关后，第五军官兵们在阵地上欢呼胜利（此图片由台湾秦风先生提供）

四四一高地主峰及附近几个山头不退，屡挫敌锋。激战中，第一连连长张咸顺、第三连连长刘世昌、第六连连长溶开等先后壮烈牺牲，第五连连长王延安也被日军重机枪枪弹洞穿双腿，身负重伤，各连士兵伤亡更重，每连仅存一二十人。上午9时许，日军乘我伤亡惨重、兵力疲乏，倾其全力再度向高地东侧猛攻，据守此处的我军官兵伤亡殆尽，丢失了两个山头。次日晨，我调补三营增援上去，该营动作迅猛，几次冲锋将失守之两个山头夺回，毙敌百余。

此时我军已攻占昆仑关，日军虽被迫向九塘方向溃退，却丝毫未放弃控制四四一高地的企图。盖因该高地为昆仑关西南之有力支撑点，敌人为争取时间，及作尔后进退攻防的打算，都欲与我拼死争夺，必求得之。1940年1月1日，日军不惜孤注一掷，调集重兵，在飞机掩护下，由石桥、上寮、那林三面围攻我主峰阵地。第一团及补三营官兵头顶敌机的狂轰滥炸，英勇抗击近千名日军的持续进攻，最后终因伤亡殆尽，被迫退至高地北侧一隅死守待援。

鉴于四四一高地危急，我只好将手中唯一掌握的机动部队——第二团余部派上去与敌人作最后的争夺。该团这时仅存三百余官兵，临时编为三连，由汪团长指挥增援反攻，苦战终宵，敌我伤亡均极惨重，然日军援军仍在增加，我守军不足两百人死守高地北侧，与敌距离仅隔棱线，对峙成胶着状态，高地西侧山头，亦悉为敌人占领。

双方相持至元月 2 日，敌机协同步炮兵继续猛攻，第二团官兵伤亡更大，但仍死死守住了阵地。次日黄昏，残暴的日军竟狗急跳墙，惨无人道地向我军施放毒气，随后再以陆空协同进攻，守军愈战愈少，阵地危在旦夕。这时，连惯打硬仗的汪团长也沉不住气了，连连在电话中向我告急，最后甚至哀声请求："师长，我实在顶不住了，弟兄们快拼光了，您就让我先撤下去吧！"

参谋长舒适存在旁听到，急切地说："师长，汪团不能撤，我们必须与敌人打到底！"他生怕我在这千钧一发之际作出错误的决定。

我深知汪团长的处境，非到万不得已，这条铮铮硬汉是绝不会想到在敌人面前撤退的。但又虑及四四一高地万一失守，不独使本师数日来之血战功亏一篑，也将使整个战役受到严重影响，遂咬紧牙关，斩钉截铁地说："汪团长，现在敌我已决战至最后关头，坚持到底便是胜利，你一定要死死顶住敌人，等待增援，没有命令不准放弃阵地！"

我见他还在犹豫，乃厉声命令道："就是剩下一兵一卒，你也要给我顶住，丢了阵地，我砍你的头！"

军令如山，汪波从我不容置辩的严厉态度中，知道我绝不会允许他撤下高地，只得督队拼命死守。

这时，舒参谋长已将师部特务连一部和传令兵、伙夫等勤杂人员及部分主动请战的轻伤员等共 180 余人，组织成一支突击队，整队待命。这是我们身边最后的一点力量，成败在此一举。我下定决心，命突击队立即出发，跑步增援四四一高地。

突击队利用暮色掩护，悄悄绕至敌阵地侧背，突然发起猛攻，四四一高

中国军队收敛掩埋日军旅团长中村正雄后，以尊重对手态度，对其坟墓行俯首礼

地四周一时枪声大作，杀声震耳。日军久战不下，已成强弩之末，更未料到已是精疲力竭、伤亡惨重的我军，此刻还能发起这样凶猛的进攻，顿显慌乱，在我军猝然夹击下，死伤枕藉，残部仓皇退去，我军遂将昆仑关周围的这最后一处重要高地稳固占领了。

昆仑关战役，是中日两国精锐军队间的一次殊死决战，其激烈程度为抗战以来所罕见。而在这次战役中，四四一高地争夺战又是往复拉锯最激烈、持续时间最久、彼此牺牲最惨重的一次战斗。战斗结束不久，我偕参谋长舒适存踏着尚未消尽的硝烟，亲往该高地视察。双目所及，但见主峰及附近各山头上弹坑累累，子弹壳、炮弹壳、手榴弹木柄、破损的枪械比比皆是，草地树木悉被焚烧，无一块完好之地，双方许多阵亡官兵的尸体散卧其间。高地北侧，是我军最后据守的阵地，也是战斗最为激烈的地方，棱线两侧敌我死伤枕藉，双方阵亡官兵交错倒卧在血泊中，几无法插足。沿着高地北侧前行，仅几十公尺距离内我军阵亡将士的遗体就有近百具，据汪团长介绍，这些烈士是在向敌人反冲击时先后倒下的。有不少烈士虽早已停止了呼吸，但

中国军队攻克昆仑关后，第五军将士悼念阵亡战友

还怒目圆睁，身躯保持着向敌冲杀、投弹的姿态。给我印象最深的是一位大个子士兵，他的左腿已经断了，身上几处弹伤刀痕，军衣浸满紫褐色的血迹，但一双粗壮的大手却死死钳住一个日军士兵的喉咙，将其压在身下。显然，这位烈士是负伤之后，又与敌人肉搏牺牲的。目睹此悲壮情景，连我这个久经战场的军人，也不禁落下热泪。的确可以这样说，昆仑关战役的胜利，完全是靠抗日将士们的血肉和生命换取的。

荣誉师攻占四四一高地后，因伤亡奇重，奉命转移至思陇以南地区休整，防务由第二〇〇师接替。这时，九塘及其北方公路交通，均在我军控制之下。元月4日拂晓，新二十二师和第二〇〇师乘胜攻击，与南宁增援之敌激战于九塘，第二〇〇师师长戴安澜将军亲冒矢石，指挥作战，不幸负伤，但我军终于攻占九塘。此后两师又一连攻击数日，终因兵力薄弱无大进展，遂于元月10日奉命将防务移交第三十六军接替，撤至思陇附近整补，昆仑关战役乃告结束。

是役，我军将日军精锐的第五师团二十一旅团基本全歼，并歼灭其台湾

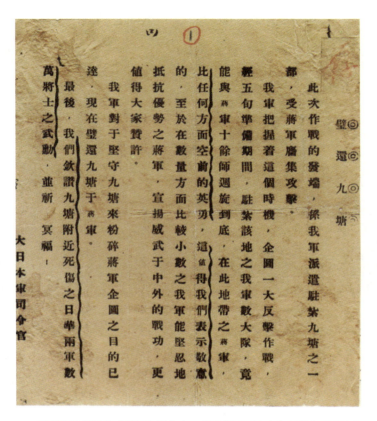

此次作戰的發端，係我軍派遣駐紮九塘之一部，受蔣軍層層集攻擊，我軍把握着這個時機，駐紮該地之我軍數大隊，竟圖一大反擊作戰，經五旬準備期間，能與蔣軍十餘師遇旋到底，在此地帶之我軍，宣揚威武于中外的戰功，更值得大家贊許，至於在數量方面比較小數之我軍能堅忍地抵抗優勢之蔣軍，這值得我們表示敬意的，任何方面空前的英勇，我軍對于堅守九塘來粉碎蔣軍企圖之目的已達，現在璧還九塘于蔣軍。

最後，我們欲讚九塘附近死傷之日華兩軍數萬將士之武勳，並祈冥福！

大日本軍司令官

璧還九塘

守备队一部，敌旅团长中村正雄少将，第四十二联队长坂田元一，第二十一联队长三木吉之助、副联队长生田滕一、第一大队长杵平作、第二大队长宫本得、第三大队长森本宫等85%以上军官，均被击毙，士兵亦有4000余人阵亡（这是战后日本防卫厅公布的数字）。我军俘获日兵102名，战马79匹，缴获山炮10门，野炮12门，战防炮10门，重机枪80挺，轻机枪102挺，步枪2000余支（各师未上缴的数目尚未在内）。其他军用品和弹药等堆积如山，不计其数，实属抗战以来我军攻坚战役的首次胜利。

战役结束后，我们将大批战利品运至柳州、桂林、全州等城市巡回展出，大大鼓舞了后方民众的抗战信心。最高统帅部对取得这次战役胜利也格

二〇〇师缴获日军军旗

第五军士兵在巡视战场，点验战利品

1940 年 1 月，昆仑关战役中，准备出征杀敌的中国军队

外振奋，下令嘉奖并犒赏第五军全体将士，并给杜聿明将军和我，以及戴安澜、邱清泉等有功将士授勋。第五军参谋长黄翔赴重庆向军委会汇报战况时，蒙蒋介石先生和夫人宋美龄女士亲自召见，设晚宴款待。席间，蒋先生夫妇详细询问第五军及友军在昆仑关作战经过，对我军抗日将士奋不顾身、忠勇爱国的精神褒勉有加。

在这次战役中，我军也付出了沉重的代价，仅第五军就有 11000 余人负伤，5000 余人殉国。其中荣誉师伤亡官兵达 3400 余名，可见牺牲之惨重。为了祭奠昆仑关战役中的英烈，杜聿明将军于 1946 年特在昆仑关之阳修建了阵亡将士墓园和纪念塔，并将他当年所写的挽联刻于柱上："血花飞舞，苦战兼旬，攻克昆仑寒敌胆；华表巍峨，扬威万里，待清倭寇慰忠魂。"

纵观昆仑关之战，我军以数倍于敌的兵力和一往无前的勇气攻坚作战，

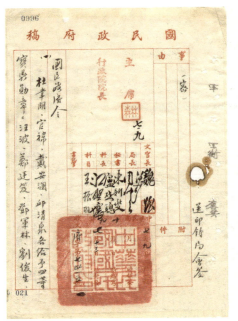
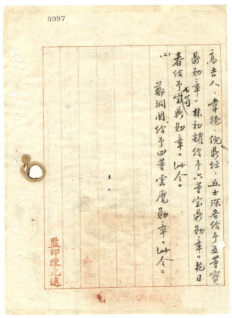

第1页　　　　　　　　　　第2页

1940 年初，国民政府于昆仑关战役后为杜聿明、郑洞国等授勋的电令（文 2 页）

1980 年 9 月 23 日，原第五军军长杜聿明、副军长郑洞国、参谋长黄翔在中秋茶话会上

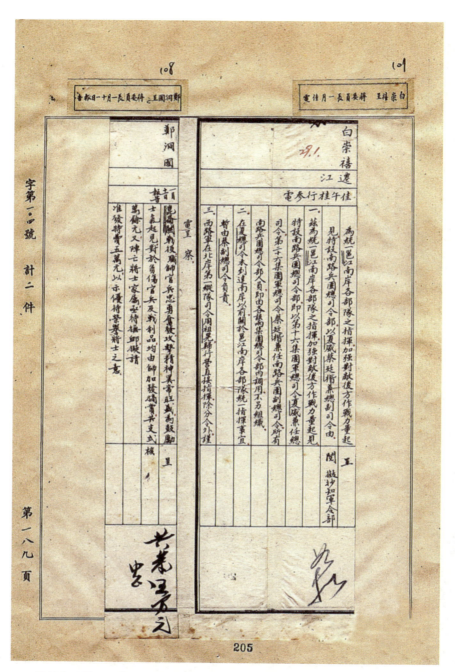

1940年1月11日郑洞国将军呈蒋介石昆仑关战役阵亡将士家属亟待抚恤恩发五万元电文

血战近二十日而力克昆仑关天险，歼敌一旅团之众，这样出色的战例又为八年抗战写下了光辉的一页。这次战役能够取得胜利，除了杜聿明将军等前线将领指挥坚决、果断，广大将士勇敢用命以外，我上级指挥机关对敌情的正确判断、对战机的准确把握，以及广大民众的热情支援，等等，也是克敌制胜的重要因素。此外，部队平时的训练、官兵的军事素质，以及实战中步、炮、战车的协同，等等，也显示出重要的作用。不过，我军在这次战役中也暴露出一些弱点，如战前准备不充分，对敌人的顽强抵抗估计不足，作战中炮火和兵力的使用不够集中，攻击点的选择有时不够科学等，这些使我们多付出了一些代价。实际上，第五军在歼灭敌第二十一旅团后，因兵力消耗太大，已无力再承担反攻南宁的任务，只能撤下整补，不久昆仑关又陷敌手。以后桂南我军在粤北第十二集团军的呼应下，乘日军被迫收缩战线之机，发动春季攻势，再度收复昆仑关，并于同年10月克复南宁、龙州、钦州等城，终于将日军完全赶出桂南，历时一年的桂南会战方告结束。

参加枣宜会战及驻防宜都

昆仑关战役结束后，第五军撤至柳州一带整补。这期间，我们在柳州专门召开军事总结会议，认真、深入地探讨这次战役的经验教训，着重研究日军的作战特点及战术等。会议材料上报后，颇受最高统帅部重视。

经昆仑关一战，第五军威信大增，深受各方瞩目，被誉为抗日劲旅。杜聿明将军对荣誉第一师在战役中的出色表现尤为满意，除奖励有功将士外，还多次与我商议，希望能从汪波和郑庭笈这两位骁勇善战的团长中，选一人到第二○○师去，他特别欣赏这两个人在训练部队和作战指挥方面的才能。以后郑庭笈奉命到第二○○师，担任步兵指挥官。

我对杜将军这种奖惩严明、求贤若渴的态度十分钦敬。本来，第二○○师是杜氏的基础部队，他对这支部队一向倾注了很多心血，却从不因此私心用事，过分偏爱。在昆仑关战役中，荣誉师和第二○○师都担任过主攻部

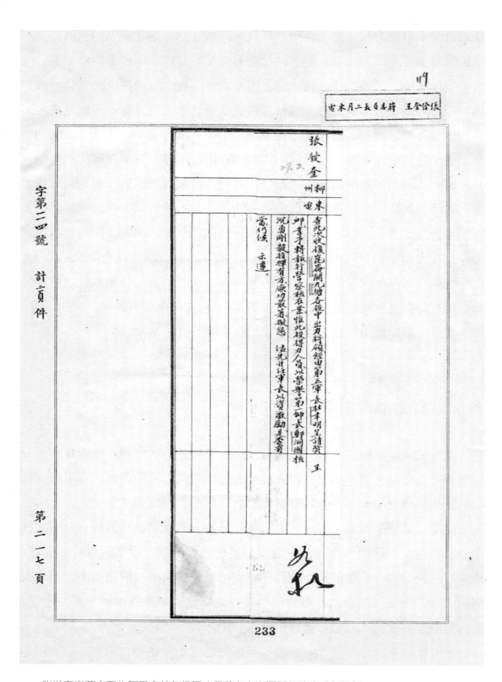

张发奎电蒋介石收复昆仑关各役厥功最著名者郑洞国恩请先升任军长

队，表现均极出色。但杜军长认为荣誉师在部队训练上有一套办法，且因部队老兵多，官兵实战经验丰富，作战勇猛灵活，所以很重视并推广本师在训练、指挥、战术运用及战斗作风方面的经验，借以提高整个部队的战斗力。他调郑庭笈去第二〇〇师，用意也在于此。这种待人处世的胸襟和气度，在当时的国民党将领中确实是很难得的。

不久以后，部队重新进行了改编。我奉命以荣誉师为基础，组建新编第十一军（后番号改为第八军），由我担任军长。军辖三师：荣誉第一师，师长舒适存；第三十三师，师长张世希；第五师，师长姓刘，是江西人，但名字记不清了（该师师长为刘彩廷——整理者注）。第三十三师当时尚驻防于鄂西，以后也始终未曾归回建制，实际归我指挥的部队只有两师。

离开第五军前，杜聿明将军大摆酒宴为我饯行。由于刚刚打了大胜仗，大家情绪高涨，那天不少人喝得酩酊大醉，我也被众人灌了许多酒，以至于舌头打结，连话都说不利落了。抗战八年，似这般轻松快乐的时光是不多的。

新十一军刚刚成立，即奉命开赴湖南衡阳。由于荣誉师在昆仑关战役中减员很大，补充了大批新兵，尚未及训练。第五师虽是老部队，但战力较弱。所以一到衡阳，我就着手大力整训部队，力图尽快恢复和提高部队战斗力。

可惜我们在衡阳仅驻扎月余，即逢枣宜会战吃紧，日军主力正向鄂西战略重镇宜昌迫近，我军旋奉命紧急开赴鄂西增援。

先是，武汉会战以后，日军虽然占据了素有"九省通衢"之称的武汉三镇，并先后攻占了南昌、九江、岳州、钟祥、信阳等地区，形成了拱卫武汉的安全圈。但是，中国军队仍据有战略地位极为重要的大洪山、桐柏山及随枣、宜昌、襄樊等据点，不仅成为我川陕后方的重要屏障，也对武汉日军造成严重威胁。为此，日军曾于1939年5月出动四个师团共十余万兵力，进攻随（县）、枣（阳）地区，企图一举围歼集结在这一区域的我第五战区主力。我军在战区司令长官李宗仁将军指挥下，与敌周旋月余，迫敌无功而返，是为随枣会战。

枣宜会战，我军克复枣阳

这次会战结束后，我军于1939年冬在豫南、鄂北主动出击，予敌很大打击，使日军更感觉到武汉受到严重威胁，遂重新调集四个半师团以上的兵力，于1940年5月发动枣宜会战，分三路进攻枣阳、襄阳、宜昌等地。其作战企图是：率先在随县、襄阳一线以北地区，围歼我第五战区主力，再转而将汉水右岸的我军压缩至宜昌一带歼灭之。

1940年5月初，各路日军先后发起猛烈进攻，遭到第五战区各部队奋勇抵抗。双方激战数日后，中国军队主力不计城池得失，冲出日军包围圈，大胆转入外线作战。至5月10日，各路日军虽会师于唐白河畔，但围歼第五战区主力的计划却成为泡影，反被转入外线的我军主力包围于襄东平原。在我军的围击堵截下，日军被迫败退，我军一度收复枣阳。为了截击渡襄河向东南败逃之敌，第三十三集团军总司令张自忠将军亲率直属特务营和所部

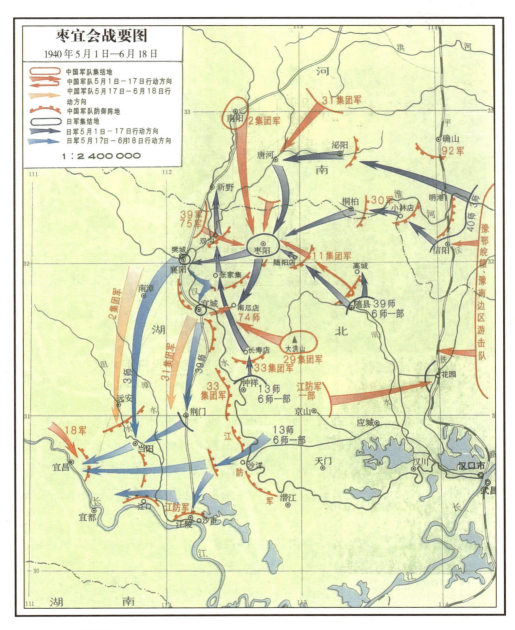

驻防鄂西前线的中国军队正严阵以待，时刻准备战斗

第七十四师两团兵力，在襄河东岸南瓜店附近与数倍于己的日军展开血战，最后壮烈殉国，所率官兵也大部阵亡。抗战以来，张将军几乎无役不从，屡挫敌锋，是一位功勋卓著的抗日名将。他的牺牲，是国家民族的一大损失。

此后，日军虽增调援军，再占枣阳，与我军相持于唐白河一线，却无法再取得新的进展。

5月31日，日军不得不暂时放弃围歼襄东平原我第五战区主力的计划，集中两个师团兵力，强渡汉水，南下进攻宜昌。

为了适应局势，方便指挥，最高统帅部决定将长江两岸划为第六战区，由陈诚将军担任战区司令长官。

6月初，我率军部和荣誉师赶至宜都，第五师稍后也进抵枝江待命。这时鄂西形势已相当吃紧，各路日军纷纷逼近宜昌外围，与我军在当阳、枝江一线激战。

我抵达宜都后，因军情紧急，未及休息即渡江到设在长江北岸三游洞的第六战区司令部请示机宜。陈诚将军亲自向我介绍了敌情，命本军编入郭忏将军指挥的江防军序列，担任长江一线防务。

接受了任务，我连夜赶回宜都防地，部署部队沿江布防。这时第五师也奉命开到宜都，我将该师控置于第二线，作为预备队。

次日深夜，忽接战区长官部急电，谓江北战局危殆，命我率荣誉师立即渡江增援，留第五师负责江防。

我刚刚率荣誉师渡过江，又接陈长官电令，要我的军部仍撤回南岸，荣誉师归第二十六军军长萧之楚将军指挥。但该师尚未与友军联络上，便与大批日军遭遇。时我江北部队正向宜昌方向撤退，荣誉师以孤军与日军奋战一日，方奉命乘黑夜掩护向鸦雀岭转移，改归第二军军长李延年将军指挥。岂料该师于次日晨到达鸦雀岭时，友军已走得不知去向，日军又跟踪而至，只得再向宜昌以东之土门垭转移。

土门垭位于汉宜公路要冲，是宜昌的门户，军事地位十分重要，可惜我军事先未在此构筑强固阵地，亦未配置有力部队防守。荣誉师在土门垭与日军血战整日，势单力薄，终难立足，处境愈来愈险恶。

当日傍晚，我接到陈长官电令，大意是命荣誉师相机向宜昌西北山地转进，准备尔后之攻势。但命令中有几个字词意模糊，让人无从把握，我阅后颇为踌躇。这时荣誉师连电向我告急，我担心再延误时间，日军主力续进，该师有遭围歼的危险，故来不及再向战区长官部请示即将命令转发了出去。不久，荣誉师力战突围，向宜昌西北方向撤退了。

6月14日，鄂西战略重镇宜昌终于失守。我军稍后虽发动反攻，一度夺回该城，但很快又陷敌手。我军只好放弃收复宜昌的打算，重新调整部署，稳固现有防线。日军也因兵员和物资消耗过大而无力再兴攻势，停止了作战行动，历时两月的枣宜会战遂告结束。

宜昌之失，从根本上说是我军战略失误造成的。本来我军在长江两岸集结有大量兵力，却始终未能形成一支具有较强机动性的打击力量，反被分散

1940年初夏，中国军队于鄂西会战中，向日军占领的枣阳城发起攻击

用来防守宜昌及周围众多据点。由于分散兵力固守宜昌诸点，我军始终处在内线作战的不利地位，无法形成拳头，机动灵活地打击敌人，处处显得被动，穷于招架，最后被日军各个击破。

枣宜会战结束后，上峰追查宜昌失守的责任，江防军司令郭忏将军以下军长、师长受处分者多达二十余人，我亦因荣誉师弃守土门垭，被记过一次。这是我在国民党军队二十余年戎马生涯中，唯一一次受到的军纪处分。

荣誉师师长舒适存将军因是直接责任者，不仅被撤了差，还被判了五年徒刑。据说上峰念其在昆仑关战役中立有战功，这样处置尚属重罪轻罚。

当时，包括我在内的不少知情者对此事颇感不平。因为荣誉师是按战区长官部命令行动的，如有错误，主要应由战区司令长官承担，怎能向下推卸责任？岂料堂堂陈长官竟不承认向该师下达过相机撤退的命令。以后我们设法找到电令原稿，证实其中确有模糊之处，陈氏又一口咬定是译电员译得不准确，非其原意。并谓即便命令中有相机撤退等语，亦觉撤退过早云云。总之是欲加之罪，何患无辞。我们自知辩解无用，也只好认了倒霉。

不久我悄悄在过去的老长官、时任重庆警备司令的刘峙将军面前疏通，将舒适存改调服军役。故舒氏在重庆土桥监狱只蹲了三天，即被释放回鄂西，到第八军（这时新十一军番号已改为第八军）报到，我复委其为军部高参。国民党军队将领间的钩心斗角，于此可见。

枣宜会战以后，第六战区在宜昌以西、以北地区及长江南岸一带与日军相持。第八军负责防守宜昌以西、宜都以北沿长江南岸一线。这时本军第三十三师改归他部，另调入第一〇三师。该师师长是何绍周，所部原系贵州部队，历史较久，较能作战。

当时，日军虽据有宜昌，但我军仍在江陵、宜昌、当阳、钟祥、信阳以北之线，对敌形成战略包围态势，使日军始终摆脱不掉武汉方面所受到的威胁。最高统帅部和第六战区估计日军不甘于这种局面，短期内还有发动大规模攻势的可能，乃命令各军加紧整顿，巩固阵地，准备迎击进攻之敌。

遵循上峰指示，本军接防后即全力加强防务。鉴于日军装备精良，火力强大，且拥有制空权，因此强固的工事依托对于实行阵地防御作战十分重要。为此，我与参谋长潘华国、高参舒适存等悉力筹划，督促各师夜以继日地赶筑工事，仅用不到两月时间就建立起一套完整的防御体系，其中以沿江工事最为坚固。因为那一带山地多由巨石构成，我军用炸药在石头上开洞，建成众多的碉堡、掩蔽部，敌人的飞机、大炮也奈何不了我们。考虑到实战需要，我军还在各段阵地加设了一些侧射、反射火力点，并加强纵深防御，使防务日臻完善。

是年秋，日军果然分多路大举渡江进犯，遭到第六战区各部队迎头痛击。本军防线为日军重点进攻目标之一，故战斗十分激烈，日军的多次凶猛攻势均被击退，并遭受较大伤亡。为扩大战果，我命令各师组织短小精悍的突击队，几乎每夜都偷偷渡过江去袭扰敌人，破坏其通讯设施和补给线，使日军疲于应付。敌我剧战十余日后，日军因伤亡过大，后援不继，被迫撤回江北，我军阵地寸土未失。此后有相当一个时期，敌我除派出小部队互相袭扰外，基本上保持对峙状态，未再发生大规模战斗。

利用难得的战斗间隙，我转而着手整顿部队，特别抓紧对各级干部的培训工作。军部由舒适存主持，举办了多期干部训练班，每期半月，轮流调训排长至师级军官。训练班除了进行抗日宣传和爱国教育，还从实战出发，进行各种必要的军事培训，并规定学员结业三个月后，以所授课目为主，举行全军校阅。经一年努力，第八军的精神风貌为之一新，战力大大增强，在后来的对日作战中屡挫敌锋，成为国民党军队中较为精锐的劲旅之一。

当时军中具体事务，多由潘华国、舒适存等人主持。潘、舒二人有胆有识，作风干练，均为实干人才，对第八军战斗力的提高贡献甚大。

我带兵多年，历来关注军队纪律，在鄂西驻防期间对这方面要求很严格。当时那一带都是偏僻山村，从来没有驻过这么多部队，许多农民见了兵就惊慌害怕，青壮年男子和年轻妇女纷纷躲藏进深山里。我根据当地情况颁布了几条纪律，其中规定任何官兵不得擅进老百姓的家；不得损坏老百姓的庄稼；不得向老百姓索要物品，买东西必须付钱；等等。不久，某师发生了一件事情：一个姓尤的班长偷走驻地百姓的一头毛驴，我知道后立命将其枪毙。事情传出后，全军骇然，无人再敢违反纪律。过了一段时间，老百姓看见部队纪律不坏，官兵待人和气，从不扰民，渐渐消除了恐惧心理，那些躲藏出去的人们也陆续回来了。由于有严格的纪律约束，再加上经常对部队进行爱民教育，广大官兵渐渐养成了遵守纪律、爱护百姓的良好习惯和风尚，军民关系也亲密起来。某次，荣誉师第3团的一个连队清晨出操，一位士兵不慎踩倒两棵包谷苗，该连连长立刻集合全连训话，并要体罚那名违纪士兵，后来还是那块田的田主赶来求情，才算了事。还有一次，我去荣誉师视察，在师部附近发现一位老汉提着满满一篮子蔬菜，与一个伙夫模样的士兵争执不休，以为是士兵买了菜不肯付钱，不由大怒，立刻将那名士兵唤来责问。一问才知道原来是这位姓杨的炊事班长去买菜，但老乡执意不肯收钱，所以才引起"争执"。于是，我亲自向那位老汉解释部队的纪律，劝他将钱

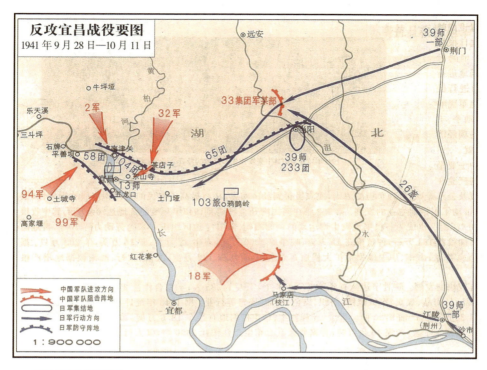

反攻宜昌战役要图

收下了。这些事情一传十，十传百，当地百姓都称赞第八军的纪律好，部队也以爱护百姓为荣誉。所以本军在鄂西驻防两年有余，与驻地老百姓相处甚为融洽，一时在鄂西一带传为美谈。

1941年9月中旬，日军调集十一军四个师团兵力，再次进攻长沙（第二次长沙会战）。为配合第九战区守卫长沙，最高统帅部命令第六战区积极向荆门、宜昌出击，并相机收复宜昌。据此，陈诚将军决定以第六战区主力围攻宜昌，同时命我率第八军渡江进出于沙洋、后港间，策应战区主力作战。

当时军参谋长潘华国正在恩施开会，因军情紧急，我只好请舒适存临时代理参谋长职务。根据上峰指示，本军应以主力攻击沙市，以一部进出浩子口，向沙洋、后港间攻击。但舒氏认为，战区给本军下达的任务是"相机攻

枣宜会战谈不上胜利，虽然我军曾反攻夺回宜昌，但最终沦陷敌手

略沙市，主力进击沙洋、后港间，切断汉宜公路，阻止日军增援"。如按上述部署，恐难实现预期效果。他向我建议：以荣誉师相机攻略沙市，掩护军侧背安全，而以主力第五师、第一〇三师进出浩子口以北地区，切断汉宜公路，阻敌增援。这样既可保障军之安全，又可以足够的兵力切断敌之后方交通线，完成战区下达的作战任务。我思考再三，亦觉此议甚妥，遂采纳了他的意见。

　　大约在9月底，我命荣誉师由荆州（现江陵）东南悄悄渡江，以突然动作攻袭沙市。此举给日军造成很大恐慌，急收缩兵力退进沙市城内固守。我和舒适存趁机亲率军主力渡江出击（临时军部设在浩子口），第一〇三师一举攻占后港，并以一部佯攻沙洋，主力乘虚将汉宜公路彻底破坏，毙敌甚众。第五师也在襄河截击敌水上交通，大有斩获。

　　由于本军的果敢行动，不仅歼灭了大批日军，还使日军的后方交通线彻底断绝了几日，有力地支援了战区主力围攻宜昌的战斗。可惜由于第九战区作战失利，使日军迅速撤出长沙，向后方回援，致第六战区反攻宜昌的计划功败垂成。10 月 11 日，日军回援部队逼近宜昌，我攻城部队被迫撤出战斗，解围而去。这时本军在江北停留已无意义，遂奉命将敌沿江工事破坏后，主动返回南岸。

第六战区此次反攻宜昌，虽未达到预期目标，却重创了日军，并给敌人很大震动。战后总结，陈诚将军对第八军的战绩和表现十分赞赏，特予嘉奖，并撤销了原来对我的军纪处分。

我军撤回江南后，部队重新调整。战区长官部将第五师调出，另以第八十二师（师长吴剑平）拨归本军建制。该师也是贵州部队，不过内部成分复杂，尤其是干部间不团结，各方面素质较差。某次该师几位团长竟聚众包围师部，夺持了师长的手枪及坐骑，几乎酿成兵变。幸亏舒适存就近及时赶去，才将事件平息。以后经过一个时期的认真整顿和培训，才逐步扭转了这支部队的一些不良习气，将其改造成一支勇敢善战、作风优良的队伍。

1942 年夏，战区长官部考虑到第八军长期驻防前线，部队十分疲惫，特命撤往后方休整。孰料部队刚行至湘西北石门、临澧一带，即悉日军乘我军换防，大举渡江进袭，我守军立足不稳，阵地竟被突破，导致宜都一线防务发生动摇。陈诚将军急电命我火速率军回援。

接到命令后，我马上率全军连夜以强行军速度掉头疾进，驰返前线。到达宜都附近之长江南岸时，敌我尚在混战，我们未及休息就投入战斗。经几日激战，我军歼敌一部，并将其余的敌人全部驱逐回江北，恢复了原有阵地。此后战区长官部取消了让第八军撤往后方休整的命令，命我部继续驻守这一线阵地。日军方面亦未敢再轻举妄动。

1943 年初，根据战区长官部指示，第八军改归第二十集团军建制。不久春节到了，我趁有空闲，将军务交代给副军长何绍周和参谋长潘华国等，带了几名随从，专程前往集团军总部驻地湖南桃源县城，晋见集团军总司令霍揆彰将军。我与霍将军原来并不熟识，但他人很热情，一定留我叙谈了两日方准返部。归途中，我又顺路在家乡石门县城略作停留，与家人小聚。

我在石门县城方住了一日，忽然接到战区长官部陈长官转来的一封蒋介石先生侍从室急电，命我即日返渝，等候蒋委员长召见。因事出突然，我偕夫人陈碧莲连夜赶回军部，匆匆与何绍周、潘华国、舒适存等告辞，动身赶往重庆。

那时由宜都去重庆的交通很不方便。我与陈碧莲先在三斗坪乘竹筏逆江而上抵达巴东，住了一晚，再换乘一艘小火轮前往重庆。

真没想到，我这次去重庆，是接受一项新的重要任务。从此就告别了战斗了两年多的鄂西前线，告别了我曾倾注了极大心血的第八军。

我离开第八军后，由何绍周将军接任军长，该部不久奉命调驻云南，加入滇西远征军序列。日军侦知第八军调走后，乘机渡江南犯，再次突破宜都一线阵地，铁蹄深入江南达数百华里，我的家乡石门也沦陷了。我在县城的房屋，被日军焚毁，所幸家人均已躲避乡间，方免遭毒手。

从那以后，湘西地区成了抗日前线，敌我相持于常德一带。

第五章

远征印缅

受命赴印

我奉命返渝，与我的太太陈碧莲在巴东乘上小火轮。

清晨，阴霾的天空中飘着绵绵细雨，看不见一丝阳光。江面上很平静，偶尔碰上几只过往船只。小火轮逆江而上，就像一头喘着粗气的水牛，吃力地在水中缓缓行驶。

南国的二月，残冬中已悄悄地透出几分春意。浩浩长江犹如一条明亮的银链，在崇山峡谷中蜿蜒伸展。江岸上山色苍郁，奇峰如簇，果然是"两岸连山，略无阙处。重岩叠嶂，隐天蔽日"，十分绮丽壮观。

我却无心留意船外的景色，心中一直琢磨着蒋先生召我返渝的意图。在一般情况下，最高统帅部下达的指示、任命均由战区长官部代转，此次单独召我回去晋见蒋先生，而且催促得很急，很可能是要接受什么新的重要任务。想到这里，心中不由得有些紧张。

小火轮在江中整整行驶了两三日方到重庆。离舟登岸，山城已笼罩在沉沉的暮色中。我和碧莲在街上匆匆吃过晚饭，便先找了一家较为干净的旅馆歇息下来。次日上午，我径往蒋委员长侍从室报到。一天后即接到通知，说蒋先生将于当晚接见我。

那天傍晚，我准时来到蒋先生在军委会的办公处。一位侍从副官彬彬有礼地将我引至一间小客厅内休息，随即轻手轻脚地走了出去。少顷，客厅的门轻轻地打开了，蒋先生身着便服，缓缓地踱了进来，我急忙从沙发上站起，立正敬礼："报告校长，职郑洞国奉命前来晋见！"

蒋先生微笑颔首，示意让我坐下，自己也坐在对面沙发上，慢条斯理地问："郑军长，你是从前线直接回到重庆吗？"

我回答说是，并把接到电令后的经过大致讲了讲。蒋先生边听边颔首："嗯，好，很好。"

交谈了大约三五分钟，一位侍从副官进来引我们至隔壁餐厅用餐。那晚除我之外，只有侍从室的两三名官员陪同，饭菜很简单。席间，蒋先生不停地向我询问鄂西前线的有关情况，对沿江日军的动态尤为关注。我将第八十军驻防鄂西两年多来的情况也——作了汇报，并谈了些自己在对日作战中的体会。蒋氏认真地听着，对第八军的军事训练和干部轮训工作表现出很大兴趣，一再打断我的话，详细地询问。

这样边吃边谈，蒋先生可能看出我有些拘谨，遂笑道："战国时赵国大将廉颇一餐可食斗米、肉十斤。郑军长惯于治军征战，也应该能够吃饭哦！"言毕又亲手从盘中取出一个水果，放在我面前的碟子里。同席的几位大约认为蒋氏的言语中有对我夸奖的意思，也注视着我微笑。蒋先生平时待人严肃刻板，很少对部下将领这般客气诙谐，故连我当时都有些诧异。

饭毕，我随蒋先生又回到原来的小客厅里。这时他的面容显得严肃起来。我想，这回大概要转到召我回来的正题上了。果然，落座不久，蒋先生就用严肃的语气说："郑军长，这次让你回来，是想要你担负一项重要任务。"停顿了一下，他接着说："我们准备委派你去印度，担任中国驻印军新一军军长。你的想法如何？"

我怔住了，没想到预料中的新使命竟是出国担任军职。诚然，当时不少将领都以与盟军共事打交道为荣耀，蒋先生将这个重任交给我，正说明了他对我的信任和倚重。但是我对自己有个清醒的认知，带兵打仗我有些经验，但要搞外交，在国外独立与洋人打交道，我完全是外行。搞得不好，自己身败名裂事小，倘丧师辱国，贻误抗战大局，则难以交代，所以不能不慎重考虑。

"怎么，你感觉到有困难吗？"见我沉吟不语，蒋先生盯着我又追问了一句。我对这项新使命没有立即表现出他所期待的热情，似乎使他有点不快，目光也有些严厉了。

"学生绝对服从校长命令，只是自忖才疏学浅，又没有同洋人打交道的经验，恐有负校长厚望。"我小心地据实答道。

蒋先生大约知道我确实有所顾虑，遂收起逼人的目光，和缓地说："你去那里是会有困难的，同外国人打交道不太容易。但目前抗战需要盟国帮助，必须有人担负这个任务。我反复考虑过，觉得你去是合适的。你身为革命军人，在国家艰难时刻，要以大局为重。"

蒋氏的话使我大为感动，平素常为之自勉的那种大丈夫以身许国、在所不惜的古训，又浮现于脑际。心想国家有难，我身为高级将领不论有何困难，均应服从命令，敢担风险。遂站起身来郑重表示："报告校长，我愿意去印度。今后当遵循校长训导，以黄埔精神为宗旨，克服一切困难，努力完成任务。"

"这样很好，这样很好。明天你就去见何部长，具体领受任务。你也不要回鄂西了，就在这里组织军部，然后尽快赴印。"他脸上又显出笑容，用和悦的语调说。

最后，蒋先生又概略地向我分析了中国和太平洋战场的战局，特别强调了收复缅甸、打通滇缅公路，对于盟军作战和坚持中国抗战的意义。结束这次谈话时，已是晚上9时左右。

第二天，我遵照蒋先生的指示，去晋见军政部部长何应钦将军。

何氏是我多年的老长官，见面自然随便多了，谈话的内容也很具体。在详细介绍了驻印军的编制、人事、装备、训练等情况之后，他明确向我提出了两项要求：一是去印度后要以充分的耐心来同美英盟军将领打交道，尽量与其建立良好关系；二是注意维护民族尊严，搞好驻印军内部的团结。何将军很感慨地讲，美国人狂妄自大，英国人又太滑头，所以同洋人打交道远不是件轻松的事情。杜聿明、罗卓英同他们都没有搞好关系，让我去后务必要小心行事。

从这位老长官那里我还得知，驻印军新一军军长一职，最初曾属意于邱清泉将军。据说邱氏连幕僚都找好了，还请人教授外交礼仪和吃西餐的方法。但之后徐庭瑶、杜聿明两将军认为邱氏脾气暴躁，恐与驻印军总指挥史迪威将军闹翻，影响美援，遂向何将军建议由我担任。经何氏向蒋先生请示，这个人选才最终定下来。

接受任务后，我在重庆停留了一段时间，着手组建军部。时舒适存已被免除刑役，我请他仍旧来担任我的参谋长。原在第八军的旧部赵霞等人，也一同跟了来。此外又就地招募了一些诸如英文秘书等工作人员。

一切准备妥当，已是3月下旬。飞赴印度就职前，我再次晋见蒋先生，

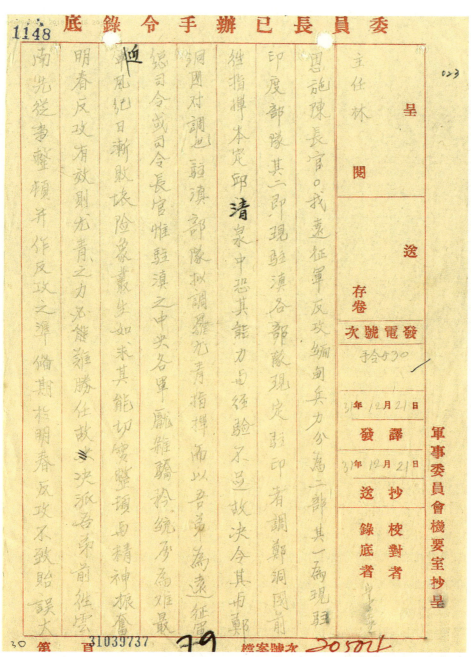

軍事委員會機要室抄呈

呈
主任林
閱
送
存卷
發電號次
手令630
31年12月21日
發譯
31年12月21日
送抄
錄底者　校對者

恩施陳長官。我遠征軍反攻緬甸兵力分為二部其一擬現駐

印度部隊其二即現駐滇各部隊現定駐印者調鄭洞國前

往指揮本定印 清泉 中恐其能力與經驗不足故決令其兩鄭

調團對調也駐滇部隊擬調羅尤青指揮而以吾弟為遠征軍

總司令或司令惟駐滇之中央各軍驍雜驕矜統屬為難最

明春反攻有效則尤青之力必能雜勝任故決派吾弟前往雲

風紀日漸敗壞險象叢生如來其能切實嚴頓而精神振奮

南先從事整頓井作反攻之準備儘期於明春反攻不致貽誤大

30　第　首　31039737

1942 年 12 月 21 日，重庆军委会致电第六战区司令长官陈诚，拟调任郑洞国将军担任中国驻印军军职

郑洞国将军（第三排左二）赴印前，在昆明与云南省主席龙云先生（前排右三）、史迪威将军（前排右四）合影（此图片由晏欢先生提供）

向他辞行。这次谈话时间不长。他叮嘱我遇事要冷静、克制，尽量不要与盟方闹翻。还说史迪威将军是我的上级，今后必须绝对服从他。我问，如遇重大问题不好处理怎么办？蒋氏不假思索地说，可以直接找他，也可以找何部长请示。蒋先生还特别指示，除新一军之新三十八师、新二十二师以外，驻印军总部的其他直属部队，如战车营、重炮团、工兵团等，虽不归我统属，亦要与他们加强联系，就便关照云云，我都一一记下。

3月底，我率军部人员乘军用飞机飞抵昆明，与正在那里的中国战区参谋长、中国驻印军总指挥史迪威将军首次会面。那天，由云南省主席龙云先生出面，请史迪威和我吃饭，饭后还一起游览了滇池等名胜。

史迪威将军当时有五十几岁年纪，身材瘦长，双目炯炯有神，待人爽朗

史迪威将军与龙云先生，后为郑洞国将军（该照片由龙云先生之子龙绳德先生提供）

热情，也很健谈，一看便知是典型的美国人。他能讲一口流利的中国话，说话的样子很自信。因是初次相见，开始彼此都只讲些客气的外交辞令，后来慢慢从中国的历史、风土人情，谈到当前的时局。史迪威将军对战争的前途是乐观的，他预计德、日法西斯已经开始走下坡路，不可能支持多长时间了，反法西斯盟国必将获胜。不过，谈话中他老是强调美国的强大，对赢得这场战争的决定作用，又大讲中国如何需要美国的帮助，等等，使人听起来不大舒服。

史迪威将军给我最初的印象是矛盾的：一方面，不难看出他是位精明强干、意志坚定、具有丰富战争经验的军人，而且在对日作战上态度坚决，很想有一番作为；另一方面，又显得孤傲自大，似乎对中国这样的落后国家本能地具有某种轻视和不信任的心理。我甚至从他表面客气的言辞中，都能感觉出他对包括我在内的中国将领们的戒备与防范。不过从总体上说，我还是认为他是一位令人尊敬、正直而有才华的将领，或用后来士兵们的评价说，

郑洞国将军（前左二）等中国远征军将领与史迪威将军（后排不戴军帽者）同游昆明滇池

是一位"挺好的老头"。以后我们共事期间，虽难免发生过一些误会和矛盾，但随着时间的推移，彼此的理解和信任还是大大加深了，我们始终相处得不坏，大部分时间甚至可以说是愉快的。这种良好的合作关系，对于驻印军后来取得反攻缅北战役的胜利，起到了重要的作用。遗憾的是，史迪威将军同蒋介石先生之间的关系，却一直未搞好，而且愈来愈坏，以致他后来不得不中途离任回国。

在昆明期间，我还单独拜会了时任昆明防守总司令的杜聿明将军。老友相会，彼此都很高兴。杜氏特意在他的司令部设便宴款待我，饭后又作长谈，直至深夜我方告辞。那次谈话的中心，是探讨如何完成我去印度的使

前排右起龙云先生、史迪威将军、何应钦将军；二排右起多恩准将、宝瑞德上校、杜聿明将军；三排左起关麟征将军、郑洞国将军、黄维将军

萧毅肃、傅正模、王凌云、邱清泉、黄维、鲍静安、何应钦、赵公武、黄敏男（黄维之女）、郑洞国（前排左起第二人）、史迪威、多恩、杜聿明等合影

命问题。1942 年春中国远征军入缅作战期间，杜将军始终在前线指挥作战，故对美英盟军和史迪威将军有较多的了解。他对英国人很反感，批评他们是些极端自私、狡诈而又胆怯的家伙，强调与其打交道需格外小心。相反，杜氏对美国人却寄予很大希望，认为他们是真正能与中国站在一起、共同打败日本人的朋友。不过，他亦讨厌美国人那种大国沙文主义的霸道作风。谈起远征军入缅作战失利的经过，杜将军痛切地同我说，史迪威这班人，名为"中国通"，实际上并不是真正了解中国军队的作战特点和官兵心理，又不信任中国将领，在战场上固执武断，一意孤行，这是导致那次惨败的原因之一。他一再提醒我，在重要问题上，一定要有主见，敢于坚持，否则会付出沉重的代价。他的这些体会，对我后来在印度与美国人打交道，确实有一定帮助。

在昆明停留几日后，军部人员分乘两架军用飞机去印度。一部分人员由昆明飞抵印度阿萨姆邦的一个军用机场，再乘火车去兰姆伽训练营地；我和舒适存将军等少数人则先飞往印度加尔各答，除了要在那里办理一些公务以外，还准备每人缝制几套军装。因为我们在国内穿的军装都很粗糙，实在不适宜于外交场合。

当时由昆明飞往印度，必须飞越驼峰。由于气候恶劣，高空缺氧，飞机越过驼峰时，机身剧烈颠簸，不少人呕吐不止，尤其是舒适存，是吐得最凶的一个。我虽未呕吐，却也恶心乏力，仿佛大病了一场。

在加尔各答，我先后拜会了英国驻该市的领事和中国领事陈先生（名字已记不清楚了）。令人意外高兴的是，在这里还碰到了多年不见的老朋友焦实斋先生。长城抗战以后，我所在的部队驻扎于北平，焦先生和一些社会名流常常应邀到部队来演讲，我们那时就结识了。抗战爆发后，他曾以第五十二军高级顾问的身份，随军进行抗日宣传鼓动工作，不久前往英国牛津大学留学。中国远征军入缅作战时，他作为杜聿明将军的高级顾问被派往印度工作，以后就一直留在加尔各答。焦先生是位出色的国际问题专家，深谙欧洲各国的政治经济情况，且能讲一口流利的英语，为人亦相当正派。我深知人才难求，后来设法敦请他担任了新一军驻加尔各答的办事处主任。

中国驻印军新一军新三十八师师长孙立人将军　　中国驻印军新一军新二十二师师长长廖耀湘

　　我偕舒适存等于 3 月中旬方抵达兰姆伽训练营地。兰姆伽训练营地距加尔各答西北约两百公里，其间有铁路相通。我们一下火车，就在车站上受到了早已等候着的新三十八师师长孙立人将军、新二十二师师长廖耀湘将军，以及驻印军各直属部队部队长的欢迎，场面十分热烈。众多人中，我只与原在第五军的廖耀湘将军相识，其余大多是初次见面。但大家一见如故，显得格外亲热。盖因当时驻印军远离祖国，一切受洋人支配，官兵上下都有寄人篱下之感，故对我的到任，怀有很大期许。身受部属同人们的热诚欢迎，我心中十分感动，然亦感到自己肩负的责任重大，深知唯竭尽忠诚努力，团结全体将士，早日完成抗日大计，方能无愧于国家民族。我便是以这样的心情，迎来了一段令人难忘的域外战斗生活。

缅甸战争的缘起

为了将我在中国驻印军期间的有关活动叙述清楚起见，这里先回顾一下1942年春中国远征军入缅作战的前后经过。因为不仅驻印军的前身，是由远征军一部分组成的，而且驻印军后来的反攻缅北之役，实际上也是前次中国远征军入缅作战的继续，都是为了保持当时中国唯一的国际交通线——滇缅路的畅通。不过，我本人未参加第一次远征军入缅作战，所以只能根据当时和后来的有关资料，以及杜聿明将军等有关当事人的回忆，作一个概略性介绍。

1941年底至1942年初，世界反法西斯战争正处于十分严峻的时刻：欧洲战场方面，德国法西斯军队继征服欧洲大陆列国、迫使英军退守英伦三岛后，突然掉头东进，以闪电战方式侵入苏联，其几十万大军长驱直入，在莫斯科城下与苏联红军殊死鏖战；亚洲和太平洋战场方面，日本法西斯军队在加紧对中国侵略的同时，积极推行其"南进"计划。1942年12月7日，日本突袭珍珠港，重创美国太平洋舰队。此后日本军队以咄咄逼人的态势，与美、英等盟国在东南亚和整个太平洋地区展开激烈争夺。

战争的严峻局势，促使世界各主要反法西斯国家更加紧密地团结在一起。在亚太地区，中、美、英三国出于共同的战略需要，加紧酝酿建立军事同盟，以便对日协同作战。

当时的情形是，英军自敦刻尔克大撤退后，退缩英伦三岛，无力加强其在远东殖民地的军事力量，想借助中国军队支援它在缅甸、印度、马来亚（今马来西亚半岛）方面的军事；中国方面为了将抗日战争坚持到底，也愿意同美英合作，确保滇缅路这条唯一的国际运输线（1940年9月，日军侵入法属安南［今越南］，切断了我国西南另一条国际通道——滇越铁路）；美国则希望通过加强中国的抗战力量，将更多的日本军队拖在中国，以减轻自己在太平洋战场的军事压力。

中英间的军事合作稍早一些。1940年日军侵占安南，直接威胁马来亚、

1941 年 12 月，中国远征军进抵云南中缅边境

新加坡、缅甸等英国殖民地，迫使英国放弃了对日绥靖政策，重新开放了建成不久即为其封锁的滇缅路。随后又于次年 2 月邀请"中国缅、印、马军事考察团"，赴缅、印、马三国作了为期三个月的军事考察，酝酿成立中英军事同盟。

但是，英国在对日问题上仍犹豫不决，尤其不愿中国军队进入其在远东的殖民地，故一再拒绝了中国方面提出的让中国军队及早入缅布防的正确建议。直到 1941 年 12 月下旬，日军侵缅的军事行动已迫在眉睫，英国才匆匆与中国签订《中英共同防御滇缅路协定》，正式建立了军事同盟。1942 年元旦，美、英、苏、中等二十六国在华盛顿签署联合国宣言，宣布共同对德、意、日法西斯"轴心国"作战。稍后，美国的史迪威将军被任命为中国战区参谋长。

1942 年 1 月底至 2 月初，日军第十五军司令官饭田祥二郎指挥所属四个精锐师团，共十万之众，分两路向缅甸大举进攻：一路由泰国侵入缅甸之毛淡棉北进；一路在海空军掩护下强攻缅甸最大的港口城市仰光，登陆后循滇湎路进攻英军。缅甸终于不可避免地陷于战火之中。

遗憾的是，大敌当前，盟国间的步调却迟迟不能统一。中国军事当局曾多次提出速派军队入缅协防英军，英国方面先表同意，以后却出尔反尔，一再拖延中国军队入缅布防时间，后因日军由泰国向缅甸发起强大攻势，英军连吃败仗，节节溃退。为了利用中国军队阻滞日军，掩护英军向印度撤退，英方才同意中国陆军第六军陆续进入缅境。2 月中旬，仰光吃紧，英国再次要求中国军队迅速入缅。中国最高统帅部乃决定，委派卫立煌将军为中国远征军第一路军司令长官（卫氏一直未上任，由副司令长官杜聿明将军代理）、率第五军（军长杜聿明兼）、第六军（军长甘丽初）、第六十六军（军长张轸）共三个军，分道由云南驰援缅甸，统归史迪威将军指挥。

但这个行动为时已晚，日军于 3 月 8 日攻陷仰光，兵分三路（西路沿依洛瓦底江、中路沿仰光至曼德勒铁路、东路沿泰缅边境）快速向北推进，使我军原来的保全仰光国际交通线的作战计划化为泡影，而且陷于仓促应战的被动境地。

先是，根据中英双方商定，划仰光、曼德勒铁路以东至泰越边境地区为中国远征军防御区域，仰光、曼德勒以西为驻缅英军防地。故中、英两国军队集结后，按作战计划分三路南下迎敌：中路远征军之第五军循滇缅路南下，担任同古、曼德勒之正面作战；远征军之第六军在毛奇、雷列姆之东路作战；英缅军在普罗美一带的西路作战，负责保卫仰光至曼德勒铁路和仁安羌油田。远征军之第六十六军作为机动兵力部署在腊戍及曼德勒地区。

中路我远征军之先遣部队第二〇〇师（附第五军骑兵团及工兵团一部），于 3 月 8 日迅速开抵仰光至曼德勒铁路线上的重镇同古，并接替了英军防务。但仰光已于当日失陷，英军在日军追击下正向北撤退。

根据敌情突然变化，担任前敌指挥的杜聿明将军不得不临时变更作战计划，指示第二〇〇师固守同古，掩护我军主力集中，以击破当面之敌，进而

在缅甸同古作战的第五军官兵

协同英军收复仰光。

史迪威将军同意了这个部署，并与英方交涉，请其将英缅军第一师、英印军第十七师、装甲兵第七旅等部，集中于普罗美方向，配合中国远征军反攻。孰料英军急于撤退，表面上虽与我方达成反攻协议，却无意遵守，一路向北溃退，致使第二○○师在孤立无援的情况下，独自同气势汹汹追踪而来的日军第五十五师团，展开了一场惊心动魄的血战。

3月19日，日军第五十五师团搜索部队五百余人，前进至同古以南30公里外的皮尤河南岸，当即遭到早已严阵以待的第二○○师部队伏击，毙伤日军两百余名，残敌落荒而逃。次日，日军以一联队兵力，在飞机、大炮掩护下猛攻同古及同古以南之前沿阵地鄂克春，第二○○师官兵在戴安澜将军指挥下奋勇抵抗，杀伤大批日军，阵地岿然不动。此后一连数日，日军一再增加兵力和炮火，攻势愈来愈猛烈。时英军设在马格威的空军基地遭敌空袭，其全部45架作战飞机，连同美空军志愿队的6架飞机均被击毁，缅甸战场制空权由此落入日军之手，这给第二〇〇师固守同古造成了更大的困难。

双方激战至3月24日，位于同古以北八公里的飞机场终被日军占领。是晚，戴师长调整部署，放弃了鄂克春、坦塔宾等前沿阵地，集中兵力守卫同古。从次日起，日军出动30余架飞机，轮番轰炸同古城，继以步炮、战车联合三面围攻该城，我军沉着坚守，并以火烧森林阻敌前进，入夜则出动小部队不断袭扰敌人，使日军昼夜不宁。

3月26日，由仰光登陆的敌第五十六师团已陆续赶至同古增援，日军投入三个联队兵力同时向同古西北角猛攻，并向我军阵地投放糜烂性毒气。防守该方向的第六〇〇团伤亡甚大，阵地被突破，我军被迫退守同古铁路以东，与日军展开激烈巷战。敌人亦因近战肉搏，炮火失去效用，每前进一步都须付出沉重代价。

至28日，日军见强攻无效，遂派出一支部队化装成英缅军及土人，赶着牛车，暗藏武器，企图混入城内里应外合，但被我军及时查出并消灭，缴获迫击炮7门、机枪6挺、步枪100余支。

当夜，第二〇〇师设在桥东的指挥所突遭由同古东南迂回的日军越河袭击，一度与城内部队中断通讯。城内步兵指挥官郑庭笈听到桥东战斗激烈，立即派第五九八团一部对敌东西夹击，将敌压迫于大桥东南对峙，恢复了联系。

为了帮助第二〇〇师摆脱困境，史迪威将军命令第五军之新二十二师兼程增援。该师于3月27日抵达同古以北地区，与日军遭遇对峙。28日，新二十二师向当面之敌猛烈攻击，攻占南阳车站，残敌退至车站附近的几栋坚固建筑物内顽抗不退。同时，我军游击司令黄翔将军，率领一支精干部队，以森林作掩护，迂回至同古附近猛袭日军，一度攻入机场，迫使日军暂时放松了对第二〇〇师的攻击。

但是，3月29日又有大批日军增援上来，以步炮联合反攻南阳车站，与我军新二十二师拉锯争夺。同古方面的日军也加强了攻击，企图截断守军后路，包围歼灭第二〇〇师。

此时，第二〇〇师经连日厮杀，弹尽粮绝，伤亡惨重，已陷于最后的苦战。而后方我军尚未集结完毕，部分援军亦因敌机轰炸无法向前方输送。杜聿明将军鉴于我军既不能迅速集中主力与敌决战，以解同古之围；而旷日持久，仰光方面日军势必大量增援，使我第二〇〇师及整个远征军遭敌围歼，遂不顾史迪威将军的强烈反对，断然决定放弃同古。

3月30日拂晓，第二〇〇师在缜密部署下，主动撤出同古，渡过色当河，全师安全到达叶达西。敌人尚蒙在鼓里，天明后向城内倾泻浓密炮火，继以步兵冲锋，待发觉同古已是一座空城时，我军早已走得不知去向了。

同古血战，前后历时十二天。第二〇〇师孤军奋战，与几倍于己的强敌浴血拼杀，共毙伤日军四千余人，予敌沉重打击。日军惊呼这是南进以来第一次受挫，"是缅甸战役中最艰苦的一战"。但是，由于我远征军仓促应战，来不及贯彻预定的作战计划，又缺乏盟军的有力配合，故未能实现原来的战略意图。同古之战的结果，仅仅是以牺牲近三千名中国将士的鲜血和生命的代价，换得了英军撤退的时间！

第二〇〇师撤出同古后，新二十二师利用斯瓦河两岸复杂地势，构筑了数个梯形阵地，两侧埋伏狙击兵，阵地正面埋设地雷，逐次抵抗兵力优势敌人的攻击，掩护我军主力在后方集结，准备进行平满纳会战。根据最高统帅部的命令，远征军拟在平满纳一带与日军作最后的决战。

从4月1日至16日，新二十二师以劣势兵力节节抗击日军第五十五师团主力和第十八师团一部的疯狂进攻，杀伤大批敌人，完成阻滞任务后，始撤至平满纳既设阵地。

然而，就在我远征军主力积极着手组织平满纳会战的时候，东西两路军队却出乎意料地被日军击溃了，战局急剧逆转。

西路英军自仰光失守后，士气低落，畏敌如虎，4月1日竟被日军一举攻陷普罗美。此后日军一路势如破竹，于4月16日攻占仁安羌油田，切断了英军退路，将英缅军第一师及战车营共七千余人，包围在仁安羌以北地区，情况危殆。英缅军总司令亚历山大将军连连向中方告急，要求中国远征军迅速增援。17日，驻守乔克巴当的第六十六军新三十八师，奉命抽调该师第一一三团刘放吾部，星夜急驰前线，救援英军。稍后新三十八师师长孙立人将军也亲往前线指挥。第一一三团到达后，立即向日军发动猛烈进攻，血战一昼夜，一举将英军七千多人及传教士、新闻记者等五百余人救出，并缴获汽车百余辆、战马千余匹。新三十八师这一壮举，一时轰动了英伦三岛，事后英皇曾专门向孙将军等多位将士授勋。

我军虽取得仁安羌之捷，却无法鼓起英国人的作战勇气。拥有几师之众、装备精良的英军，被日本军队吓破了胆，根本无心按协议配合中国军队作战，一气继续北撤两百余公里，随时准备退入印度。这样就使我远征军的右侧背，完全暴露在日军面前。

与此同时，在东路作战的第六军也因分割使用兵力，被日军击败，后方要地罗衣考失守，棠吉告急，以致通往我国国境的交通枢纽腊戍门户洞开，

1942年4月19日，新三十八师一一三团在刘放吾团长的率领下，向仁安羌日军发起猛攻

日军得以长驱直入，直接威胁着我军后方。

在这种情况下，平满纳我远征军主力随时都有被东西两路日军包抄围歼的危险。为了摆脱困境，我军不得不再次放弃了平满纳会战，退守敏扬、梅克提拉之线，着手准备曼德勒会战。

根据史迪威将军和刚刚上任的中国远征军司令长官罗卓英将军的部署，第六十六军新二十八师固守曼德勒；第六十六军新三十八师于乔克巴当会合后，以棠沙为后方，节节阻敌前进；第五军抽出第二○○师回占梅克提拉、瓢背之线，掩护主力转进；第五军九十六师在平满纳抗击当面之敌；第五军新二十二师以棠吉为后方，在梅克提拉一带侧击北犯之敌。

这个军事部署表面上很周全，实际上漏洞很大，其致命弱点在于将远征军主力分布于长达三百余公里的平满纳至曼德勒公路上，无法集中使用兵力，既不能攻，又不易守，使我军完全陷入被动。第五军军长杜聿明将军曾坚决反对这个所谓的曼德勒会战计划，提出我军既然放弃已有准备的平满纳会战，就必须集中兵力确保腊戍的两大门户——棠吉和梅眉，以防为日军切断退路。可惜这个意见未被史、罗接受，由此埋下后来远征军遭受惨败的隐患。

4月23日，棠吉终于失守。过了两日，雷列姆又被攻陷，日军分两路向中国军队的后方基地腊戍挺进，整个中国远征军陷于十分危险的境地。可是史、罗二人仍不觉悟，竟又听信英方提供的乔克巴当西南发现日军三千余人的虚假情报，令第二○○师前往拒敌。杜军长反对这种进一步分散兵力、贻误战机的做法，再三陈明：据我军情报，乔克巴当方面并无敌情；纵有日军出现，当时尚在仁安羌的新三十八师亦可就近掩护英军撤退。我军应以确保棠吉，巩固后方为良策。无奈史、罗二人顽固坚持己见，杜氏只得下令第二○○师开往乔克巴当。该师到达后，果然扑了空。戴师长当机立断，马上率部掉头驰赴棠吉，向敌反攻，于25日晚收复了棠吉。

第二○○师克复棠吉后，根据杜军长命令拟继续北进，截断进攻腊戍的日军后路。但部队尚未行动，即接罗长官一连几道命令，指示第二○○师向棠吉以东之罗列姆攻击，第五军直属部队及新二十二师、第九十六师均向曼

滇缅路的咽喉——跨越怒江的惠通桥

德勒集结，准备在此与日军决战。

杜军长多次申诉无效，勉强从命，下令放弃了棠吉。狡猾的日军见有隙可乘，迅速进兵，复占棠吉，并加紧向腊戌进攻。4月28日，日军攻陷腊戌以南的细包等地。防守远征军后方的第六十六军新二十八、新二十九两师，系地方保安队编成，战力薄弱，很快被日军击溃，缅北重镇腊戌于29日失守，滇缅公路终于被日军切断了。

此时，集结在曼德勒附近的中国远征军主力数万人，尚准备在英军配合下同日军决战。孰料英国人在关键时刻只图自保，竟再次背弃承诺，于5月1日擅自放弃曼德勒，仓皇撤入印度境内，使我军会战计划完全落空。

日军攻占腊戌后，一部继续北进，连陷缅北重镇八莫、密支那等地，进逼印缅边境；另一部攻陷新维和我国边境城市畹町、芒市、龙陵，进抵怒江惠通桥边，与我军夹江对峙。同时还有大批日军分两路向曼德勒迂回包抄。这样滞留在缅北的中国远征军主力的退路被断绝，面临着被日军围歼的险

中国远征军向日军发起攻击

境，不得不放弃曼德勒，开始向伊洛瓦底江西岸转移，从此中国远征军陷入惨败的厄运。

当时远征军撤退的路线主要有四条：第五军军部直属部队及新二十二师经孟拱西北向胡康谷地的大洛、新平洋转移，后因雨季道阻，奉命改道入印，于7月下旬抵达印度列多；第九十六师奉命经孟拱穿越野人山区，于8月中旬始陆续到达滇西剑川；第二〇〇师自棠吉战斗后，冲破日军重重封锁线，一路向北撤退，经南盘江、梅苗、南坎以西返回国境；新三十八师则根据史迪威将军的命令，由英帕尔退入印度。

除新三十八师撤退较为顺利，部队损失不大外，第五军其他各师因在归国途中需要翻越地势复杂、山峦重叠的野人山及高黎贡山，在日军的追袭堵截下，历尽种种罕见的艰辛，蒙受了极大的损失和牺牲。

当时缅甸已进入雨季，终日暴雨如注，洪水汹涌，部队行军非常艰难。在缅北高峻的山脉和潮湿的原始森林中，毒蛇、蚊蚋遍地皆是，瘴气肆虐，

1942年春任中国远征军副总司令的杜聿明将军

中国远征军第五军第二〇〇师师长戴安澜将军

部队由于给养医药断绝，伤病饥饿交加，疫病迅速蔓延，沿途官兵死亡相继，尸骨暴野。据说成班、成排的官兵倒毙于撤退途中的事情时有发生。后来中国驻印军反攻缅北经过野人山一带时，还曾在山野密林中发现过堆堆白骨，惨不忍睹。直到今天，人们也说不清楚究竟有多少抗日将士长眠在那片荒凉的异国土地上。

杜聿明将军在撤退途中，也曾感染重病，几乎殒命。最不幸的是，第二〇〇师在冲破敌人层层阻击，于5月18日夜通过细包至摩谷公路时，又遭日军伏击，师长戴安澜将军身负重伤，不久牺牲在缅北茅邦村。余部返回国境时，仅剩四千余人。

第六军、第六十六军新二十八、新二十九两师也先后撤回滇西和滇南，部队损失亦大。

此次中国远征军入缅作战，不仅未能完成预定作战任务，反而失去了我国西南唯一的国际运输线，并使日寇将战火烧到我国国门。我远征军十万大

1942 年 5 月中国远征军失利后，史迪威撤往印度

1942 年 5 月，中国远征军部队撤往印度

军也损失大部，回国时仅存四万人左右，武器装备遗失无数，可谓是惨重的失败。

造成中国远征军入缅作战失利的原因很多。日军方面，由于事先有充分的准备和部署，指挥统一有力，部队具有丰富的亚热带丛林作战经验，加上拥有制空权，因而在战役中始终占主动地位。我军则由于英方一再阻挠，被迫仓促应战，开始就十分被动。作战中盟军方面指挥系统混乱，计划各异，各部战力亦参差不齐，特别是英军极端自私狡猾，只图自保而不顾友军安危，这些都是导致失败的原因。同时，史迪威、罗卓英等高级将领，在军事部署上缺乏全盘周密考虑，战局恶化后又顽固坚持错误主张，一再贻误宝贵战机，终被日军各个击破，也加剧了中国远征军的失败。

杜聿明将军率第五军直属部队和新二十二师撤入印度后不久，即奉召返国，该部和先期到达印度的新三十八师，统由罗卓英将军负责整训。据说新三十八师初到印度时，英方竟无理要求解除该部武装，遭到我方强烈抵制。孙立人将军愤怒地表示："倘无理对待我军，余将率部以武力反抗。"英方见孙氏态度强硬，方作罢。

史迪威将军退到印度后，并未因这次惨重的失败而灰心丧气。基于美国太平洋战争的战略利益，也为了挽回自己的面子，他仍然积极着手整顿部队，准备日后的反攻。

史迪威将军与英国驻印当局接洽，决定以离印度边境较远的兰姆伽训练营地作为训练中国军队的基地。以后撤入印境的中国军队，陆续向该地集结。

中国方面为了坚持抗战，也有意通过在我国滇西和印度设立基地，使大批军队接受美军的装备和训练，为重新打通滇缅路作好准备。据此，蒋先生将中国远征军第一路军司令长官部撤销，另成立中国驻印军总指挥部，并成立副总指挥部。但不久中美双方在对驻印军的指挥控制权力问题上，发生尖锐意见冲突。史迪威将军为了摆脱罗卓英将军对其的掣肘，一再打电报给蒋先生，批评中国将领腐败无能，其中有"罗长官终日绕室彷徨，对于军队之教育训练毫无办法"等语，并列举了罗氏的十大罪状。蒋先生为了不影响美

1942 年冬，先后在滇缅战场指挥作战的中国将领徐庭瑶（前排中）、杜聿明（前排右）、黄杰（前排左）、郑洞国（后排中）、邱清泉（后排右）、刘嘉树（后排左）于重庆合影

援，只好作出让步，将罗将军调回国内，并撤销副总指挥部，把驻印部队改编为一个军，即中国驻印军新编第一军，军长人选由国内选派。这便是中国驻印军的由来。

兰姆伽训练营地

兰姆伽训练营地原是英国人修建的一所战俘营，面积相当大，经过改造后各种设施都很齐全。当时驻印军总指挥部和各直属部队及新一军各部队都驻扎在这里。

由于驻印军在兰姆伽的主要任务是接受美国的军事装备和训练，所以在这个营地里，专门开办了由美军人员执教、中国方面负责行政管理的军事学

兰姆伽营地

校——兰姆伽训练学校。除了驻印军的各级干部要在这里轮流受训外，还有国内准备接受美械装备的十三个军。

为了帮助中国加强抗战力量，经中美双方磋商，美国方面承诺除驻印军外，另以美械装备国民党军队十三个军，即二、五、六、八、十三、五十三、五十四、七十一、七十三、七十四、七十九、八十五、九十四等军。

部分军师团级军官，也被分批空运到这里受训。这类性质的学校我国当时共有两个，一个在印度，另一个设在昆明，即军委会驻滇干部训练团（在云南大理另设分团）。这些学校分别举办诸如步兵、炮兵、工兵、通讯、战术（参谋）等多种训练班，训练时间一般为六个星期，先后在这些学校里受训的军事人员达一万余人。有些技术性很强的兵种，如军事通讯专业，除了由军队内部选派学员，还在国内招收了不少高中学生。这些青年既有爱国热情，文化素质亦好，掌握技术很快。譬如在兰姆伽训练学校，大多数通讯专

指导员在为中国士兵讲授政治课程

业学员能在三四个星期内，熟练地掌握美国一般通讯人员需要三个月时间才能学会的技术，使美国教官们大为惊奇，一再称赞中国人聪明能干。

此处对士兵的训练也是相当严格的。兰姆伽训练营地设有一些训练场，每个训练场可以容纳一定数量的部队，士兵们轮流在各训练场接受美国教官的训练。美国人训练军队同中国的传统练兵方法有很大不同，他们把训练场当作工厂，把士兵当作原料，训练的分工很细，要求严格，但动作却很简单。美国自恃有强大的空军及炮兵，故对筑城作业和夜战教育不甚重视，至于对官兵的精神教育就更谈不到了。

驻印军的给养由英方提供，均发实物，主要是罐头和面包，营养较国内好得多。记得那时一日三餐的主要菜肴是罐头，遇有聚餐宴会也常常是罐头食品，吃得久了，把人的胃口也吃"倒"了，不少人后来一见到罐头就摇头。不过从营养学的角度说，这些高质量的食品使官兵们始终能保持着充沛的体力，加上军队中医疗卫生条件很完善，所以官兵很少生病。更重要的是军中杜绝了逃兵现象。我在国民党军队中服役多年，深知逃兵是一个最令人头疼的问题。当时国民政府并无完善的兵役制度，只好乱拉壮丁，加上军

郑洞国将军（前中）与中美军官们在兰姆伽训练营地合影

官腐败，层层克扣士兵军饷、伙食，导致部队中逃兵现象层出不穷。"逃了补，补了逃"，永远有练不完的新兵，这使军队的战力大受影响。但驻印军在印缅期间，由于远离祖国，又受洋人欺负，因而士兵们的爱国思想比较浓厚，我亦及时督导各级军官和政工人员随时抓机会进行爱国教育，所以官兵比较团结，"打回祖国去"，成了官兵一致的愿望。当时军部办了一份《军声报》，经常报道军内外大事。另外还成立了剧团，也常常到各部队中去巡回演出，这些都对鼓舞部队士气，起了很大作用。这些措施在一定程度上弥补了美国人那种只重训练技术，不注重也不可能注重精神教育的殖民地式的训练缺点。

新一军所辖新二十二师、新三十八师，最初只有九千余人，其中新二十二师三千余人，新三十八师六千人。以后陆续由国内空运补充兵员，使

1943 年，郑洞国将军任中国驻印军新一军军长时摄于兰姆伽军部

每师达到一万余人。在建制上，每师辖步兵三团、炮兵一营（后来增加一营）、工兵一营、通讯兵一营、辎重兵一营、卫生队和一个特务连（反攻缅北战役开始后，新三十八师配属一个战车营）。每团步兵三营，迫击炮、平射炮各一连，一个通讯连，一个卫生队，一个特务排，兵员约三千人。每营三个步兵连、一个机枪连。每连三排，每排三个步兵班、一个轻迫击炮班。总指挥部的直属部队计有：炮兵 3 个团，每团重炮 36 门；战车 6 个营；汽车兵团，拥有载重汽车 400 辆；工兵 2 个团；化学兵 2 个团（后改为重迫击炮团），每团有重迫击炮 48 门；骡马辎重兵 1 个团。还有特务营、通讯营和战车训练处各 1 个。此外有一个训练处，处长的权力很大，仅次于史迪威将军。1943 年初秋，又由国内空运新三十师（师长胡素将军）到兰姆伽接受装备和训练，归入新一军建制。至 1944 年夏，最高统帅部为了取得更多

美军训练教官拿起中国士兵的步枪在观察

的美械装备，再拟空运第五十四军到印度，但史迪威将军只肯接受两个师，不接受军部。该军第十四师（师长龙天武将军）、第五十师（师长潘裕昆将军）空运到印度接受装备后，在缅甸战役中与原驻印军合并，扩编为新一军和新六军，这是后话。

驻印军各部的补充兵员，都是由国内精选的，身体素质甚好。经过半年多的强化训练，部队的军事素质提高很快，后来成为在缅甸战场上无坚不摧的抗日劲旅。

1943年11月底，蒋介石、宋美龄夫妇参加开罗会议归国途中，曾在蒙巴顿等英美将领的陪同下，于印度兰姆伽作短暂停留。他们很有兴致地视察了训练营地，并检阅了部分驻印军部队（当时驻印军新一军主力已开赴前线）。蒋先生夫妇看见受检部队装备精良，队伍严整，官兵精神饱满，士气旺盛，深表满意。以后在同我的谈话中，蒋先生充分肯定了驻印军在兰姆伽

蒋介石夫妇与史迪威将军

的训练成绩，并反复强调了积极争取美援的重要性。

蒋先生抵兰姆伽停留时曾有这样一段小插曲：他们夫妇及随行人员一到达营地，美方人员就一再邀请他们下榻于总指挥部内，但蒋氏却坚持要住在我的军部里。此举颇使美国人有些尴尬，也使我很为难，因为军部的营房都很简陋，实在找不到像样的房子供他们休息。正巧我的妻子刚刚从国内来探望我，仓促间只好将我们的卧房腾出来，稍加布置，临时充作蒋先生夫妇的下榻处。从这桩小事中可以看出，当时蒋先生与美国人的关系是很微妙的。

由于我在驻印军期间的主要使命之一是协调中美军事人员之间的关系，所以这里着重叙述一下当时中美关系及驻印军内部中美双方合作的有关情况。

1943 年，蒋介石在昆明校阅中国军队

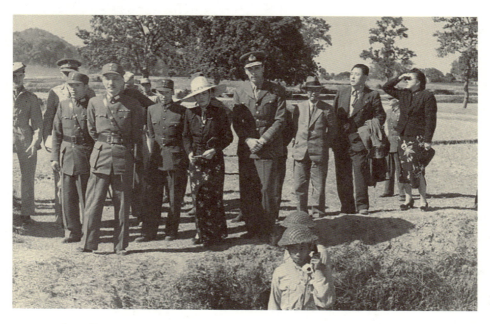

　　1943 年 11 月 30 日，蒋介石、宋美龄夫妇（右三、右四）与中美英盟国东南亚战区司令官蒙巴顿（左二）、郑洞国（右一）、蒋纬国（右二）、黄仁霖（左一）等在兰姆伽训练营地

　　1943 年 11 月 30 日，蒋介石（右一）、宋美龄（左一）夫妇在中国驻印军总指挥部进午餐。右二紧靠蒋介石者为郑洞国将军

　　蒋介石（站立墙边面向众人者）视察新一军军部。站在前列面向镜头者，右为郑洞国将军，左为廖耀湘将军

蒋介石视察新一军军部。右为蒋介石，中为郑洞国将军，左一为新一军参谋长舒适存将军

　　蒋介石、宋美龄夫妇在郑洞国将军（行进在前边者）和蒙巴顿将军、威廉姆·贝尔京准将、佛里德里克·迈科比准将等英美将领的陪同下，检阅中国驻印军部队

二战期间，国民政府一直将美国作为自己重要的战略盟友，特别是抗战中后期，接受美国政府的各种援助甚多。太平洋战争爆发不久，蒋先生就设想过在美国的帮助下，装备30个甚至更多的精锐美械师，借此改变国内抗战的局面。至于美国方面，如上所说，也希望通过增强中国的抗战力量，在远东拖住更多的日本军队，减轻自己在太平洋战场上的压力。因此中、美两国作为反法西斯盟国，在基本战略利益上是一致的，所以在战争期间始终能保持着比较密切的合作关系。但是，由于双方国力相差悬殊，这种合作在很多情况下又不是平等的。那时美国朝野一些人士，认为中国贫穷落后，而且国民党的政治腐败，要赢得这场战争的胜利，非依赖像美国这样强大的盟友不可，因而不大看得起中国，在中国人面前常常摆起一副施主的模样。更有些人希望通过军事援助和经济"施舍"，扩大美国的在华势力，以便在战后将中国置于美国的全球战略圈内。当然，我们不能据此忘记和否定美国人民在战争期间所给予我们的极其宝贵的支援，也不能说上述大国沙文主义的意识完全支配了当时美国政府的对华政策，但事实证明这些因素的确曾给那一时期美国的对华政策造成过一定影响。至于中国方面，由于国民政府不懂得也不敢依靠人民来取得这场反侵略民族解放战争的胜利，把主要希望寄托在美国人的帮助上面，所以处处显得仰人鼻息。然而遇到一些严重损害我国民族利益，特别是危及统治集团利益的事情，又不得不作一些抗争的表示，因而在两国关系上，难免常常出现一些大大小小的麻烦。中国驻印军问题，就曾是双方争执不休的焦点，这个矛盾主要表现在蒋介石先生和史迪威将军之间。

谈到蒋、史之间的矛盾，还是要从他们各自的打算说起。史迪威曾任驻华武官多年，对中国各方面的情况颇熟悉，是一个地道的"中国通"。他这次受命到中国来，一方面，是代表美国政府监督美援的运用，维护和扩大美国的在华利益；另一方面，也有个人的企图，他想通过自己是个"中国通"的便利条件，利用中国的士兵和美国的装备，在远东创造一番英雄事业，挽回在缅甸失败的面子。他希望先取得对中国军队的指挥权，继之以美国军官代替中国军官，建立一支殖民地式的军队，作为他代表美国左右中国命运的资本。史氏的这个想法与当时的美国领导人不谋而合，因而得到了美国政府

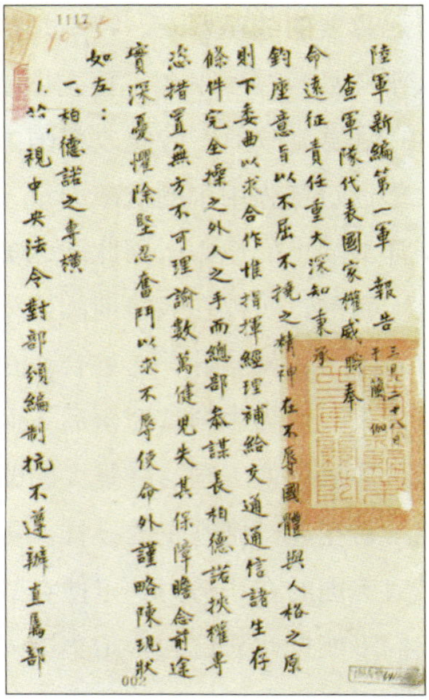
陸軍新編第一軍 報告 三月二十八日於蘭伽
查軍隊代表國家權威，職奉
命遠征責任重大深知秉承
鈞座意旨以不屈不撓之精神在不辱國體與人格之原
則下委曲以求合作惟指揮經理補給交通通信諸生存
條件完全操之外人之手而總部參謀長柏德諾挾權專
恣措置無方不可理諭數萬健兒失其保障瞻念前途
實深憂懼除堅忍奮鬥以求不辱使命外謹略陳現狀
如左：
一、柏德諾之專橫
1.蔑視中央法令對部頒編制抗不遵辦直屬部

1943 年 3 月，郑洞国将军向蒋介石呈报美军参谋长波特诺专横种种及驻印军近况（信函共 7 页，此为第 1 页）

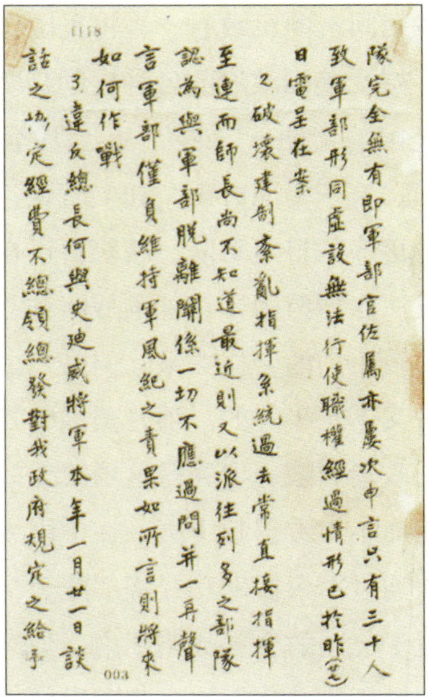
隊完全無有即軍部官佐屬亦屢次申言只有三十人
致軍部形同虛設無法行使職權經過情形已於昨(艺)
日電呈在案
2.破壞建制紊亂指揮系統過去常直接指揮
至連而師長尚不知道最近則又以派往到多之部隊
認為與軍部脫離關係一切不應過問并一再聲
言軍部僅負維持軍風紀之責果如所言則將來
如何作戰
3.違反總長何與史迪威將軍本年一月廿一日談
話之協定經費不總領總發對我政府規定之給予

第 2 页

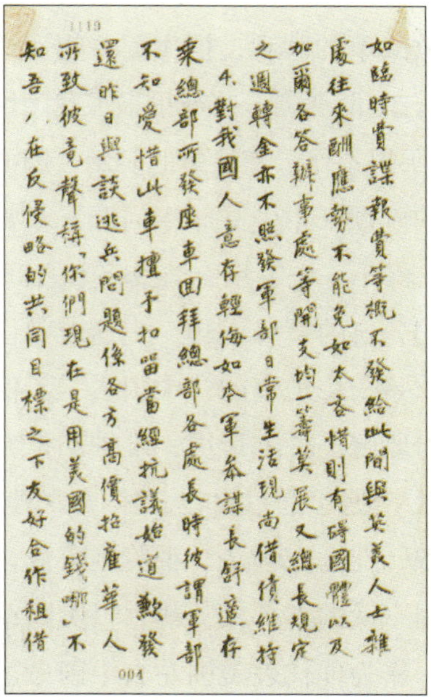
如臨時費諜報費等概不發給此間與英美人士雜
處往來酬應勢不能免如太吝惜則有碍國體以及
加爾各答辦事處等開支均一籌莫展又總長規定
之週轉金亦不照發軍部日常生活現尚借債維持
4.對我國人意存輕侮如本軍參謀長舒適存
乘總部所發座車回拜總部各處長時彼謂軍部
不知愛惜此車擅予扣留當經抗議始道歉發
還昨日與談逃兵問題係各方高價招雇華人
所致彼竟聲稱"你們現在是用美國的錢哪"不
知吾人在反侵略的共同目標之下友好合作租借

第 3 页

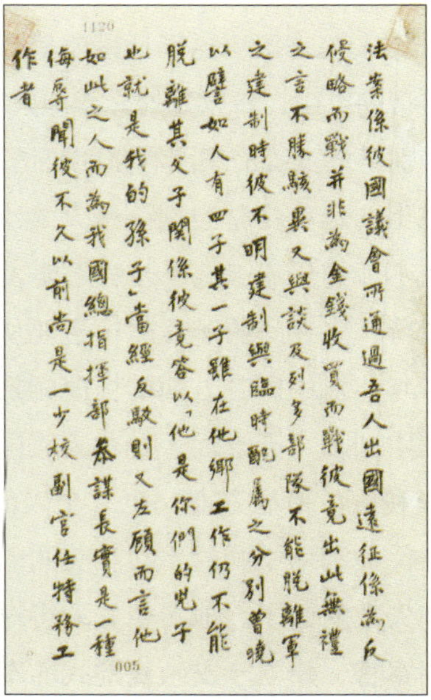
法案係彼國議會所通過吾人出國遠征係為反
侵略而戰并非為金錢收買而戰彼竟出此無禮
之言不勝駭異又與談及到多部隊不能脫離軍
之建制時彼不明建制與臨時配屬之分別曾曉
以譬如人有四子其一子雖在他鄉工作仍不能
脫離其父子關係彼竟答以"他是你們的兒子
也就是我的孫子"當經反駁則又左顧而言他
如此之人而為我國總指揮部參謀長實是一種
侮辱聞彼不久以前尚是一少校副官任特務工
作者

第 4 页

第5页

二、部隊現狀

1. 直屬部隊以編制隸屬未定人心甚感不安

2. 中美兩方軍官赤均對柏德諾相德諾不滿
洽即美方軍官⋯⋯一人外感情甚為融

3. 訓練方法比較進步惟三信心的建立尚須用功

4. 營房環境良好紀律尚易維持惟紀律的真
價值在行軍作戰時始能表現故尚須努力

5. 士兵體力一般強健疾病亦少惟二月份餉
至今未發駕駛兵之待遇由四十盾減為二十盾加
以他方引誘月給八十盾至一百盾不等故送有
逃亡尤以汽車第六團為甚

第6页

6. 裝備方面步槍係一九一七年出品頗嫌笨
重大砲十公分五榴彈砲射程一萬二千公尺又五
山砲射程九千公尺頗嫌其近通信器材全未補
充工兵器材亦異常缺乏

7. 在列多掩護築路部隊計有新三十八師
之二四及一一二兩團工兵第十團高射機槍營
特務營又汽車第六團及輜重驟馬團各一大
部現已令孫師長立人前往統一指揮

8. 在列多之二四團遠出於新平洋北側之
深山森林內氣候惡方毒蟲特多給養亦係

第7页

飛機輸送處處境頗為困難

9. 本軍遠處異域電信迫緩且受限制下情
不易上達而柏德諾與史迪威將軍電報連絡異
常敏捷容易顛倒是非為兩勝蔽伏維
明察是幸　謹呈

委員長蔣

駐印新編第一軍軍長鄭洞國

1943年10月2日，蒋介石致电郑洞国将军，命孙立人师长飞返重庆汇报工作

的首肯，但却无法为蒋先生所接受。蒋氏是一位凭借军事力量起家的中国地主资产阶级政治家，历来视军队如生命，绝不能容忍兵权旁落人手，况且是落入外国人之手。本来，他取得美援的目的，是加强国民党政权的军事力量，确保和巩固自己在中国的统治地位。因此，无论他对美援是如何渴望，也不肯轻易付出哪怕是放弃一部分兵权的代价。这样一来，蒋、史之间就种下了产生矛盾的因。

矛盾的公开引发是在中国驻印军组建之初。史迪威将军出于他坚持建立殖民地式军队的一贯主张，提出"要中国士兵，不要中国军官，尤其不要中国将领"，拟由美国人担任驻印军营长以上军官，并且先由美国调来三百多名军官，准备接替中国军官的职务。

史氏的这一企图，立即遭到全体中国将士的强烈抵制，连美国人非常器重的孙立人将军（孙氏毕业于美国南方弗尼吉亚军校，与美方关系比较密切），也表示坚决反对，遂形成僵持局面。蒋先生对史氏的这套主张和做法很反感，坚决拒绝了史氏的无理要求。不过为了缓和关系，他还是同意将原来的远征军第一路军司令长官部撤销，成立中国驻印军总指挥部，由史迪威将军担任总指挥，罗卓英将军副之。

但是，蒋氏的这些苦心安排远不能令史迪威满足。一方面，史迪威派三百余名美国军官中的一部分在昆明和兰姆伽训练营地任教官和管理人员外，又分别派其余的到驻印军中担任权力很大的各级联络官，企图通过这些联络官来达到控制中国军队的目的；另一方面，他又借口中国将领腐败无能，一再要求调走罗卓英将军。蒋先生不得已只好再次妥协，勉强同意将罗氏调回国，同时把驻印部队主力两个师改编为新一军，由中国方面派遣军长管辖部队，但受史氏直接指挥。所以说，我出任新一军军长一事，实际上是蒋、史之间这一回合斗争的结果。

史迪威将军对于成立新一军当然还是不满意的，但也不便再表示反对，以后便挖空心思地采取缩小军部编制的方法，来削弱军长的权力和作用。根据他的规定，军部只有三四十人的编制，没有任何直属部队。至于部队的指挥、训练、人事、经理、卫生等权力，也都集中到总指挥部那里，军部的权限仅限于管理军风军纪等事务。

不仅如此，缅北反攻战役开始后，有一个时期史氏和他的美国同事们，不愿让我过问军事，亦不允许中国师级将领行使前线作战指挥权，事事要由美国人来决定。我们的抵制和斗争，以及中国将领们在战争中显露的卓越指挥才能，才使史氏逐渐取消了许多无理限制。以后由于双方在长期共事中不

1943 年 11 月 24 日，郑洞国将军（中）在兰姆伽训练营地与美军威廉姆·贝尔京准将（左）、佛里德里克·迈科比准将商议军务

中国军队在兰姆伽接受训练

断增强了相互的理解和信任，彼此的关系才融洽起来。当然这些都是后来的事情了。

现在再回过头来谈蒋、史之间的矛盾。在撤换驻印军干部的问题上，蒋先生没有完全应允史迪威将军的要求，史氏一直是耿耿于怀的。一个时期以后，他又向蒋先生提出，中国的13个美械装备军应该同中国驻印军一样，由美国高级将领来指挥，也就是说应该由他来指挥。蒋先生对此表示坚决反对，不肯再作出任何让步。

为了压迫蒋氏退让，史迪威再次打出美援这张王牌。他先派包瑞德到延安建立美军观察组，并放出风声，打算把美援物资中的一部分分配给八路军。继而又扬言要亲自去延安，摆出要援助共产党的样子，借此向蒋施加压力。蒋先生素以顽固反共著称，他最担心的是共产党武装力量在敌后日益强大，日后成为国民党的强劲对手，故史氏这一手也确实触到了他的痛处。

此时蒋先生对史迪威已经极为恼火，无法再容忍下去，遂下决心，冒着得罪美国人的风险，于1944年10月致电罗斯福总统，坚决要求撤换他。史氏尚蒙在鼓里，甚至以为蒋先生一定会再次屈服，所以由印缅回来不久便去重庆与蒋谈判。谈判破裂后，始感到不对头，只好又去请何应钦将军从中转圜，但为时已晚。罗斯福总统为了拉拢蒋先生这位在远东的重要战略盟友，不得不采取丢卒保车的办法，很快复电同意撤回史氏，改派魏德迈将军接替他的任务。史迪威将军唯有一声长叹，悻悻地离去了。

史迪威将军的中途离任，并未使中美关系像蒋先生所期望的那样消除一切隔阂。魏德迈将军在反共问题上，较他的前任态度明朗，而且也不大过问中国军队内部的事务，这些颇令蒋先生放心。但是，蒋氏一心要争取的美援却不像以前那样来得顺利了。美国方面表示，除了已着手装备的中国十个美械军外，不打算再装备其他中国军队了。后来经中国方面再三要求，魏德迈将军才应允再装备三个军。此外，中国驻印军的预备装备原存于印度，蒋先生曾一再请求交给中国，而美国却仍然送给了印度。原来打算在西安、桂林两地装备的中国军队，也不打算实行了。蒋先生只好把十三个美械军的预备装备拿出来，成立若干个半美械装备军，以满足部下一些将领的要求。当时有人说："美国这样做法，使中国军队既饿不死，也吃不饱。"由此可见，中、美两国在保持密切合作的同时，相互之间的矛盾也是不少的。

处在这样一种情况下，我在驻印军中开展工作十分艰难。因为我既要想方设法搞好同美国人的关系，保证美援落实；又必须在骄傲自大的美方人员面前，小心翼翼地维护国民政府和中国军队的威信及利益。同时，为了顾全大局，还不得不拿出相当的精力，设法平息和调解部队中对美国人的种种不满和愤恨情绪。这种困难在我到任初期尤为严重。

我一到兰姆伽训练营地，就明显感觉到部队中普遍存在着对美国人的不满情绪，其中中下级军官和士兵尤甚。那一时期各师中下级军官和总部各直属部队的部队长，大都牢骚满腹，经常跑到军部来诉苦。有人曾对我说："班超当年扬威异域，我们今天到印度来却领略海外洋威，实在愧对祖宗。"有个别人甚至因不堪忍受洋人欺负，请调回国。至于孙、廖两位师长，因所处地位不同，言行尚属谨慎，但私下也时时流露出对美国人一些做法的不满。

为了稳定部队情绪，我曾花费相当时间到各部队中巡视，根据蒋先生和何部长的指示精神，在了解和掌握官兵心态的基础上，对将士们晓以大义，多方安抚劝导，尽量避免激化矛盾。同时对于美方的一些不妥行为，也积极、严肃地与其交涉，不作无原则的迁就。

当时双方争执较大的是以下几个问题。

一是美国联络官在部队中的权限与作用问题。史迪威将军出于要控制中国军队的目的，一直坚持由美国军官直接训练中国士兵，所以赋予各级美国联络官很大的权力。如平时训练期间，美国军官可以直接调动营以下的部队，直接带领连队到训练场，而中国部队长居然根本不知情。中国军官当然不愿意被美国人这样随便摆布，为此常常与美国联络官发生争执，双方闹得很僵。后来士兵们也不肯听美国人的话，在训练场上鼓噪起来，几乎酿成流血冲突。鉴于事态严重，我们在中美高级将领会议上正式提出，美国联络官的权限不应超越同级部队长，中国军官的作用必须得到尊重。史迪威将军也担心双方关系搞得太紧张会激出事变，不得不作出让步，规定各部队联络官在调动部队到某训练场时，应事先与该部队长联系，并向师部汇报。以后大多数联络官这样办了，有的还是不理会这个规定。尤其是总指挥部的直属部队，更是由美国人为所欲为，甚至联络官认为某个干部不如意，只要向总指挥部汇报，就随时撤换，并送上飞机回国，事后中国的部队长才知道。所以双方在这个问题上的纠纷一直未能彻底解决。

二是总指挥部参谋长波德诺将军的权限问题。波氏会讲汉语，也是一个中国通，但大国沙文主义相当严重，很瞧不起中国人。他曾坚持驻印军应参照美军军制，赋予参谋长直接指挥部队的权力。中国将领则认为这样不符合中国军队指挥系统职权划分的有关规定，表示反对。双方僵持了一段时间，最后还是史迪威将军接受了中国将领的意见，同意按中国军队的办法来确定参谋长的职权范围。波德诺对此事大为光火，一直记恨在心，处处存心刁难中国将领。如新一军军部原分配有一辆小轿车，他认为这是浪费，命令将车子调回总指挥部。又如国民政府外交部部长宋子文先生因出席新德里会议，顺便到兰姆伽训练营地视察，中国将领在欢迎时派了一排仪仗队。事后波氏竟在会议上严厉质问说："是谁命令派仪仗队欢迎宋部长？如果不经过总指

美军教官正在向中国官兵教授步兵武器的使用方法

挥部的同意，随便派遣部队的话，我们美国军官就回去好了。"史迪威将军
也在一旁附和他的意见。中国将领则针锋相对地反驳他们："前几天印度一
位省长来参观时（省长是英国人），总指挥部曾派出一营仪仗队；而中国的
部长来视察，派一排仪仗队，就不应该吗？"美国人听了面面相觑，此事也
就不了了之了。不过以后波氏与中国将领间的关系一直比较紧张，很多人都
讨厌他。

　　三是我到任不久发生的一件震动全军的事件。事情经过是这样的：担任
总指挥部副参谋长的中国将领温鸣剑将军，因事与国内军政部通电，史迪威
将军知道后大发雷霆，认为有违军纪，竟不与重庆方面打招呼，强令温氏回
国，另着一名美国军官接替他的职务。此事引起全军大哗。温将军本是军委
会任命的驻印军将领，史氏不经请示即将其赶走，是对中国方面极不尊重的
举动，中国将士对此均愤愤不平，连平时在这方面言行谨慎的孙、廖两位师
长也表示碍难接受。我感到事关重大，遂将事情全部经过连同我们的意见向
重庆作了汇报，随后去晋见史迪威将军，意欲劝他顾全大局，收回成命。但
史氏态度顽固，坚持不肯变动决定。在一旁的波德诺更是蛮横无理，居然说

1943 年 11 月 27 日，中国驻印军在印度兰姆伽训练营地进行战车演练和士兵实弹射击演习

什么："驻印军是由美国装备训练的，因此军中事务包括人事必须听命于总指挥部，即使中国政府也不得干预过问。"我听后气愤极了，强忍住心中怒火，严肃地质问他："参谋长阁下的这番话，可以代表美国政府和总指挥的态度吗？我提醒阁下，中国是个主权国家，不能接受殖民地式的待遇。"波德诺顿时语塞，面红耳赤地退到一旁。史迪威将军急忙出来打圆场，说了一番无关痛痒的话，把气氛缓和下来。不久蒋先生和军委会先后复电给我和孙、廖两位将军，一面斥责史迪威"何以对于人事调动，不先请准而擅自撤委"，一面慰勉我们督率将士安心训练，一场风波至此才渐渐平息下来。除了这几个问题以外，一些小的矛盾和摩擦还有很多，这里就不一一列举了。

当然，以上这些情况也仅仅反映了驻印军内部中美双方合作的一个侧

1943 年在昆明的第九九三通讯部队，来自美国的卡尔·邓肯上尉在指导中国士兵使用美军最新的无线电设备

面。从总体上说，双方的合作关系一直是不错的，虽有过一些波折，但从未发展到严重危及双方合作的地步。绝大多数美国朋友和中国将士，能以大局为重，为了对付共同的敌人，注意维护相互间的团结，这是合作赖以保持、巩固的重要因素。

这里应当特别提到史迪威将军。尽管他对中国将领素有偏见，性情也比较急躁，在一些事情的处置上对中国方面不够尊重。但应当承认，他毕竟是一位正直的、很有才华的军事将领。在对日作战问题上，他的态度不仅始终是认真、积极的，而且颇具战略眼光，在指挥上很有一套办法。最难得的是他身为异国高级将领，却毫无官架子，待士兵们十分友善，喜欢同他们交朋友，慢慢赢得了不少中国将士对他的钦敬，许多人亲昵地称他为"乔大叔"。

1944 年 7 月 23 日，来自美国密歇根州的乔治·奥利弗上尉向中国军队士兵示范火焰喷射器的操作步骤

在后来的缅北反攻战役中，每当战事处于紧张时刻，只要"乔大叔"瘦削高大的身影出现在阵地上，就会引起战士们热烈的欢呼，部队的士气更加高涨起来。面对再艰难的任务，将士们也会毫不犹豫地去完成。史迪威本人也常常引此为傲。在处理同中国将领的关系上，一般地说，他还是比较理智，能够顾全大局的。驻印军在兰姆伽训练营地训练期间，由于他同蒋先生的关系比较紧张，加上他头脑中的一些偏见，因而对我和其他中国将领很有戒心，担心我们是蒋派来监视他的，不会真心与其合作。但即便如此，他对我们也能以礼相待，对我们提出的一些正确意见和建议，也往往能够采纳。后来随着共事日久，双方的信任程度逐渐加深，他也改变了过去的一些看法，我们之间开始建立起一种患难与共的亲密关系。这种亲密关系使我们在后来的战争中彼此信赖，互相尊重，始终保持着军事指挥上的协调与统一，进而为取

得反攻缅北战役的胜利提供了切实的保证。虽然史迪威将军在战争尚未结束时便离任而去，但他对中国抗日战争乃至世界反法西斯战争所作出的贡献，却是永远不能磨灭的。

我们中国将领在处理与史迪威将军和其他美方人员的关系问题上，也始终是比较得体的。一方面，在事关我们国家和军队尊严、利益的问题上，我们坚定不移，除非上级同意，轻易不作出让步；另一方面，对于史迪威将军，我们像对待本国长官一样，给予他应有的尊敬。他下达的命令、指示，只要是正确的，便认真执行，从不违抗，并在工作中尽量积极地协助他。对待其他美国朋友，我们也努力体现出不亢不卑、宽和大方的风范，与之友好相处。即使双方一时发生矛盾，我们也保持冷静和理智，采用适当方式加以解决。譬如，我与史迪威将军共事一年多，尽管他有时脾气暴躁，但却从未与他红过脸。连史迪威也多次向我称赞起中国将领的爱国精神和温文尔雅的道德修养。重庆军委会和军政部对于我和我的同事们在驻印军中的工作表现深表满意，曾一再给予褒奖。

新一军各师和总部各直属部队，在兰姆伽训练营地受训了半年多。1943年10月，缅甸雨季结束后，各部队陆续开始向前线挺进，按作战计划投入了对日寇的反攻。

筹划反攻及修筑列多公路

1942年春中国远征军入缅作战的失利，使我国主要国际交通线滇缅路被切断，从此盟国援华物资只能依靠飞越喜马拉雅山的驼峰空运。由于补给量极少，远不能满足国内需要，国民政府迫切需要重新打开这条供应线。美国为了减轻自己在太平洋战场的压力，也希望协助中英军队规复缅甸，恢复滇缅公路交通，使中国有力量拖住并打击更多的日本军队。

1942年7月，史迪威将军向中国最高统帅部提交了收复缅甸的备忘录，并很快得到了批准。但中国方面提出，为了确保反攻缅甸战役的胜利，美国至少应派出一师以上的战斗部队到达印度与中国驻印军联合作战，并在中国战场投入五百架作战飞机，同时还应使空运的援华物资提高到每月五千吨的水平上。此外，中国还要求英国派出一支强大舰队进出中国海和爪哇海，取得制海权，并进攻安达曼群岛以掩护陆军在仰光登陆，与中国军队在缅甸北部的军事行动相呼应。稍后，中国方面进一步提出，中国愿增加一师兵力（新三十师）空送至兰姆伽受训，并在云南边境集结十五至二十个师兵力，分由滇西和缅北夹击日军。

此后，中、美、英三方围绕反攻缅甸的作战方案进行了频繁磋商。美国方面出于在太平洋战场的战略需要，除对派遣地面战斗部队赴印缅地区参战表示有困难外，积极主张应帮助中国尽快实施收复缅甸和重新打通滇缅公路的军事行动。但英国人的态度比较消极，他们既不愿看到中国因外援断绝而遭战败，又担心战后大英帝国在远东殖民地的势力受到削弱，因而对于中国军队参与收复缅甸始终怀有矛盾心理。在史迪威将军同驻印英军总司令韦维尔将军的几次会谈中，英方以后勤运输困难为借口，拒绝"增加在印度受训并以印度为基地的中国军队人数"，也反对中国军队在缅甸进行大规模的军事行动。以后几经协商，英国方面才勉强作出了让步。但事隔不久，英国人以其大批海军参加北非战役为由，取消了如期派遣舰队控制孟加拉湾的承诺，韦维尔将军亦将计划投入反攻缅甸战役的七个师英军缩减为三个师。在这种情况下，中国方面鉴于第一次入缅作战失利的教训，也不愿单方面出兵缅甸，规复缅甸之议遂一度搁浅。

1942年底至1943年初，世界反法西斯战争出现了决定性的转折：苏联红军于伏尔加格勒城下大败德寇，聚歼德军精锐的第六军团三十余万人，并生俘其司令官鲍利斯元帅，迫使德军停止了对苏联的战略进攻。与此同时，英美盟军在北非登陆，击败了隆美尔元帅指挥下的德军，转入反攻。由于欧洲和北非战场出现转机，美英盟国重将目光移向东南亚战场。

1943年1月14日，美国总统罗斯福与英相丘吉尔在摩洛哥的卡萨布兰卡举行会议，商讨对日战略。在这次会议上，一些美国高级军事将领力促盟国应尽快采取军事行动，打破日寇对中国的封锁。美国海军上将欧内斯

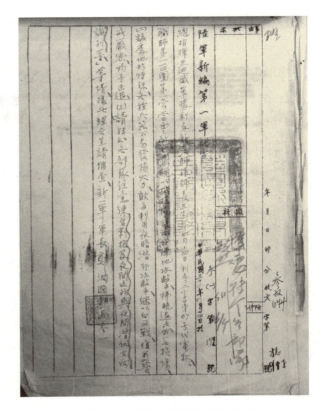

中国驻印军新一军军长郑洞国签署的作战文件

特·J. 金将军的观点很具代表性，他认为："在欧洲战场，从地理位置和人力方面看，俄国处于最有利的地位来和德国周旋；在太平洋，中国对日本有类似的关系。我们的根本政策应为向俄国和中国的人力资源提供必要的武器，使他们能够作战。"

由于美方坚持，会议制订了旨在规复缅甸的代号为"安纳吉姆"的作战计划，决定于1943年11月中旬反攻缅甸。

在"安纳吉姆"作战计划的基础上，史迪威将军与驻印英军总司令韦维尔将军，反复磋商了中国驻印军在缅北的攻击路线问题。

攻击路线的选择，具有战略上的重大意义。根据当时我军的实际情况，至少要考虑到以下几个问题：第一，便于大兵团作战，尤其要便于发挥驻印军比较优良的重装备的威力；第二，能迅速进出缅北地区切断敌人的交通线，一举而向孟拱、八莫等要点攻击；第三，公路修筑比较容易，并且为尔后使用效率高的地区。据此，史迪威最初曾有意在印度英帕尔地区选择一条攻击路线，因为那里通往缅甸的地势相对平坦开阔，比较有利于作战。但是这个设想立即遭到了平庸而圆滑的韦维尔将军的反对。他担心中国军队一旦深入到缅甸中南部，会加大中国对缅甸的影响，对大英帝国在战后重新控制这块殖民地不利。这样几经周折，最后决定的路线是从印度三省东北端的列多起，经大加卡崎岖绝径的野人山区、胡康谷地的新平洋南折至孟拱、密支那，迄八莫与滇缅路衔接。

这条路线从地图上看，似乎距离较近。实际上野人山是崇山峻岭、森林密布、人迹不到的地方，只有蜿蜒于悬崖绝壁之间的羊肠小径可通行。一到雨季，泥泞满道，蚂蟥遍地，跋山涉水，尤为困难。通过这一地区，要走十几天。修筑公路的困难也很多，路修成后，雨季根本不能通车，使用率也很低。因此，后来在整个缅北作战期间，我军大多不得不依赖空运补给。此外，胡康谷地、孟拱谷地到处是茂密的原始森林和纵横交错的大小河流，形势甚为险要，易守难攻。日军后方的交通反而便利，兵力转运灵活。迫使我军背靠绝地以攻天险，在作战中遇到了极大的困难。

卡萨布兰卡会议后不久，中、美、英三国高级官员会晤于印度加尔各答，商讨如何协同实施"安纳吉姆"作战计划。中国方面出席会议的是外交部部长宋子文、军政部部长何应钦等。会议商定，中国驻印军和集结在云南怒江东岸的中国远征军，将按计划对缅北日军发动钳形攻势，会师后再向曼德勒挺进，与在缅甸中南部作战的英军会合。英美盟方再次承诺出动海军控制孟加拉湾，并在仰光登陆，还答应将空运中国的军用物资保持在每月一万吨左右。同时，会议还强调要大大加强中国战区的空中作战能力。据此，美国罗斯福总统批准成立了以陈纳德将军为司令的第十四航空队。这支航空队以后逐渐扩大到拥有五百架作战飞机，在中国抗日战争后期发挥了重要作用。

1943年5月14日，美国总统罗斯福和英相丘吉尔再次在华盛顿举行代

号为"三叉戟"的高级军事会议，商讨盟军于北非战役结束后的行动和反攻缅甸的问题。出席这次会议的还有英美参谋部的高级军事首脑和中缅印战区司令官韦维尔、史迪威、陈纳德等，中国外交部部长宋子文也出席了会议。

出人意料的是，英国在这次会议上又一次企图改变已经商定的关于反攻缅甸的作战方案。丘吉尔首相提出，盟军应绕过缅甸，转攻印度尼西亚的苏门答腊岛北端，再夺取新加坡，对东南亚日军作战略包围。这种拖延时日、逃避与敌决战的设想遭到了大多数与会者的反对。经过激烈的讨价还价，会议总算确定了一个代号为"茶碟"的作战计划。但这个计划只规定盟军在缅甸北部采取小规模的军事行动，亦放弃了在 1944 年收复仰光的目标，"这意味着仰光以北去中国的交通不会在 1944 年打通"，故比起"安纳吉姆"计划，"茶碟"计划实际上是大大倒退了。

1943 年 8 月，在苏联和北非战场上接连遭受毁灭性打击的意大利法西斯政权，已暗中与英美盟国接洽无条件投降（投降协定在8月底正式签订）。为了权衡意大利投降以后的战争局势，确定全面击败德、日法西斯军队的作战方略，英、美两国首脑又于8月19日在加拿大魁北克举行了代号为"四分仪"的高级会晤。在这次会议上，美国人的主张似乎占了上风：会议根据罗斯福总统的坚决主张，决定1944年在法国开辟第二战场，并制订了美英盟军在诺曼底实施大规模登陆反攻的"霸王"战役计划；在对日作战问题上，罗斯福总统从其太平洋战略出发，亦敦促英国痛下决心，在东南亚与中、美两国军队联合对日决战，收复缅甸。会议决定成立一个由英国皇家海军中将蒙巴顿勋爵担任统帅、史迪威将军担任副统帅的东南亚战区司令部，统一指挥、协调英、美、中三国军队在缅甸、锡兰、苏门答腊和马来亚等地区的作战行动，这次会议还提出了一个全面击败日本法西斯的军事计划。

为了增强中国的抗日能力和确保反攻缅甸战役的胜利，魁北克会议还作出了几项与中国有关的具体决定：扩建机场，尽快提高中印空运能力，力争至1944年6月达到每月两万吨的水平；中、美、英联合铺设一条由加尔各答经孟加拉阿萨姆穿越缅北直通昆明的管径六英寸、长三千余公里的输油管道，这将是当时世界上最长的输油管；列多公路应迅速延伸至芒友，与滇缅公路相衔接，尽快全面恢复这条中国重要国际交通线的运输能力；使用B-29型轰炸机，自中国基地轰炸日本本土；派遣一支人数大约有三千人的美军精锐突击队，到达缅北与中国军队并肩作战。这支代号为"加拉哈德"的美军部队训练有素，装备精良，擅长以远距离渗透的战术，突击敌人的后方和侧翼。应当说，以上几项决定，对于支持中国的抗战，是具有积极意义的。

1943年11月21日，美国总统罗斯福、英国首相丘吉尔和中国军事委员会委员长蒋介石，齐聚埃及首都开罗，举行了著名的"开罗会议"。在这次会议上进一步讨论了对日作战问题。中国方面强烈希望尽快发动反攻缅甸的战役，并再次表示中国驻印军和滇西远征军将按计划，分由列多和保山进攻（时驻印军新一军已由列多基地攻击前进），但这项军事行动必须得到在孟加拉湾的英国海军的策应。为此，中国建议"英国海军应及时集中，为行动作好充分准备"。

1943年12月1日，郑洞国将军在兰姆伽训练营地基督教青年会，向来访客人致辞。左二为威廉姆·贝尔京准将，左三为佛里德里克·迈科比准将

然而会议却只讨论了英国方面提出的一个代号为"锦标保持人"的作战计划。这项计划规定：中国驻印军两个师由列多向缅北发动攻击（此项行动已在实施中）；英军第十五集团军四个师于1945年1月中旬，"将在若开区向前推进以占领改善的防线，并将利用任何可以获得的成功"；同时英军第四集团军三个师"将向茂叻、明塔、锡当进军，尽可能向东南推进"；美国伞兵部队于1945年3月中旬袭占英都，配合中英军队作战。

由于"锦标保持人"作战计划未明确规定中、英、美三国军队在缅甸作战的目的，亦未提英海军在孟加拉湾集结、水陆两栖攻占仰光的方案，远远不能满足中国方面要求迅速打通滇缅运输线的战略需要，故引起中方的强烈不满。蒋介石先生等中方代表在会议期间一再要求"盟军向曼德勒进军，并坚持必须配合海军行动"，盟方"必须每月空运一万吨物资去中国"。但这些要求在英国方面的种种借口下，均未被接受，最后蒋先生只好同意了"锦标保持人"作战计划。

开罗会议后不久，美、英、苏三国首脑于11月21日在德黑兰举行会议，讨论盟国对德、日军事行动问题。会议以后，英相丘吉尔竟以"苏俄已答应出兵对日作战，东南亚军事行动失去了意义，中国方面的贡献更无足轻重"为由，又进一步决定放弃缅甸作战计划。

围绕反攻缅甸之议，英国方面一再背信弃义，出尔反尔，使中、美、英三国在缅甸的联合军事行动始终无法实施，其中自有一番缘故：在指导战争的战略思想中，英国人历来把欧洲放在优先的地位上来考虑，他们认为在欧洲战场的胜负，将决定整个战争的结局，从而不愿在远东集结和消耗大量的兵力和物资，这是原因之一。更重要的是，英国也不愿意或不情愿尽全力援助中国。按照英国人的观点，中国一旦在战后取得亚洲乃至世界强国的地位，就将对大英帝国在远东的利益造成威胁和损害。他们固然不希望中国在战争中被打垮，但也不希望中国通过战争而强大起来，最好的办法是维持现有的局面，使中国永远处在贫穷、软弱、分裂的状态中。这实际上也是战时英国对华政策的基本思想。正是基于这一点，英国人才再三阻挠发动旨在打通滇缅国际交通线的反攻缅甸战役。如果英国必须在远东采取军事进攻行动，那么他们宁愿把目标放在新加坡到香港这一线，因为这样可使英国在战争胜利之后，继续保有这些海外领地。在这些问题上，充分暴露出这个老牌殖民主义国家的极端自私和狡猾。

而这时的中国，在经历了整整六年多的抗战之后，国力消耗甚大，各方面都处在十分艰难的境地中。国民政府亟须迅速打通滇缅国际交通线，将大批援华物资输往国内，以维持大后方日益恶化的经济和补充前线的战争消耗。由于英国不肯在南缅登陆，进而承担与中美军队联合收复缅甸的义务，因而依靠中美陆军修通列多路，借此使大批物资直接由印度陆路输往国内之举，即成为当务之急。同时，美国方面也担心中国政府会因英国的消极态

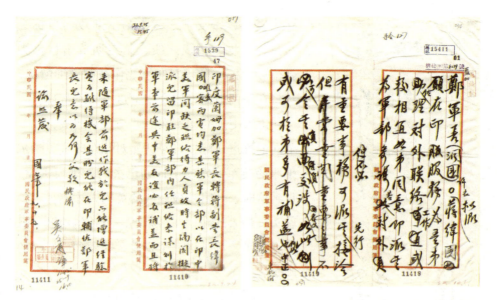

1943年9月24日，蒋介石电令蒋纬国在中国驻印军中协助郑洞国军长处理与盟军联络事务

1943年10月1日，蒋介石致电郑洞国将军，拟派蒋纬国至新一军任军部参谋

度，而动摇在缅北发动军事进攻的决心，亦一再催促中国尽快行动。

先是，蒋介石先生于1943年10月19日，在重庆邀请盟方蒙巴顿将军、史迪威将军、索默维尔将军（美空军补给司令）和中国将领何应钦、商震、刘斐、林蔚等开会，商讨反攻缅甸的作战方略。其中确定，中国驻印军将于1944年1月15日首先由列多发动攻击，目标是推进至北纬23°一线，以确保列多路的安全。会后，史迪威将军主动将攻击日期提前，命令新三十八师于10月下旬由列多东进，一面掩护筑路，一面攻击前进。英国决定放弃在南缅的登陆计划以后，中国驻印军加强了在缅北的攻势，除已在前线作战之新三十八师外，新二十二师以及部分直属炮兵、战车部队陆续调往前线，投入攻势。

中国驻印军的作战方针是：从列多前进基地出发，经野人山区进入胡康谷地及孟拱谷地，夺取缅北重镇孟拱、密支那等要点，然后经八莫，向曼德勒推进，将日军逐渐压迫至曼德勒附近地区包围歼灭之。其第一期攻击目

蒋介石致郑洞国将军要求
调回蒋纬国的电报

标为孟拱、密支那之线，第二期攻击目标为八莫、南坎、腊戌之线，第三期攻击目标为曼德勒。关于驻印军在缅北作战的详细情况，我将在下两节作专门介绍，这里暂不赘述。

正当中国驻印军在缅北与日军醋战，并节节向前推进之际，日军突然对驻在印度英帕尔平原的英军，发动了计划已久的大规模进攻。直到这时，一直消极避战的英国人才不得不硬着头皮投入战斗，在科希马—英帕尔地区与日军进行了一场长达三个月之久的激烈而残酷的厮杀。

日军这次进攻的目的是明显的，他们企图攻占印度英帕尔地区，摧毁这里的机场和物资仓库，并重创甚至消灭英军，使其失去反攻缅甸的能力。同时，一旦击溃英军，切断阿萨姆—孟加拉铁路，也将使在缅北作战的中国驻印军因失去后方供应而孤立无援，最后不得不重蹈1942年中国军队入缅作战失败的结局。从这个意义上讲，在英帕尔的英军能否守住阵地并击退日军的进攻，对于整个东南亚战局的确具有关键作用。所以，在科希马—英帕尔战役的紧急关头，中国驻印军曾有撤回精锐的新三十八师、调到英帕尔协防英军之议，幸而不久战局转危为安，此议遂罢。

为了牵制日军，策应中国驻印军和在英帕尔的英军的行动，我最高统帅部下令驻扎在滇西的十余万中国远征军于5月11日强渡怒江，向日军第五十六师团等部队发起猛烈进攻，迫使日军三面应敌，在战略上陷于不利的境地。

或许可以这样说，日军对英帕尔的冒险进攻，虽给驻印英军和中国驻印军一度造成很大威胁，但客观上也起到了把英国人重新拉回缅甸战场的作用，最终形成了中、英、美三国协同对日作战的局面，这大概是日军和盟方都始料不及的。

现在再回过头来叙述一下列多公路（中印公路）的修筑情况。早在1943年初，中国驻印军的攻击路线确定之后，史迪威将军就与韦维尔将军商定，由美国修筑一条从列多穿越缅北的高山峡谷、原始森林和纵横交错的河流，直通密支那、八莫的公路，以便在中国驻印军向缅北反攻时提供物资支援，同时还可使大批援华物资经密支那中转空运至中国国内，不必再飞越那令人生畏的驼峰。

由于缅北地势复杂，气候异常，人迹罕至，无论是筑路，还是作战，都非常困难。英国人开始不相信能在这一地区筑路，认为这是比登天还难的事情，根本无法实现。尽管如此，中美工兵部队还是于这年3月，在美国供应处的惠来少将和阿鲁斯密准将的指挥下，开始了这项艰苦的工程。

最初参加筑路的部队，是我工兵第十团及美国工兵两个团，还有一些雇用的当地劳工。这时雨季尚未来临，地形较佳，筑路机械亦充足，工程开始时进度尚称迅速。自5月以后，雨季来临，加上已临近野人山区，终日阴雨泥泞，疫疠肆虐，工程进度为之大减。7月中旬，我工兵第十二团亦由兰姆伽调到列多参与筑路。8月雨季将逝，驻印军总指挥部乃增调工兵部队，日夜赶筑。这时在筑路工地上的中美工兵部队，除我工兵第十、第十二团，美军工兵第四十五、第三三〇团外，还有美军第八二三、第八四九两个航空工程营，第二〇九、第一八八三、第一九〇五等三个战斗工兵营，另有部分英国人率领的印度、中国（主要是西藏）、尼泊尔劳工，总计实际施工人员达七千余人（美国工兵每月轮休一部，此数未含）。中美筑路部队不避艰险，突击抢修，使每日进度平均可达一英里左右。

9月初旬，工程渐达南荣河畔，为加快施工进度，遂改为分段筑路。我工兵第十二团等部，在新三十八师先遣支队的掩护下，经过103个昼夜的艰苦施工，在南荣河上建起一座全程中最大的耐重桥梁，并将公路修筑至通往新平洋的那斯考。此后，中美工兵部队在野人山区，不顾毒蛇、猛兽、蚂蟥、蚊蝇的滋扰，伐森林、凿峻岭，昼夜施工，风雨匪懈，几乎在我军战斗

中美工兵部队在悬崖上修筑中印公路

部队前进至大龙河西岸的同时，于 1943 年 12 月 27 日将长达 116 英里的列多—新平洋公路路基修通。此段公路是全部工程中最为艰险的一段，中美工兵部队克服重重难以想象的困难，以其血汗和英勇无畏的精神，如期完成任务，为后来整个战役的胜利奠定了基础。同时，中美工兵部队的此番壮举，也可以说是开创了世界筑路史上的奇迹。

列（多）新（平洋）段路基辟通后，虽然暂时可以通车，但为保证公路在雨季畅通无阻，中美工兵部队突击加宽路幅，并在路面上铺设碎石。由于公路沿线岩石甚少，要从几十英里以外的地方运取，因而大大影响了工程进度，直到 1944 年 5 月这段公路才完全竣工。以后筑路部队除以一部继续担任公路保养任务外，大部则紧随新一军的战斗进展，逐次将旧的牛车道加以修缮，使汽车能够通行，有力地支援了前线作战。同时，鉴于旧有的牛车道所经之线地势低洼，易被淹毁，筑路部队乃另测新线，以新平洋为起点，循旧有道路东北侧地势较高区域，经大龙河、新龙河、茂林河、大宛河等处，重新修筑了一条直达丁高沙坎的公路路基。这段路基虽然在 5 月底即告竣工，但因雨季来临，数度为洪水冲断，几经抢修，终于在 7 月通车。尔后再衔接旧路，略加修葺，通车至瓦拉渣。这时我军主力已相继攻占了缅北要地卡盟、孟拱。

列多路自瓦拉渣经卡盟至孟拱一段，本有旧线可资衔接，亦因地势低洼，又值雨季，泥水没膝，无法通行，虽几经修缮，终难使用。除卡（盟）孟（拱）一段勉强可通行外，其余时被洪水淹没。中美工兵部队不得不另择新线，越孟拱河，循河之东，傍山西麓，不经卡盟、孟拱而直趋密支那，改辟一道。这条路既可避雨水冲毁，又较旧路缩短一半，使用价值甚好。我军攻克缅北重镇密支那后，列多公路自列多至密支那之间全线通车，大批物资以密支那为中转源源空运至国内，对国内抗战贡献殊大。

1944 年雨季以后，中国驻印军继续乘胜前进，经浴血奋战相继攻克八莫、南坎、腊戍诸重镇，中美工兵部队随大军之后赶筑公路，连接各点，并与滇缅公路相衔接，至此列多公路全线竣工。

反攻缅北之役（上）

日军自 1942 年 5 月在缅甸击败中英军队后，即分兵攻略缅境内各要点。当时及以后驻扎在缅甸的日军，先后计有第二、第十五、第十八、第三十一、第三十三、第四十九、第五十三、第五十四、第五十五、第五十六及第五飞行师团等 11 个师团以上的兵力。

先是，日军第十五军以所属之第五十六师团驻守平戛至腊猛、腾冲之线，与滇西中国军队沿怒江对峙，其纵深迄腊戍东西之线；第十八师团部署于腾冲以西至密支那、卡马因相连之线，纵深迄眉苗、曼德勒之线，西北方向隔野人山与中英军队对峙；第三十三师团担任卡里瓦、干高迄阿卡布南北之线，向东迄泰缅边境间地区防卫；第五十五师团集结于普罗美至同古东西之线以南地区，为预备队，以一部任海岸警戒；军部位于仰光。以后，日军

1943 年春，担任新一军军长的郑洞国将军　　1943 年，新一军军长郑洞国题词

为向英帕尔之英军发动攻势，于 1943 年 3 月 27 日组建缅甸方面军，并以第十五师团、第三十一师团及炮兵、战车、工兵等战斗部队增援，随后又于同年八月将驻于爪哇方面的第五十四师团增援缅甸。在这之后被陆续征调到缅甸战场的日军还有第二、第四十九、第五十三师团等部队。

日军第十八师团是一支惯于在亚热带森林中作战的精锐部队，曾在日军发动的东南亚诸役中连连获胜，号称"亚热带丛林之王"。该师团进驻缅北后，以密支那、孟拱为基地，锐意经营，严密布防，在各战略要点赶筑强固工事，企图长期固守，并伺机向我进攻。不久，其第一一四联队向新平洋、大洛前进，击溃当时驻扎在胡康地区的英军，一度进入野人山区。尔后因雨季洪水泛滥，补给困难，日军除留少数兵力在新平洋警戒外，主力撤至于邦地区。我驻印军在反攻缅北战役前期战斗中的主要对手，便是日军强悍的第十八师团。

早在 1943 年春，驻印军新三十八师——四团即奉命进入野人山区，掩护中美工兵部队筑路。3 月中旬，该团接替英军在卡拉卡、唐卡家一线的防务，屡次击退日军袭扰，与日军形成对峙状态。是年秋，新三十八师、新二十二师奉命逐次向列多集结。不久新三十八师——二团接替了——四团防务，根据史迪威将军的作战命令，于 10 月中旬雨季结束后，分三路向新平洋、于邦一线挺进。胡康谷地的争夺战由此展开。

胡康谷地由大洛盆地和新平洋盆地组成。这一地区多为原始森林，山高林密，河流纵横，雨季泛滥，一些地段水势汹涌，舟楫亦难通航，素有"绝地"之称。在地形如此复杂的地方与日军进行殊死搏斗，对于刚刚学习掌握美械装备、并不十分熟悉亚热带丛林作战的我军来说，无疑是一场严峻的考验。

我军进攻新平洋、于邦之初，根据总指挥部提供的情报，以为这一带仅驻有少数日军，双方交战后始知正面之敌是日军第十八师团的主力第五十五、第五十六两个联队。日军凭借兵力优势，据险防守，战斗一开始就极为激烈。10 月 29 日，我军经多次血战攻占新平洋，并乘胜向于邦攻击。而于邦之敌依据坚固工事，顽强死守。我军因总指挥部参谋长波德诺将军迟迟不肯调炮兵前往助战，攻击一再受挫，伤亡较大，陷入苦战中。日军趁机以第五十五、第五十六两个联队主力反扑，与我军拉锯争夺，战况至为激烈。我奉命支援——二团战斗的新三十八师——四团第一营，在激战中为敌重兵包围，与友军联络及补给完全断绝。该营官兵以芭蕉、毛竹、树叶为食，苦撑月余，击退日军十余次疯狂进攻，阵地寸土未失。第——二团各营也顽强顶住了敌人的凶猛反扑。

12 月中旬，新三十八师——三团、——四团（欠一营）及炮兵一营奉命向于邦增援。该师派出有力部队，分别沿大奈河西岸和大龙河东岸地区，在密林中开路前进，秘密迂回至敌之侧背，发动奇袭，迫使日军纷纷龟缩至于邦核心阵地内。不久，新三十八师师长孙立人将军和总指挥史迪威将军先后亲临前线指挥督战，我军士气益振。该师在美空军和炮兵支援下，发动猛烈攻击，经激烈堑壕战，终于在 12 月 29 日将于邦攻克。残敌在退逃途中又

中国驻印军将士们即将出征

遭我军伏兵夹击，损失惨重，几乎溃不成军。此为于邦之捷。

于邦之战是一次规模不太大的战斗，但敌我殊死较量，战况极为激烈，双方均伤亡惨重，最后终以我军胜利、日军失利而结束。这次战斗的意义不仅在于给予了第十八师团沉重打击，更重要的是打破了号称所谓"亚热带丛林之王"的日军第十八师团不可战胜的神话，大大鼓舞了全军将士的作战信心和勇气。而日军经此一战，也开始意识到这支一年多前被击败而退入印度的中国军队的作战实力，"已达到不可与昔日相比的精强程度"，从此再也不敢轻视我军。

于邦之战后，我军完全控制了大龙河西岸各据点。此时新三十八师已全部开抵大龙河西岸，新二十二师先头部队亦到达新平洋附近地区。12月28日，驻印军总指挥部命令新二十二师担任右路，向大洛攻击前进；新三十八师担任左路，沿新平洋至班腰卡之线以北地区，向太伯卡及甘卡等地攻击。

1944年元月9日，新二十二师以一个加强团兵力（第六十五团附工兵一

中国驻印军重炮部队通过列多公路

营）渡过大奈河，沿左岸草莽密布的崎岖山地，逐段开路前进，不断击破小股日军的阻击，于14日进至百贼河北岸。这时发现日军主力已集结在百贼河南岸，沿大奈河向北占领阵地。我军遂于22日夜将该敌完全包围，次日上午即发动全线猛攻。经几小时激战，日军抵敌不住，纷纷退守核心阵地作困兽之斗。我军遂以三面压敌，缩小包围圈。此时敌我咫尺相接，炮兵均失去效力，手榴弹、掷弹筒、轻重机枪、小迫击炮等近战兵器则发挥至最大程度，日军阵地四周火光冲天，杀声震野，战斗空前激烈。至25日，日军大部就歼，少数残敌被迫向南逃窜，立即遭我阻击部队迎头痛击，几乎无一生还。此战我军共毙敌三百余名，经查该敌为日军第五十五联队冈田大队主力。

右路军歼灭日军冈田大队主力后，乘胜前进，利用阿好河以南至大洛间较为平坦的有利地势，沿途扫荡小股日军，于元月31日占领大洛，残敌纷纷渡河向大奈河右岸逃窜。

左路军新三十八师主力亦于1944年元月初，分三路渡过大奈河及大龙

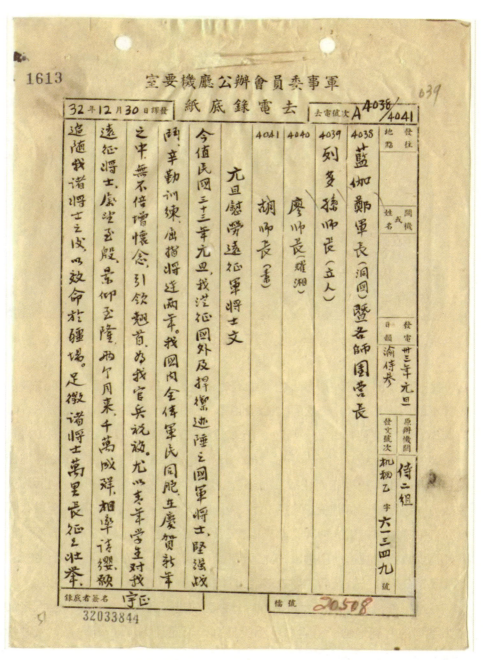

	去電鐌次 A 4038/4041
32年12月30日譯發	去電錄底紙

發往地點
姓名　關戎機
發電　卅三年元旦
韻　渝侍參
原辦機關　侍二組
發文號次　机秘乙　字　六一三四九　號

4038　藍伽鄭軍長（洞國）暨各師團營長

4039　列多孫師長（立人）

4040　廖師長（耀湘）

4041　胡師長（素）

元旦慰勞遠征軍將士文

今值民國三十三年元旦，我駐征國外及捍禦迤陲之國軍將士，歷經戰

胡，辛勤訓練，屈指將近兩年。我國內全體軍民同胞，生慶賀新年

之中無不倍增懷念。引領翹首，為我官兵祝禱。尤以青年學生對我

遠征將士，虔望玉殿景仰玉隆，兩個月來，千萬成群，相率詩纓，願

追隨我諸將士之後，以效命於疆場。足徵諸將士萬里長征之壯舉。

錄底者簽名　宇臣　32033844

檔號　20508

1944年元旦，蔣介石致駐印軍賀詞（文5頁，此為第1頁）

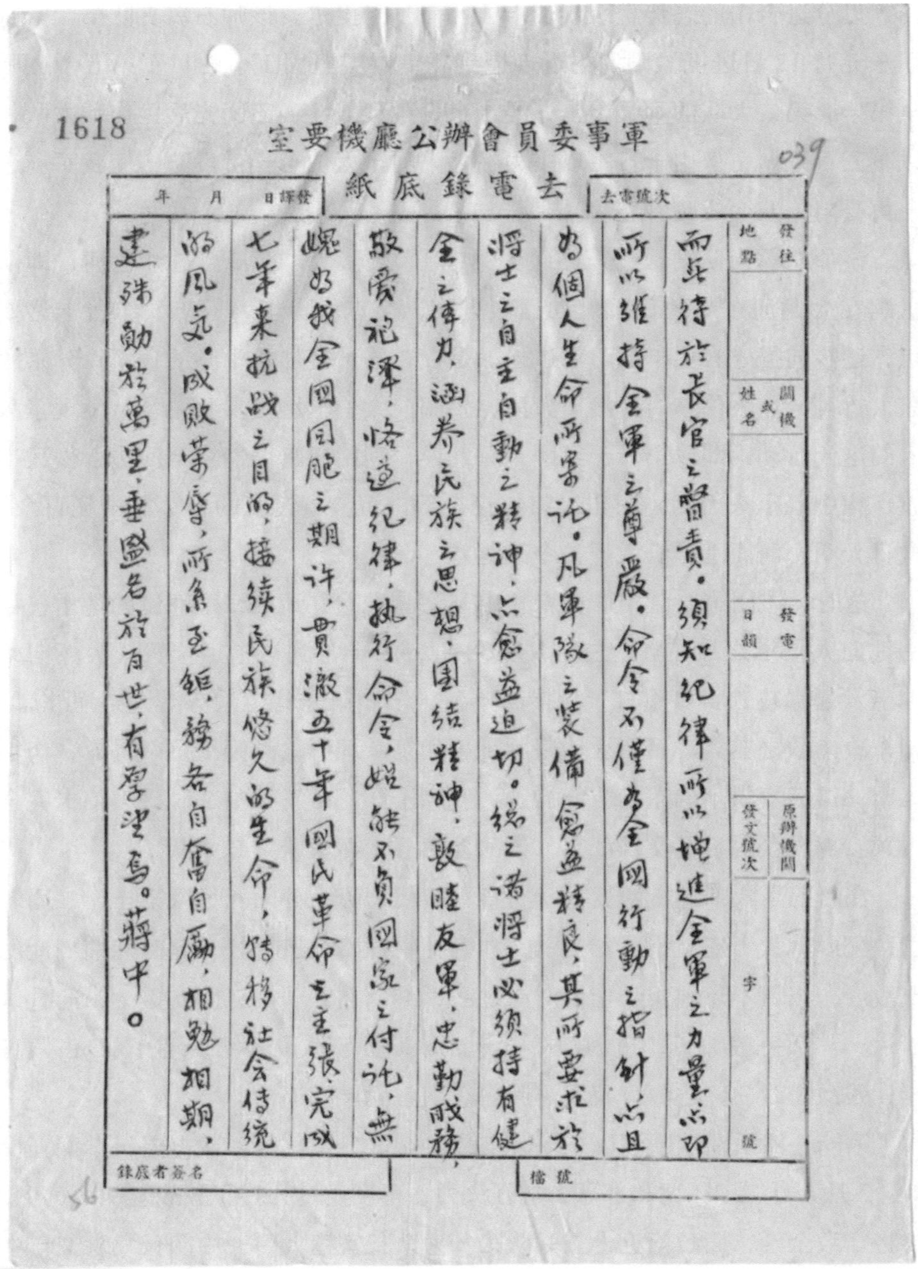

1618　軍事委員會辦公廳機要室　039

去電錄底紙

發譯日　月　年　　去電號次

發往地點　　機關或姓名　　發電日期　　原辦機關　發文號次　字　號

而其待於長官之督責。須知紀律所以增進全軍之力量，亦即所以維持全軍之尊嚴。命令不僅為全國行動之指針，亦且為個人生命所寄託。凡軍隊之裝備愈益精良，其所要求於將士之自主自動之精神，亦愈益迫切。總之諸將士必須持有健全之体力，涵養民族之思想，團結精神，敦睦友軍，忠勤職務，敬愛袍澤，恪遵紀律，執行命令，始能不負國家之付託，無愧為我全國同胞之期許，貫澈五十年國民革命之主張，完成七年來抗戰之目的，接續民族悠久的生命，轉移社会传统的風氣。成敗榮辱，所系至鉅，務各自奮自勵，相勉相期，建殊勳於萬里，垂盛名於百世，有厚望焉。蔣中正。

錄底者簽名　　檔號

56

1944 年元旦，蒋介石致驻印军贺词（文 5 页，此为第 5 页）

河，以分进合击的态势直取太伯卡，并向甘卡挺进。该师右翼支队第一一四团于元月 12 日进抵孟阳河附近，遭到凭借层层坚固工事的日军第五十五联队第一、第二大队的顽强阻击，经十余日激烈战斗，该团先后毙伤敌大队长以下三百余名，但由于日军以主力在孟阳河至太伯卡一带设防，使我军前进一再受阻，演变成胶着态势。

该师左翼支队第一一三团（欠第二营）于元月 11 日渡过沙色河，即向盘踞在大龙河东岸的日军发动猛烈进攻，连克大班卡、乔卡、宁鲁卡诸要点，逐步向据守太伯卡的日军进迫。是夜，约一个加强中队的日军，分乘四只大竹筏，在太伯卡对岸渡口渡河，企图向太伯卡增援。我军及时发现了敌人的这一行动，即以第一一三团三营九连，利用黑暗悄悄绕至河边，俟敌半渡，集中轻重火力猛烈射击，将竹筏全部击沉，竹筏上的日军被击毙百余。次日天明，河面上浮满敌尸，令敌胆寒。

这时，该团第一营奉命在森林中开路前进，并清扫日军埋设的地雷，秘密地向太伯卡之敌右翼包围。1 月 30 日，第一营到达指定位置，突然向太伯卡发起猛攻，将日军打了个措手不及。该团第三营也乘势沿大奈河北岸，向东攻击敌之左翼。日军凭依坚固工事和复杂地形，顽强抵抗两昼夜，伤亡惨重，最后不得不向东南方向撤退，我军于 2 月 1 日下午 2 时将太伯卡完全占领。据缴获的日军文件证实，该敌为第五十六联队第二大队。

在新三十八师左右两翼支队与日军激战之际，孙师长另派第一一二团二营，配属炮兵一连，组成左支队，在密林中开路前进，经一周时间悄悄迂回至敌后，出其不意地击溃宁便对岸之敌，继而在第一一三团支援下，向甘卡挺进，与敌恶战数日，重创敌第五十六联队第三大队，于元月 16 日占领甘卡，残敌纷纷向南逃窜，我军乘胜向东南方向展开追击。

第一一四团在孟阳河以东地区与敌对峙多日，其间多次击退日军疯狂反扑。2 月 6 日，该团调整部署，加强火力，再度发动强攻。激战至 9 日黄昏，终将守敌全歼，毙敌第五十五联队第一大队长室禧大尉、中队长大森文一中尉以下近百名，缴获战利品甚多。此后，该团在友军策应下，迭经激战，先后毙伤日军两百余名，将森邦卡以北、孟阳河以东的敌人全部肃清，并与第一一三团部队胜利会师。第一一三团及左支队（第一一二团第二营）亦先后将太伯卡东侧河套之敌，以及茂林河以北、茂林河、大奈河东南河套之敌肃清，彻底粉碎了日军固守大龙河东岸、大奈河南岸，拒阻我军渡河深入的企图。

与此同时，我右路军新二十二师方面亦捷报频传：该师第六十五团三营，奉命横越十二英里之宛托克山，攀登高达三千英尺以上的危崖绝壁，历尽艰险，先后击溃敌冈田大队残部和菊大队主力，由西直捣腰班卡；该师第六十六团则由康道渡河，秘密开路南下，逐次击破日军抵抗，逼近班腰卡北端，迫使日军向孟关方面退去。这样我左右两师完全控制了胡康谷地心脏地区孟关外围的全部重要据点，并完成了对孟关之敌的围击态势。

此次战役，日军在兵力上较我略有优势，且占地势之利，但由于我军将士用命，指挥灵活，终使日军连遭败绩，锐气大挫，特别是我军在战斗中经常采用迂回包抄的战术，在原始森林中开路奇袭敌人，收效很大。史迪威

中国驻印军炮兵部队在缅北密林中艰难前进

将军对孙、廖两位师长的卓越指挥大为赞赏。原来他规定新二十二师、新三十八师两师的指挥权，由其直接掌握，经此胜利，始将指挥权还给该两师师长。

我军相继攻占孟关外围之腰班卡、拉征卡、拉貌卡及茂林河沿线等重要据点后，日军第十八师团主力纷纷向孟关集结，其师团长田中信一亦亲自坐镇孟关指挥，准备对我军实施反击。为争取主动，驻印军总指挥部命令新一军新二十二、新三十八两师不失时机地向南及东南推进，夺取沙杜渣及其以北高地。据此，我军乃以新二十二师为右翼，新三十八师为左翼，两师以大奈河、南比河相连之线为作战地境线，各于线以西及以东地区向南攻击。同时，独立战车第一营附新二十二师六十六团一营，奉命在大奈河西岸秘密集结，沿孟关东侧，穿过原始森林地带，绕敌侧后，断敌退路。此外，美军"加拉哈德"突击队的一个支队（约步兵一团兵力）由宁便出发，在我军左翼前进，相机进取位于孟关东南的重要据点瓦鲁班，抄袭日军后方。

自2月下旬起，右翼新二十二师备团分路向孟关攻击前进。3月1日，担任正面攻击的该师六十四团在唐开以北地区与日军展开激战，其先头之第二营，遭敌优势兵力和猛烈炮火的三面围攻，形势数度濒于危急，幸赖该营官兵沉着冷静，勇猛拼杀，扭转了危局。翌日，敌我再度激战竟日，迄晚日军渐渐不支，遗下六七十具尸体，向南溃退。虽然我军在这场战斗中也遭受了较大伤亡，但狠挫了敌人的嚣张气焰，为尔后攻克孟关奠定了基础。

第六十六团也于3月2日切断了般尼至孟关的公路，与增援日军发生了极为激烈的战斗，卒将这股敌人包围在孟关以南地区。至3日，被围日军被迫向南突围，但其几十次冲锋均被该团第二营击退。4日，日军孤注一掷，向我军阵地连续施放燃烧弹，然后在猛烈炮火的掩护下，集中全部兵力向南冲击。我军阵地一时浓烟滚滚，大火熊熊，形势颇为危殆。但该部队指挥官异常冷静，一面指挥官兵扑火，一面组织火力拦截日军，最后将逃敌大部歼灭。仅遗弃在阵地上的敌人尸体就有130余具，此外还有许多军用物资被我军缴获。

第六十五团方面，亦在原始密林中艰难拓路，向般尼方向前进。但因地形复杂、林密蔽日，一度迷失方向，经过十余日艰苦跋涉于3月3日方抵达般尼以北地区，即协助第六十六团将由般尼向孟关增援的日军全部肃清。

3月4日，新二十二师各团已从北、南、东三个方面完成了对孟关的包围，驻般尼的日军也在第六十五团一部的牵制下动弹不得。5日，该师主力以雷霆万钧之势，向孟关之敌发起全线猛攻，战斗空前激烈。激战中，第六十四团二营官兵，冒着敌人浓密的炮火，率先突入孟关北关，与日军进行巷战。第六十六团三营随即冲至孟关西南侧，但马上遭到日军三面围击，情势十分危急。该营官兵不怕牺牲，敢打敢拼，与敌人展开肉搏战，终于突入孟关西关，最后与第六十四团二营在城内会合。至晚，孟关残敌见大势已去，只得弃城南逃，我军遂将这座缅北的重要门户完全占领。是役我军毙敌近千人，缴获武器、弹药及各种物资无数。

1944年3月5日，蒋介石拟任命郑洞国将军兼任中国驻印军总指挥部政治部主任一职的公函

为配合新二十二师夺取孟关，左翼新三十八师亦向大奈河、南比河右岸的日军发动凌厉攻势，使其兵力无法转用于孟关方面。该师以第一一二团第三营为右翼队，以第一一三团（欠一营）附山炮、工兵各一连为右翼队，于2月23日分别向丁克莱卡、大林卡、拉曼渣卡，以及恩新卡、丁宣卡、马高、瓦卡道一线攻击前进。

部署在这一带的日军，主要是敌第十八师团第五十五、第五十六两个联队的残部。新三十八师官兵乘战胜余威，奋勇冲杀，迭经苦战，予敌沉重打击，先后毙伤日军七百余名，于3月2日相继占领拉曼渣卡及瓦卡道之线，其前锋部队还越过拉曼河，追击南溃之敌，攻占拉树卡，一直进抵沙鲁卡道北岸附近。这样，新三十八师以出色的战斗将拉曼河及大宛河以北的日军全部肃清，有力地支援了新二十二师攻打孟关的作战行动。

由于我军新一军主力将敌第十八师团均吸引于孟关及以东地区，故在我军左翼担负抄袭日军后方任务的美军"加拉哈德"突击队千余人，一路几乎毫无阻拦，进展迅速。不料该部于3月4日前进至瓦鲁班附近小河东面时，突遭日军两个中队兵力的袭击，立刻停止前进，向我军连连求援。新三十八师孙师长闻讯急派第一一三团星夜驰援。该团经两昼夜急行军，于3月6日占领位于瓦鲁班东北一英里的拉千卡，击退压迫美军的日军，并乘胜向瓦鲁班攻击。这时孟关业已为我军攻克，新二十二师主力沿公路南下，一路追歼向瓦鲁班方面逃窜的残敌。

在瓦鲁班追击战中，驻印军战车部队表现极为突出。先是，我独立战车第一营在步兵一营的协助下，克服重重困难，自孟关东侧穿越原始森林地带，迂回至孟关南方，切断了孟关通往瓦鲁班的日军补给线，并协助主力攻击孟关。孟关克复后，该部即由公路东侧南下，实施超越追击。3月8日，我战车部队进抵瓦鲁班西北侧，与日军遭遇。敌人未料到我军战车部队竟能通过地势十分复杂的森林和沼泽地带，如此迅速地出现在面前，一时猝不及防。我军铁骑纵横驰骋，如入无人之境，日军在我军炽盛火力扫射下死伤惨重，其第十八师团作战课长石川中佐、第五十六联队联队长山崎大佐以下450余官兵，不是被我军枪弹射杀，便是被战车履带碾毙，只有少数残敌落荒而逃。独立战车第一营随即以迅雷不及掩耳之势突入日军第十八师团指挥部，将其指挥系统全部摧毁，并缴获其司令部关防大印一颗，装甲车两辆，卡车及指挥车各一辆。次日，新二十二师、新三十八师主力已到达瓦鲁班附近，形成合围之势。日军虽迭遭重创，失去指挥，犹据坚固工事作困兽之斗。但我军士气高昂，攻势凌厉，经两昼夜激战，歼敌千余，力克瓦鲁班及秦诺两个重要据点，新二十二师随后又于15日夺取丁高沙坎，日军第十八师团残部被迫退守胡康、孟拱两谷地之分水岭——坚布山隘口，企图拒阻我军继续南进。

坚布山为胡康、孟拱两谷地之分水岭。自隘口以北之丁高沙坎至南之沙杜渣，全长约十公里，山高达三千余英尺，只有羊肠小道蜿蜒于山间，形成隘路。隘路两侧高山，地势险峻，森林密布，日军集中三十余门火炮据险防守，使我军仰攻十分困难。

为避免正面强攻徒增伤亡，我军巧妙用兵，以新二十二师主力在战车第一营支援下担负正面仰攻，另以新三十八师之一一三团（附山炮一连）与美军"加拉哈德"支队一部配合，在森林中伐木开路，悄悄向敌侧背迂回。该师主力则沿大奈河谷前进，到达大克里后，继续向高利前进。此外，还有英军一旅，在我军右翼向龙京方向搜索前进。

自3月18日起，担任正面攻击的新二十二师先头之第六十六团，在战车两排掩护下，沿山路正面向坚布山之日军发动猛烈进攻。由于山高林密，

中国军队在幽暗的密林中前进

火力不易发挥，敌我双方在隘路两侧茂密的山林中短兵相接，混战成一团。经旬日之激战，该团将当面之敌逐次击溃，但自己亦蒙受重大伤亡。至26日，新二十二师六十五团接替六十六团任务，继续向高鲁阳攻击。另以第六十四团主力，翻越隘路以东之山地，突袭日军侧背，于28日攻克高鲁阳。是时，新三十八师之一一三团及美军部队沿库芒山拓路前进，经近十日艰苦跋涉，于28日进占沙杜渣以南之拉班，即向北猛袭坚布山日军侧背，使守敌陷入南北受敌的被动境地。3月29日，新二十二师在新三十八师一一三团策应下，发动凌厉攻势，一举攻克沙杜渣，日军遗尸遍野，全线溃败。自此，缅北天险要隘，尽在我军掌握之中，通往孟拱谷地的门户亦被打开，胡康谷地战役遂告结束。

是役我军南进150余公里，重创日军第十八师团，前后毙伤日军达12000余人，俘敌60余人，缴获大炮15门，机枪、步枪近800支，其他弹药装备则不计其数。昔日曾称雄缅北的所谓"亚热带丛林之王"——敌第十八师团，从此一蹶不振了。

我新一军主力以破竹之势突破坚布山天险，并攻克拉班、沙杜渣等要点后，未及休整，即在战车和美空军支援下长驱南进，分路向孟拱谷地进击。此时我新三十师已整训完毕，正源源不断地由列多向新平洋集结，第五十师、第十四师亦由国内空运至印度列多，并于4月初旬陆续开赴前线作战，驻印军兵力由此大大加强，军威益振。

孟拱谷地是沿孟拱河两岸谷地的总称，其地势狭长，南北纵长约120公里，东西横宽10公里左右，南高江蜿蜒流经其中。每到5月至10月之雨季，洪水泛滥，山地泥深过膝，平地则一片汪洋。孟拱城位于谷地水陆交通中心，有孟拱河、南英河作天然屏障，与密支那、卡盟（加迈）等重镇互为犄角，为军事战略要地。日军为拒阻我军南下，将第十八师团残部及新增援的第五十六师团一四六联队、第二师团四联队全部布置在孟拱谷地，企图凭借有利的山川地势及强固工事，逐次抵抗，迟滞我军前进，以期在卡盟地区与我决战。

根据史迪威将军的作战命令，我军决计以新二十二师由南高江西岸沿公

中国驻印军总指挥史迪威将军

路南下，向卡盟推进；以新三十八师一部，沿南高江以东山地，越过丁克林地区后，向卡盟及以南地区进出，威胁敌之侧背，以策应新二十二师方面的作战行动。

据此，新二十二师六十五团（欠一营）配属第六十四团三营、第六十六团一营，在战车第一营及美空军第四航空队支援下，于3月30日沿公路向南攻击前进。第六十五团一营则奉命向伦京推进，掩护主力之右侧翼，其余第六十四、第六十六两团（各欠一营）暂于沙杜渣集中待命。新三十八师以第一一三团攻击东西丁克林之线，第一一四团沿南高江东岸越过丁克林后，向南推进，与新二十二师会攻卡盟。第一一二团主力则向科隆卡挺进，拒阻日军向西北移动，掩护我军左侧翼。

新二十二师六十五团及配属部队经数日激战，迭创日军，4月3日在拉班以东与新三十八师一一三团会合，随后南下直取敌要塞瓦康，但在瓦康附近遭到据险防守的日军的顽强抵抗，敌我演变成胶着态势。不久，新二十二师六十四团主力奉命前往助战。经激烈战斗迫敌退守主阵地，我军进而将瓦康三面包围。

4月10日，新二十二师六十五团主力及配属之六十四团三营、六十六团一营，向瓦康之敌发动猛烈进攻，双方恶战两日余，伤亡均很惨重，最后日军在我炽盛炮火覆盖和步兵凌厉攻势下大部伤亡，残敌不支溃逃，我军于12日上午10时控制了瓦康。至14日，第六十五、第六十四两团基本上肃清了瓦康附近之敌，除以一部沿公路向南追击残敌外，主力暂时休整。此时担任右翼掩护任务的第六十五团一营，亦经多日激战，不断击破日军抵抗，向伦京方向节节推进。

新二十二师前后与日军鏖战半月，击毙敌大尉以下官兵400余人，生俘数人，缴获军械弹药及物资，但自己也付出了伤亡700余人（其中阵亡180人左右）的代价，足见战斗之激烈程度。

新三十八师方面，第一一三团（附山炮、工兵各一连）与新二十二师六十五团于拉班以东会合后，即渡过南高江，沿东岸攻击前进，于4月3日攻占巴杜阳，然后转向西南丁克林之线推进。该团各营奋勇作战，先后毙敌百余，于4月14日前后分别攻占西、中、东丁克林。这样，瓦康迄丁克林之线完全处于我军控制之下。

我军攻占瓦康、丁克林之线后，沿公路抵抗的日军主力退踞英开塘及沙逊山附近，在孟拱河以东的日军则退守高利、瓦兰、拉吉等地，敌人企图借地形之险及坚固工事，拒止我军前进，并相机反攻。

为了迅速夺取卡盟，歼敌主力，我驻印军前线各部队根据原定部署，继续向南攻击。

右翼新二十二师以第六十五团（配属第六十六团三营）沿公路担任正面攻击，第六十四团在其右侧沿公路以西之沙逊山前进，以策应正面战斗。该师各攻击部队自4月17日开始行动，经近旬日苦战，第六十五团及配属之第六十六团三营击溃日军层层阻击，于25日进抵英开塘以北之潘玉河北

中国驻印军重机枪部队正在强渡南高江

渡过南高江后，中国驻印军重机枪部队立即投入战斗

岸。当日午时，南岸日军集重兵向我疯狂反扑，我军官兵沉着迎击，以手榴弹及白刃与之相搏，激战两小时后，日军遗下五十余具尸体，溃回原阵地。翌日，我军发动猛烈攻击，并击破日军第一道防线，但敌人退守预备阵地顽强抵抗，形成对峙状态。27、28两日，我军对正面之敌发动多次攻击，均遭到日军凶猛的顽抗和反扑，进展颇缓。其间，第六十六团三营为策应主力战斗，曾从各连抽调出三十名精壮士兵，编成突击队，由排长姜有霖率领，在强大火力掩护下强行冲锋，剧战三小时，敌人仍死守不退。29日，第六十五团二营五连在战车第一营一部的配合下再度发动攻击，惜因天气恶劣，空军无法出动支援，我军在敌人猛烈炮火袭击下伤亡颇重，该连连长李纪元阵亡，战车三辆被击毁，亦未取得显著战果。此后，我军集中各种火炮向敌阵地持续进行压制性轰击，不使其稍有喘息。一直到5月2日，敌我仍相持于英开塘以北地区。

是时，我右翼支队第六十四团主力经多日激战和秘密行军，亦于5月1日陆续开抵英开塘西南地区。我军遂从北、东北、西南方向对英开塘形成包围态势。

5月3日，天气转晴，史迪威将军抓住有利时机下令对英开塘日军发动陆空联合总攻，下午1时，美空军36架战机翱翔于英开塘上空，轮番对敌阵地俯冲轰炸，我军战车第一营随即出动57辆轻中型战车超越步兵线攻击前进，以轻中型战车交互掩护，突入敌阵，纵横驰骋。我军各种火炮亦随战车前进，逐次延伸射程，以炽盛火力压制敌战防炮及战车肉搏队，日军阵地几乎全部被摧毁。我军步兵乘机突入，与敌短兵相接，展开极为激烈的阵地争夺战。入夜以后，日军因伤亡奇重，乘夜幕掩护偷偷向南逃窜，但我军及时发觉，即集中火力猛烈射击，歼灭其大部，仅有少数敌人逃往马拉高。至4日中午，我第六十五团部队完全控制了英开塘，与由南向北夹击日军的第六十四团会合。

攻克英开塘，是驻印军发动缅北攻势以来，陆空协同攻坚战斗的首次成功战例。此战不仅显示了我军诸兵种协同作战的强大威力，也为后来的一些攻坚战役提供了宝贵的经验。这次战斗前后共18日，共击毙日军400余（击

1944年5月，中国士兵在炮火掩护下向英开塘发起进攻

伤数不详），缴获武器弹药甚多。我军亦阵亡官兵150余名，伤500余名。

　　左翼新三十八师方面，自第一一三团占领丁克林之线后，即沿孟拱河东岸山地分两路南下；第一一四团（附山炮一连、工兵一排、无线电五班）居右，由巴杜阳向南前进，在丁克林超越第一一三团向卡盟方向攻击前进；第一一二团居左，由巴杜阳附近沿东丁克林东侧南沙河，经荡板山秘密开路向瓦兰以西前进，夹击奥溪以北日军，并随时准备策应卡盟方面的战斗。第一一三团作为师预备队，奉命在丁克林一线警戒。

　　4月16日，第一一四团先头之第三营奉命超越第一一三团阵地，向的克老缅以北之拉克老河一线攻击前进。这一线是日军部署在孟拱河东岸的第一线抵抗地带，敌人共集结了三个大队的主力，兵力甚为雄厚，且阵地坚固，纵深配备，并有轻重炮火支援，企图固守。17日，第三营在拉克老河北岸与两中队之敌相遇，发生激战。日军十分嚣张，以一部在猛烈炮火掩护下向我军正面阵地猛扑，另一部则渡过拉克老河，向我军左翼逆袭，双方混

中国驻印军部队正与日军激战

战成一团，杀声震野。我军沉着应战，予敌很大杀伤，阵地屹立未动。至19日，我军在山炮及迫击炮火力支援下发起反攻，将越过拉克老河的日军全部歼灭。此后当面之敌几度进行反扑，均被我军击退。23日，作为团预备队的第二营投入了战斗。该营以一连兵力（第四连）配合第三营攻击马诺卡道，主力则经马诺卡道东侧向的克老缅推进。经激烈战斗，我军攻克了地势十分险要的马诺卡道一带日军阵地，第二营主力于26日乘胜进抵的克老缅以北地区。日军据险死守，战斗至为激烈。是时，该营第四连已由东侧秘密渗入敌阵地侧后，前后夹击日军，一举突入敌阵，继向两侧席卷，日军伤亡惨重，残众向东西瓦拉逃窜。该营乘胜前进，在炮火支援下猛攻东瓦拉，经十日剧战，始将这一要点攻克，少数残敌退往西瓦拉。

在此前后，该团左翼第一营亦由崇山密林中开路南下，沿途与日军多次恶战，并予敌重创，一路向大龙阳方向挺进。5月7日，该营进抵拉吉西北地带。拉吉是循的克老缅至大龙阳的唯一交通要冲，附近多为悬崖绝壁，易守难攻，日军以一中队兵力在此据守。我军在炮火支援下向敌发起猛烈攻击，次日即将该要点完全攻克，然后不待日军喘息，迅速奔袭大龙阳。5月13日，第一营出敌不意，一举攻克大龙阳，并扫荡大龙阳至芒平道路间的残敌，与在芒平一线的第一一二团部队取得联络，的克老缅至大龙阳、芒平间的道路，由此完全打通。

在第一一四团行动之前，新三十八师左翼第一一二团已于4月10日起秘密向瓦兰方向拓路前进。

由于所经路线皆为深山密林、悬崖绝壁，部队行动极为困难，配属该团的山炮连及骡马部队不得不于4月15日撤回拉班附近。翌日，该团携带的粮秣亦用尽，后方因道路险阻无法追送，为保守行动秘密，空军又不便空投补给，加上时值旱季，山间水源缺乏，更使这支部队陷入更大的困境。但我全体官兵以无比坚忍的毅力，沿途仅靠采集野菜及芭蕉根充饥解渴，继续坚定地向预定目标前进。4月20日，该团终于进抵瓦兰西北之荡板山附近。为截击由卡盟向瓦兰增援之敌，其第三营马不停蹄地向芒平挺进，切断了卡盟、芒平两地至瓦兰的交通线。21日，日军以一大队兵力夹攻该营，我军即以炽盛火力迎击，先后毙敌60余名，屡挫敌锋，双方遂形成对峙状态。在此之前，该营乘敌后方空虚，抽调一连兵力火速奔袭芒平。守敌以为此地远离前线，疏于防备，在我军突然袭击下仓皇应战，溃不成军，当即被击毙40余名，残众落荒而逃，我军遂克芒平。为堵截卡盟北上之敌，第一一四团以第三营固守芒平及附近地区，主力则向瓦兰进击。

其间，日军为打通的克老缅及瓦兰后方补给线，自4月25日至5月8日，集中第五十六师团一四六联队及第十八师团一一四联队各一部，不分昼夜向芒平我第三营阵地反扑。我军官兵面对优势之敌的疯狂进攻，沉着固守，予敌重大杀伤，前后有两百余名日军横七竖八地倒卧在我军前沿阵地外，而我阵地寸土未失。

第一一四团主力在向瓦兰挺进中，与凭险据守高利的日军第十八师团五十五联队一部相遇，展开激烈战斗。初时我军仅以一连兵力攻击高利，后察知日军兵力雄厚，且阵地非常险要坚固，遂以主力及炮兵增援，经反复鏖战，终于在 5 月 4 日下午攻克高利，守敌大部被歼，少数逃往瓦兰。我军乘胜追击，再于 5 月 6 日攻克地势险要的奥溪（高利和奥溪，曾一度为美军占领，后放弃）。

日军自英开塘、东瓦拉、拉吉、芒平、高利、奥溪等要点相继失守后，其据守孟拱河以西谷地的第十八师团五十六联队余部附第十八山炮联队一部及第二十一重炮大队，退守马拉高以北及畏龙河以西之线；孟拱河东岸山地的第十八师团五十五联队主力、第一一四联队一部及第五十六师团一四六联队一部则退至瓦兰及西瓦拉等地。敌人企图据险死守，以待雨季来临。

我前线之新二十二、新三十八两师，为不给日军以喘息之机，不顾敌人的凶猛阻击，继续分道向南攻击前进。

右翼新二十二师自攻占英开塘后，即命第六十四团（配属总部直属重迫击炮团一连）在山炮第一营的火力支援下，沿公路负责正面攻击。第六十六团（配属山炮工兵各一连）沿沙逊山东麓迂回攻击敌之左翼。驻在英开塘附近的第六十五团为预备队，并对东南方向严密警戒，俟正面第六十四团取得战斗进展后，再逐次向前推进。时第五十师一四九团甫抵前线，奉命归新二十二师指挥，控置于与瓦拉渣附近相机使用。

5 月 6 日，沿公路担任正面攻击的第六十四团先头之第二营，在马拉高以北地区与日军一个加强中队以上的兵力相遇，发生激战。虽经我军多次猛攻，但守敌凶顽异常，死守阵地一隅不退。9 日，我军拟以战车第一营在第六十四团一营配合下突击敌阵。但狡猾的敌人不待我军战车出动，即以浓密炮火拦击，同时出动步兵反扑，牵制我军攻击部队。以后虽经我军奋勇反击，将敌击退，但战车被毁数辆，被迫退回原阵地。考虑到马拉高以北地区湖沼遍布，地势开阔，东有孟拱河为障，西有崇山之险，不易于正面攻取，我军遂以第三营接替第一营正面，第一营则沿崇山地障向敌侧后迂回，断敌退路。5 月 12 日，第二营在战车、空军协同下连续向正面之敌猛攻两日，日军死守不退，战斗无大进展，且战车有两辆被击毁，七辆被击伤。5 月 15

中国驻印军部队正在向前线挺进

日，担任迂回任务的第一营开抵马拉高以西距公路一千公尺处，当即发动奇袭，摧毁日军一炮兵阵地，正拟进出公路以扩大战果，配合主力正面作战，不料敌一加强中队突然由东南方向驰援而来，与我军遭遇，展开极为激烈的战斗。此后又有几股日军相继来援，与我军拉锯争夺，双方伤亡均极惨重，战斗陷入胶着状态。

此时沿沙逊山东麓迂回前进的第六十六团，亦陷入苦战中。5月6日，该团进抵马拉高以西地区，其先头第二营与据险防守、兵力大约在一个中队以上的日军发生激战。经我军猛烈进攻，将敌阵地大部占领，但少数残敌仍负隅顽抗。为迅速破敌，该团以第一营由第二营西侧开路南下，抄敌侧后。5月12日、13日，该团第一、第二营夹击日军，战斗颇为激烈，但日军因时有增援，伤亡虽大而不肯稍退。

廖师长鉴于第六十四、第六十六两团久战疲惫，乃于 5 月 16 日增调第五十师一四九团前往助战。我军调整部署后，采用迂回穿插、分割包围的战法，再次发动猛烈攻势，毙伤日军甚众，幸存者亦大多处于我军包围之中。5 月 24 日深夜，大雨滂沱，在包围圈内的日军主力乘机从我军阵地接合部，秘密向东南方向逃窜，但被我军发觉，当即予以痛击，歼其大部。5 月 29 日，我军正面之敌料难久守，纷纷自动撤退，我各团营即乘胜追击。第一四九团经激烈战斗，于 5 月 30 日占领卡盟外围要点马拉高。

　　自 5 月 5 日起，新二十二师征战近一月，历经大小战斗数十次，毙敌五六百名，缴获武器弹药甚多，战果卓著。

　　左翼新三十八师自占领东瓦拉、拉吉、大龙阳、高利、奥溪等要点后，即以第一一四团（附山炮二连、工兵二排）肃清附近地区残敌，并相机向卡盟方向佯动，以牵制敌军。第一一三团（欠步兵二连）为右翼队，以一部由孟拱河东岸谷地前进，主力进攻位于大龙阳西北山麓的马蓝、沙牢等地。第一一二团（附山炮一连、工兵一排）为左翼队，迅速攻击瓦兰。

　　5 月 9 日，第一一二团三营在芒平附近与日军第五十六师团一四六联队第三大队发生激战。敌人为打通至大龙阳的交通线，在猛烈炮火掩护下由西北方向向我军发动多次反扑，一度突破我军部分阵地。该营官兵沉着应战，迅速恢复了阵地，并向敌人发起反击，经半日恶战，毙敌中队长中村丰藏大尉、大见池淮中尉等九十余人，最后将这股日军完全击退。

　　该团第二营这时已前进至瓦兰西南侧，于 5 月 10 日起向瓦兰之敌发动攻击。据侦察，防守瓦兰的日军是第十八师团一一四联队第一大队一部和从高利败退下来的第五十五联队第一大队残部。我军进抵瓦兰附近后，迅速切断了敌人的后方补给线，并相继攻占了日军在瓦兰外围的各个前进据点，完成了对瓦兰的包围态势。5 月 14 日，我军对瓦兰之敌发动总攻击，战斗极为激烈。由于瓦兰高达 3200 英尺，且山势十分陡峭，日军除在山顶修筑了坚固工事外，还在山腰四周设置了大量鹿砦及铁丝网，使我军攻击遇到很大困难。特别是敌第十八师团步兵指挥官相田俊二少将曾一度亲往瓦兰指挥督战，更使敌人的气焰愈加凶顽。为了减少伤亡并易于攻取该要点，之后

中国驻印军战车部队在缅北密林中辟路前进

我军改变战术，一面严密围困日军阵地，将其四周山谷沟壑间所有偏僻小道完全截断，一面以炮火和小部队不分昼夜地袭击扰乱，使敌人无法得到片刻安宁。

这一招果然奏效。至 5 月 23 日，日军因被困日久，弹尽粮绝，屡次企图突围，均被我军逐回。翌日深夜，天降大雨，日军乘机在漆黑的夜幕中秘密向西南方向逃窜。但尚未下山即遭到我军伏击。由于敌人夜间行动，队形密集，在我军猛烈火力袭击下顿时大乱，互相践踏，溃不成军，被击毙者达一百余名。25 日晨，第二营乘胜将瓦兰全部占领。

担任新三十八师右翼队的第一一三团主力亦于 4 月 29 日全线越过拉克老河向南攻击，不断击溃日军的节节抵抗。其时，在拉克老河南岸的日军编成众多以班排为单位的小据点，构成严密火网，加上阵地正面宽广，使我军攻击行动颇为困难，但广大官兵以果敢巧妙的战术，将敌人据点逐一分割包围。至 5 月 13 日，我军已先后攻占敌大小据点 20 余处，毙伤日军百余名。此后，该团主力向据守西瓦拉之敌发动猛烈攻击，日军据险顽抗，与我相持不下。

5 月 16 日，第一一三团二营（欠一连）亦奉命投入对马蓝的攻击。该营经多日苦战，攻占马蓝外围据点多处，先后毙敌 40 余名，并于 24 日完成对马蓝的三面包围。翌日，该营对马蓝之敌发动围攻，经两昼夜血战，攻占敌大部阵地，再毙敌中队长藤田中尉以下 60 余名。但少数残敌仍负隅顽抗，我军乃以突击队携刺刀手榴弹突入敌阵，与日军白刃拼杀，终将日军完全击溃，于 26 日攻占马蓝。

在西瓦拉方向，第一一三团主力于 5 月 23 日再次向守敌发起猛攻，激战竟日，毙伤日军 40 余名，攻占敌大部阵地，只有少数残敌死守个别残余据点不退。这时正值连天大雨，道路冲毁，后方无法向前线运送炮弹，该团乃以主力围困西瓦拉残敌，并以一部接替第一一四团二营在东瓦拉、卡塘高的战斗任务，使该营迅速向大龙阳集结，准备下一步的军事行动。5 月 28 日，第一一三团部队猛攻卡塘高日军阵地，经三小时剧战，攻占该阵地，毙敌小队长以下二十余名。至 30 日，第一一三团将的克老缅以南、瓦拉以北间的残敌全部肃清。

我军在孟拱河两岸相继攻克马拉高、马蓝、大龙阳、瓦兰等地后，不仅消灭了大批日军有生力量，同时亦由于占领了日军在卡盟外围的几乎全部据点，从而取得了包围瞰制卡盟的有利态势。

这时，缅甸雨季已经来临，我军为了迅速进出缅北地区，尽快打通滇缅交通线，决定克服一切困难，冒雨作战。根据总指挥部的命令，我新二十二师、新三十八师在战车部队和美空军的支援下，沿孟拱河两岸并进，节节向卡盟挺进。日军为了挽回败局，急将原在瓦兰附近山地的第十八师团第五十五联队主力、第一一四联队一部转移至卡盟对岸的支遵集结，其第五十六联队则退守卡盟西北的索卡道、南亚色等要点。同时，陆续以第二师团第四联队、第五十三师团一五一联队、一二八联队向卡盟增援，企图在卡盟以北地区与我军决战。于是，双方大军云集，在卡盟以北的遍地沼泽中劈面相迎，展开了一场空前惨烈的血战。

鉴于这次战役关系全局，我特由列多军部飞抵卡盟前线，涉水赶往新二十二师师部，冒雨督战，以激励士气。此时战斗已经全面展开，我各攻击部队按作战计划勇猛前进，正逐一扫清卡盟日军主阵地外围的各前进据点，日军亦连续向我军左右两翼发动凶猛反扑，均为我军坚决击退。

由于终日大雨滂沱，洪水泛滥，低洼地面积水齐腰，给我军作战带来很大困难。前线官兵们几乎整日在泥水中滚爬冲锋，浑身上下都是湿淋淋的，有的战士干脆脱去衣服，只着一条短裤作战。许多部队的阵地周围都是沼泽，以致无法埋锅造饭，甚至连开水都没有，一连多日都以罐头伴雨水充饥。尽管条件非常艰苦恶劣，但部队上下同仇敌忾，士气极为高涨，从师长到一般士兵，大家摩拳擦掌，决心予日军以毁灭性打击。目睹这些情况，我甚为高兴，深信我们这支勇敢坚强的军队，必定能战胜凶顽的日军。

在孟拱河右岸，新二十二师于攻克马拉高之后，即变更攻击部署，以第五十师一四九团（欠一营）接防正面即得阵地。第六十六团（欠一营）循公路以西山地，继续向南攻击前进。第六十四团则由第一四九团及第六十六团之间开路南下，攻击马丁沙坎。先是，该师在马拉高未下之前，另遣第六十五团（欠一营）配属第六十六团一营、第一四九团三营，沿沙逊山攀越高山绝壁，伐木拓路，向卡盟西北之要点南亚色及索卡道，进行深远迂回。

6月1日至3日，新二十二师正面攻击部队屡经战斗，不断向南压迫日军，并攻占了马丁沙坎。同时，该师迂回部队亦冒雨忍饥，经多日艰苦行军，进抵南亚色及索卡道以南，切断了卡盟西北的公路及小道，并破坏了敌人的电话通讯线路。日军为了解除后方的严重威胁，曾出动重兵在浓密炮火支援下，向我军迂回部队猛烈反扑，但为我军坚决击退，敌死伤甚重。此后，第六十五团二营继续向东南前进，强行切断了卡盟至索卡道的公路。

新二十二师鉴于迂回部队已切断南亚色、索卡道以南敌之退路，为迅速攻取卡盟，乃重新部署：除迂回部队及右侧支队（由曼山向伦京攻击之第六十五团一营）任务不变外，其正面攻击部队分为两翼队，以第六十四团及第一四九团（欠第三营）配属总部直属之重迫击炮一连和山炮第一营主力为左翼队，在该师参谋长刘建章将军指挥下，沿公路及西侧谷地南进，与迂回部队协同歼灭索卡道附近之敌，再相机攻略卡盟。为加强火力，总部直属之一五五重炮兵第十二团一连及新三十八师一五榴弹炮兵第三营一连，亦协同该师作战。第六十六团（欠第一营）附山炮兵一连为右翼队，沿公路西方山麓向南亚色前进，与迂回部队联络，向索卡道侧背之敌攻击，以策应公路正面左翼队的战斗。

6月4日，新二十二师左翼队向南攻击前进。其第六十四团击溃日军节节阻击，于翌日进抵索卡道西北各高地附近。第一四九团（欠第三营）亦于4日肃清马丁沙坎西北侧的残敌后，继续向马丁沙坎以南攻击，6日进抵索卡道以东仅一英里处，旋与一加强中队日军发生激战，敌炮兵亦向我军猛烈轰击，该团即以第二营向敌侧后迂回，前后夹击日军，将敌击溃，毙敌数十名，而我军伤亡甚微。

新二十二师右翼队之第六十六团（欠第一营）亦经战斗，于6月4日进抵南亚色东北四英里高地附近，并击溃日军骡马辎重部队一部，毙敌30余名。

同时，新二十二师迂回部队第六十五团也正与日军激战。该团第二营在索卡道以南切断卡盟至索卡道的公路后，复与由卡盟北上增援之日军两个大队遭遇。日军自恃兵力强大，在猛烈炮火掩护下，连续向我军阵地疯狂反扑，战斗极为激烈。该营官兵在众寡悬殊的情况下顽强死守，苦撑一周之久，毙敌百余，阵地寸土未失。6月6日，新二十二师各部队完成了对南亚色、索卡道日军的包围态势，日军主力被迫转移至索卡道以南附近的拉其卡道，据守东侧山地及公路附近。

自6月7日起，新二十二师各部队向日军发起全面猛攻。第六十四团沿公路及其东侧山地向南攻击前进。其第三营在行进途中与敌一工兵中队遭遇，即将其击溃，毙敌30余人。7日下午5时，该营前进至索卡道以南拉其卡道以北之山地，发现日军一处炮兵阵地，当即以迅雷之势发动奇袭，日军仓皇抵抗，双方激战一昼夜，我军毙敌200余名，缴获日军一五重炮4

门、野炮6门、汽车10余辆、战马10余匹。这时该团第一营亦闻讯赶来投入战斗，再经激烈战斗，将残敌全部消灭，完全占领了日军整个炮兵阵地，复缴获战马100余匹、步枪80余支。这时，该团第二营也将拉其卡道以南的公路切断，在与第六十五团部队取得联络后，继续沿公路南进。

第一四九团一营于7日前进至距索卡道南端仅八千码（英美制长度单位，一码等于0.9144米）处，日军据险顽强死守。敌我鏖战三天，至9日始将日军完全击溃，先后毙敌120余名，缴获山炮1门、速射炮3门、卡车27辆、战马5匹、轻机关枪3挺、步枪70余支。同时，该团第二营亦由公路西侧迂回，于7日进抵索卡道东北半英里处，即向日军发起猛攻，双方短兵相接，白刃搏斗，苦战三天，终于攻克索卡道，并与在敌后抗击日军达周余之久的第六十五团二营会合。

这期间，第六十五团三营相继攻占差克劳、大柯等日军据点。第六十六团主力亦乘胜前进，扫荡南亚色及附近溃散之日军，斩获甚众。

此战我军毙伤日军4000余人，俘日军大尉以下官兵86人，缴获大批战利品。据俘虏供称，最后从索卡道、南亚色一线撤出的日军不足500人，其精锐的第十八师团主力（第五十六联队、第一一四联队三大队、第十八山炮联队主力二十一重炮大队等），几乎全部被我军歼灭。

新二十二师攻克索卡道、南亚色之后，迅速挥戈南指，直取卡马因，前锋距卡盟仅四英里。掩护我军侧翼安全的该师右侧支队第六十五团一营，亦于6月3日由曼三节节推进，不断排除日军小规模抵抗。该营于6月9日进至南丁，即转向西攻击伦京。

新二十二师在南亚色、索卡道等地与日军鏖战之际，在孟拱河左岸的新三十八师亦以灵活、果敢的行动，向日军发动凌厉攻势。为策应右翼新二十二师作战，该师决计以一部由正面对敌牵制，主力则由敌配备缝隙间，锥形突进，秘密迂回南下，偷渡南高江，切断卡盟以南日军主要交通线，然后北上进击卡盟。据此，当新三十八师在瓦兰与敌相持时，孙立人将军即命第一一二团（欠第二营）附山炮兵一连、工兵一排，向东南迂回，经大奈河、瓦刺、棠吉河、西凉河、拉高等地，渡孟拱河切断卡盟以南的公路，截

中国驻印军副总指挥郑洞国将军

阻日军后方交通线。以后又派第一一四团主力由芒平以南经大班、青道康之间山谷迅速开路南下，切断丹邦卡以北地区日军退路，继在第一一二团配合下包围攻击卡盟。第一一三团主力肃清西瓦拉至马蓝的残敌后，奉命推进至大龙阳附近集结，由正面南下，经瓦兰、大班向拉芒卡道附近攻击前进。

第一一二团（欠第二营）受命后，仅携四天口粮，于5月21日由奥溪轻装急进，秘密南下，一路攀高山，涉深溪，忍饥冒雨，昼夜开路前进。当时，日军为保障卡盟右翼侧背安全，在该团沿途两侧地区之沙马、大班、拉瓦、拉芒卡道等隘口，均驻兵据守。但我军根据侦察所得到的精确情报，以机敏秘密的行动，大胆由敌缝隙间渗透疾进，敌人竟毫不知晓。5月26日，

郑洞国将军与孙立人将军（左）于缅北战地

该团迅速袭占了卡盟东南侧孟拱河东岸的拉高、拉斯、葫芦各要点。当晚，该团以一连兵力防守上述要点，掩护我军侧背安全，主力则准备连夜偷渡孟拱河。当时孟拱河因淫雨暴涨，水流湍急，河幅最窄处亦在两百公尺以上，无法徒涉，又无渡河器材，幸赖孙立人将军平日治军严格，注重官兵渡河训练，该团遂全部泅渡过狂涛汹涌的孟拱河。

5月27日晨，第一一二团以迅猛的行动，一举攻占卡盟以南的色当要塞，并沿公路迅速向南北两方席卷，切断了日军唯一的补给线孟拱至卡盟公路，占领了敌人在这一地区的军用物资总囤积站。

驻守该地的日军有各兵种部队共千余人，由于远驻后方，毫无戒备，当时在三五成群地吃早饭，遭到我军突然袭击时，敌人惊慌失措，狼奔豕突，各处警报齐鸣。由于日军绝未料到我军大部队会突然出现于其后方，尚以为是遭到小股空降部队的袭击，所以仅有少数敌人仓皇应战。因此，很快就被我军击溃。该团乘胜追击，激战竟日，毙伤日军700余人，缴获150公分（公分即厘米的俗称）重榴弹炮4门，步枪359支，满载军需用品的卡车45辆，小轿车2辆，骡马320匹，汽车修理厂1所，粮库、弹药库11处，鞍车100余辆，其他重要文件甚多。翌日晨，我军复将公路西侧的重要高地完全攻克，占领日军库房20座，缴获骡马56匹、小轿车4辆，以及其他粮弹枪械与通讯器材无数。

在第一一二团沉重打击下，卡盟及其以北地区的日军，不仅面临弹尽粮绝的困境，而且其后方之通讯联络、交通运输，以及指挥系统等均遭破坏，陷入混乱、动摇状态。但这时负责截断卡萨地区铁路交通的英军空降部队第七十七旅却被日军击退，敌人大批援军陆续赶至卡盟附近。5月28日，日军集中新增援之生力军第二师团第四联队全部，第五十三师团一二八联队、一五一联队各1部，以及第十八师团一一四联队1部，附重炮4门、野炮12门、速射炮10余门、中型战车5辆，向我第一一二团南北两端阵地猛烈反扑，企图打通其生命线，以挽救整个崩溃之危局。敌我双方寸土必争，展开了空前激烈的战斗。

5月29日晚，日军一个大队兵力在重炮掩护下，向据守我军阵地北端卡清河南岸的第一营猛扑，遭该营第二连有力反击，双方剧战六小时，日军因伤亡过大而被迫溃退，在我阵地前遗下百余具尸体。同时，另有一个大队的日军向我军阵地南端攻击，与第一一二团七连激战竟日，后被击退，日军被击毙百余人。翌日，日军再度集结重兵，全力对该团南北两端各阵地同时发动反攻。敌人先用各种炮火猛轰我军阵地，继以战车掩护步兵突击，来势极为凶猛。我军沉着应战，集中各种火力予敌痛击，打退了日军多次进攻。经两昼夜恶战，我军共毙伤日军三百余，阵地屹然未动。

6月1日晨，日军重新向我阵地南端第三营猛烈攻击，被该营坚决击退，前后毙敌百余名。稍后，日军孤注一掷，出动一个大队以上的兵力，在各种炮火支援下，复向公路北端第一营三连阵地猛攻，激战迄晚仍未有进展。

当时我军因空投困难，弹药缺乏，又无炮兵支援，作战亦甚感艰难。2日拂晓，日军在浓密炮火掩护下，向我军阵地轮番发动更加猛烈的进攻，其冲锋达14次之多。该连官兵以大无畏的精神浴血奋战，反复冲杀，予敌重创，共毙敌160余名，但自己亦遭受重大伤亡，智勇双全的周有良连长在战斗中英勇阵亡，其第一排官兵在阵地上与日军肉搏达五小时之久，毙敌80余名，最后全部壮烈殉国。在我军的顽强抗击下，日军始终未能突破我军公路南北两端阵地。

这时，第一一二团二营奉命由奥溪附近循团主力所经路线秘密挺进，于6月4日抵达拉高、拉斯、葫芦之线，与团主力会合。次日，该营及原在拉高地区的第三营之一连渡过孟拱河，增援主力作战。这支生力军的到达，使我军士气益振，此后，第一一二团继续与日军鏖战数日，前后毙敌两百余名，使敌人无法前进一步。

为策应第一一二团作战，迅速击溃卡盟、孟拱之敌，新三十八师一一四团于5月28日在芒平附近地区集结，冒着极大艰险，翻越四千尺以上的高山绝壁，穿过深渊万丈的悬崖谷底，经大班、青道康等杳无人烟、兽迹罕至的地区，披荆斩棘，不分昼夜地钻隙潜行。6月1日，该团突然出现于瓦鹿山，击敌不意，一举攻占拉芒卡道，然后左右席卷，攻克东西拉瓦各据点，切断卡南、纳昌康以北日军补给通讯线，日军损失惨重，遗尸遍野。第一一四团三营乘胜在丹邦河左岸向南追击，于5日攻占丹邦卡，毙敌百余。同时，该团主力于6月6日攻占大高、卡当两地，10月又相继攻占大利、马塘、登浦阳等地，前后毙敌近两百名。6月15日，第一一四团一营前进至孟拱、密支那间之交通要冲巴棱杜北端，与据险死守的日军一个加强中队发生激战。我军集中迫击炮火力将敌工事摧毁，继以步兵突入敌阵，与敌肉搏拼杀达八小时，日军伤亡惨重，遗下四五十具尸体狼狈溃逃。这样，我军将孟拱北侧山地要隘大部占领，南距孟拱仅四英里，孟拱城亦在我军瞰制之下。

第一一四团以出色的战斗行动，与切断卡盟、孟拱公路的第一一二团密切配合，互为呼应，使卡盟之敌处于纷乱、崩溃状态。同时，由于切断了孟拱至密支那间的公路及铁路，也使日军无法向密支那方面增援，大大减轻了我军在密支那作战的困难。

担任正面攻击扫荡任务的第一一三团，于6月1日完全将西瓦拉、马蓝间的残敌肃清。该团第二营乘胜向青道康攻击前进，与日军一个中队兵力激战五小时，毙敌57名，残敌向西逃窜。6月4日，该团主力推进至拉芒卡道附近。5日，第二营经一昼夜激战，攻克纳昌康，歼敌76名，同时在西拉瓦与第一一四团第一营会合。7日，原在瓦兰附近地区被我军击溃的敌第五十五联队第一大队残部百余人，经西瓦拉附近向支遵秘密辟路逃窜，当即被第二营发觉，予以痛击，歼其大部，少数残敌继续西窜，该营穷追不舍。当时，孟拱河东岸支遵附近地区，因连日暴雨，积水没腹，行动非常困难。我军官兵不畏艰苦，奋勇追击，于8日晚到达孟拱河东岸支遵以北数百米之线。次日晨，第二营沿孟拱河东岸涉水南下，向支遵搜索前进，在支遵北端渡口与日军一个工兵中队遭遇，当即将其击溃，毙敌第五十六师团工兵联队少佐山中少长以下36名。该营趁势向支遵攻击。

支遵是紧傍孟拱河东岸的日军重要据点，与卡盟仅一水之隔，唇齿相依，互为掎角，其军事地位十分重要。敌人凭借坚固工事和对岸炮火支援，负隅顽抗。第二营官兵士气高涨，勇猛顽强，在强大炮火配合下对敌阵地发动强攻，经四小时极为惨烈的拼杀、肉搏，终于攻克支遵，毙敌两百余名。少数残敌因后路断绝，狼狈四窜，随后均被我军歼灭。

第二营占领支遵后，卡盟已在我军瞰制之下，该营本拟乘胜一鼓直下卡盟，惜因孟拱河河水暴涨，河宽流急，加上日军防范甚严，几次使用竹筏偷渡皆未成功。新三十八师孙立人师长考虑到第二营连日冒雨行军作战，过于疲劳，乃令第一一三团三营由支遵以南准备实行敌前强渡，并电饬第一一二团由卡清河之线向北猛攻，以牵制卡盟之敌。同时向总指挥部申请配发橡皮舟及七五山炮烟幕弹，积极准备渡河。

当时，卡盟日军已处在我军四面包围之中。右翼新二十二师以主力第六十四团和第一四九团沿公路向南攻击卡盟敌之正面，第六十五团由昆卡道向东南前进，攻击敌之侧背。左翼新三十八师第一一三团，由卡盟东北渡河攻击，第一一二团于卡盟南四英里之线发动攻击，牵制日军。至 6 月 15 日，我军各部先后进抵卡盟城西、北、南三面，卡盟以东的我军亦在积极准备强渡孟拱河，日军在包围圈内穷于招架，陷入绝境。

6 月 16 日，我军向卡盟发起总攻，新三十八师第一一三团已领到总部配的橡皮舟及烟幕弹，其第三营即在我军强大炮火及烟幕掩护下，强渡孟拱河。日军虽因兵力处处受到牵制，无法向沿河阵地增援，但仍集中各种火力疯狂向河面和对岸我军阵地扫射，双方交战甚烈。我军第三营官兵不怕牺牲，奋勇顽强，终于在当日上午 10 时一举渡河成功，随即迅速扩大战果，乘胜攻占卡盟东南侧之六三七高地，瞰制卡盟。由于卡盟地势低洼，日军失去这个有利屏障后，只能退缩城内作困兽之斗。第三营随后跟进，于 11 时攻入卡盟东北城区内，与日军展开激烈巷战。同时新二十二师第六十四团主力经与日军几番苦战，已攻抵卡盟西北端，第六十五团三营亦迅速突入卡盟西南城区，与日军白刃格斗，逐屋逐街争夺。当日下午 3 时许，新三十八师和新二十二师部队在卡盟城内会合，完全控制了这个军事重镇，日军死伤惨重，残兵仓皇窜往卡盟西南山地。还有不少零散日军官兵，因奔逃无路，只好抱着伐倒的树木，跳入波涛汹涌的孟拱河中漂流逃生，其中有些被河水溺死，有些被沿岸我军士兵击毙，另有一些则被当地土著居民捕获，送交我军领赏。我在前线曾看到这些日军战俘，大都衣衫破碎，有的只剩一条沾满泥水的短裤，个个面黄肌瘦，浑身生满疥疮，一副肮脏不堪的样子，昔日"大日本皇军"的威风，早已荡然无存。可见当时卡盟日军，也确实到了山穷水尽的地步。

我军攻克卡盟后，新三十八师主力奉命向孟拱挺进，新二十二师负责肃清退守卡盟西南山地的日军残余部队。新二十二师以第六十四团及第一四九团由正面向南扫荡，第六十六团主力由西侧碗蚌山协力阻击，经多日战斗，至 6 月 29 日将残敌大部歼灭，日军第十八师团师团长田中新一仅率千余残兵败将，钻隙辟路，攀越雪邦山崖壁，向南落荒而逃。在此稍前，新二十二师右侧支队第六十五团一营，亦经激战于 6 月 11 日攻占伦京，并乘胜向南追击。

1944 年 6 月 23 日，新一军向孟拱日军发起总攻。双方在孟拱城内展开激烈巷战

卡盟一役，仅新二十二师即毙伤日军不下 5000 人，其中先后发现日军遗尸就多达 1600 余具，并俘获敌大尉以下官兵 89 名。该师还缴获日军各种火炮 30 门、汽车 200 余辆、仓库 30 余所，其他军用品不计其数。敌屡经补充的第十八师团主力，在此役中基本上被我军歼灭。这支号称"亚热带丛林之王"、曾经骄横不可一世的凶悍日军，终于在缅北的崇山丛林中，找到了应有的归宿。

日军于卡盟失守后，在孟拱城周围地区集结兵力，企图固守。守敌计有第五十三师团一二八联队主力、一五一联队一部，第十八师团一一四联队残部，第五十六师团一四六联队三大队等，总兵力达两个联队左右。

先是，日军主力与我驻印军在卡盟决战期间，英军空降部队第七十七旅

曾声言"不下孟关不剃须"的孙立人将军在距敌人阵地仅数十公尺的树上的掩体中观察敌情

乘虚进袭孟拱城，不料在孟拱城东南 2 英里处遭日军反击，形势危殆，急派员向新三十八师请援，并谓："该旅向孟拱攻击，凶敌阵地坚固，不但进展困难且伤亡惨重，士气低落，目前情况极为危殆，仅能维持 24 小时。如无支援，即向东南山地退却。"孙立人师长虑及英军倘被击溃，可能危及整个战局，乃速令第一一四团星夜秘密向孟拱东北地区轻装疾进，强渡孟拱河，支援英军，并攻击孟拱城。

第一一四团受命后，冒着倾盆大雨，踏着没膝的泥浆，经一夜强行军，于 6 月 18 日晨抵达距孟拱城东北 2.5 英里处的孟拱河北岸。当时孟拱河因雨季水涨河深，浪势汹涌，河面宽达四百公尺，舟渡不易。但为了迅速解救英军的困境，该团还是决定冒险偷渡。当夜，第一一四团官兵分批乘橡皮筏悄悄渡江，敌人竟毫无察觉。20日晨，我军猛袭正在进攻英军的日军侧背，一举解救了英军的危局，并向孟拱城进迫。战斗中，该团第一营以一排兵力接替英军一营的战斗任务。当时英方官兵虑我军兵力过少，颇觉骇异，以为我军有轻敌之意。但该排接防后攻击顺利，并取得极大战果。孟拱战事结束后，英军旅长亲率所属各级军官赴第一一四团作战地区考察，收集我各部队攻击作战资料，对我军官兵顽强勇猛的战斗精神和机动灵活的战术倍加称赞。以后孙师长与我谈及此事，笑谓一些英军军官平素傲气十足，打仗却缺乏实际指挥经验。如前一战例，英军最大错误在于兵力部署失当，其指挥官在不足两百米的攻击正面投入一营兵力，于炮击后以密集混乱的队形猛冲，以为缩小正面，增大第一线兵力即可突破敌人阵地，结果在日军浓密火网下徒遭惨重伤亡，攻击却毫无进展。而我军却能够根据地形和敌情情况，巧妙使用兵力，善于以少数兵力歼灭优势之敌，这些说明驻印军不仅具有坚强的战力，而且在战术运用上也具备了较高水平。

第一一四团解除英军困境之后，即向孟拱城包围攻击，其第二营经激战，于20日黄昏相继攻占孟拱城以南马亨、瓦铁两重要据点，22日又攻占建支，毙敌甚众。次日，该营乘胜追击，接连攻克孟拱城外围重要据点汤包、来生、雷鲁，将通孟拱之公路、铁路全部截断，日军纷纷退缩至孟拱城中固守。当时我第一一三团为策应第一一四团作战，亦在南高江北岸地区加紧扫荡，歼敌百余，迫使日军尾首不得相顾。

6月24日，第一一四团对孟拱市区发动攻击，我军先以强大炮火猛烈轰击，继以步兵突击，前仆后继，奋勇冲杀，经六小时激战，第一营率先突破敌外围铁丝网及三个据点，随即攻入城区。日军利用城内房屋及即设工事顽抗，与我军进行巷战。我军官兵以白刃及手榴弹接战，逐步推进，至黄昏攻占了火车站及半个城区，毙敌百余。第二营亦由瓦铁西进，重创日军两个中队，占领位于孟拱城西的大铁桥，切断了城内守敌退路，日军陷于四面包围之中。入夜，日军集中兵力向我反扑，战斗异常激烈。我军沉着应战，予敌以痛击，日军因伤亡惨重，被迫退守城西北隅作困兽之斗。至25日，我军发动全线猛攻，经整日激战，于下午5时将孟拱城完全占领，城内残敌走投无路，只得泅水逃命，但大部被我军击毙于江中，另有一些被江水溺死，只有少数敌人漏网。

在此之前，当我军向孟拱城进迫时，曾有一个大队日军附炮兵部队由孟拱驰赴密支那（我中美突击队正向密支那发动攻击），刚至南堤，闻孟拱城危急，乃掉头南下，企图夹击我军第一一四团。6月21日晚，该敌行抵威尼附近，被第一一四团第8连排哨阻击。日军侦知该排兵力薄弱，乃倾全力反扑，用密集队形冲锋七八次，企图突破该排阵地，打通道路。我军官兵以寡敌众，沉着固守，剧战达旦，打退了敌人一次次的疯狂进攻，先后毙敌炮兵联队长高见重太郎大佐以下官兵135名，缴获火炮3门、轻重机枪6挺，其他枪械弹药甚多，残敌被迫西渡威尼河逃窜，又遭第一一三团一营三连堵击，经彻夜激战，几全歼这股日军，毙敌275名，生俘14名，缴获火炮5门、轻重机枪10挺、军马50匹、步枪数十支。

孟拱之役，新三十八师打得干净漂亮，共毙敌1500余名，俘虏21名，缴获轻战车5辆、各种火炮24门、轻重机枪57挺。另外还缴获列车97节、汽车47辆、骡马125匹、仓库20余所，各种军用物资无数，全师上下无不喜气洋洋。

新三十八师（附第一四九团）攻克孟拱后，以一部猛烈扫荡盘踞在卡盟至孟拱公路上残余日军，主力乘胜向缅北重镇密支那攻击前进，第一四九团于7月11日与先期到达该地的新三十师、第五十师等部队会合，孟拱谷地战役胜利结束。

中国驻印军自进入孟拱谷地至占领孟拱城为止，与凶顽的日军前后殊死搏战四月余，由沙杜渣南进六十余英里，基本全歼了日军第十八师团，并重创其第二师团第四联队、第五十三师团第一二八联队、第一五一联队，第五十六师团第一四六联队，先后毙敌15000余名，其伤亡总数达26000名。我军还生俘敌大尉以下官兵117名，缴获各式火炮116门、轻重机枪300余挺、各种机动车辆近500辆、战车5辆，许多被日军自行销毁或投入河中及丢弃在森林中的武器装备尚不在此数。经孟拱谷地战役之后，卡盟、孟拱、密支那之间的公路、铁路均畅行无阻，从而奠定了缅北反攻战役胜利的基础。

当中国驻印军在孟拱谷地痛歼日军的时候，英军在英帕尔战役中也取得了决定性的胜利。7月5日，日军缅甸方面军司令部被迫对在英帕尔地区作战的日军第十五军下达了停止作战令，该线日军遗下五万余具尸首，仓皇退往缅甸中南部。同时，中国远征军在高黎贡山各隘口以及龙陵、腾冲等怒江以西广大地区，与日军第五十六师团等部展开全线激战。驻缅甸日军已完全丧失了战争主动权，在战略上处于极其被动的境地。

中国驻印军继取得孟拱谷地战役胜利之后，为迅速歼灭缅北日军，使中印公路早日通畅，总指挥部乃全力布置指挥对缅北战略重镇密支那的攻击作战。

密支那位于喜马拉雅山脉南端的缅北中心地区，是缅北公路及铁路的联结点，战略地位极为重要。其周围多山，东临伊洛瓦底江，中间是一小块平原，地形稍有起伏，遍地皆森林（幼年林），隐蔽异常。城西北两方，均有飞机场。日军在密支那修筑了坚固工事，前后集结了三千余兵力固守。

先是，在我军进攻孟拱谷地之初，中国驻印军总指挥部即命美军梅利尔准将，率领一支中美联合先遣支队，由胡康谷地出发，穿越悬崖峭壁、森林茂密的库芒山区，一路辟道前进，深入日军后方，秘密奔袭密支那。

这支先遣支队分为两个纵队：K纵队由美军加拉哈德支队第三营、新三十师八十八团、新二十二师炮兵第四连组成，指挥官是美军基尼逊上校；H纵队由美军力拉哈德支队（欠一营）、第五十师一五〇团、美军七五山炮兵一排组成，指挥官是美军亨特上校。

4月29日，先遣支队由太克利出发，5月3日K纵队到达南卡，H纵队亦到达坡盖卡。6日，K纵队前进至密支那日军前哨据点雷班附近，与日守军一个加强中队发生激战。K纵队以迂回战术，于9日将敌击溃，随后乘胜占领敌阿兰机场。同时，H纵队亦将由瑞里向雷班增援的日军第十八师团一一四联队一中队击溃，于14日到达密支那地区外围地点的升尼，并在该地开辟一小型飞机降落场。

K纵队攻克雷班后，即向那翁卡前进，于5月12日到达丁克路高。此

1944年4月中下旬，中美混合突击支队秘密地由孟拱谷地长途奔袭密支那机场

时，美军加拉哈德支队第三营与两个中队日军遭遇，激战迄晚被围，旋我军第八十八团（欠一营）赶至，即以第三营（附迫击炮一连）向敌猛攻。次日，我军官兵奋勇冲杀，与美军内外夹攻，终于解围。随后，K纵队除留第三营原地牵制敌人外，主力绕道前进，日夜兼程，于18日赶至密支那北约十公里的遮巴德。H纵队亦于16日全部到达密支那西机场以西附近，并将密孟公路切断。另外，由孙布拉板南下的英军喀钦族部队数百人，亦在密支那以北地区活动。

此时，驻印军为支援中美突击队袭击密支那的作战行动，以原在印度阿萨密省（今阿萨姆邦）负责对英帕尔方面警戒的新三十师八十九团，空运密支那参加作战，稍后第十四师四十二团亦空运至密支那前线。

这里顺便提及，由于驻印军忙于向密支那前线输送兵力、给养，负责空中运输补给任务的美军官员竟忘记向解美军之围后留在丁克路高牵制日军的第八十八团三营空投给养，致使该营官兵忍饥挨饿达八天之久，仅靠采集山果野菜及芭蕉根充饥，甚为艰苦。在这种情况下，该营仍坚持战斗，与敌相持17日，然后奉命转移至密支那继续作战。

当时据守密支那的日军三兵力及配置情况是：第十八师团一一四联队三大队及直属部队驻市区；第五十六师团一四八联队第二中队及第十八师团工兵第十二联队一中队驻西郊；第十五机场守备队密支那派遣队及气象分遣队驻西机场；另有番号不详的两个中队驻北机场，其总兵力在1500人左右。

5月17日上午10时，我军先遣支队H纵队率先向密支那西机场发动突袭。驻守该机场的日军百余人分布于机场四周，因我军行动秘密迅速，日军始终未曾发觉，直到我军逼近至眼前才仓皇抵抗。第一五〇团以一、三两营从两翼夹击，至午完全控制了机场，并向残敌追击，占领了江边跑马堤。这时新三十师八十九团主力已空运至前线，第一五〇团乃于次日向密支那市区推进，与日军阻击部队发生激战。K纵队亦在密支那以北地区与日军交战。

5月19日，第一五〇团向当面之敌发动凌厉攻势，经数小时猛烈攻击，该团突进至车站附近，并破坏了日军设置的铁丝网。这时天色已晚，日军凭借有利地形顽强抵抗，以浓密火网阻挡我军前进，第一五〇团伤亡颇重，其

1944 年 5 月 1 日，中国驻印军新二十二师师长廖耀湘在孟公河谷战役中与中美军官们研究作战方案

第三营营长郭文干在攻击中英勇殉国。入夜，密支那日军发动全线反攻，我军各部队均陷入苦战中。激战持续至次日拂晓，日军反扑相继被挫败。第一五〇团趁势向密支那市区及车站攻击，至 8 时半左右将车站攻克。

这时战局对我军极为有利，倘我军乘第一五〇团取得突破、日军全线动摇之际，迅速调动后续部队增援该团扩张战果，以迅雷不及掩耳之势突入敌人纵深，则极有可能一举夺占密支那。可惜梅利尔将军在这个关键时刻犯了一个致命错误：他非但未能以留在西机场的第八十九团和美军加拉哈德支队主力增援第一五〇团，反而分割使用该团兵力，使日军获得喘息时机，迅速调整部署，实施反击，以致我军坐失良机，不仅使部队遭受严重损失，而且形成了后来密支那战役旷日持久的僵持局面。

日军从密支那车站失守的惊慌中镇静下来后，即组织强大兵力和火力向我军反扑，第一五〇团与后方指挥部的通讯联络被切断，美军总联络官孔姆中校借故离开火线，以致无法要求机场空军及炮兵支援。日军炮火持续猛烈轰击一小时以上，第一五〇团进入车站的第二、第三营伤亡惨重，在敌步兵攻击下被迫撤出，车站得而复失。迄晚，该团困于车站附近，已经弹尽粮绝，后方又补给不上，广大官兵不得不以白刃与敌拼杀，激战达旦，直至次日晨方奉命撤至跑马堤附近。日军乘机跟进，恢复并加强了原有工事。

这时第十四师四十二团由列多空运至密支那，K纵队及第八十九团正积极巩固已夺取的阵地，我军除出动空军轰炸扫射及炮兵制压射击外，各线战斗相对沉寂下来。5月23日，史迪威总指挥偕参谋长波德诺将军和我，及新三十师师长胡素将军、第五十师师长潘裕昆将军飞抵密支那前线，撤换了梅利尔将军的职务，由我们五人组成临时指挥部，并规定在前线的中国部队分由胡、潘两位师长自行指挥。

5月25日，根据史迪威总指挥的命令，驻印军再度向密支那市郊发动攻击。担任主攻的新三十师主力奉命向西郊攻击，第一五〇团及第四十二团在跑马堤一线负责牵制日军行动。

日军自密支那遭到突袭后，陆续由八莫及滇南抽调第十八师团一一四联队一大队、第五十六师团一四八联队一大队前来增援，这样密市守敌总兵力已达三千人以上。同时，日军还根据该市地形，分成四个防御区，加强工事，纵深配备，协同固守。敌人的各种火器、掩体，多配置于丛林、树根、谷壑、岩穴中，位置不易被发现，且能封锁道路。其在市区的工事，均依建筑物构成据点，利用民房及街道两侧，预先构筑各种坚固掩体，重要据点间还以交通壕相连接，在街道进出口、十字路口及民房屋角均配置了重武器，火网十分稠密，整个城市形成了一个完整的防御体系，因此我军攻击极为困难。

新三十师主力在美空军和我炮兵支援下与敌激战整日，第八十九团前进约五百码。次日继续攻击，亦略有进展。第八十八团则因敌阵地坚固，攻击数日无大进展，指挥部乃以美军加拉哈德支队向该团左翼增加，并向北机场附近之敌攻击。28日晨，第八十八团一营在山炮、迫击炮支援下，向日军发动攻击。我军先集中轻重火力向敌阵地猛烈射击，并以重机枪向密林纵横扫射，消灭敌树上狙击手，并压制敌侧防机能，继以步兵利用田埂掩蔽向敌迫近。双方剧战终日，我军仅前进约三百码。后因伤亡过大而停止攻击。与此同时，第一五〇团三营于26日奉命由机场向密支那南郊出击，在毕塔工厂南端附近遭敌猛烈抵抗，双方激战至夜，日军依仗人数和地形优势，将该营四面包围，形势极为危殆。我军官兵临危不惧，奋勇与敌拼杀。该营营长欧阳某亲在第一线指挥作战，不幸中弹殉国，其部下官兵亦有相当伤亡，但阵地始终屹然未动。28日晨，第一五〇团副团长亲率第二营前来增援，与第三营里外夹击，一举将日军击溃，并乘胜向敌纵深突击，但因敌工事坚固，火网稠密，加上需对江边布置近千米的警戒，故进展甚微。

此后，各线因气候恶劣，地形不利，奉命在现地构筑坚强据点，并搜索敌情，仅出动空军监视并袭扰日军。

5月31日，天气稍晴，我军经过调整后，再次向密支那日军发起猛烈攻击。经两星期之苦战，右翼第一五〇团及第四十二团先后突破并有力控制了密市南区日军坚固防线；左翼新三十师主力（第八十八、第八十九团）虽因强行通过开阔地区，蒙受较大伤亡，但也攻占了日军众多重要据点。攻击至此，我前线指挥官未能接受以往教训，命令频传，严厉督催，以致造成惨重的伤亡。我部队长鉴于密支那自南至北高堤间，日军依据房舍、大树、竹丛等构成坚固据点，攻击愈形困难。经和指挥部争论，6月15日以后指挥部方面听由各部队自行处理。各部队仍采取掘壕及强攻并用的战法，进展较缓。日军为阻止我军前进，于夜间大肆袭扰我各线阵地，我军则在阵地周围预埋触发手榴弹，收效甚大。

6月21日，右翼第一五〇团及第四十二团掘壕作业颇有成效。第一五〇团沿公路逐渐向前推进，并占领江边与公路所形成的三角区域，第四十二团亦将火车修理厂占领大半。但左翼部队的攻击受到顿挫，第八十八团在空军支援下一度攻占射击场北端高地，不久复被日军夺去。美军加拉哈德支队第一营曾企图向敌后渗透，不料被日军发现，旋被围困于西打坡以北地区，26日方奉命突围。为策应该部突围，指挥部特命第四十二团第一营向北机场渗透。28日夜该营通过北机场时，美工兵第三〇九营派兵一连前往联络，却不慎误入敌阵，伤亡达120余人。指挥部恐第一营重蹈覆辙，急

史迪威将军在缅北密支那机场观察敌情

命该营于 7 月 2 日夜撤回第八十八团左翼。该营向北机场渗透时，仅有 9 名士兵负伤，然经此一撤，又伤亡官兵 70 余人。

时驻印军在孟拱谷地的战斗业已结束，我于 7 月 6 日再次飞抵密支那前线视察，深觉各部队胶着不动，拖延时日，多有不利。经与前线各部队长磋商，决定在"七七"发动全面攻击。当晚，我以电话向各师下达了攻击令。

7 日 13 时，我全线在空军、炮兵掩护下，猛烈向敌攻击，激战至 18 时，右翼第一五〇团在江边三角地区进展约 150 码；第四十二团将火车修理厂全部占领。另该团甫由列多空运到达的第三营立即投入战斗，超越其主力，进迫市区攻占八角亭据点，该营营长黄晋隆、副团长宁伟、王竹章等，均在激战中身负重伤。其他各部队亦经激烈战斗，有不同程度的进展。

7 月 8 日以后，各团根据指挥部的指示，各抽出一营兵力（第四十二团除外）调至第一线后方作短期的对敌据点攻击演习，其余各部队仍自行掘壕攻击，并协同构成对敌一些据点的包围。同时，根据指挥部的命令，新三十师师长胡素将军接替美军麦根少将，负责指挥密支那地区的作战行动。

7月13日，驻印军自左至右并列美军加拉哈德支队、新三十师主力（第八十八、第八十九两团）、第十四师四十二团及第五十师一五〇团，在优势空军和重炮兵支援下连攻3日，第八十八团始攻占射击场北端高地及西南几个日军据点，第四十二团及第一五〇团攻占八角亭及车站，但其他方面进展甚微。

7月17日以后，各部队自行掘壕攻击，大部进入街市村落战斗。日军虽屡经补充，但在我空军及炮兵猛烈轰击下，死伤奇重，逐步退守市区，分成北、中、南三个防御地区。北地区以第一一四联队直属队及第三大队、第十五机场守备队密支那分遣队及气象分遣队担任守备；中地区以第一一四联队二大队及工兵第十二联队一小队担任守备；南地区以第一四八联队一大队及第十五铁道兵联队一部，此外尚有第五十五、第五十六联队伤愈官兵两百余人担任守备。以后因我空军终日对密支那轮番轰炸，日军遂将防御重点由市区移向市北西打坡方面。

从7月25日起，驻印军又开始全线攻击。此时由列多增援上来的新三十师第九十团及从孟拱谷地战役后归还建制的第五十师一四九团，陆续开抵前线，在此稍前，第十四师四十一团主力亦到达密支那市郊，立即投入战斗。这几支生力军的到达，使我军士气益振，攻击力大为增强。这时由孟拱败退下来的日军已向八莫集结，该处日军以第十八师团的两个步兵大队及汽车两百余辆，满载军需品，准备向密支那增援，指挥部即命第四十二团派出步兵两营，于市区南方强渡伊洛瓦底江，切断密八公路，阻击援敌。

7月28日，我军各部队继续向敌猛烈攻击，重点保持于第五十师方面。我步兵在空军和优势炮兵火力支援下，逐步向敌纵深进迫。驻印军强大兵群，集中所有火力优先支援第五十师方面，尔后再转移支援其他方面。此时，迫击炮亦参加炮兵直接支援射击，日军阵地上一片火海。各攻击部队随炮兵的延伸射击，逐巷、逐屋进攻，至当日晚，右翼第一五〇团已占据市区四条马路，第一四九团占领火车站一部；左翼第八十八团在铁道北侧进展三百余码，第八十九团接近敌营房西北角，第九十团进展最速，沿铁道及南

侧一直向东压迫，唯美军被阻于小溪附近，无大进展。

次日，各部队在空军和炮兵掩护下，攻势益猛，右翼第一四九团突入车站中心。第一五〇团在掘壕攻击中，曾遭对岸日军炮火封锁，前进颇为困难，后经我空军及炮兵还击，将日军炮火制压下去，该团乃一举占领第五条马路；右翼第八十九团在重炮火力掩护下，突入新街市，第九十团方面亦有进展，第八十八团因敌工事坚固，进攻暂时受阻。第十四师由于仅有步兵两营参加市区战斗，兵力单薄，只能策应友军作战。激战至 31 日，我第一五〇团已通过市区第六条马路，第一四九团将火车站全部占领，新三十师及第十四师各部队亦攻占若干重要目标，密支那市区已大半为我军所控制。

日军因覆没在即，不得不作逃窜打算，于 31 日起强行驱赶市民至西打坡江边，冒着我空军和炮兵的轰击搭制竹筏，准备渡江之用。8 月 1 日晨，我军在密支那市以南的沿江警戒部队，发现敌人三五成群，分乘竹筏或汽油

中国驻印军第五十师的将士们正一面在密支那城郊掘壕作业，一面向日军发动攻击

桶顺江而下，当予击沉或俘获，经检验都是日军伤病官兵。同日，亦有密支那市民成批外逃，这些无疑都是敌人即将败退的征候，指挥部乃激励各部队加紧向敌攻击。1日晚，第一五〇团攻占市区第七条马路，第十四师步兵两营攻占十字路重要据点，并与新三十师取得联络，新三十师九十团攻占敌营房修械所，第四十二团二、三营亦在江东将日军援军击退。美军加拉哈德支队经反复苦战也攻占西打坡一部。指挥部鉴于战局的有利态势，不失时机地下达了最后的攻击令，命令各部队务必全力攻击，力求尽快彻底消灭残余日军。

8月2日，第五十师师长潘裕昆将军考虑到密支那市北端日军仍凭借坚固阵地顽抗，正面强攻牺牲太大，乃于当晚以师工兵连为基干，征选精壮官兵百余人，携带轻便武器及通讯器材，组成敢死队，分15个小组，趁夜幕掩护分别潜入敌阵地后方，将敌通讯设施完全切断，3日拂晓即向敌指挥所

中国驻印军攻克密支那后，我军官兵巡视已成一片废墟的城市

及各预定重要据点猛烈攻击，日军顿时慌乱起来，我军各攻击部队应声而起，不顾一切地向日军冲杀。至3日晨8时，第一五〇团及敢死队将市区第十一条马路完全攻占，残敌数百人拼命向江中逃窜，该团第一营及第一四九团三营立即展开追击，其余部队则肃清敌营房区以东沿江一带的残敌。新三十师九十团于当日上午奋勇冲杀，攻占日军欲作死守据点的营房区，日军密支那最高指挥官水上源藏大佐自杀，其余守敌亦大部以手榴弹自杀。在城北奋战的美军加拉哈德支队第三营及战斗工兵第二〇九营，也将西打坡日军阵地占领。至8月5日，我军完全控制了密支那市区，并与西打坡美军取得联络，同时派出有力部队越过伊洛瓦底江追歼残敌，向八莫方向警戒，密支那攻击战至此方告结束。

密支那之役是整个缅北反攻战役中最为激烈艰苦的一战。我军以伤亡6600余人（其中阵亡官兵2400余人）的沉重代价，费时两月余，始攻下这座战略重镇。在这次战役中，广大爱国官兵的确表现出了大无畏的勇敢精

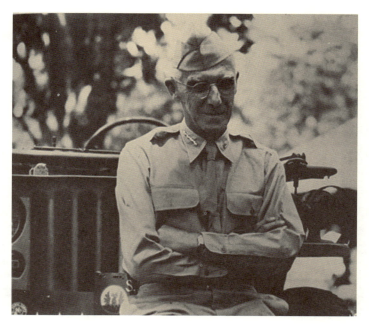

中国驻印军总指挥史迪威将军，这张照片是 1944 年 8 月他晋升四星上将后拍摄的

神。尽管日军防守顽强、工事坚固，使我军攻击一再受挫，伤亡惨重，但前线的战斗士气却始终高涨。不仅从未有人贪生怕死、畏缩不前，相反，有许多官兵，负伤后仍不肯撤下火线，前仆后继，坚持战斗。一些部队长也亲临第一线指挥督战，对部队鼓舞甚大。

应当说，这次战役充分显示了中国驻印军英勇顽强、无坚不摧的战斗精神和力量。但是，由于这次战役是中美军队联合作战，部分参战部队训练尚不够充分，尤其缺乏亚热带丛林作战和城市攻坚作战的经验，加上指挥方面一度不甚得力，在作战中暴露出不少问题。如前线指挥官在战役初期对敌情判断不准确，未能很好把握战机，指挥不够果断，我军指挥系统不统一，部署紊乱，各部队之间缺乏联络，使用兵力亦无重点，以及步炮空协同不力，等等，使我军多付出了一些血的代价。此外，中美将领之间缺乏有效的协调配合，也是导致作战不够顺利的因素。此次战役前后更换了三任美国指挥官（梅利尔、波特纳、麦根）。他们既不完全了解中国士兵的特性，又不信任

郑洞国将军签发的委任状

中国军官，命令时常变更，任务指示也不明确，下达命令以前，对实施所需的时间不作考虑，且常陷于分割使用兵力的错误。所幸由于史迪威将军能够及时发现上述问题，根据作战情况在指挥方面一再予以调整，扩大中国将领的指挥权限，乃至最后由中国将领负责指挥全部攻击行动（因为参战部队绝大多数是中国部队，且表现甚佳），从而确保战役取得了最后的胜利。

中美军队攻克密支那的意义极为重大。是役我军不仅毙敌两千余名（另俘虏69人），缴获甚多，而且由于控制了这座缅北战略重镇，中印间空运自此可经由密支那及附近上空往返，不必再飞越驼峰，故对中国后期抗战贡献殊大。

反攻缅北之役（下）

密支那战役结束后，反攻缅北战役之前期任务业已圆满结束。鉴于驻印

中国驻印军副总指挥郑洞国将军

军长期征战，十分疲惫，部队乃于原地进行休整。不久，奉重庆军委会命令，将所属各师编组为两个军：新编第一军，军长孙立人将军，辖新三十八师、新三十师，集结于密支那；新编第六军，军长廖耀湘将军，辖新二十二师、第五十师、第十四师，集结于孟拱。总指挥仍由史迪威将军担任，并成立驻印军副总指挥部，我就任副总指挥。

驻印军在密支那、孟拱地区整训了两月之久。1944年10月上旬，印缅地区雨季刚过，驻印军数万雄师和英军一部奉命兵分三路向南挺进。右路英军第三十六英印师，沿密支那至曼德勒铁路走廊，进攻卡萨，中路新六军由铁路以东之原始森林经和平迁回攻击伊洛瓦底江边的瑞古，切断八莫日军后路，并阻止日军经水路向八莫增援；左路新一军则沿密支那至腊戍公路，向八莫攻击前进。

此时驻印军总指挥史迪威将军奉调返美，由索尔登将军接任总指挥。

10月15日，左路新一军由密支那全部渡江完毕，即以新三十八师为第一线兵团，直扑八莫。新三十师为第二线兵团，随新三十八师的进展而前进。

八莫是一座历史悠久的古城，位于伊洛瓦底江汇流的右岸，是缅北水陆交通要地。水路南通曼德勒、仰光，亦可以小舟逆江行驶，直达密支那、孟拱，乃至卡盟。陆路除密支那至八莫的公路外，另有一条由八莫至腾冲的骡马古道。从密支那到八莫，除有南太白河、南山河、貌儿河、太平江等河川形成天然屏障，八莫城四周亦是湖沼遍布、地势起伏、丛林密布，易于防守。

日军自攻略缅北后，即以八莫作为进犯滇西的战略基地，并在城内及四周修筑了极为坚固而隐蔽的工事。先是，当我军围攻密支那时，日军曾从缅南抽调第二师团一部前往救援，但这支敌军刚行至南坎，即闻密支那失守，估计我军下一步将攻取八莫，乃改以该师团搜索兵联队为基干，加上步兵第十六联队第二大队、混合炮兵一个大队、轻战车十辆，及由孟拱、密支那溃回的第十八师团残部，合计五千余人的兵力固守八莫及附近地区。日军以约一个大队的兵力，向北推进至庙堤、那龙公路间及两侧山地，构筑阻击阵地，企图迟滞我军对八莫的攻击。以后新三十八师进军神速，才迫使日军放弃了这一带有利地势，退守太平江以南地区。

新三十八师以第一一三团为前卫，沿密八公路向南攻击前进，于10月27日进抵太平江北岸的大利。29日，该团以迅雷不及掩耳之势，一举歼灭据守庙堤的日军一个中队，其余日军纷纷溃回太平江以南。

太平江正面，河幅宽达四百英尺，水流湍急。日军依南岸险峻的山势，修筑了许多强固工事，并以火力控制了所有渡口，而江北岸却地势平坦，使我军的渡河行动处处受到日军瞰制。为了避免因强攻而造成过多的伤亡，新一军军长孙立人将军亲至江边视察，决定以第一一三团在太平江北岸采取佯攻态势，吸引日军注意力，另以新三十八师主力于11月1日，由大利以北地区，秘密转移至左翼山地，从太平江上游的铁索桥上渡江，进抵不兰丹与兴龙卡巴一线，对八莫、曼西作迂回行动，包抄日军后路。

軍事委員會辦公廳機要室

去電錄底紙

33年10月30日譯發　　去電號次 310

發往地點	姓名 鄭洞國
檔關	發電日韻 玉艷侍秘
原辦機關	發文號次　字　號

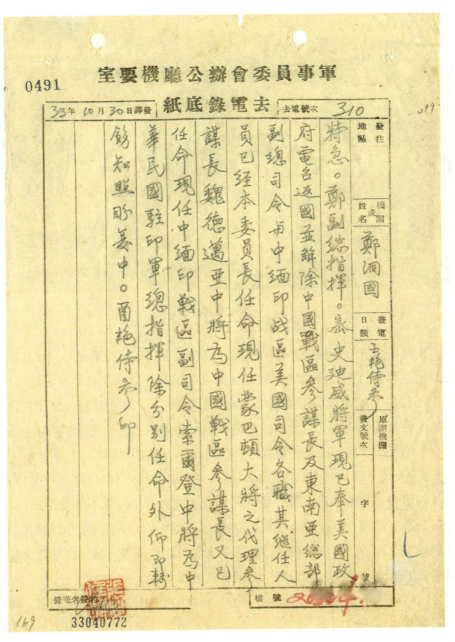

特急。鄭副總指揮。據史迪威將軍現已奉美國政
府電召返國並解除中國戰區參謀長及東南亞總部
副總司令兼中緬印戰區美國司令各職其繼任人
員已經本委員長任命現任蒙巴頓大將之代理參
謀長魏德邁中將為中國戰區參謀長又已
任命現任中緬印戰區副司令索爾登中將為中
華民國駐印軍總指揮除分別任命外仰即轉
飭知照。玉艷侍秘印

錄定者簽名

33040772

169

1944 年 10 月 30 日，蔣介石致電鄭洞國將軍，告知索爾登將軍接替史迪威將軍軍職等事

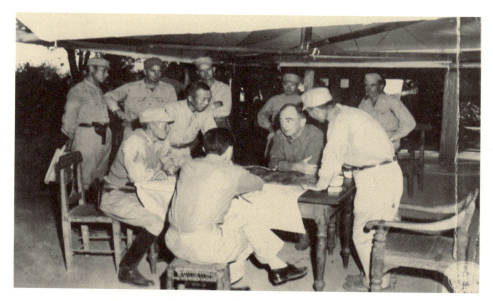

索尔登、郑洞国、孙立人等研究攻击八莫作战方案

　　在师主力进行秘密迂回行动期间，留在太平江正面的第一一三团几次试探渡河，均因日军以强大火力封锁江面而未成功。该团团长赵狄破敌心切，决定不待主力迂回成功即由庙堤正面实行偷渡。11月8日夜，赵团长选派六名水性好的精干士兵，偷偷游过冰冷刺骨的太平江，寻找日军防守上的破绽，然后接应该团第三连悄悄渡江，接着全团也都顺利到达对岸。

　　第一一三团兵不血刃即渡过太平江，部队未及休息就分路直扑莫马克、马子淀等日军据点。敌人完全没有料到我军竟会神不知鬼不觉地摸过江来，一时大乱，只得仓促应战。经数日激战，该团将八莫外围的大小村落和三个飞机场完全攻占。新三十师随即跟进至大利、庙堤一带，接替太平江北岸的防务，并以一部渡江，与新三十八师部队取得联络。

　　这时新三十八师主力已迂回成功，会同由庙堤南下的第一一三团，猛烈攻击莫马克。同时抽出一部兵力（第一一三团）沿莫马克北侧山边小路向西南攻打曼西。该师在空军和地面炮火的有力支援下，经十日激战，于11月14日攻克莫马克，17日攻克曼西，切断了八莫通往南坎的道路。中路新六

中国驻印军攻击八莫

军方面战斗进展亦颇顺利。10 月中旬，该军先头之新二十二师自孟拱乘火车进抵和平，随后向东进入遍布原始森林的崇山峻岭之中，经远程艰苦跋涉于 11 月 1 日到达伊洛瓦底江北岸附近，在此得到总指挥部配发的渡河材料。5 日天色尚未明，该师先锋部队即以橡皮舟悄悄渡江，建立了滩头阵地，掩护主力续渡。日军想不到我军会在此处渡江，仓促应战，很快被我军击溃。新二十二师于次日占领卡利，随后穷追不舍，当日深夜攻击至瑞古，日军又未料到我军行动如此神速，其守军第二师团第十六联队一部慌乱抵抗一阵后向开勒支方向突围，转向八莫逃窜，该师于 7 日占领了瑞古。

为配合左路新一军攻击八莫，阻敌增援，并切断八莫日军后路，新二十二师仅以第六十四团防守瑞古，主力则于 11 月 11 日分两纵队向曼大及其西北山地前进。左纵队第六十五团几度与日军激战，于次日攻占曼大，14 日右翼队第六十六团亦到达曼大，当以一部攻占西口，另以第六十五团主力向八莫挺进，17 日与新三十八师第一一三团在八莫市南端会合，加入对八莫日军的攻击。

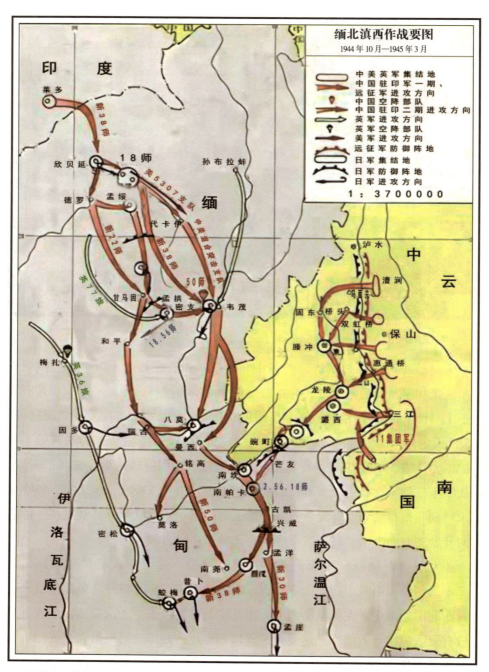

缅北滇西作战要图

日军主力均被驻印军吸引到八莫、瑞古方面，担任右路攻击任务的第三十六英印师之正面并未有大量日军阻击，但战斗表现却不尽如人意。该师在向卡萨前进途中，曾突遭日军铁道守备队的反击，当即大乱，纷纷溃退，几不成军。鉴于英军处境危殆，担任中路指挥的廖耀湘将军急调新六军预备队第五十师驰援英军，将日军彻底击溃，使英军转危为安，并保证了我军侧翼安全。以后英军虽未能如期攻占卡萨，但对我军亦发挥了侧翼掩护作用。

左路新三十八师自攻占曼西后，除以一部兵力留守，主力会同新二十二师的两营兵力立即展开对八莫日军的包围攻击，战况极为激烈。

鉴于八莫城垣工事非常坚固，且日军火力猛烈，我军遂汲取强攻密支那的教训，采用陆空协同、步炮协同，并以战车掩护、逐点歼敌的战法攻击，一点点啃掉日军的阵地，效果甚佳。

攻城期间，我多次由列多乘坐美军的小型侦察机（仅能容纳驾驶员与乘员一人），前往八莫上空视察督战。见到整个八莫城在我强大空军和炮兵猛烈轰击下大火熊熊，浓烟滚滚，日军炮火几乎完全被压制，城内建筑大多崩毁。

日军虽然死伤惨重，但抵抗十分凶顽。敌人在城垣四周，利用复杂的地势，修筑了众多分散的抵抗巢，每个抵抗巢配备一轻机枪射手、一步枪狙击手、一掷弹兵手，各抵抗巢间以火力相互策应，使我军步兵难以接近。以后我攻击部队使用迫击炮将其逐个清除，才渐次突入城区。日军为确保城区各主要阵地，集中战车、各种火炮和战车肉搏队，轮番向我军发动自杀性反扑，敌我反复厮杀，阵地犬牙交错，战斗呈白热化状态。由于彼此相距太近，有时各种火器均无法施展作用，双方只能以白刃相拼。某次一股日军借晨雾掩护袭入第一一三团一营阵地，敌我在狭窄的堑壕里展开殊死的搏斗。混战中，我军一名机枪射手被敌人刺死，副射手也受了伤。但这位勇敢的战士毫无惧色，他一手按住敌人刺过来的枪，一手紧紧抓住对方的喉咙，用力一拉，结果连这个鬼子兵的舌头都从喉管里扯了出来。

激烈的战斗持续了二十余日。至12月14日，我军已将城内南北主要据点及陆军监狱、宪兵营房、老炮台等坚固堡垒相继攻克，各攻击部队乘胜向

　　1944 年 11 月 30 日，中国驻印军总指挥索尔登将军（前左一）与郑洞国将军（前左二）、新一军军长孙立人将军视察斯格瑞夫野战医院

　　1944 年 11 月 30 日，中国驻印军索尔登将军（左一）与副总指挥郑洞国将军（右二）等，正在检视新三十八师在八莫战役中缴获的日军武器

1944 年 11 月 30 日，中国驻印军总指挥索尔登将军（右）、参谋长罗伯特·坎农（左）与新六军军长廖耀湘将军研究作战方案

敌核心阵地突击。混战中，日军守城司令原好三大佐被击毙，残敌数百名见大势已去，乃强迫其伤病官兵自杀，然后拼死向外突围。当夜，敌我在八莫城南一带作最后的厮杀，枪炮声震耳欲聋，战火映红了夜空。至次日天明，我军攻入日军核心阵地，并将残敌大部歼灭，城内仅有六七十名残兵败将乘黑夜泅水逃窜。当日午时，我军全部肃清了城内日军，完全控制了八莫。

八莫之战是一次成功的攻坚战役，我军不仅打出了英勇顽强、善打硬仗的战斗风格，在战略战术的运用上，也体现出较高的军事水平。战后从缴获的敌人文件中得知，日军原拟在八莫死守三个月，等待增援部队到达后再转移攻势，然而我军仅用了 28 天，就彻底粉碎了敌人的企图。这次战役，我军击毙日军原好三大佐以下 2400 余人，俘敌池田大尉等 20 余人，缴获零式战斗机 2 架、战车 10 辆、各种火炮 28 门、轻重机枪 95 挺、步枪 1200 余支。

在此之前，在新三十八师猛烈攻击八莫之际，我军为早日打通滇缅公

1944年12月3日，中国驻印军新一军新三十八师重机关枪部队向八莫日军阵地猛烈射击

路，乃以左路新一军二线兵团新三十师，超越新三十八师，沿八（莫）南（坎）公路向南坎挺进。

南坎，位于缅北最东端，紧挨中缅边境，西北通八莫，东北至龙陵，南达腊戍，为中缅交通要冲。其地势为狭长谷地，北有瑞丽江横贯该城，四周则都是高山，尤以东南方更为险要。日军入侵缅北以后，一直在此驻有重兵，储存了大量粮草、弹药，并构筑了半永久性工事，使该城成为其东侵滇西及拱卫缅北的重要基地。

鉴于南坎四周高山环绕、中间低洼平坦的地形特点，攻略南坎之战的成败关键，在于如何夺取其四围的制高点。

11月底，新三十师主力分三路，沿八（莫）南（坎）公路及两侧山地长驱疾进。12月3日，该师先头部队在康马、南于附近地区，突与由南坎出援八莫的日军遭遇。

日军原准备长期固守八莫，争取时间集结更多的兵力来阻止驻印军南下和滇西远征军西进。由于英勇善战的新三十八师进展神速，八莫旦夕可下，迫使南坎日军指挥官山崎四郎大佐（第十八师团第五十五联队长）不得不改变主意，亲率第十八师团第五十五联队、第五十六师团第一四六联队一部、第四十九师团第一六八联队（刚由朝鲜调来）、炮兵第十八联队第一大队，以及工兵、辎重兵各一大队（称为山崎支队），紧急向八莫增援。

新三十师先头部队与敌遭遇之后，以迅猛的动作抢先攻占了位于八南公路西侧至关重要的五三三八高地，把敌人完全堵在山脚下，双方一连激战数日。9日，日军集中一五重炮2门、山炮8门、平射炮16门，在山崎大佐的亲自指挥下向我军发动全线猛烈进攻，同时另有多路小股日军悄悄渗入我军阵地，到处袭扰，敌我混战终日。面对兵力、火力均占优势的敌人的疯狂进攻，我军官兵沉着勇敢，奋力抵抗，击退日军多次进攻，并及时将渗入的日军全部歼灭，阵地始稳定下来。

鉴于出援八莫的日军兵力雄厚，孙立人将军速命新三十师预备队第八十九团星夜由曼西向第一线增加，同时由八莫抽调新三十八师第一一二团，作为左侧独立支队从拜家塘东侧，秘密向敌人右后方迂回抄袭。

此后，新三十师与敌山崎支队连续恶战数日，彼此伤亡惨重，战事演成胶着状态。日军因多日受阻，迟迟无法救援八莫而变得更加焦躁疯狂。12月14日，日军集中大部分兵力和炮火转至右翼，向我五三三八高地发动空前猛烈的攻击。一日之间，日军向该高地发射了三千余发炮弹，整个阵地变成了一片焦土和火海。每次炮击之后，日军步兵以密集队形向我阵地蜂拥冲击，连续发动自杀式的冲锋。据守这个高地的第九十团第三营官兵以寡敌众，表现得极为顽强。敌人炮击一停，他们就跃出掩体，集中所有轻重火力向敌冲锋队猛烈扫射。但日军非常凶顽，前面的倒下了，后面的踏着自己人的尸首，杀气腾腾地继续向前涌。我军官兵奋勇堵击，多次与日军白刃拼杀，誓与阵地共存亡。激战中，营长王礼宏阵亡，部队伤亡很大，生存下来

蜿蜒起伏于崇山峻岭间的滇缅公路

1944 年 12 月 8 日，驻印军新三十师九十团二营士兵正以迫击炮攻击八莫之敌

的官兵们怀着复仇的怒火，顽强坚持战斗，狠狠打击敌人。那一天，日军先后发动了 15 次大规模冲锋，但都失败了，白白在我军阵地面前丢下了 1260 多具尸体。最后，敌人由于伤亡过于惨重，再也无力向我军发动新的攻击，只得遗弃大量武器装备，纷纷向密林中溃逃。

当敌我在五三三八高地激战时，新三十师第八十八团附山炮一连及工兵一部，从左翼乘虚向马支攻击前进，切断正面日军突击部队的交通线。该团以破竹之势，于 17 日一举攻占马支，继向东西席卷，19 日攻占卡的克和卡龙，21 日又占领了邦渣，先后歼灭日军一个大队。

这时，担任左侧独立支队的新三十八师第一一二团，已经越过南宛河，进抵拉康，其一部沿河西岸向南疾进，将八南公路切成几段，并将南开附近之敌包围。23 日，担任正面攻击的新三十师与该团夹击南开日军，并击溃前来增援的两个中队日军，遂进占南开，并向南坎挺进，26 日迫进南坎外围。

鉴于南坎西北外围地势狭长险要，正面攻击较为困难，孙立人将军命令左侧独立支队第一一二团迅速向劳文攻击，支援正面主力新三十师前进。12

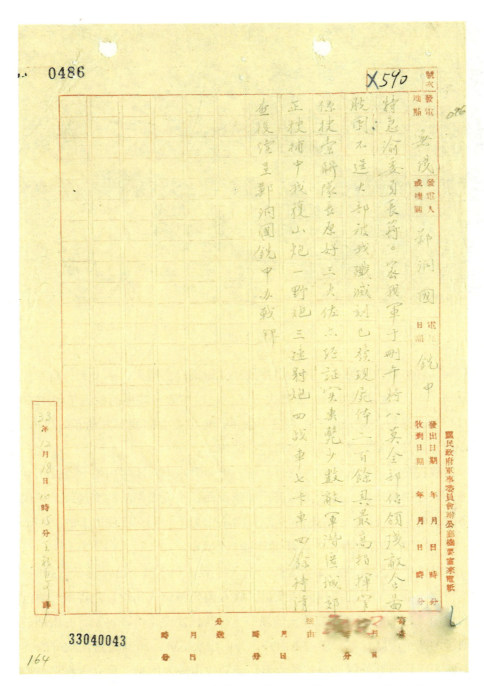

特急渝委員長蔣。密我軍于卅午村八莫全部佔領殘敵全數

股斃不逞大部被我殲滅刻已後現屍俸二百餘其最高指揮官

保城垣附隊長原好三大佐點經証實麥乾少數敵軍游避城郊

正枚捕中我復山炮一野炮三速射炮四戰車七卡車四餘待清

查後饉呈郑洞国銑中办戰那

33040043

164

1944 年 12 月 18 日，郑洞国将军致电蒋介石，报告中国驻印军克复缅北重镇八莫

月 27 日，该团由南宛河两岸的崇山峻岭间秘密疾进，一举袭占劳文及其附近的机场，次日复攻占般康。是日，新三十师各团亦相继攻占了瑞丽江北岸的各个日军据点。

根据我军掌握的情报，日军在地形最为险要的南坎东南山地修筑了坚固的工事，并将主力配置于此，准备长期固守。孙立人将军经过慎重考虑，决定避免正面攻坚，采取迂回奇袭并用的战法，以新三十师一部正面佯攻，牵制日军主力，我军主力则由南坎西南侧实行大迂回突进，拟一举攻袭南坎。

1945 年 1 月 5 日，新三十师第八十九团在前，新三十八师第一一四团在后，攀越南坎以西的古当山脉，于 7 日进抵西朗附近山区。这时天降大雨，山洪暴发，泥泞没膝，人马行动极为困难。但这两支迂回部队不避艰

激烈战斗后的士兵在南坎镇休息，一队载运辎重的骡马正经过他们身前的道路

险，冒雨挺进，先后于西朗附近偷渡瑞丽江，向南坎南郊的崇山深壑间钻隙突进。新三十师第九十团亦秘密沿江南下，于 11 日拂晓在大雾掩护下悄悄渡过瑞丽江，由东北向敌南侧进出。至 1 月 14 日，我各路迂回突击部队已先后进抵南坎西南侧的森林地带，秘密集结，敌人毫无发觉。这时，担任正面攻击的新三十师第八十八团正肃清瑞丽江北岸的残敌，佯作准备渡江状。新三十八师第一一二团亦迫近江北岸。

1 月 15 日，新一军各部队在战车、各种火炮和空军强大火力支援下，对南坎发动突袭。据守南坎外围据点及城内的日军，突然发现已陷于中国军队的四面包围之中，仓皇进行抵抗，作困兽之斗。但是，在我空中和地面炽盛炮火的轰击扫射下，日军伤亡极为惨重，无法阻挡我军南北两面的凌厉攻势。上午 10 时，第九十团三营七连首先突入南坎，其他部队也相继攻入市区，再经激烈巷战，我军于当日中午完全攻占该城。

这一仗，我军毙敌 1780 余人，俘敌 10 余人，缴获火炮 12 门、轻重机枪 15 挺、步枪 500 余支，另外还缴获了卡车 12 辆、轿车 1 辆和仓库 10 余所。

我最高统帅部和盟军对于南坎的攻克甚为关注。重庆军委会在接获攻克南坎的捷报后，立即电令滇西远征军迅速挺进，占领我边境城市畹町，以便尽快打通中印公路。

此时我滇西远征军经数月浴血鏖战，已相继攻克了松山、腾冲、龙陵、芒市等滇西重镇，其第五十三军、第六军、第二军等部，正分路向畹町挺进中。英军第十四军团主力亦在缅甸中部战略重镇曼德勒附近与日军激烈交战。整个缅甸滇西战场的形势对我军极为有利。

为了使中印公路早日通车，驻印军新一军攻下南坎后，未及休整，即奉命乘胜继续向敌人猛攻。这时日军已纷纷退守南（坎）芒（友）公路沿线的险峻山地，以及南坎以南老龙山地区的既设阵地，据险死守。为此，该军以新三十八师沿南芒公路向芒友挺进，新三十师则负责围歼老龙山地区之敌。

先是，驻印军中央纵队新六军自攻占瑞古、曼大、西口等处后，其新二十二师一部于 1944 年 11 月底越过瑞丽江，又先后攻占芒卡、拉西等地，迫使日军向南都方面退去。根据战局变化，驻印军本拟以新六军主力直趋腊

我军战士正在审讯日军俘虏

成，切断腊戌至畹町间的公路，阻止滇西、南坎之敌退去，并截击腊戌方向来援之敌，以有效地策应左翼新一军的作战。但这时国内战局非常吃紧，日军几十万精锐部队已长驱深入我豫、湘、桂数省，正向贵州进犯，重庆震动。12 月 1 日，新六军主力新二十二师、第十四师奉重庆军委会命令停止前进，集结于西于，不久分批空运回国赴援。第五十师转归新一军建制，接替新二十二师在瑞丽江北岸的阵地。该师以第一四八团担任西于至芒卡一带的防务，主力则于 1945 年 1 月 1 日由西口、西于地区向南进击，与日军在万好地区激战，敌人旋以第十八师团第一一四联队残部、第五十六师团第一一三联队残部，共 800 余人前往增援，据险顽强阻击我军前进。第五十师巧妙用兵，将敌人截成数段，使其首尾不得相顾，再经多日恶战，于 1 月 4 日占领万好，残敌向茂罗方向溃逃。该师乘胜追击，将瑞丽江北岸的日军完全肃清，积极准备策应新一军主力方面的作战。

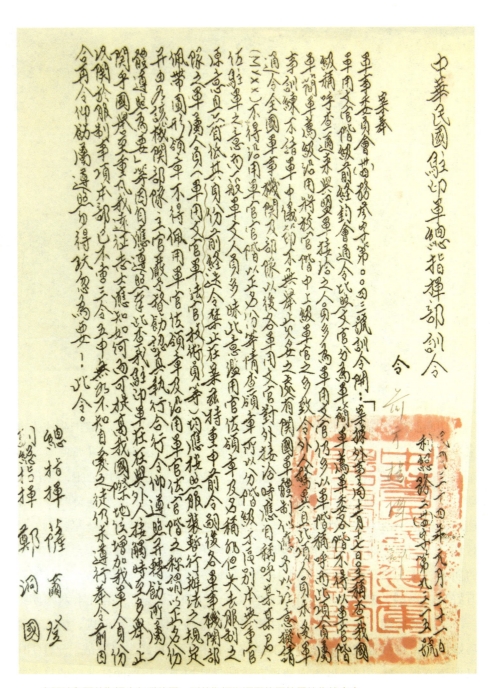

中国驻印军总指挥索尔登将军、副总指挥郑洞国将军签署的作战命令

滇西中国远征军强渡怒江

滇西中国远征军强渡怒江后，立即与日军展开激战

滇西中国远征军战士用美制火焰喷射器逐一清除腾冲日军防守的坚固据点

滇西中国远征军强渡怒江后，冒着瓢泼大雨在高黎贡山上的泥泞道路上艰难行进

1944年6月4日，滇西中国远征军总司令卫立煌将军在云南怒江惠通桥上指挥炮兵向日军轰击

中国远征军战士们，正等待炮火准备后，向松山日军发起攻击

在攻打腾冲的战斗中，美军工兵协助中国军队清除日军埋设的地雷

美军顾问正在观察我军炮击日军据守的腾冲附近高地的情况

滇西中国远征军攻入云南腾冲城内，与日军展开激烈巷战

滇西中国远征军攻入龙陵城墙

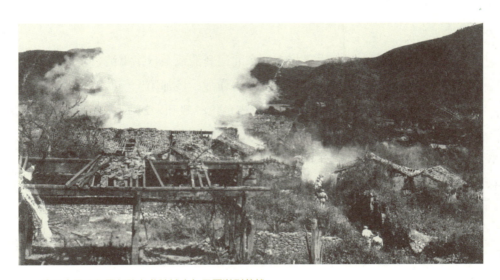

滇西中国远征军部队在龙陵城内与日军激烈巷战

中国驻印军渡过瑞丽江

　　是时，新三十八师主力已将南坎东北河套的残余日军肃清，正以破竹之势沿南芒公路向芒友挺进。为策应师主力作战，该师第一一四团由敌左侧山地，向东压迫。新三十八师于19日攻占色伦、般和，21日再克闹场、曼伟因、苗西，与滇西远征军第五十三军一一六师部队取得联络。同日还攻占了四五六一高地。至此芒友西南外围日军据点，均为我军夺取。日军为摆脱困境，于23日集结重兵分三路向四五六一高地反扑，双方激战一昼夜，最后日军不支溃退，新三十八师乘胜直逼芒（友）腊（戌）公路。但日军第五十六师团残部已由滇西撤至芒友，企图联合原芒友守军固守该城。故新三十八师不待新三十师在老龙山地区得手，即以第一一四团向南巴卡快速突进，切断芒友日军退路，主力则由正面公路南下，于1月24日向芒友发动猛烈攻击。经四日激战，我军一举攻克芒友，与攻克畹町后继续向前挺进的滇西远征军第五十三军部队胜利会师，中印公路终于全线打通。

1945 年 1 月 22 日，中国驻印军新一军新三十八师——三团攻克中国边境城市畹町，与滇西中国远征军第五十三军——六师会师

当新三十八师攻击芒友之际，新三十师与老龙山地区据险防守的日军血战多日，将敌一部歼灭。同时向南巴卡突进的第一一四团亦进至康梭，包围了退守老龙山地区的日军第五十六师团残部。1 月 28 日，日军第二师团第四联队附战车八辆、重炮四门，赶来救援，与第五十六师团残部联合夹击我军第一一四团。该团官兵奋勇应战，与敌血战一昼夜，阵地寸土未失。时新三十八师主力亦由芒（友）南（巴卡）公路南下驰援，双方激战五日，日军死伤惨重，敌第五十六师团长松山佑三中将被迫率少数残兵败将向南落荒而逃，我军遂于 2 月 8 日进占南巴卡。

中国驻印军与滇西中国远征军胜利会师

　　中印公路打通后，滇西远征军第五十三军循来路回国，驻印军为进一步扩张战果，确保滇缅国际交通线的安全，乃继续掉头向缅中挺进。当时的部署是：西路第三十六英印师由卡萨南下，沿伊洛瓦底江东岸，攻取蒙米特；中路新一军第五十师由西于沿旧滇缅公路以西的丛林地带，经南渡、细包，直取乔梅；东路新一军主力新三十八师、新三十师由南巴卡、芒友循旧滇缅公路向腊戍挺进。我三路大军，浩浩荡荡，以泰山压顶之势向日军压去。此时，英军第三十三集团军亦乘虚渡过更的宛河，向东出击，驱逐密（支那）、曼（德勒）铁路沿线日军，轻取温佐，继沿铁道走廊，向瑞波推进，策应驻印军方面作战。

　　缅北日军迭遭重创，部队残破不堪，除第二师团第四联队等部尚保存大部兵力外，其他多是各师团的残部。敌缅甸派遣军司令官河边正三把这些残兵败将纠集在一起，补充部分兵员装备，使其固守缅北战略重镇腊戍及附近各要点，企图将我军阻止在曼德勒以北地区，以争取时间，掩护缅中日军向南撤退。因此，嗣后缅北对日作战的主攻方向在东路，以新三十八师、新三十师的攻击作战最为艰苦、激烈。

东路新一军主力的作战部署是：以新三十师主力由南巴卡沿公路及其西侧地区向新维进攻；另以新三十八师第一一二团自公路东侧经曼文一带高地，向新维方面挺进，并掩护军主力左翼安全。

新维位于南杜河北岸，是旧滇缅路上的军事重镇，也是腊戍以北的重要支撑点。其地势狭长，周围高山耸立，十分险峻。我军根据攻击南坎的成功经验，决定先拔除新维外围据点，再集中优势兵力一举包抄、围攻新维。新三十师主力自 2 月 8 日起，不断排除日军小规模抵抗，沿公路节节前进，于14 日攻占新维外围重要据点贵街，遂乘胜向南压迫，次日进抵约温。公路两侧部队已先攻占曼爱、曼文各东西之线，并于 2 月 17 日迅速渡过南图河，攻占洛般和西乌。18 日，公路东侧攻击部队新三十八师第一一二团，由西乌西进，击溃日军抵抗，进抵新维南郊。我正面新三十师主力乘敌恐慌，向据险死守的日军发起猛烈进攻。日军在我强大炮火轰击和步兵多次冲击下，伤亡惨重，阵地呈动摇状。城内日军见情况不妙，不惜孤注一掷，拼凑两个中队左右的兵力，在火炮和战车的掩护下，向我攻击部队疯狂反扑，但遭到我军炽盛火力的痛击，其战车八辆被击毁，攻击顿挫。新三十师不失时机地发动总攻击，于 20 日晨一举突入城内，经数小时激烈巷战，力克新维。

新维既下，东路新一军主力下一个攻击目标移向腊戍。该军重新调整了部署：新三十八师主力在战车营的配合下，沿公路南下；另以该师第一一三团沿公路西侧前进；新三十师第八十八团沿公路东侧前进。

新维至腊戍，不过三十余英里，但都是绵延不绝的山地，正面非常狭小，易守难攻。日军以第五十六师团搜索联队增援新维以南闹亨南北之线，以该师团第一六八联队大部附战车一中队配置于曼坡，另一部在芒利，该师团第一四六联队附炮兵一大队、战车队则配置于腊戍，形成纵深配备。日军还利用新维至腊戍间的险峻地势，构筑坚固工事和各种障碍物，并埋设地雷，企图进行较长时间的防御。

2月23日，新一军主力分三路纵队向前推进。正面新三十八师主力经激战于26日攻占闹亨，随后在战车和重炮支援下，逐一摧毁日军阵地，又相继攻占纳秀和芒利。两翼部队亦占领了卡康姆、南道、曼提姆、汉杜等地。日军第五十六师团搜索联队及第一六八联队等部损失惨重，阵地完全崩溃，纷纷退守腊戍。

腊戍，分新旧两城。新腊戍建在海拔一千米左右的山顶，老腊戍则位于新腊戍东北的山脚下，火车站在老腊戍正面，三者以公路相连。由于新腊戍可以居高瞰制老腊戍和火车站，所以就成为日军的防御重心。

3月2日，我正面攻击部队占领了朋朗、温塔，次日又攻占曼坡，将腊戍外围的据点全部拔除，遂乘胜直逼南育河畔。5日晚，第一一二团主力由左翼偷渡南育河，向西突进，攻抵老腊戍附近。我两侧攻击部队亦先后渡过南育河，对腊戍日军采取包围态势。随后，我各突击部队分路并进，在战车和炮兵掩护下，向老腊戍、火车站、飞机场等处发动猛烈攻击。战斗仅持续了一昼夜，我军即将上述各点攻占了，残余的敌人仓皇退往新腊戍，与其第一四六联队会合，妄想再作困兽之斗。

3月7日晨，我军对新腊戍发动总攻。我强大炮兵群向敌各主要阵地猛烈轰击，战车营继之出动三十余辆战车为先导，掩护步兵直扑新腊戍。起初日军凭借坚固工事，以稠密火力网制压我步兵冲击，使我军一度进展困难。在战斗关键时刻，战车营发挥了重要作用。几十辆战车率先突入敌阵，纵横驰骋，如入无人之境，将敌工事和火力点逐一摧毁。日军见状气急败坏，集中各种火炮向我战车轰击，但马上遭到我军炮兵狠狠还击，不多久即将敌人炮火制压下去。我大批步兵乘机突入，当晚第一一二团占领了新腊戍半个市区。

这时左翼第八十八团与右翼第一一三团亦向日军发起钳形攻势，锐不可当，日军死伤枕藉、抵抗逐渐衰微。至次日晨8时，我军经彻夜巷战，将守敌歼灭大部，完全攻占了滇缅路上的战略重镇腊戍。攻克腊戍后，新一军主力即向东西席卷，以新三十师和新三十八师各一部分向南方之猛岩及西方之细包追击逃敌。3月24日，新三十八师与第五十师会合于细包，新三十师

1945 年 3 月 6 日，中国驻印军副总指挥郑洞国将军（左二）、美军约翰·威利准将（左三）、威利·斯塔克上校（右一）与从中国国内到缅甸前线劳军的于斌大主教（左一）合影

亦于 3 月 27 日攻占猛岩。

驻印军攻略腊戍，意义十分重大。因为控制了这座战略重镇，并歼灭缅北日军主力大部，不仅保障了中印公路的安全，而且使我军主力可以直下曼德勒，策应缅中英军作战，这对促使驻缅日军的总崩溃，作用殊大。

当新一军主力向腊戍攻击之时，西路第三十六英印师不断排除伊洛瓦底江东岸少数日军的抵抗，节节向南挺进，顺利占领了蒙米特，然后继续南下扫荡残敌，掩护我军西侧背安全。同时，驻印军之中央纵队第五十师已渡过瑞丽江，挥师南下，势如破竹，沿途击溃日军抵抗，于 2 月 23 日力克敌重兵驻守的南渡，继沿南渡至西徐的公路展开追击，3 月 16 日攻占西徐。然后分兵两路向东西扫荡。东路军与新三十八师会师于细包；西路军于 3 月 30 日攻占曼德勒东北的乔梅，与进抵乔梅以北的第三十六英印师会师，英

在中缅边境上，中美两国军队举行两国升旗典礼

军第三十三集团军亦由伊洛瓦底江西岸派出部队前来与我军联络。

至此，乔梅以东、腊戍以西公路、铁路沿线附近的日军，分路溃不成军地向景东、棠吉方向撤退，中国驻印军反攻缅北战役，乃告胜利结束。

中国驻印军近十万抗日健儿，肩负着祖国的重托，与美英盟军协力作战，战胜了极其恶劣的气候条件和异常险峻的地理环境，修筑了一条全长560余公里的公路，并铺设了一条当时在世界上最长的输油管道，使抗日作战物资再度源源不断地输入中国，有力地支援了全国的抗日战争。同时，中国驻印军和滇西远征军，在盟军支援下，基本全歼了日军精锐的第十八师团、第五十六师团，重创日军第二师团、第三十三师团，并歼灭日军第四十九师团、第五十三师团各一部，前后毙伤日军十余万人，狠狠地打击了日军的凶焰，牵制住了日军缅甸方面军的预备队，为收复缅甸及配合盟军在太平洋战场作战，作出了重要贡献。而且，在八年抗日战争中，中国军队在

1945 年 4 月 18 日，中国驻印军总指挥索尔登将军在向新一军将士授勋仪式上讲话，索尔登将军身后第二人为副总指挥郑洞国将军

　　国境线以外，与美英盟军直接进行战役上的协同作战，这是唯一的一次，并取得了最后胜利。因此，中国驻印军反攻缅北战役不仅是中国抗日战争的重要组成部分，对取得全世界反法西斯战争的胜利，也起到一定的作用。

　　从 1942 年春中国远征军首次入缅作战，到 1943 年 10 月开始的中国驻印军反攻缅北战役，先后有数万名抗日将士壮烈牺牲在异国他乡，其中大多数阵亡官兵至今还长眠在缅甸的崇山密林之中。他们的忠骸虽然永远留在了那片土地上，但其惊天地、泣鬼神的爱国精神和英雄业绩，将与日月同辉，永远为祖国人民所怀念。

```
    1.  The following is a summary of the status of the Chinese
Cemetery at Ramgarh:

    A.  Finance
        1.  Collections

            From unit funds the following persons
            made contributions as appear opposite
            their names:

            Lt. Gen. Cheng Tung Kuo    Rs.17,066
            Lt. Gen. Sun Li-jen            6,000
            Lt. Gen. S. Y. Liao            6,000

                        Total          Rs 29,066
        2.  Expenditures - Jain Engr Co
            (approximately)               23,000

        3.  Remaining in hand          Rs  6,066
```

英文信函，郑洞国、孙立人、廖耀湘为兰姆伽中国公墓捐款明细

编者注：1945 年 3 月，中国驻印军在兰姆伽买下一块地建成中国军人公墓，以收殓在印缅伤病阵亡官兵遗骸集中归葬。这封英文信函是中国驻印军副总指挥办公室写给驻印军总指挥丹·索尔登中将的，报告公墓工程费用来源、开支细目及工程进度。在募捐资金细目里，前三位捐款人显示：

郑洞国中将 17,066 卢比
孙立人中将 6,000 卢比
廖耀湘中将 6,000 卢比

根据《中华民国驻印军经理规则》中薪资条例规定，郑洞国将军陆军中将衔，每月薪资 360 卢比，驻印军副总指挥职务薪资 720 卢比，合每月 1080 卢比。从 1943 年 3 月到 1945 年 3 月，肇建公墓时郑洞国将军刚好任职两年，领薪合共约 26000 卢比，捐款 17000 卢比，几近一年半薪水。可谓倾囊捐尽，由此可见郑将军对袍泽之深情。

竣工后的兰姆伽公墓墓园阙门和牌坊

牺牲在异国他乡之中国军人坟墓

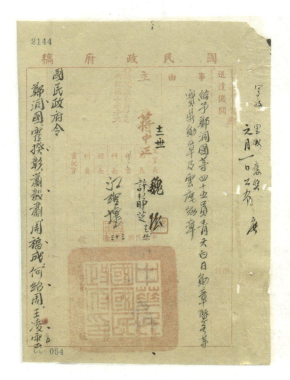
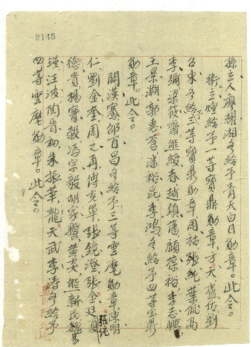

1944年12月31日，国民政府为郑洞国将军等颁发"青天白日"勋章的公文

抗战胜利前夕，郑洞国被授予的"青天白日"勋章

抗战胜利后，郑洞国被授予的"忠勤勋章"

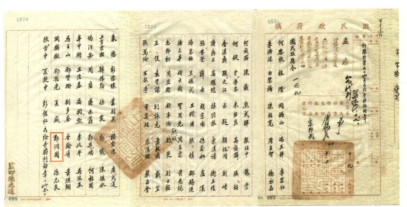

1945年10月，国民政府向何应钦等94名将领颁发"胜利勋章"

1945年10月，郑洞国将军获"胜利勋章"

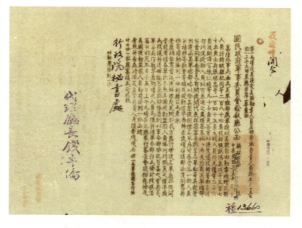

国民政府军事委员会档案《接受美国勋章人员名册》中记录，抗战胜利后，一共 284 名将官接受美国颁赠"自由勋章"

美国"自由勋章"

编者注：美国"自由勋章"（Presidential Medal of Freedom）：1945 年 7 月 6 日，哈瑞·杜鲁门总统签署 9856 号行政命令，设立"自由勋章"，表彰在第二次世界大战期间对美国有显著贡献的人，受奖者不需要是美国公民。

郑洞国将军因参与指挥缅北战役，获铜棕叶"自由勋章"。

"自由勋章"为铜质圆形，正面为美国国会大厦顶部的自由女神像的浮雕，圆盘底弧有大写的 FREEDOM。

勋章背面为自由钟，圆形边缘为大写的 UNITED STATES OF AMERICA 字样。勋章悬挂的红色绶带上有四条白色细纹。

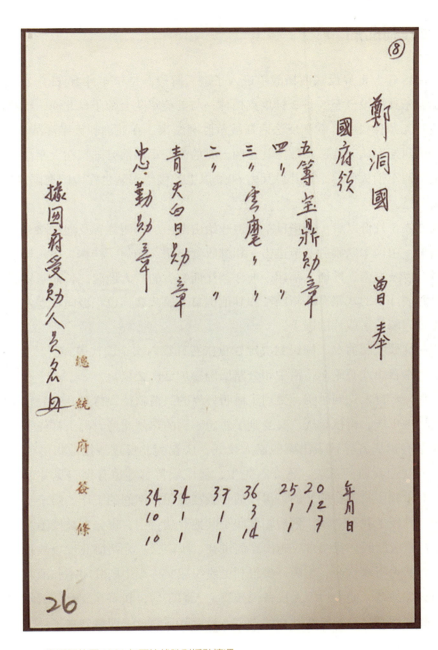

郑洞国将军 1931 年至抗战胜利授勋情况

抗战胜利前后

1945 年，世界反法西斯战争进入了最后阶段。是年 4 月 16 日，苏联红军发起柏林战役，至 5 月 2 日攻克柏林，与美英军队会师于易北河，纳粹德国宣布无条件投降，欧洲反法西斯战争胜利结束。在亚洲和太平洋战场上，日本法西斯军队亦连遭惨败，其逞凶一时的海空军和部分陆军在太平洋战场被美英盟军消灭殆尽，占其总兵力 60% 以上的侵华军队也在中国愈陷愈深，战局日蹙。

进入 5 月份以后，侵华日军被迫开始由湖南、广西等省及湘桂路、粤汉路撤退，中国军队乘胜节节进击，相继收复南宁、柳州、桂林、福州等重要城市，以及湖南、广西、福建、浙江、江西等省的广大地区。长期坚持敌后抗日武装斗争的八路军、新四军和其他抗日人民武装，也积极向日寇发动局部反攻，解放了成片的国土。

在抗战胜利前夕，国民党决定在重庆召开第六次全国代表大会。我于 4 月中旬奉召由八莫乘车，沿中印公路回国参加这次会议。

我们一行人先到昆明，受到了昆明各界的热情款待。休息几天后，再转乘飞机去重庆。甫抵重庆，又受到了意想不到的热烈欢迎。冯玉祥先生亲自主持了有重庆各界代表出席的盛大仪式，庆祝缅北反攻战役取得的伟大胜利，并欢迎我回到重庆。蒋介石先生、何应钦将军等也分别召见并设宴招待，对于驻印将士在缅北的英勇作战和我在驻印军期间的工作，给予了高度评价，并授予我军功章。稍后，驻印军其他有功将士，也分别被授勋。

在重庆期间，我经常应邀出席演讲会、座谈会，介绍缅北反攻战役作战情况，甚为听众欢迎，重庆许多报刊也纷纷载文称颂中国驻印军和滇西远征军的辉煌战绩，使大后方人民备受鼓舞。人们坚信，我军在缅北、滇西所取得的胜利，乃是全国抗战胜利的先声，最后胜利的日子即将到来了！

5 月 5 日至 21 日，国民党第六次全国代表大会在重庆召开。我加入国民党多年，还是初次出席这样全国性的代表大会，并且被选为中央候补执行委员，当时确曾感激"党国"的器重和栽培。但是，作为一名职业军人，我

郑洞国将军（前排左五）与出席国民党六大的中国驻印军、中国远征军部分代表在昆明合影

原本对参与政治活动不感兴趣，尤对国民党内部的派系争斗和倾轧感到厌恶。故以后虽身居要职，却从未过问或参与过任何国民党党务工作。

国民党第六次全国代表大会闭幕后，我重新飞返昆明。这时国内抗战形势更加明朗，日寇在我正面战场和敌后战场双重沉重打击下，不得不进一步收缩兵力，退守华东、华中、华南的一些主要城市和交通干线。根据重庆军委会的指示，正面战场的国民党军队主力统一编成四个方面军，抽调大批装备兵员齐全的精锐野战军，积极准备对日寇展开全面反攻。

鉴于中国驻印军在缅北的作战任务已圆满结束，新一军和驻印军各直属部队奉命陆续班师回国。新一军空运回国后，先集中于南宁，然后出击广州湾，拟配合友军相机收复广州。先期回国的新六军则部署于湖南芷江，准备参加湘、鄂等省的反攻作战。驻印军撤军工作结束后，中国驻印军总指挥部、副总指挥部随之撤销，我仍留在昆明待命。

1945 年 8 月，战争进程出人意料地大大加快了。在远东和太平洋战场，

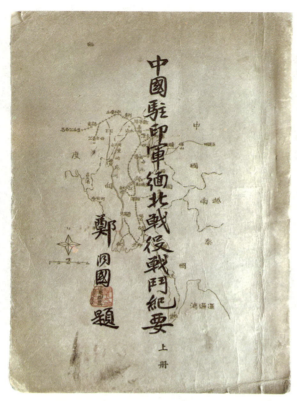

郑洞国将军题写书名的《中国驻印军缅北战役战斗纪要》

美军庞大的舰队正不断地向日本本土迫近。8月6日、9日，美军又先后在日本广岛、长崎投掷了两枚原子弹。同时，苏联政府亦于8月8日正式对日宣战，百万苏联红军挥师进入中国东北地区，迅速击溃了日本关东军。对于战争前途已经彻底绝望了的日本天皇，被迫于8月10日召开御前会议，决定接受中、美、英三国发表的《波茨坦宣言》，宣布日本无条件投降。

8月15日，重庆广播电台播音员以激动得颤抖的声音播出日本宣布战败投降的特大喜讯，许多人竟不敢相信自己的耳朵。人们终于确信这是铁一样的事实后，整个大后方顿时沸腾了！饱受日寇凌辱和战争苦难的中国人民，一下子把长期蕴藏在心中的对胜利的渴望和胜利以后的喜悦，像火山爆发般地喷薄出来。记不清有多少个日夜，重庆、昆明等大后方城镇沉浸在一

郑洞国将军（前排右四）与中国远征军、中国驻印军出席中国国民党第六次全国代表大会的代表们合影。在这次代表大会上，郑洞国将军当选为中央候补执行委员

1945 年 4 月 15 日，中美两国将领悼念罗斯福总统逝世。前排左起：中国陆军总司令何应钦、美国第 14 航空队司令官陈纳德、云南省政府主席龙云、美军在华作战司令官罗伯特·麦克鲁、中国远征军副总司令黄琪翔、中国战区后勤供应总部主任吉尔伯特·西瓦斯、中国第 5 集团军司令官杜聿明等（此照片由晏欢先生提供）

1945年6月30日，中美将领们摄于昆明。前排左起梁华盛将军、郑洞国将军、艾默里克·库挈科准将、杜聿明将军。后排左二为赵家骧将军、左三为邱清泉将军、右四为李弥将军

片节日般的狂欢中。大街小巷挤满了载歌载舞的人群，鞭炮声、锣鼓声、人们的欢呼声昼夜不息，震耳欲聋。连我这个久经战场的军人，也激动得难以自持。那些天，我反复吟诵杜甫的诗作："剑外忽传收蓟北，初闻涕泪满衣裳。却看妻子愁何在，漫卷诗书喜欲狂。白日放歌须纵酒，青春作伴好还乡。即从巴峡穿巫峡，便下襄阳向洛阳。"我兴奋得夜不能寐，甚至情不自禁地走上街头，加入到欢庆胜利的人流中。今日回想起来，当年欢庆抗日战争胜利的那些日子，是我一生中最喜悦的时光之一。

自鸦片战争以来的百余年间，我国人民为了抗击列强武装侵略，奋起进行了一次次的民族战争，但由于国家政治腐败、经济落后，结果都失败了。在抗日战争中，我国人民第一次取得了抗击帝国主义侵略战争的完全胜利，一举洗雪了中华民族蒙受的重重耻辱。对此，作为一个爱国的中国人，特别是作为一名与日寇鏖战了八年的抗日军人，怎能不感到由衷的喜悦呢？

自日本天皇正式向其国民发布投降诏书后，侵华日军陆续停止了军事行动。8月21日，日军乞降使节今井武夫中将一行八人飞抵芷江，由我陆军总参谋长萧毅肃将军召晤，对其指示了在华日军向中国军队投降的有关事宜。

1945 年 7 月 7 日，中国昆明，在纪念中国全面抗战八周年的集会上，中国驻印军副总指挥郑洞国将军（前排右二）作为嘉宾受邀参加

我最高统帅部授权陆军总司令何应钦将军，全权负责中国战区内所有的受降工作。根据我方指令，共计 1283000 余侵华日军先后在 15 个战区向中国军队投降。曾几何时，这些法西斯侵略者是那样的残暴凶狠、骄横不可一世，现在终于向中国人民俯首投降了！

抗战八年，我南征北战，鞍马劳顿，总算看到了胜利的一天，心中着实快活。在昆明期间，朋友们你来我往，终日摆酒设宴，暂时把一切都丢到了脑后。

不多久，蒋介石先生电召我去重庆，欲委任我为其侍从室侍卫长。我心知蒋氏此举是出于对我的垂爱和信任，内心固然感激。但亦自知性情耿直，不善内卫事务，恐有负重托。故思前想后，决定还是婉辞为好。为了避免引

重庆各界民众集会，热烈庆祝中国人民抗日战争胜利了

昆明各界民众热烈庆祝抗战胜利

重庆军委会委员长侍从室保存的郑洞国将军人事调查表

起蒋先生误会，我通过好朋友李及兰，向其任侍从室主任的连襟钱大钧先生婉言陈明心迹，请钱氏从中说项，遂使蒋先生打消了这一想法。我重返昆明后，很快就接到了就任第三方面军副司令长官的委任令，随即与司令长官汤恩伯将军一道，前往设在柳州的方面军司令部视事。

这时第三方面军奉命即将接收南京、上海等地，汤将军和包括我在内的几位方面军高级将领，均被委任为接收大员。大约是8月下旬的某日，我和方面军另一位副司令长官张雪中将军等首先率军开入上海。上海市民万人空巷，从虹桥机场到设在外滩的第三方面军司令部，各界民众夹道欢迎，盛况空前。

抵沪不久，我又兼任京沪警备副司令，经常往返南京、上海之间。

9月2日，日本外相重光葵、参谋总长梅津美治郎分别代表日本政府和军部，在停泊于东京湾附近的美军"密苏里号"战列舰上签署了投降书。

9月9日，中国战区日本军队投降签字仪式在南京举行。此时我恰在南

抗战胜利后，就任国民党第三方面军副司令长官的郑洞国将军

京，有幸参加并亲眼目睹了中国近代历史上这庄严的一幕。

记得签降地点设在中央军校礼堂。那天，礼堂大厅正中墙上高高悬挂着孙中山先生画像，大厅中央为受降席，受降席对面设较小的长案，为日军投降代表席。受降席与投降席均以白绸环绕。左侧是中国高级将领和盟军军官席，右侧为中外记者席。参加仪式的共有千余人，其中出席观礼的中国高级军政官员有汤恩伯、王懋功、李明扬、郑洞国、冷欣、廖耀湘、舒适存、蔡文治、谷正纲、丁惟汾等。整个会场气氛庄严、肃穆。

签降仪式定于上午9时举行。8时57分，中国陆军总司令、一级上将何应钦率海军上将陈绍宽、陆军二级上将顾祝同、陆军中将萧毅肃、空军上校张廷孟等四名我方高级受降官入场，何应钦将军端坐于受降席正中，其余

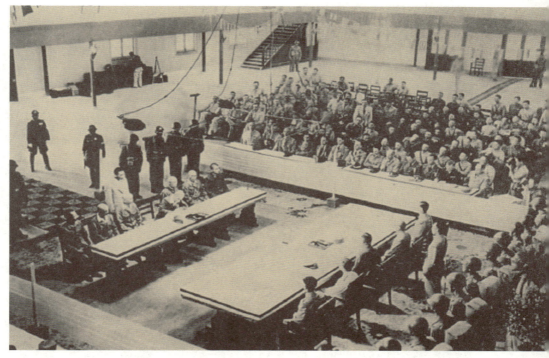

四名受降官分坐其两侧。稍后，一名中国将领引导侵华日军最高司令官冈
村宁次大将、总参谋长小林浅三郎中将、副总参谋长今井武夫中将、侵华
海军司令官福田良三中将、台湾方面军参谋长泽山春树中将等日方投降代表
入场。

　　进入礼堂大厅后，日方投降代表面对受降席站好，规规矩矩地向中国受
降官员鞠躬致敬，经何应钦将军示意允许后，方逐一坐在投降席上。这时大
厅两侧观礼席上有些骚动，人们冷眼注视着面色阴沉、神情沮丧的日军投降
代表，不时低声交谈着。

　　9 时整，司礼官宣布签降仪式开始，大厅内顿时肃静下来。仪式开始后，
日方小林浅三郎中将上前呈交了日本大本营授予代表签降的全权证书及有关
文件。何应钦将军认真审阅后，即命肖毅肃将军将中日两种文本的降书交给

日军投降签字仪式现场

　　1945 年 9 月，日本驻屯上海第十三军奉命向第三方面军投降，副司令长官郑洞国将军（站立者）在洽降会议上，向日军发布命令

　　1945 年 9 月，洽降会议中，日将领第十三军司令官松井太久郎一改往日凶残气焰，站立谦卑地向郑洞国将军（背面）赔笑回答

　　1945 年 9 月 9 日，在投降文本上签字后，日军冈村宁次一行神情沮丧地退出会场

冈村宁次。冈村起立接过降书，显得有些慌乱，签字时手微微颤抖。签毕，
再由小林将降书呈交中方受降官员，何应钦将军亦在其上签字，代表中国战
区接受日军投降，至是礼成。冈村等投降代表在千余双目光的注视下，垂首
鱼贯退出会场。何应钦将军随后即席发表了简短的广播讲话。整个仪式只持
续了二十分钟。

南京受降，标志着中国人民最终取得了中国近代史上最伟大的反侵略战
争的彻底胜利。历时八年的中国抗日战争（如从九一八事变算起，则前后达
十四年），其战争时间之长，中国军民蒙受牺牲之巨大，是当时各反法西斯
盟国所无法比拟的。我们正是以这样惨痛的代价，换取了中华民族的独立和
生存，同时也为赢得世界反法西斯战争的胜利，作出了伟大的历史性贡献。

战后，国际上一些政治家和历史学者，对于中国抗日战争在世界反法西
斯战争中的作用，往往未能给予充分的肯定，甚至有人企图否定和抹杀中国
人民为此所作出的贡献和牺牲，这是极不公正的。实际上，在第二次世界大

左图：抗战胜利后，上海市民万人空巷，欢迎国民党军队新六军等部队接收上海。右图：
1945 年 10 月 10 日，国民党政府在上海举行盛大阅兵式，国民党第三方面军的两位副总司令郑
洞国将军（主席台前右）和张雪中将军（主席台前左）准备检阅部队（美国海军陆战队照片，源
自美国国家档案馆，晏欢先生提供）

郑洞国将军与廖耀湘将军（右）摄于南京

战爆发以前，中国就独立抗击了当时号称世界上最强大的法西斯军队之一的日本军队。在二战期间，中国军民也始终将大部分或绝大部分日本法西斯军队牢牢地拖在中国战场上，使其无法自拔。这样就有力地支援了以苏联为主要战场的欧洲反法西斯战争，使社会主义苏联不仅避免了陷入两面作战的困境，而且得以从远东抽调大批兵力投入到欧洲战场上对德国法西斯军队作战；同时，由于中国的抗日战争，也长时间地拖延、遏制了日本法西斯军队的"南进"计划，并在太平洋战争爆发后，有力地支援了英美盟军在太平洋战场和亚洲战场上的作战。对此，当时的美国总统罗斯福先生曾有公正、客观的评价，他说："假如没有中国，假如中国被打垮了，你想一想有多少师的日本兵可以因此调到其他方面作战？他们可以马上打下澳洲，打下印度……他们并且可以一直冲向中东……和德国配合起来，举行一个大规模的夹击，在近东会师，把俄国完全隔离起来，吞并埃及，切断通过地中海的一切交通线。"因此，完全可以说，中国抗日战争以其重要而辉煌的历史功

郑洞国将军在上海寓所留影

郑洞国将军与夫人陈碧莲携内弟陈泽森之女摄于上海寓所

郑洞国（前排右二）与汤恩伯（前排中间）等于抗战胜利后摄于上海

绩，为我国和世界的历史写下了光辉的篇章！

　　这里，需要说明，由于我一直在国民党军队工作，对于抗日战争正面战场的情况，特别是亲身参与的几次重大战役，了解得比较清楚，我的回忆也侧重在这个方面。但是，这绝不是低估中国共产党领导的敌后战场的巨大贡献。正是由于有了敌后战场，牵制并消灭了大量的敌人有生力量，大大减轻了正面战场的压力，敌后抗日军民也为此作出了重大的牺牲，他们的丰功伟绩必将永远彪炳史册。总之，抗日战争的胜利，是国共合作的胜利，是整个中华民族的胜利。

第六章

参加东北内战

奉派去东北

　　然而，就在刚刚经历了八年艰苦抗战并蒙受了惨重牺牲的中国人民尚沉浸在胜利的狂欢中时，蒋介石先生却在积极准备消灭共产党和共产党领导的人民军队，摘取抗日战争胜利的果实。内战的阴云重新笼罩在这块战争创伤未及愈合的国土上。

　　日寇正式宣布投降后不久，国民党方面一面命令在各个敌后沦陷区坚持抗敌斗争的共产党抗日武装"就原地驻防待命"，不得向敌伪"擅自行动"；一面以政府"接收"为名，在美国海空军的大力支援下，迅速将大批精锐部队由大后方源源运往东南、中南、华北各省，并积极准备从苏联手中接收东北。中共方面当然不肯屈服，双方遂在陇海路、平汉路、平绥路沿线频频发生激烈的武装冲突，内战的危机空前严重起来。

　　1945 年 8 月下旬，中国共产党为了争取抗战胜利后的全国和平，中共中央主席毛泽东率中共代表团应邀飞赴重庆，与蒋介石等国民党高级人士举行了闻名中外的"重庆谈判"，共商战后的和平大计。经过国共双方四十天左右的艰苦谈判，终于在这一年的 10 月 10 日签署了《政府与中共代表会谈纪要》（"双十协定"）。

　　重庆谈判虽未在整编军队、确认中共解放区政权的合法地位等重要而敏感的问题上达成一致意见，但双方还是同意共同坚持和平建国的基本方针。国民党方面亦表示愿意结束训政，实施宪政，召开政治协商会议，承认各党派的合法地位，以及保证人民民主权利，等等。这样，在内战阴云密布的天空中，开始透出一线和平的阳光，不少善良的人松了一口气，以为可怕的内战总算可以避免了。

　　令人遗憾的是，后来的事态发展使人民再次失望了。事实证明，所谓的和平气氛不过是一种虚假的烟幕。实际上，即使在重庆谈判期间，国共双方大大小小的武装冲突从未中断过。国民党内部的一些高级决策人士，也从未放弃过使用武力最终消灭共产党及其武装力量的打算。因此，"双十协定"

签订后不久，国内的政治、军事局势再度紧张起来，国共双方争夺原沦陷区各战略区域的战斗逐步升级，一场全国性的内战爆发在即。

我在内战爆发之初，心中就是怀有深深的忧虑的。本来，对于战后国共两党可能发生的矛盾和摩擦，我曾有所预料，却未想到双方的冲突来得如此之快，如此严重。理智告诉我，战后国家的当务之急应是休养生息，与民更始。一旦打起内战，必使国无宁日，黎民再受战乱之苦，民族也将失去振兴希望，因此我是不希望发生这样一场于国家民族有害无益的战争的。再者，多年来我同共产党人既做过朋友，也打过仗，深知对方的力量和影响非寻常可比，故对国民党有无把握在军事上彻底摧垮共产党持怀疑态度，担心将来的局面难以收场。总之，当时我对同共产党打仗是信心不足的。不过，我也感觉到国共两党间的内战势所难免，万一仗打起来，我作为蒋先生的亲信学生和深受他器重的将领，该怎么办呢？参加内战，骨肉残杀，我于心不忍；

置身于内战之外，则是对"党国"不忠。这对我来说，真是一个困难的抉择。

那一时期，我经常往还于上海、南京两地，虽公务无几，私下里却紧张地关注着国内局势的发展。大约10月20日左右，报纸上的一则消息引起了我的极大关切。消息说，我的挚友杜聿明将军被任命为东北保安司令长官部司令长官，即日内将赴往履新。在这之前，我已知道蒋介石先生任命了熊式辉将军为东北行营主任，并调集第十三军、第五十二军两个军的兵力，准备向先期占领榆关、锦州一带的共产党军队进攻，进而从苏军手中接收整个东北。

杜将军同样是一位深受蒋先生信任和倚重的将领，素以对蒋先生忠心耿耿和办事大胆、果断著称。不久前，他刚刚因以武力逼龙云先生离开云南一事受到"撤职查办"处分。

日寇正式宣布投降后，蒋介石命令云南省主席龙云将所属滇军主力派往越南受降。同时密令昆明防守总司令杜聿明以武力逼迫龙云放弃在云南军政本兼各职，调任军事参议院院长。以后蒋介石为平息龙云的不满，被迫将杜聿明"撤职查办"。

我想到这次发表有关杜氏的新任命不仅仅是蒋氏对他的安抚，同时也是表明国民党决心以武力夺取东北。当时我虽然对国民党政府根据《中苏友好同盟条约》，从苏军手中接收东北抱有希望，但亦觉得中共方面是不好对付的，不禁很为我的这位老朋友担心。不过，我真没有想到以后因为杜将军的关系，自己也卷入到东北内战中去了。

半个多月后的一天，我们得悉杜聿明将军于当日率长官部人员经上海飞赴东北，我与张雪中等第三方面军高级将领特地赶到虹桥机场迎接。将近中午，杜的专机在机场上徐徐降落。不一会儿，机舱门打开，杜氏身着笔挺的军装，足蹬长筒马靴，笑呵呵地率先走下飞机，与等候在舷梯旁的我和其他将领们热情地握手。望着他那副精神抖擞的样子，我不禁打趣道："光亭兄真是春风得意呀！"杜氏一边笑着应道"哪里，哪里"，一边快活地与周围的人打招呼，开玩笑。

在机场的小会议室内坐定，大家彼此寒暄了一阵，渐渐地把话题扯到杜氏赴东北的使命上来。杜氏显出踌躇满志的样子，很自信地说："目前时局对我们大为有利，根据中苏条约的规定，我们在短期内收复东北看来已无问题。兄弟不久前专门拜会过盟国（指美国）第七舰队司令金开得将军，他已答应派军舰帮助我们向东北输送军队。只要美国朋友帮助我们解决了运输问题，这样在军事上迅速战胜东北共军就更有把握了。"杜氏的话像一支兴奋剂，使在场的人们都活跃起来，纷纷表达自己对时局的见解。

我对今后时局的看法远非乐观，但碍于众人在场，有话亦不便明说，可心里又很想知道我的这位老朋友心中的主张，乃委婉地问道："国共两党间的战争也许只是迟早的事情了。不过，目下有人认为应对此持慎重态度。理由是过去在江西时，共产党仅有区区数万之众，我们围剿了几年尚不能消灭，今日他们已拥有百万武装，倘一旦内战重起，我们不一定能稳操胜券。不知光亭兄对今后整个时局的看法如何？"杜将军闻言微微一笑，语气轻松地说："共产党的力量当然不能忽视。不过彼一时也，此一时也，现在仗打起来，绝非当年江西的情况可比。如今我们拥有几百万装备精良的军队，再加上美国朋友的全力支持，整个形势都将对我们有利，只要认真、慎重地指挥作战，打败共军不是不可能的。"少顷，他又提高声调说："共党势力若不早除，今后必为根本祸患。为'党国'长远利益着想，即使为此冒些战争风险也在所不惜。最近委座曾当面向兄弟训示，将以最大努力，采用一切手段，务必实现国家军令、政令之统一。委座决心既定，我辈军人唯有服从命令，其他也就不能多计了。"众人皆点头称是，我虽然远未消除胸中忧虑，但也似乎从杜氏乐观的态度中受到了一些感染。

谈着谈着，不觉飞机起飞的时间到了，我和第三方面军的将领们一直将杜将军一行送上飞机。登机前，杜氏乘人不注意，悄悄碰了一下我的臂肘，低声说："喂，桂庭兄，我看你在这里也无甚事可干，不如屈就一下到东北去吧，我们也好再度共事喽！"我对杜氏的这个提议毫无精神准备，一时不知如何答对，只得含糊应道："慢慢再说吧，我恐怕也帮不了你什么忙。"杜氏含笑道："你若想来，可随时告诉我，委员长那里由我去讲。"言未毕，其他将领相继走过来与他握别，我们的"私房话"只好中止了。

杜将军走后，我出于对老朋友的挂念，十分关注东北的情况。至 11 月中旬，国共双方在东北的战争揭开了序幕。11 月 16 日，杜聿明将军指挥国民党军队占领了山海关，继而又连克绥中、兴城、锦西、锦州等城。1946 年元月 5 日，国共两党虽然达成了停战协定，但国民党方面坚持停战范围不包括东北地区，反而又将号称五大主力之二的新一军、新六军以及第七十一军等部队相继空运东北，进一步加强在东北地区的军事力量。不久，第十三军等部在杜将军指挥下向北进攻，占领了义县、阜新、彰武和锦承路上的北票、朝阳、叶柏寿、凌源、建平、平泉等地。在此前后，另一路国民党军队也攻占了北镇、黑山、盘山、营口（不久复失）等地，并派出第五十二军二十五师进驻沈阳铁西区，准备从苏军手中接收沈阳。

　　大约在 2 月中旬，正当国民党军队于东北频频"得手"之际，忽然有消息说杜聿明将军因患肾病不能视事，已被迫秘密赴北平就医。我知道杜氏素

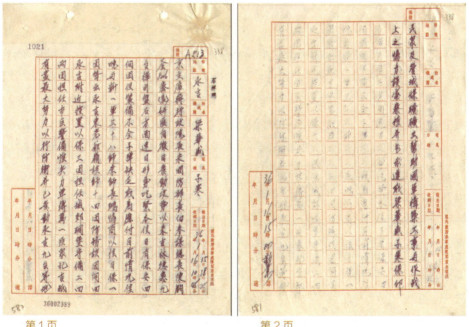

第 1 页　　　　　　　　　　第 2 页

1946 年 1 月 16 日，国民党东北保安司令长官部副司令长官梁华盛向蒋介石报告东北国民党军队与东北民主联军作战情况

1946年2月18日，蒋介石在军事复员会议开始前，于南京陆军总司令部大礼堂即中央陆军军官学校大礼堂前，与中将以上将领个别摄影留念

有肾疾，却未料到短短几月之间，他就病得如此严重。正焦急挂念间，却接到了杜氏发给本人的一封急电。电文大意是：他因病势沉重，不得不去北平就医。目前东北战事正急，军中不可一日无帅，他已向蒋委员长保荐我担任东北保安司令长官部副司令长官代理司令长官职务，望我念同学手足之谊，切勿推却，并速往北平与他一晤。

杜将军的这封急电使我踌躇再三，这才意识到对是否参加内战这个原来就感到很困难的抉择，现在必须作出决断了。我闭门苦思了几天，思想斗争很激烈。对于到东北去同共产党打仗，直接介入内战纷争，我的确缺乏信心，而且也有些不大情愿。可反过来又想，既然国共两党迟早要打仗，那么我作为国民党一方的高级将领，只要在政治上效忠于"党国"事业，恐怕很难回避这场战争。再者，杜光亭与我两度同学，抗战中又是患难之交。他在困难中请我帮忙，倘若推脱，亦显得不够朋友。因此从这个"公"情私谊的角度上看，我又觉得去比不去好。况且我在抗战期间指挥过的新一军、新六军现在均在东北，第五十二军等部队中也有许多我往日的旧部和同事，故在处理人事关系、掌握兵权上也强似在汤恩伯将军手下做事。至于将来国共两党胜负如何、人民怎样承受这场战争所带来的灾难等恼人问题，我个人也左右不了，还是让"领袖"和"政府"去考虑吧！就这样，我冥思苦想后，下了一个后来使我懊悔不已的决定：接受杜光亭的邀请，到东北去。

主意既定，我便向汤恩伯将军请了假，于2月20日由上海飞抵北平。一下飞机，我顾不上休息，马上驱车进城前往位于白塔寺附近的中和医院。当时杜聿明将军就在这里治病。

我来到病房时，杜氏正在熟睡。引我进来的女护士欲唤醒他，被我阻拦住了。我关切地俯身察看了一下杜将军的病容。看上去他的病确实不轻，脸色憔悴、蜡黄，身体也更加瘦弱，已全然不是三个多月前在上海虹桥机场与我见面时那副神采飞扬的样子了。护士在一旁轻声告诉我，杜氏患的是肾结核病，已经非常严重，必须实施手术切除左肾，手术结果如何亦难预料。现在他不能下床行走，只好终日躺在病榻上休息。

过了片刻，也许是因为我们在旁轻声说话，杜将军从睡梦中醒来了。他睁眼一看是我，马上高兴地挣扎着要坐起来，我赶紧趋前几步，扶他躺下，然后紧紧握住他的双手，顺势坐在床侧。杜氏快活地说："哎呀，桂庭兄，你总算来了，我盼你盼得望眼欲穿哟！"我见他病成这个样子，虽不免心中难过，但嘴上还是好言安慰他。杜将军对自己的病情倒还坦然，他说估计要到3月份才能实施手术，蒋先生特地批准将他的母亲、夫人及孩子接到北平照护，等等。

待病房里只剩我们俩时，杜将军迫不及待地将谈话转入正题。他神色焦虑地说，现在东北战事正处于关键时刻，一旦因他病倒而影响战局，将可能失去收复东北的绝好时机，这样也对不起蒋先生。他再三恳切地说希望我到东北去，帮助他指挥作战，并在他的病万一不治时，替他担负起全部重任。我对他所给予的信任十分感动，劝慰他安心养病，同时郑重表示，只要蒋委员长批准，我可以立即去东北指挥作战。杜氏见我态度明确，重又露出高兴的样子，甚至还说了几句玩笑。

接着，杜将军将东北国共双方军队的作战情况及国民党方面的内部经理人事等都一一向我作了详细介绍。

杜氏在谈话中很坦率地告诉我，东北解放军的力量比他原来预料的要强得多，作战亦相当艰难，要我思想上对此作好准备，切勿轻敌。不过，他对整个东北军事形势的估计还是乐观的。他认为，从目前看，东北解放军人数较少，装备低劣，在东北又尚未立足稳固，群众基础不如关内好；而我方军队装备精良，新一军、新六军等部队正陆续空运至东北，在人数上也略占优势，因此只要果断地展开全面进攻，是有把握收复东北的。

谈到国民党方面在东北的内部情况，他说现在最大的问题是我们不注意争取人心。大多数官员都把去东北看作是抢肥缺、发横财，一时贪污舞弊成风，这样下去迟早会失去民心。另外还使他非常头痛的是，大大小小的军政官员蜂拥至东北，造成内部成分复杂，矛盾重重，相互争权夺利而不顾"党国"大计的事情时有发生。他举出许多这类事例，其中特别提到东北行辕主任熊式辉将军事先不与他打好招呼，竟抢先于去年12月空运刚刚由伪军收编的保安第二总队刘德溥部至长春接收，使前去欢迎"中央军"的长春民众大失所望。言辞间多有不悦之色。类似这些事情我在上海已见了不少，想不到东北也是如此，的确让人忧心忡忡。

杜将军还对我谈起同苏军的交涉问题。据他介绍，蒋介石先生和熊式辉将军最初都希望根据中苏条约的有关规定，从苏军手中顺顺当当地把东北接收过来。为此他曾奉蒋氏之命，偕参谋长赵家骧将军及东北外交特派员蒋经国先生飞赴长春与苏军马林诺夫斯基元帅商洽。对方本已同意我军接收，甚至答应掩护我军在营口登陆，但以后却在未通知我方的情况下撤出营口等城市，解放军乘机抢先占领了这些地区。杜氏愤愤地说："俄国人是靠不住的，今后收复东北只能指望美国朋友的帮助。"不过，他还是告诫我，目前沈阳、旅大等城市尚在苏军手中，我们应避免刺激苏方。他已下令第五十二军二十五师作好准备，等苏军一撤出沈阳，我军立即跟进接防，勿使沈阳这座名城先落入共军之手。

杜将军最后谈到对熊式辉将军的看法。他认为熊氏为人尚好。其人长处是阅历丰富，长于谋略，缺点是遇事不够果断，常常变更主张。杜氏强调说：熊氏虽作为东北国民党最高军政长官而掌有党政军大权，但在军事上则主要由长官部负责。我明白他的意思是希望我去东北后，在军事指挥上多负些责任。我考虑自己对东北的情况尚不了解，况且又不愿一去即给人造成与熊氏不和的印象，乃向杜表示，今后在作战方面，仍按熊、杜二人共同拟定的部署进行，但杜氏病愈前的实际指挥亦须熊主任担负主要责任，我努力从旁协助。至于重大军事问题和军队人事变动，我一定要在征得他们二人的一致意见后再执行。杜氏闻言点点头，未再说什么。这次谈话持续了三个多小时，直到天色将晚，我才告辞。

我在北平仅逗留了两三天，其间又与杜将军晤谈了两次，内容多涉及军事问题。我担心他的身体吃不消，故两次谈话的时间都很短。

大约在 2 月 22 日，我接到第三方面军司令部发来的急电，要我迅速去南京参加高级军事会议。第二天我便由北平直接飞往南京。临行前，杜将军担心蒋介石先生在东北的人事安排上另有考虑，一面嘱我当面向蒋介石先生转达他的意见，一面再次电请蒋介石先生尽快发表对我的任命。

我飞抵南京时，各方面军的高级将领们已陆续云集到这里，我预感到在这次会议上可能要作出什么重大的决策。果然，这次军事会议是国民党方面发动全面内战的总动员，充满了战争的火药味。蒋介石先生在会议上发表了言辞激烈的讲话，他指责共产党方面没有和平诚意，处处"破坏"政府接收，"抢占"地盘。并强硬地声称，为确保中央政府的军令、政令统一，他已决意不惜采用武力来解决中共问题。蒋先生在讲话中再三强调，今后的"剿共"战争将关系到国民党的生死存亡，倘共产党将来一旦得势，我们将生无立足之地、死无葬身之所，等等。随后，何应钦将军又就全国各大战区的"剿共"军事问题进行了具体部署。发动反共战争的气氛一时甚嚣尘上。

会议期间，我单独去见蒋先生，向他面陈了杜将军的意见。蒋氏的态度出乎意料地干脆，他说："杜长官的几封电报我都知道了。已经决定派你去东北，你不必等任命发表，会议结束后即可先行到锦州视事。"随后，他又就收复东北的一些具体问题，作了一番交代。

南京高级军事会议结束后，我又分别拜访了何应钦、白崇禧、顾祝同将军等人。在何、白那里不过是礼节性拜访，唯顾将军是与我私谊甚好的老长官，故交谈的内容比较深入。顾氏对即将发动的全国规模的"剿共"战争表现出很大的信心，以为凭借"国军"的强大武力和美国人的支援，短期内即可解除中共的武装。对于我流露出的对内战的一些顾虑，他显得颇不以为然。顾氏与在东北的熊式辉将军是朋友，所以自然也将熊氏的一些情况一一向我作了介绍。他对熊式辉的评价，大致与杜将军相同。

由南京匆匆飞返上海后，我很快将军务及家事交代完毕，3月初便由上海直接飞抵东北行营及长官部所在地锦州。从此，我便卷入到东北内战的泥潭中。

进占沈阳前后

一到锦州，我马上拜会了熊式辉将军。我与熊氏以往没有共过事，对他不甚熟悉，考虑到今后自己在东北做事，能否协调好与熊氏及东北行营的关系是个重要因素。因此相见之下，我除了说些仰慕之类的话，还诚恳地表示要好好服从熊主任的领导，军事上也请他多指点。熊氏显然对我的这个态度非常满意，脸上立刻堆起笑容，连声说："这个好说，这个好说，只要大家和衷共济，必能不负委座厚望，早日收复东北！"

当天晚上，熊氏在他的官邸设宴为我接风。出席作陪的除了行营的几位高级幕僚，还有长官部参谋长赵家骧将军等人。席间，大家一面慢慢饮酒，一面漫谈几个月来东北的政治、军事和外交情况。熊将军说话最多，他借古喻今，谈笑风生，极力描绘他在东北的"功绩"和今后局势的乐观前景，仿

国民党东北保安司令长官部为郑洞国将军
举行欢迎酒会

佛整个东北指日可下，神态颇为自得。周围的几位幕僚也在一旁不停地随声
附和着。我不由得想到杜将军在北平一再说过的"今后在东北与共军作战切
勿轻敌"的话，感到他们对共产党军队的力量估计不足，对形势的看法也过
于乐观。因此尽管想到自己初到，对情况尚不甚了解，但还是忍不住插上
一句："依兄弟之见，自榆锦战斗以来，共军虽累遭挫败，但主力尚存。且
共军作战向来机动灵活，不事死守，加之东北区域广大，更使其有回旋余
地，今后欲剿灭共军，困难恐怕不少，我们最好多从坏处着眼，切忌骄傲轻
敌。"熊将军和众幕僚本来借着酒兴正说在兴头上，经我如此一说，不免有
些尴尬。赵家骧将军在一旁赶紧打圆场道："我军实力强大，再加上熊主任
雄才大略，收复东北当无问题。不过郑副长官的话也十分有理，共军作战狡
猾多端，我们必须多加提防，否则难免要吃大亏。"熊氏也顺势哈哈笑道：
"桂庭兄说得对呀，自古骄兵必败，对今后东北时局的发展，必须要有充分

国民党东北保安司令长官部副司令长官、代司令长官郑洞国

估计，切勿大意！"于是大家欢笑如初，复开怀畅饮，很晚方散。

第二天，熊式辉将军召集东北行营及保安司令长官部的部分高级将领和幕僚开会。会议的议题主要是两个：一是确定我军下一步所采取的军事行动，二是讨论如何应对即将到东北来的国共停战三人小组问题。

当时据我们掌握的可靠情报表明，苏军很可能在近日内撤出沈阳。我们研究决定，按原部署着驻于沈阳铁西区的第五十二军二十五师，密切注意苏军动向，一俟苏军撤出，该师应迅速接管沈阳防务。待沈阳接收后，再派出新一军等精锐部队沿中长路向铁岭、开原前进，以占领四平街、长春、永吉为作战目标。同时，命令新六军等精锐部队分别由辽中、盘山等地进占辽阳、鞍山、海城、本溪等各重要城市，以作为拱卫沈阳的屏障。至于已占领朝阳至平泉一带的第十三军，主要任务则是掩护北宁路西侧的安全，并作进攻承德的准备。

在讨论上述军事行动过程中，我以秀水河子战斗的教训为例。

1946年2月14日，东北解放军集中一个师又一个旅的兵力，在彰武、法库间的秀水河子，一举包围歼灭了轻敌冒进的十三军八十九师一个团。

我一再强调各部要集中使用兵力，注意协同作战，互相策应，切忌轻敌冒进。但事实上当时诸将领均程度不同地存在轻敌思想，我的这些话并未引起足够的重视。

在讨论第二个问题的时候，大家的意见很不一致，争论激烈。熊将军为此亦大伤脑筋，他认为这个时候国共停战三人小组到东北来，对我方很不利，搞不好会妨碍下一步的军事行动，共产党方面也可能乘机大造舆论。会上，有人主张，既然我们坚持"东北区域不在军事调处范围之内"的主张，则可据此干脆拒绝三人小组到东北来。但更多的人认为，若采取强硬拒绝的态度，对我方的社会舆论和观感均很不利，也无助于取得美国更多的同情和援助。莫若采取"拖"的办法，力争三人小组缓来为好。

由于两种意见相持不下，只好暂时休会。以后，熊将军又专门为此接连召开几次会议，经过反复研究、权衡，最后还是基本采纳了后一种意见。我们的方针大致是：乘三人小组未到东北之前，尽可能扩大占领地区，要先控制铁道沿线的重要城市，造成既成事实，以便将来进行停战谈判时，使我方处于有利地位。

3月13日，苏军果然撤出沈阳，第五十二军即于当天相继全部进入沈阳市。南面进占浑河铁桥；北面攻占北陵飞机场，并以汽车输送该军第二师四团向解放军驻地山梨红屯进攻而占领之，另此一部攻占八家子。同时，新一军五十师亦进占沈阳西之平安堡。

3月16日前后，东北行营及保安司令长官部由锦州移驻沈阳。此后，国民党军队以沈阳为中心，积极准备向沈阳以南、以东、以北地区展开进攻。3月22日，第五十二军占领抚顺，新一军占领铁岭，新六军占领辽阳。至此，沈阳外围的重要城市，除本溪外几乎均为国民党军所控制。

东北国民党军队在军事上的节节"进展"，更加助长了相当一部分将领们自榆锦作战以来滋生的轻敌观念。我意识到这种思想在军事上的危险

1946 年 4 月 22 日，国民党军队趁苏军撤出，正式进驻沈阳

性，乃利用各种机会反复告诫诸将领戒除轻敌观念，提出要稳妥指挥、谨慎作战，并亲到各部巡视，检查作战部署。不过，说实话，当时包括熊式辉将军、杜聿明将军和我在内，对于后来东北战局的严峻性，也都是估计不足的。至于国民党军队连同我们本人最后在东北所遭到的惨败，则更是始料未及的了。

这一期间，我虽然代理长官部司令长官职务，但诸如重大军事部署和部队调动等问题，实际上都是由熊将军最后决定。熊氏对我也很客气，以后甚至有某种不寻常的信任，凡有重要事情均来找我商议，我们两人的共事关系，一直比较融洽。

我们到沈阳不久，国共停战三人小组就来了。熊式辉将军对于三人小组的到来，表现得很紧张。他在自己的官邸里召集部分高级将领开会，研究参加三人小组第一次会议的对策。在会议中，他提出许多假设的方案，要大家

1946年初夏，国民党新六军开进沈阳城内

讨论。我记得其中最主要的有两点：（一）凡我军暂时不派兵去占领的地区（如离交通要道较远的海龙等），或我军兵力比较薄弱、有被解放军消灭的可能的地点，就主张派出三人小组；（二）如果中共方面坚持要在战略要地派出三人小组时，就用种种理由把三人小组的驻地摆在远离前线的地点，如中长路的三人小组，摆在远离四平街前线的开原。那天会议开的时间很长，散会后，国民党方面的首席代表赵家骧将军即于深夜出席停战三人小组的首席代表会谈。熊将军为此一夜未眠，拉着我和众将领及幕僚们坐在他的房间里，焦急不安地等候着会谈的结果。看着他那一副坐立不安的样子，我想起杜聿明将军给他下的评语是"此公多谋而寡断"，不禁哑然失笑。

当时，三人小组中除了国共双方代表外，还有美方代表。美国人表面上是以仲裁者和调停者的身份发挥作用，实际上对国民党方面则多有偏袒，我们的代表和中共的代表争论时，常常得到美方代表的支持，甚至后来有一次

国民党军队进驻沈阳城后，东北保安司令长官部司令长官杜聿明（中）出席集会时的情景（此照片由台湾秦风先生提供）

美方代表在四平街前线视察时竟对我说："你们为什么不用飞机配合作战？如果用飞机轰炸的话，四平街是很容易攻下的。"熊式辉将军对美国人的真实意图是非常清楚的，故他曾一再对我说过："盟方（指美国）的代表是支持我们的，只要我们运用得法，就可以使三人小组的活动对我们有利。"以后他也确曾在这方面下了不少功夫。

三人小组在东北活动期间，我同中共方面的代表也曾有些接触。那时双方虽然处于敌对状态，经常在会上为各自一方的利益互相大动肝火，甚至有时搞到剑拔弩张的地步。但在私下接触时，却还都是心平气和、彬彬有礼的。共产党人表现出的那种坚定沉着、通情达理、胸襟开阔的气度，给了我深刻的印象。记得在1947年初的某一天，国民党长春市政府（那时长春已在国民党军队占领之下）举办舞会招待停驻该市的三人小组。彼时我恰巧亦在长春，故也应邀参加了。几曲舞毕，我走到舞池边坐下休息。少顷，中共方面的首席代表李敏然也走了过来，我们便随意攀谈起来。也许都是湖南同乡的缘故，两人聊得很投机。在谈到各自以往的经历时，李氏笑着告诉我，他年少时，因不满社会黑暗，曾投到湖南督军赵恒惕的营盘中当兵。一次偶然与赵下棋，将赵"杀"得大败亏输。赵见他不仅棋艺超群，而且才华过人、志向不凡，故对其格外器重，以后还资助他去北京进入留法勤工俭学预备班，不久即赴法留学，开始了革命生涯。这时我才知道，原来他就是大名鼎鼎的共产党早期领导人李立三。我在惊奇之余，忽然想到在黄埔军校时的好朋友贺声洋，是因追随李立三而犯严重错误的，不禁冒昧地向他询问起有关"立三路线"的问题。话一出口，我又后悔了，心想自己好糊涂，我同他非但没有朋友交情，而且还是敌对的人，此时提这些事不是令对方难堪吗？岂知李氏并未露出难为情的神情，反倒非常歉然地摇摇头说："咳，以前真是乱搞哟！"接着又很认真地讲了一些自我批评的话。同李立三同志的这一番谈话，使我极受感动。尽管那时我心中对共产党还怀有很深的成见，但对共产党人这种襟怀坦白、大公无私，对任何人都不避讳自己的错误和过失的宏大气度，却不能不怀有深深的钦敬之意。这件小事，给我留下了深刻的印象。

进攻本溪及首战四平街

我们进占沈阳不久，蒋介石先生给熊式辉将军和我下了一道密令，限我们于 4 月 2 日以前占领四平街。为此，我们连夜召开军事会议，讨论作战方略。

会上，大多数将领认为位于沈阳东南的本溪是解放军的重要据点，地形险要，易守难攻，又集结有十万重兵，对沈阳是个严重威胁，必须首先拔除。但蒋先生限定 4 月 2 日前攻占四平街的命令又不能违背，所以会议最后还是决定：由刚到东北的另一位东北保安司令长官部副长官梁华盛将军到中长路方面，指挥新一军和第七十一军先行向四平街方向发动进攻；稍后另以第五十二军军长赵公武将军指挥该军二十五师由抚顺出发，新六军之十四师由辽阳出发，分两个纵队于 4 月 7 日向本溪进攻。

在北线，新一军自 3 月 18 日开始沿中长路两侧向北进攻。第七十一军则在左翼与新一军平行推进，向法库、康平进攻。但两军均因解放军的有力抵抗，进展极为迟缓。双方激战至 3 月 27 日，新一军才攻占开原，4 月 4 日进占昌图。同时，七十一军亦占领法库。

不料，解放军于 4 月 8 日集中四五个旅的兵力，突然在昌图以北地区发动了一次十分凌厉的反击，首先将左翼七十一军八十七师击溃，该师副师长、参谋长均被生俘。解放军趁势扩大战果，接着便向正朝四平街方向挺进的新一军新三十八师发动猛袭。新三十八师猝不及防，顷刻间就被吃掉三个连，有一部分解放军一直突入到该师师部门外，一边趴到院墙上向内打枪，一边高呼"缴枪不杀"。新三十八师师长李鸿是随我出征印缅的老部下，作战经验十分丰富。此刻他表现得很沉着，指挥师部人员拼死抵抗，并命该师特务连等部队发动逆袭，终将解放军击退，稳住了阵脚。

这一仗新一军损失的兵力并不大，但精神上受到的打击却不小，此后再也不敢轻视解放军的力量了。

真是祸不单行，就在北线受挫的同时，南线进攻本溪的国民党军队也吃了败仗。4 月 7 日前后，解放军三纵、四纵先后将新六军十四师、五十二军二十五师击溃，五十二军副军长郑明新、二十五师师长刘世懋和十四师一名副师长负伤，两师共损失 1800 余人，其中二十五师有一部因厌战放下武器。

败报传来，使我们受到很大震动。部分军队竟在火线集体放下武器，在东北尚属首次。特别是连素有王牌军之称的新一军和新六军也挨了打，这一切都令人大为吃惊。那些天，熊式辉将军急得吃不下饭，睡不着觉，犹如热锅上的蚂蚁，再也不见当初他那一副骄傲自得的样子了。由这个时候起，在东北的高级将领们，包括我在内，才算真正领教了解放军的厉害，从榆锦作战以来的盲目骄傲情绪中清醒了过来。

在熊将军的主持下，我们召开紧急军事会议研究对策。鉴于此时已无足够兵力在南北两线重新发动进攻，我们被迫决定暂时放弃对本溪的进攻，集中力量在北线作战。同时，坐镇昌图指挥的梁华盛将军在新一军、第七十一军受挫时表现惊慌，曾一再向沈阳发电求援。熊将军嫌梁氏太沉不住气了，遂与我商议，要我到前方接替他指挥。

这期间，孙渡将军率领的云南部队第六十军和第九十三军正陆续开到东北。这两个军的兵力如何使用，倒使熊将军和我颇费了一番心思。从战略上看，当时这两个军倘集结使用于中长路方面，其作用要大得多，但出于对非嫡系部队的猜疑，我们又不敢这样做。最后决定把这两个军分开，不让他们在东北形成一个集团的势力；并令六十军的先头部队一八二师开到铁岭，担任中长铁路的护路任务。以后六十军就使用在中长路方面，九十三军则使用于锦州、热河一带，这两个军始终是各在一方。类似这种出于内部派系成见，而宁可牺牲战略上利益的现象，在那时的国民党军队中是屡见不鲜的。

我于4月10日前赶到开原前进指挥所，替下梁华盛将军。这时，中长路正面的解放军主力突然去向不明，我反复推敲，判断解放军很可能将主力转移到右翼，打击我左翼比较薄弱的第七十一军。于是，我命令新一军继续向四平街推进，同时反复叮嘱正由法库向八面城前进的第七十一军（欠八十八师）务小心谨慎，提防解放军主力的袭击。为了指挥便利，我亦把指挥所由开原移至昌图。

我到昌图后，亲自赶到最前线督促、指挥新一军各部发动攻击。经过观察，我发现该部在作战指挥方面不够大胆，有些畏首畏尾。同时陆空、步炮火力亦不协调，未能将我军的火力优势充分发挥出来。故在各兵种协同作战方面重新作了调整，并严格督导各师积极进攻。此后两日战斗进展较为顺利，我再将指挥所推进至红庙车站。

岂知4月17日这一天，我突然接到左翼第七十一军的报告：该军于15日在金家屯以北、大洼以南地区果然遭到解放军袭击，激战两日，通讯联络亦被迫中断。八十七师有一个团被歼，两个团被击溃，师长黄炎仅以身免。前往增援的九十一师一部也被击溃。

第七十一军的这次惨败使我非常恼火，但除了责怪该军各将领疏忽大意外，仍抓紧重新调整兵力，尽量加以补救，不敢稍有松懈。事后查明，在八十七师北进至大洼附近时，解放军已集中大约 14 个团的兵力预先设下重重埋伏。八十七师先头团到达后，当地群众哄骗他们，说解放军早就开走了。官兵们信以为真，纷纷到附近集市上闲逛。解放军乘其松懈，在集市内的解放军便衣队配合下，突然发起围攻。该团措手不及，旋被解放军内应外合全部缴了械。后面的部队也被解放军截成几段，仓促应战，最后支持不住，全师连同增援的九十一师一部一起向后溃逃。解放军在大洼获胜后，当晚即主动撤退，第七十一军一部于次日始进入大洼。

第七十一军在大洼惨败之时，该军军长陈明仁将军尚在沈阳，不在军中。不知是谁将此事报告了蒋介石先生。蒋氏大怒，给长官部发电要查办陈将军。我为此颇不安，因陈氏与我同为黄埔军校一期同学，平日交谊甚好，且其作战骁勇，素有战功，不忍见其因小过而受累。正为难间，恰逢杜聿明将军动过手术，于 4 月 16 日匆匆赶回了沈阳。他亦有意为陈氏开脱，乃一面给蒋先生复电说"在战斗发生前，已派专车送陈回部"，一面要我速告陈氏回部。

陈将军返部后，重新将士气低落、内部混乱的第七十一军加以整饬，继续向八面城攻击，4 月 25 日始攻入八面城，从而与正面向四平街攻击的新一军互相呼应，完成了对四平街的侧击之势。

四平街是当时国民党辽北省省会所在地，位于中长、四洮、四梅铁路的交点，为东北交通枢纽、工业及军事的重镇。其东北郊山峦重叠，西南郊河流纵横，形势险要，历来为战略上必争之地。已接连控制了北满的长春、哈尔滨、齐齐哈尔三大城市的解放军，力图在北满建立起巩固的根据地，乃不惜集结了约 14 个师（旅）的兵力保卫四平街。据情报判断，解放军驻守四平街市区的部队约有一旅之众（以后兵力又得到大大加强），并以该市为中心，先后组成一条东西蜿蜒百余里的防线，摆好了决战的阵式。

当时我在中长路前线指挥的军队共有新一军和第七十一军两个军，外加新增援上来的五十二军一九五师，兵力与解放军大致差不多。

我反复考虑，认为欲击破北满解放军，占领长春、永吉，四平街势在必争。解放军虽在昌图以北地区对我军发动过两次较大规模的袭击，但并未给我军主力造成致命损伤，依现有兵力尚可一战。况且解放军不惜采用打阵地战的方式死守四平街，正好可发挥我军装备精良、火力强盛的优势。因此我下决心按原作战计划强攻四平街。

我的攻击部署是：新一军继续沿中长路向四平街正面进攻，占领后，其主力进出于四平街以北地区；第七十一军（欠八十八师）攻击八面城至旧四平之线，并进出于该线以北地区；一九五师为总预备队，在新一军与第七十一军之间地区前进，随时准备策应两军的作战。我的指挥所设于昌图以北的双庙子。

关于一九五师的使用问题，我曾打算将该师使用在中长路以东地区对四平街作迂回包围，这在战略上讲是比较有利的。但是考虑到第七十一军有一个师遭受过重创，士气不振，倘解放军以主力对该军反击，可能会吃大亏。同时也担心一九五师远离主力在群山中前进，有被各个击破的危险，所以最后我决定按照上述的部署行动。

对四平街的攻击开始后，新一军在空军和炮兵的掩护下向解放军阵地发动了持续猛攻，战况十分激烈。解放军方面虽然伤亡很大，但防守极为顽强，简直是寸土必争。新一军第一线攻击部队五十师有两个连曾一度突入市区，因前线指挥官未能及时策应，结果全部被歼灭掉，此后五十师的几次攻击一再受挫，伤亡惨重。数日后，我不得不将疲惫不堪的五十师撤下来，改以新三十师为主攻，另以新三十八师从旧四平方面侧击。但新三十师师长唐守治顾虑重重，行动迟缓，攻击毫无进展。

这时，第七十一军已占领了旧四平，新三十八师亦进至四平街西北附近，对四平街形成夹攻之势。我认为这是取得胜利的绝好机会，乃亲到前线督战，严命新三十师在五十师协助下再度发动攻击。无奈该军官兵自从在昌图以北遭解放军反击之后，多半胆寒，士气低落，加以新三十师师长唐守治怯敌如虎，始终不敢全力投入进攻，结果在解放军猛烈抵抗下徒遭伤亡，攻击还是没有进展。以后解放军将防守四平街的兵力增至一个纵队左右，并加强了防御之事，双方形成对峙局面。

面对战场上的僵局，我的心情十分沉重。作为国民党军队"五大主力"

之一的新一军，当时可谓是"国军"中装备最为精良的部队。在抗战期间的印缅战场中，该军与新六军一样，素以能打硬仗著称，今日却在装备低劣的解放军面前一再受挫，屡攻不克，真使我又气、又急、又不服气。

为了恢复战场上的主动权，我曾打算请求增加兵力，由四平街东北地区，采取迂回包围的攻击战术，再次发动猛攻，但因抽不出部队，只好暂时作罢。

这期间，在沈阳的杜聿明将军经常同我通电话磋商。他认为本溪与沈阳唇齿相依，为沈阳门户，解放军主力集结在本溪附近，对沈阳威胁极大，而北满方面我军屡受挫于坚城之下，师劳无功，非增加兵力则无法打开僵局。因此莫若调整、增加一些兵力，先打下本溪，将本溪解放军压迫至连山关以南，这样既可保障沈阳安全，又可抽调一个军以上的兵力增调至四平街方面作战。我反复分析东北战场的形势，也认为杜将军的设想是可行的，遂表示同意。不久。他亲自来到我设在双庙子附近的前进指挥所视察，并部署前线部队暂时停止对四平街的进攻，加紧整顿。

自北平别后，杜聿明将军与我还是第一次见面，虽然时间相隔不到三个月，彼此却仿佛有分别三秋之感。那时他虽已动过手术，但身体尚未康复，仍很虚弱，我一再好意地劝他保重身体，暂时先不必亲到前线奔波。他苦笑道："当初是我在委员长身边力主收复东北，今日仗若打不好，我是无法向老头子（指蒋先生）交代的。"少顷，他又振作起精神说："现在我们调整一下兵力，先打下本溪，以后还是有把握拿下四平街的。"我很钦佩杜氏在困难面前的坚定态度，但心里清楚：今后若指望在短期内一举抢占东北是绝对不可能的了，将来的局势会变得更加艰难复杂，胜负难料。这些忧虑，我只是埋在心里，未敢讲出来。

4月29日清晨，国民党军队开始在南满向本溪的解放军发动进攻。在辽阳的新六军主力和在沈阳苏家屯以东及抚顺地区的第五十二军主力同时夹攻本溪解放军。东北行营和长官部事前对这次军事行动采取了严格的保密措施，对外宣称杜聿明将军赴四平街前线督战，借以迷惑解放军。

进攻本溪的军事行动较为顺利，经几日激战后，第五十二军于5月3日率先进入本溪，当晚解放军主力即主动南撤。次日，第五十二军占领官原，并同在本溪桥头的解放军掩护部队发生激战。该军一部在空军和炮兵火力支援下，经近一日的激烈战斗，在付出相当大的牺牲后，终于攻占桥头，进占连山关及其以东、以西一带阵地。至此，本溪方面的战斗暂告一段落。

就在我军进攻本溪的战役即将结束之际，解放军有两个纵队左右的兵力自西丰方面南下，有切断我军中长路后方联络线的模样，开原和铁岭先后告急。杜聿明将军闻报急调一九五师及八十八师星夜开往铁岭、开原附近，掩护中长路的安全；稍后又将新六军及二○七师火速转运至中长路方面，在开原附近集中。在完成上述部署后，国民党军队于5月中旬开始对四平街解放军实施两翼包围迂回攻击。从此时起，中长路方面的作战由杜聿明将军亲自指挥，我仅以前敌指挥的身份在前线督战。

当时北满方面国共双方的军事态势是：据守四平街一线的解放军主力共约三个纵队，在老爷岭、四平街、旧四平及昌图以东之赵家沟、住家屯一带占领阵地，顽强抵抗，与新一军及第七十一军（欠八十八师）处于对峙中；沿西丰南下的解放军两个纵队，以切断中长路为目的，与驻铁岭、开原的第六十军一八二师、第七十一军八十八师及第五十二军一九五师发生局部接触；新六军于开原附近集结完毕后，国民党军队以击破四平街解放军主力，一举收复长春、永吉为目的，分三个集团向四平街包围进攻。具体部署是：左翼兵团第七十一军两个师向四平街以西进攻，造成解放军侧翼顾虑；中央兵团新一军三个师继续在四平街正面实施攻击；右翼兵团新六军等五个师向四平街以东实施迂回。此路是国民党军队的攻击重点。

5月14日，三路国民党军队在空军和炮兵强大火力支援下大举向解放军进攻。当晚，右翼兵团在威远堡门附近遭到解放军猛攻，双方混战一夜，拂晓前解放军即主动撤退。此后连续激战数日，除中央兵团之新一军遭解放军顽强阻击，毫无进展外，左右两翼均较顺利。右翼兵团之新六军于17日进占西丰，随后进出平岗。5月18日，右翼兵团突破解放军在四平街外围的重要防线，对坚守四平街东南塔子山的解放军某部实施三面围攻，经激烈的拉锯式争夺，解放军因伤亡殆尽被迫放弃阵地。18日晚，向哈福屯进攻

第一次四平街会战后，中共东北局召开会议，检讨前一阶段军事行动得失，并作出了在东北解放区大规模开展土改运动的决定，中共从此在东北站稳了脚跟，为后来的胜利奠定了坚实的基础。从左至右：林彪、高岗、陈云、张闻天、吕正操

的一九五师与解放军发生激战，随即占领哈福屯，并进出老爷岭。

由于右翼兵团的迂回作战取得成功，直接包抄了坚守四平街的解放军主力退路，使解放军处于十分不利的地位。当夜，解放军即实行战略撤退，主动放弃了已坚守一个多月的重镇四平街。解放军的这次行动十分迅速，一夜之间就将防守四平街一线的部队四散撤走。19日，四平街已成一座空城，新一军始开入市区，首次四平街会战遂告结束。

这次四平街会战虽然以国民党军队的暂时胜利而告终，但我们并未达到消灭北满解放军主力的战略目的，以后随着进占长春、永吉，战线进一步拉长，机动兵力不足的弱点反而更加突出。此外，国民党军队不仅在此次作战中受到比较严重的损失，也暴露出许多弱点，诸如前线指挥不够果断，各部队及各兵种间的作战不能充分协调，官兵士气低落，等等。从解放军方面看，此役虽迟滞了国民党军队的进攻，为巩固后方赢得了时间，杀伤了相当数量的敌人，但自己一方也付出了沉重的代价，战斗力消耗很大。解放军在当时装备、兵力均不占优势的条件下，力图固守一城一池，以浅近的防御纵深和宽广的防御正面同国民党军队决战，战略上不能不说是失策的。只是由于实行了果断、迅速的撤退，才避免遭受到更大的损失。

进占长春、永吉

在四平街会战激烈进行之际，蒋介石先生非常关注这一战役的成败，5月17日特派副参谋总长白崇禧将军到沈阳视察。白氏在当晚与杜聿明将军详细分析、研究了北满军事形势后，又于次日在杜将军陪同下亲临我设在开原的前进指挥所视察。大家本是熟人，见面之后也无须什么客套，便在我的住房内就当前的战况和下一步的军事行动进行了秘密磋商。白、杜二位将军都认为攻下四平街是不成问题的。但白将军对于我们下一步攻占长春、永吉的作战计划却是忧心忡忡。他说蒋先生也很担心在长春附近再次遭到解放军顽强阻击，倘在那里如同四平街一样形成旷日持久、师劳兵疲的僵持局面，莫若打下四平街后不再向长春北进，这样一则可以缓和国内外舆论的非难，二则可以获得整训部队的时间，假如与中共和谈失败再发动进攻不迟。杜将军则力争一举攻下长春、永吉。他一再向白将军说明，我军攻击四平街，就是为了击败共军主力，一举收复长春、永吉。况且命令已经下达了，中途变更部署是很困难的，反而容易使部队混乱，有为共军乘机反攻、各个击破的危险。如果我们能一直打到永吉，可以隔松花江与共军对峙，形势较为有利，还可以接收小丰满水电站，供给长春、沈阳用电，否则东北用电都成问题。白氏一边专注地听着杜将军讲话，一边频频颔首，但看上去还是不大放心。听毕杜的讲话，他又转过身，笑着问我："郑副长官的意见如何？"我也表示了应当乘胜攻下长春、永吉的意见，并补充说，共军整补、扩充的能力非常强，若此时不乘胜追击前进，不仅将前功尽弃，而且后患无穷。听了杜和我的一番话，白将军似也有所心动，只"哦"了一声，便不再言语了。其实我心里明白，白氏也是有意乘胜占领长春、永吉的，只是感到没有把

握，不敢妄动。这时，我们闻报右翼兵团已迁回到赫尔苏附近，并未遇到解放军的有力抵抗，正在继续向公主岭前进中。这个消息使白将军非常高兴，他也预感到解放军可能不会固守长春，遂又拉着杜将军一同到红庙前方视察。据说在火车上二人继续研究进攻长春、永吉问题。白将军一再询问杜有无把握，杜氏则表示有绝对把握占领长春、永吉。最后白氏总算放下心来，对杜说："如果确有把握的话，我也同意一举收复长春、永吉。那么你就照原计划打，我马上回去同委员长讲，收复长春、永吉后再与共产党谈判下停战令。"

白、杜二将军当日即同返沈阳。次日，白氏便飞回南京。

白崇禧将军离开沈阳不久，杜将军曾接到蒋先生的电令，嘱其攻占四平街后，暂不进入长春。杜研究来电日期，是在白将军飞返南京以前发出的，便未依令行事，而是按原定作战计划，与我一起指挥各部沿中长路两侧齐头并进，向长春、永吉进攻。后来的情况果如我们所料，解放军并无与我军再

1946 年 5 月底，正在沈阳视察的蒋介石、白崇禧与东北国民党军队将领们合影

　1946 年 5 月底，正在沈阳视察的蒋介石与郑洞国、廖耀湘等国民党东北保安司令长官部主要将领合照

1946 年国民党军队占领长春后，东北保安司令长官部副司令长官郑洞国将军（右二）到长春向部队官兵训话。左一为新 6 军军长廖耀湘，右一为长春市市长尚传道

次决战的企图，只是派出一些小部队节节阻击，步步后撤。在追击战中，我方右翼兵团于 5 月 21 日占领公主岭，22 日占领长春，24 日占领东丰、海龙，28 日占领永吉，31 日占领小丰满、桦甸等地；左翼兵团于 5 月下旬占领了辽源、双山，5 月 30 日进至松花江南岸；唯中央兵团之新一军因军长孙立人将军托词伤亡过大，亟须休整，未按作战命令沿中长路以西（不含中长路）经怀德、长春、德惠、农安方面向松花江北岸要点追击，部队前进至公主岭以西地区即逡巡不前。

孙立人将军是一位治军严整、才华横溢的优秀将领，在抗日战争中以卓越战功闻名中外。新一军开入东北不久，他应英皇之邀，前往伦敦授勋，以

东北内战期间，国民党东北保安司令长官部副司令长官郑洞国将军（中）与新六军军长廖耀湘将军（右）、第71军军长陈明仁将军（左）合影

后又去美国游历了一番。蒋先生对此事曾大为不快，但考虑到同美国人的关系，一时对他也无可奈何。在四平街会战后期，孙氏方回到部队，很想借攻占东北名城长春使新一军扬威东北，却未想到杜将军把攻击长春的任务划归了新六军，因而心中十分不满。孙将军一向认为新六军廖耀湘部，是杜聿明将军的基本部队，怀疑杜有偏心。这次事情未能如愿，便不大高兴，不愿积极执行杜将军的命令。

当时我正在泉头指挥所指挥作战。听到新一军仅派五十师向公主岭、长春方向推进，主力尚未出发的报告，十分焦急，即与新一军联系，要该军主力迅速出击。但孙将军在电话中吞吞吐吐地强调部队耗损太大，需要整补，就是不愿服从追击作战的命令。我与孙氏于抗战期间在印缅战场虽曾一起共事几年，彼此相处甚好，但亦知此时他与杜将军矛盾较深，一时很难说服他。正踌躇间，杜聿明将军忽然于20日清晨乘专车来到泉头指挥所，我

国民党军队占领长春后，蒋介石到长春与各界人士座谈。后排左一坐者为郑洞国将军

便委婉地将此事告诉了他。杜闻言大怒，连连问我孙军长为什么不肯服从命令。我担心杜将军性情急躁，倘与孙将军一下子闹翻，后果更难收拾，所以有意不提孙氏对杜的不满，只是建议一起找孙将军谈谈再说。杜将军略想了想，也只好同意了。

于是，杜将军与我马上乘车赶往四平街，到达双庙子车站后，得知通往四平街的桥梁尚未修好，即在该站停留指挥。此刻，杜将军心急如焚，显得十分焦躁，一边皱着眉头，怒气冲冲地在室内来回踱步，一边焦急地对我说："现在左右两翼都在追击作战中，只是孙军长的中央兵团不能配合行动，倘被解放军看出破绽，集中主力向新六军反攻，我们会吃大亏的。"我心里担心的也正是这一点，却又怕给杜增加烦恼，所以只说了些宽慰他的话，同时劝杜见到孙氏时，最好以大局为重，对孙多加劝导，尽量不发脾气，切勿

郑洞国将军（左二）在长春出席集会。左三为廖耀湘将军，左四为尚传道先生

将两人关系彻底搞坏。正说话间，孙立人将军赶来见我们。他仍以部队作战过久，必须整补为由，当面向杜提出宽限追击期限。杜将军压住火气，向他详细分析了北满战场情势及我们的处置决心，希望他能遵令率部向长春追击前进，并提醒孙说，五十师孤军深入，倘在长春附近遇敌反扑，必遭覆没，应当迅速前往接应，我亦从旁多方规劝。无奈孙氏坚持不肯前进。这时时间已到正午，杜将军见反复劝导均无结果，不禁勃然变色，站起身厉声对孙说："现在廖耀湘、陈明仁两部进展极为顺利，并未遇到敌人有力抵抗。新一军应迅速照令前进，否则长春攻不下，部队遭受损失，你是要负责任的！"孙氏见势成僵局，才怏怏回部，但始终未按杜的命令行事，只是担心北进的五十师受梨树方面解放军的袭击，曾派遣一部前往扫荡。当晚，我们接到新一军的报告，说"梨树之敌经派队扫荡后，已向辽河北岸撤退，正面五十师

国民党第七十一军军长、四平街守将陈明仁

到达辽河南岸附近"。素以办事强硬果断著称的杜将军，此时也只有长叹一声，别无他计了。

幸亏后来情势的发展并未出现我们担忧的情况，解放军主力无意恋战，便纷纷撤到松花江以北。杜聿明将军和我紧提着的心，总算落了地。

国民党军队在北满一时的得手，使蒋介石先生大为高兴，他放弃了原来不再北进长春的打算，大约在5月23日左右偕白崇禧将军亲自飞到沈阳，指挥军队向解放军进攻。

但就在这时，南满解放军为牵制国民党军队北上，集中了约三个师兵力，发起鞍海战役，向鞍山、海城、大石桥一带进攻。当时驻守鞍山、海城、大石桥、营口等地的，只有第六十军一八四师，兵力十分单薄。25日，解放军攻克鞍山，全歼一八四师一个团，随后乘胜南下海城，驻守海城的该

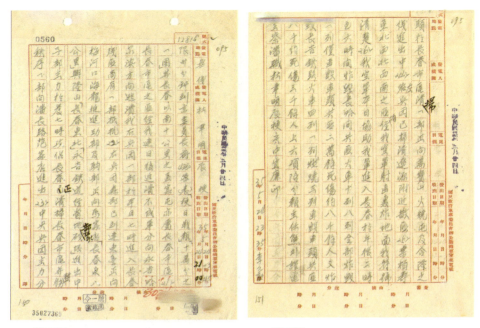

第1页　　　　　　　　第2页

1946年5月24日，杜聿明致电蒋介石，报告国民党军队攻占四平街后追击东北民主联军战况。

师师长潘朔端纷纷电告急。

　　这下南满的战局骤然吃紧。鞍山一失，沈阳门户洞开，而沈阳城中又没有什么正规部队，倘解放军前来攻城，连蒋介石先生和在沈的将领们都很危险了。为了解救危局，杜聿明将军连夜集中了数十列火车，限令新一军（欠五十师）于26日以前集中辽阳，迅速解海城之围，并收复鞍山。鉴于上次教训，杜聿明将军预料到孙立人将军可能不会痛痛快快地执行救援任务，便径去见蒋先生，向他汇报了军事部署情况，请蒋先生督促孙氏遵照命令去解海城之围。蒋先生郑重地表示同意。但到了次日，蒋先生突然又召见杜将军，说已允诺孙部休息三天，要杜命一八四师死守待援。杜将军心中叫苦不迭，但亦无法变更他的意见，只好垂头丧气地退下来，一面令驻本溪的第五十二军抽调一师部队前往增援，一面静待27日运新一军去解围。

　　新一军先头部队于28日抵达辽阳，这时海城守军危在旦夕，部分阵地已被解放军突破，潘朔端竭力抵抗，据说还处决了几个作战不力的军官。援军却行动迟缓，在辽阳观望不前。29 日，新一军全军（欠五十师）集中后，始派一个师南进到鞍山，但为时已晚，潘将军终于被迫率师直和一个团残部在海城宣布起义。解放军随后主动撤出海城。在国民党军队大张"捷报"、鼓吹收复海城时，解放军继续南下，相继攻占大石桥、营口，再歼一八四师另一个团。

一八四师的覆没，特别是潘朔端将军的临阵起义，震撼了整个国民党军队。熊式辉、杜聿明等一些在东北的将领借此指责孙立人将军，唯蒋介石先生缄口不言此事。

南满的战局稍稍缓和后，蒋介石先生于 6 月 3 日亲赴长春作短暂视察。当时，我的指挥所已移驻长春，闻讯即率在长春的众将领、幕僚和团以上军官及地方士绅前往机场迎接。蒋的专机刚一在机场停机坪上停稳，他便满面春风地走下舷梯，高兴地向我和廖耀湘等几位高级将领打招呼。随后，蒋先生在我们陪同下来到飞机场大厅，先后接见了等候在那里的众多中级军官和长春士绅、商人，讲了一些慰勉之类的话。

众人散去后，蒋介石先生单独留下我和廖耀湘等几位高级将领，在机场休息室密谈。他先简单地了解了一下北满的军事情势和敌我双方的部署情况，然后很郑重地对我们说："政府经与中共方面谈判，决定在东北战场实施短期停战，倘无情况变化，停战令可能在近日内下达，你们务必作好充分准备。"接着他再三强调，要我们在停战期间抓紧整补军队，调整部署，特别要提高警惕，严防中共"破坏"停战，等等。

关于在东北短期停战的安排，我先已知道。但谁心里都清楚，所谓"停战"，不过是企图赢得一个喘息时间而已，以便为下一步的军事进攻作好准备。在国民党军队占领整个东北之前，这个地区的和平是不会出现的。此刻蒋先生大讲加紧整补部队，严防中共"阴谋"等，无非是让我们在军事上作好准备，一旦在谈判桌上不能逼迫中共就范，就再次诉诸武力。

蒋先生讲过话后，便逐一询问大家还有什么话要讲，众人均表示服从"政府"决定，一定要按委员长的训示去做，蒋闻言高兴地笑了。临行前他

1946年6月，国民党新一军征用大量民夫，加紧巩固长春城防（此照片由台湾秦风先生提供）

还特别对我和廖耀湘将军指示说："拉法这个地方很重要，须派兵防守。"见我们唯唯称是，才放心地与众人告别，登机匆匆离去。

拉法是永吉以东的一个铁路、公路交叉点，控制这一点可切断延吉至哈尔滨的铁路交通，战略意义的确很重要。但以前我们考虑此地与后方交通联络补给不便，且地形低洼，无险可守，很容易被解放军吃掉，故未曾派兵占领。这次蒋先生亲自提出要占领拉法，我们不好违逆，随后便由第七十一军八十八师派出一个加强团占领了该地。岂知三天之后，解放军果然集中优势兵力对拉法发起突然反击。待八十八师派援军赶至时，守军已遭全歼，团长阵亡。以后这个战略要点还是被迫放弃了。

蒋介石先生飞离长春三日后，即6月6日，东北战场的停战令终于下达了，并于7日起生效，为期半个月。此后，由于关内内战烽烟大起，东北国民党军队一时无法得到新的增援，故停战期限一再延长，直至10月中旬，东北战场基本上维持了四个多月的停战状态。

进攻热河

1946 年 8 月初，杜聿明将军突然发来急电，要我迅速由长春返回沈阳。我不知何事，即匆匆飞返沈阳，下了飞机后，便由机场驱车径奔长官部大楼。一见面，杜将军开门见山地对我说："保安司令长官部要在锦州设立指挥所，拟由你负责，任务是指挥扫荡热河境内的共军，以保持北宁路的安全，并相机攻占承德，确保东北、华北的联系。军情紧急，希望你赶快赴任。"

我因一直驻防长春，事先对此项军事行动计划并不了解，有些担心停战期间在热河采取大规模军事行动，容易引起社会舆论的非议，于我不利。杜将军看出了我的心思，狡黠地笑笑说："桂庭兄不必多虑，停战仅限于东北地区，热河本不属调处范围，共产党奈何不了我们。况且共军李运昌部约五万人正在那一带积极活动，对我北宁路威胁极大，若不迅速予以消灭，我们就难免有后顾之忧啊！"

我见杜将军计议已定，便不再说什么，接受了任务，数日后即动身前往锦州。

我到锦州指挥所后，杜将军已亲自拟定了作战部署，我便开始着手执行。当时参加作战的国民党军队有第十三军石觉部、第九十三军卢浚泉部和第七十一军九十一师，以及一些地方保安部队。我认为这些部队战力虽不甚强，尤其缺乏同解放军打硬仗的经验，但装备大多比较好，人数亦占有优势，只要指挥得当，是不难取胜的，因此较有信心。

我方作战计划的要点是，先以一部兵力扫荡平泉以东、锦州古北口铁路以北地区的解放军，继以主力一举攻略承德，相机占领赤峰、围场、丰宁等重要据点，进而控制热河全省。

根据这个作战计划，国民党军队作了如下部署：第十三军及保安骑兵支队先肃清天义、宁城以南、锦古路以北地区的小股解放军，然后集结于平泉附近，一举攻略承德，并进出隆化、围场附近；第九十三军（欠暂编二十师）先肃清凌源、绥中公路以东地区的小股解放军，再集结于朝阳附近，接替朝阳地区第十三军的防务，并向赤峰方面警戒，掩护第十三军之侧背。俟该军攻占承德后，相机向建平、赤峰进出。

鉴于国民党军队在东北地区作战的教训，我特别强调了相对集中地使用兵力的重要性，并加强了各部队间的通讯联络工作，使其在作战中互相呼应，以免为解放军各个击破。这些原则在后来的作战中均得到了较好的贯彻。

8月中旬，我正式下达了进攻命令。第九十三军首先兵分两路，其右纵队暂二十二师于15日由义县、北票，分别向伊马图、大乌兰、黑城子、西官营子等地扫荡，沿途仅遇到小股解放军的零星抵抗，乃于24日顺利地进抵朝阳集结；其左纵队暂十八师也同时由锦西、兴城向药王庙、六家子、羊山等地扫荡，于23日到达叶柏寿集结。

在第九十三军发动攻击后不久，第十三军亦于21日出动五十四师、八十九师，分别由黄土梁子、天义向宁城方向扫荡前进，解放军稍事抵抗即退去，该部于24日占领宁城，交由地方武装接防后，即开赴平泉集结。至此，第一期作战任务即告完成。

进攻热河的初期扫荡战如此顺利，确实出乎我和第十三军、第九十三军的将领们的意料。我担心解放军采取惯用的诱敌深入战术，趁我军战线拉长、兵力分散，集中兵力突然攻击我方某一薄弱点，进而瓦解我军进攻，乃向各部一再重申，要集中使用兵力，注意作战配合，加强谍报工作等，并严令各部凡遇邻近友军遭解放军攻击包围，均应迅速驰援，倘有逡巡观望、救援不力者当以军法论处。

下达了上述命令后，我开始着手执行下一步作战计划。这时，第十三军已于平泉附近集结完毕，该军军长石觉将军向我报告说，有确切情报表明承德的解放军大部队正向北撤，要求适机发动攻击。我判断解放军不会在承德附近与我展开主力决战，遂令该军立即进攻承德。

8月26日，第十三军由平泉附近分两路向承德发动进攻。右路军五十四师及八十九师一个团由黄土梁子攻击前进，28日攻占大庙，29日迂回至承德北部，造成承德守军的侧翼威胁；第十三军主力由平泉攻击前进，

27日占领六沟，28日在承德附近与解放军杨苏纵队（晋察冀野战军第一纵队，司令员为杨得志，政治委员为苏振华）发生激战。29日，解放军在第十三军两路夹攻下撤出战斗，该部占领承德，并于次日进占滦平、隆化，9月11日又占领丰宁。

第九十三军于8月29日以第十三军方面已占领承德，进展顺利，亦分两路向建平、宁城攻击。右纵队暂二十二师由朝阳北进，9月4日占领建平，随后该师迅速派出一团兵力向建平西南方向扫荡，但当天中午就在华子里沟附近遭到解放军七千余人的突然围攻。该团一面连连告急求援，一面拼命抵抗，与解放军激战彻夜。5日晨，第九十三军暂十八师主力闻讯赶至，立即对解放军实施反包围，血战至晚，解放军不支撤退，该部之围始解。这是国民党军队进攻热河以来，所遭到的最激烈的一战。被包围的一团官兵在战斗中虽然损失了三分之一，但由于该部能坚持抵抗，且由于暂十八师救援及时，总算避免了全军覆没的命运。我闻讯大为高兴，立即嘉奖了这两部官兵，事后还专门向长官部为其请功。

第九十三军左纵队暂十八师9月3日由天义向宁城攻击，5日转向华子里沟方面解暂二十二师之围，11日重占宁城，解放军即主动向赤峰方面撤退。

第九十三军占领建平、宁城后，长官部为彻底扫荡热北解放军，遂将警备北宁路的暂二十师北调，归还该军建制，并配属第七十一军九十一师，由孙渡将军指挥，于10月4日向赤峰攻击，沿途未经激烈战斗，当日便占领赤峰。

与此同时，相继占领承德、隆化、丰宁等地的第十三军，一面就地积极构筑防御工事，一面努力试图扩大承德外围的占领地区。该军于10月4日派出一部兵力分两路由隆化、丰宁，向围场攻击，5日进至张三营、郭家屯之线，未经战斗，于7日占领围场。12日、13日再分兵进占多伦、沽源。同时为策应张家口作战，该军还派出两个师占领赤城。国民党军队进攻热河的战役遂告结束。

在攻击热河的作战中，由于解放军不计较一城一地的得失，不事强攻死

1946年9月4日，蒋介石致电参谋总长陈诚，指示由郑洞国将军指挥第十三军、第五十三军、第九十三军在热河作战

1946年10月1日，杜聿明将军向蒋介石汇报热河战况电文

守，兵力集散灵活，避强击弱，故双方未曾发生主力决战。国民党军队虽占领了许多城镇，暂时维持了北宁路方面的安全，却因为处处分兵把守，后来反而陷于被动局面。

进攻南满　四战临江

热河方面战事结束后，我即回到沈阳向熊式辉主任和杜聿明将军复命。他们二人对于能这样顺利地解除掉解放军对北宁路的威胁，感到十分满意，但谈起东北地区今后局势的发展，却还是忧心忡忡的。

自这年的6月上旬到10月，东北战场上虽然出现了长达四个多月的休战状态，然而整个局势和国共两党的力量对比已经开始发生了显著的变化。

在解放区，中共方面抓住停战时机，积极创建、巩固根据地。停战令刚一下达生效，中共便派出大批干部和部队深入农村，一方面，迅速地肃清匪患，建立基层政权；另一方面，发动农民，大力进行土地改革，赢得了农民群众的广泛拥护，使解放区很快就出现了一派欣欣向荣的新气象。在军事上，中共也抓紧时机进行了整顿，将其主力部队整编为 5 个纵队、15 个师、10 个独立师、44 个独立团，并初步建立了炮兵、装甲兵、工兵等兵种，总兵力达 23 万人左右，同时还组建了大批第二线兵团。

而在国民党统治区，情况却是每况愈下。早在进攻东北之初，许多国民党官员就是抱着抢肥缺、发横财的目的来到这里的。随着战争初期国民党军队占领区域的扩大，吸引了更多的人涌入东北。这些大大小小的国民党官员，置东北人民的生死于不顾，采取贪污、受贿、营私、敲诈等种种手段，拼命吮吸人民的血汗。一些地方豪绅也在国民政府的纵容下，欺压百姓，雄霸一方。至于官场上，则更是乌烟瘴气。各派系之间角逐激烈，纷纷任用私人，排除异己，上下沆瀣一气，纲纪荡然无存。更糟的是，军队中的腐败现象也更加严重了，许多高级将领和中级军官竞相用贪污和克扣军饷赚来的钱，购置房产土地，经营私人企业，甚至还有人从事走私军火、倒卖黄金等勾当。军队的纪律日益废弛，一些部队，特别是地方武装所到之处，奸淫掳掠，无恶不作。连号称"王牌军"之一的新六军，在驻防长春期间也时有违纪事件发生，杜聿明将军为平息舆论非议，不得不将该部与驻扎于鞍山、海城的新一军相互对调，才算暂时了事，所有这些使东北民众大失所望，原来对国民政府和"中央军"所抱的幻想随之破灭了。当时在东北国民党占领区流传着一句话："想中央，盼中央，中央来了更遭殃。"人民对国民党政权的强烈不满，由此可见一斑。现在回顾起来，应该说，从那个时候起，国民党政权在东北就已开始走下坡路了，它在东北的最后失败，不是偶然的。

当时，对于东北社会秩序紊乱、人民怨声载道的局面，熊式辉、杜聿明和包括我在内的一些高级将领，虽然忧虑重重，却毫无办法。我由锦州回到沈阳不久，又奉命派驻抚顺营盘指挥所。临行前杜聿明将军曾于某日晚上在其住处设宴款待我。宴毕，我们二人相对晤谈至深夜。谈话中，我坦率地提醒他，目前东北国民党政权的腐败现象，远比当初我在北平见他时预想的严

1946 年郑洞国将军在机场迎接外交特派员蒋经国

重得多，倘不及时设法，终要失尽民心的。杜将军闻言沉默了半晌，突然睁大眼睛愤愤地说："人家共产党自有一套主张，懂得发动民众，争取民心。我们懂得什么？还不是大家都想着发财！"停了一下，他又神色凄凉地说："你说我们在东北腐败，其实全国又何尝不是如此？这样下去，我们的天下不会有几天了。"当时，我以为杜说的不过是酒后气话，殊未料到，后来形势的发展果然应验了他的预言：仅仅在短短的两年之后，东北的几十万国民党军队便遭受到彻底覆没的命运，我本人也被迫在长春向解放军放下了武器。又过了一年，国民党政权在中国大陆的统治也终于土崩瓦解了。

然而，那时我们作为蒋介石先生一手培养起来的亲信将领，尽管对国民党在东北、在整个中国的前途已经感到忧虑重重，却没有放弃任何维持这个已失掉民心的政权的企图和努力。我们自知在政治上不是共产党的对手，便将希望寄托于军事上。当时，在东北和热河作战的国民党军队共有新一军、新六军、第五十二军、第七十一军、第十三军、第九十三军、第六十军等7个军25万人，再加上特种兵和地方武装，总兵力可达40万人。我们幻想着凭借国民党军队的精良装备和人数优势击败共产党军队，进而夺取整个东北地区。

看到共产党军队在解放区不断壮大，其根据地日益巩固，熊式辉主任和杜聿明将军十分不安。经过一个时期的准备和部署，他们决定与共产党军队重新开战。

当时的情形是，国民政府已废止国共两党签订的停战协议，挑起全国范围的内战。大批国民党军队分别集结在中原、华北、东南等战场上作战，短期内不可能向东北战场增加兵力。而在东北的国民党军队，虽然占领了东北中心战略要地，但要继续同时向北满、南满解放军进攻，则深感兵力不足。为此，熊式辉主任、杜聿明将军经与我们几位高级将领反复研究，制订了一个"南攻北守，先南后北"的作战方针。其基本思想是，先集中足够兵力进攻南满，消灭兵力相对弱小的南满解放军，解除后顾之忧，再全力向北满进攻。

根据这个方针，杜将军主持拟订了一个军事方案，其要旨如下：

（一）辽西方面，我军应牢牢控制热河，截断解放军辽西走廊的交通线，确保北宁路的安全；

（二）辽南方面，根据蒋介石先生"旅顺、大连问题，通过外交途径解决"的指示，我军应把解放军压迫于貔子窝、普兰店之线以南，然后用少数兵力在貔子窝、普兰店间的狭仄地带，构筑强固阵地，封锁旅大与内陆的交通；

（三）辽北、辽东方面，我军应把解放军压迫到长白山及松花江以北，以便沿长白山和松花江布置防线；

（四）完成上述任务后，我军即集中主力进攻北满，以达到占领全东北之目的。

这个军事方案经蒋介石先生和南京国防部批准通过后，杜聿明将军即坐

镇沈阳，指挥新六军、第五十二军、第七十一军等部队共八个师于 10 月 19 日分三路向南满进攻。自此，沉寂了四个多月的战火，又重新在东北大地上燃烧起来了。

参加这次进攻南满作战的军队多达十万余人，占国民党军队在东北全部兵力的三分之一强。而南满解放军只有三纵、四纵和两个独立师，人数在五万左右，大大地居于劣势。因此，在我方的进攻下，解放军最初节节后撤，被迫放弃了许多地盘。这种情况使前线的一些国民党军队将领骄傲起来，以为南满解放军不堪一击，遂不顾相互配合，大胆向前挺进。

10 月 31 日，解放军四纵部队于本溪东南，以迅猛的动作将分路冒进的第五十二军二十五师合围于宽甸新开岭地区。该师措手不及，仓促抵抗，经三日激战后，终因孤军无援而遭全歼，师长李正谊以下 6500 人被俘。这是东北战场国民党军队整师被歼的开始。败报传到沈阳，杜聿明将军大为震怒，连连责骂手下将领无能。早在20世纪30年代初，杜曾任该师副师长兼旅长，抗战时该部又是远征军的主力之一，战斗力较强。杜对这支全美械装备的部队一向比较器重，现在居然被解放军轻易消灭，确令杜痛心不已。

二十五师惨败，并未动摇杜将军坚持既定作战方针的决心。国民党军队经过重新部署后，凭借优势兵力继续向长白山方向压缩，解放军又相继被迫放弃安东（今丹东市）、通化和辑安等城镇。至11月下旬，南满解放军的活动区域仅限于临江、长白、抚松、濛江等县。

12月27日，杜聿明将军集中新六军、第七十一军等五个师的兵力从通化以南多路向东进攻，企图先沿通化、辑安铁路构成封锁线，然后进攻临江。但攻势一开始就遭到南满解放军三纵、四纵一部和两个独立师的正面顽强阻击，进展缓慢。正当双方相持不下之际，解放军四纵主力突然跃到我军后方，直插安东、沈阳铁路两侧，十余日内横扫两百余里，连续攻克我大小据点二十余处，严重威胁着我军后方安全。杜将军未料到解放军会出此一着，急将新六军新二十二师和第七十一军九十一师西调救援。解放军乘此机会向通化、辑安铁路两侧的第五十二军一九五师展开反击，双方激战多日，一九五师终因伤亡过大而被迫退却，国民党军队第一次进攻临江随之失败了。

当国民党军队集结兵力进攻临江的时候，北满解放军采取"南打北拉"的作战方针，于1947年1月5日，出动一纵、二纵、六纵及三个独立师，沿中长路两侧渡松花江南下，先后歼灭新一军两个团，直接威胁长春、永吉，迫使南满我军向北增援，成功地减轻了南满解放军的压力。

国民党军队在南满的失败，使杜聿明将军心急如焚。为了继续贯彻先南后北的作战方针，他抽调新六军、第五十二军主力共四个师兵力，于1月30日在通化以东兵分三路再次进攻临江。第五十二军一九五师刚刚进抵通化以北高丽城子附近时，突与解放军三纵、四纵一部遭遇，双方激战良久，一九五师终于不支溃退。几天后，新六军之新二十二师、二〇七师亦连遭败绩，无力再进，遂使这次攻势又告失败。

十余天后，杜将军于2月16日重新集中第五十二军、第七十一军等部

第 1 页　第 2 页

第 3 页　第 4 页

1946 年 12 月 7 日，杜聿明致电蒋介石，报告东北国民党军队在北满与东北民主联军作战情况（文 4 页）

五个师兵力，兵分三路第三次进攻临江。南满解放军以两师兵力在老爷岭、四道江等地据险阻击，另以四纵主力和独立师向我军侧后迂回包抄，合力将九十一师、二师和一九五师先后击败，一九五师副师长何士雄阵亡。这次进攻又受重挫。

2月21日，北满解放军乘杜聿明将军南顾不暇，集中一纵、二纵、六纵及独立师部队共十二个师的兵力，二下江南，以迅猛动作突然包围了九台程子街，进逼九台、农安。驻守程子街的新一军新三十师八十九团猝然应战，很快就被歼灭，九台、农安亦相继失守，解放军乘胜进兵包围德惠。驻守长春和德惠等地的新一军接连向沈阳告急。杜将军闻报大惊，一面严令德惠守军拼力死守，一面不得不把进攻临江损失较大的七十一军九十一师调回四平街，同时抽调七十一军主力八十七师、八十八师及几个保安支队，号称四个师兵力虚张声势驰援德惠。这时解放军在德惠攻城甚急。防守德惠的新一军五十师主力在师长潘裕昆将军指挥下，依靠坚固的"城塞堡垒"式防御工事奋力抵抗，使解放军的进攻一再受挫，曾突入城中的数千名解放军受到严重损失。当时，大批的国民党增援部队即将赶至，解放军便主动撤围向江北退却。杜将军为鼓舞士气，乘机大力宣传所谓"德惠大捷，歼灭共军十万"。谁知最先受此欺骗的居然是蒋介石先生，他真以为北满解放军早已溃不成军，竟直接命令正在追击前进中的新一军和第七十一军渡松花江追击。杜将军当然心中有数，听到蒋先生下达了这个追击令后紧张万分，急忙打电话给新一军军长孙立人将军和第七十一军军长陈明仁将军，要他们迅速撤回原防。岂料孙、陈二人却执意不肯，非要渡江追击不可。杜将军又气又急，电话中无法言明真相，只好亲自赶到德惠，当面告诉他们："此次共军在德惠并未受到多大损失，这次撤退是受我军虚张声势所迷惑。现据情报，共军从我方被俘人员口中已了解到我们力量不大，很有可能卷土重来，你们必须迅速撤回原防，准备对付共军下一步的进攻。"孙、陈二位将军这才同意撤退。果然，北满解放军于3月8日对一部分冒险尾追解放军过松花江的保安队发起反击，这些部队抵挡不住，仓皇逃回江南，解放军主力遂乘机三下江南，向德惠以南迂回，企图包抄第七十一军退路。当晚，杜将军带着几

中共东北民主联军在东北广袤的白山黑水之间艰苦行军

卡车卫队由德惠赶回长春部署。途中突然与大批由东向西挺进的解放军遭遇，当即发生激烈交火。解放军并不知晓此刻迎面撞上的就是东北国民党军队最高指挥官的车队，所以仅以一部兵力包围攻击杜的卫队，其余部队继续向前挺进。杜将军亲自指挥卫队与解放军激战良久，最后终于乘小汽车带着一部分卫兵冒险冲出，其余卫兵及卡车大多为解放军俘获。

杜将军回到长春后，惊魂未定，即匆匆在市内布防，以备解放军攻城，同时又急调新六军及第十三军主力火速开到长春应付危局。当时，新一军已撤进德惠城内，第七十一军则匆匆退入农安县城，长春城内只有新一军少量留守部队和地方保安部队驻防，力量十分单薄。但解放军只顾以主力包围农安，企图围歼第七十一军，来不及攻击长春，才使杜将军得以从容调动援兵。

在新六军和第十三军主力快要赶到北满以前，北满解放军即将中长路四平长春段、长春德惠段及长春吉林段等铁路干线严重破坏，然后撤去农安之围，于 3 月 16 日主动撤回江北。至此杜聿明将军才长松了一口气。

正当国民党军队主力北上解德惠、农安之围的时候，南满解放军又采取"北打南拉"的战术，乘机向梅河口、海龙、新宾、柳河等重要据点全面进攻，截断通化与沈阳的交通线，并以主力包围驻扎在通化的第五十二军一九五师。

杜将军顾此失彼，只好又将新六军和第十三军主力转移到南满，准备第四次进次临江，以解通化之围。这时，杜将军经多日过度疲劳，旧病复发，乃命我在抚顺的营盘车站负责作战指挥。

我于 3 月下旬接受任务后，立即部署兵力，作好攻击准备。3 月 29 日，即下令开始攻击。新六军主力沿营盘至通化的公路向前推进，一路排除解放军的小规模抵抗，于 4 月初进抵通化附近。通化守军见援兵已到，遂里应外合及时出击，解放军乃主动撤去。但在新六军左侧山区中前进的第十三军八十九师，却于 4 月 3 日在通化西北地区被解放军三纵及四纵一部包围歼灭。在此期间，活动于我军后方的解放军四纵部队又将驻守新宾的第五十二军二师一个团歼灭。鉴于这种情况，我不敢再轻率进攻，乃将部队撤回。这样，国民党军队最后一次进攻临江，仍以失败告终了。

从 1946 年 12 月下旬至 1947 年 4 月上旬，东北国民党军队四次进攻临江，却接连损兵折将，均遭惨败，实力大大削弱，其"先南后北，南攻北守"的作战方针也宣告破产了。此后，国民党军队再也无力在东北向解放军发动大规模战略进攻，而东北解放军则由此从战略防御转入战略进攻。整个东北的军事形势开始发生了根本性的变化。

再战四平街

国民党军队四次进攻临江失败后，损失惨重，士气低落，连包括熊式辉、杜聿明在内的许多高级将领都有些垂头丧气了，不得不放弃了原来的南攻北守的作战方针。此时，熊、杜二人最担心的是北满解放军再度南下，因为现在再也没有足够的兵力去应付战局了。他们经过几度磋商，于5月上旬决定派我去南京晋见蒋介石先生，请求向东北战场增派援军。

临行前，杜将军再次将我请到他的住处，躺在病榻上又作了一番交代。他心情格外沉重地对我说："现在局势非常严峻，据情报判断，北满解放军很可能不久又要举行大规模攻势，依我们现有的这点兵力，很难对付。那时不仅北满守不住，连整个东北都有沦落共军之手的危险。"停了一下他又说："桂庭，你这次去见委员长，一定要陈明利害，无论如何要请委员长再给我们增加两个军的兵力，如果这一点做不到，那至少也要把第五十三军调回东北战场（第五十三军原属东北国民党军队战斗序列，临时调归华北第十一战区指挥）。"我也感到事态严重，从杜将军那里告辞后，便匆匆飞往南京。

一到南京，我立即前往蒋先生在中央军校的官邸。通报以后，一位年轻的侍从副官将我引至一间墙上挂满巨幅军用地图、显得十分宽敞的房间里坐下，便退了下去。约莫十几分钟后，蒋先生身着便服，推门走了进来，我连忙从沙发上站起身向他鞠躬行礼。蒋先生略点点头说："哦，你来啦！"便走到对面沙发旁坐下，挥挥手示意我也坐下谈话。蒋先生的面容看上去颇严肃，也有几分憔悴，已不是去年6月初他在长春飞机场召见我们时的那种容光焕发的神情。我正待开口说话，蒋先生先直截了当地问道："东北的情形怎样？你们有什么打算？"我把前一阶段东北战场上的作战情形和我们面临的危险局面一五一十地作了汇报，末了，又按杜将军的意思，提出了向东北增兵的请求。我讲话时，蒋先生口中"嗯嗯"地应着，眉头愈蹙愈紧。我把一切要说的都说了，便静静地等待蒋先生的指示。蒋先生沉思了一会儿，态度很坚决地对我说："东北的情况确实很严重，你们一定要设法稳定住局面。但目前我派不出军队到东北去，你们要自己想办法。"我一听此言，心里着急起来，连忙再次强调了东北战场的重要性和可能出现的危险局面，蒋先生未等我说完，就打断说："东北固然重要，南京更为重要。现在各个战场的兵力都不够用，我不但不能给你们增加两个军，就是第五十三军也不能调回

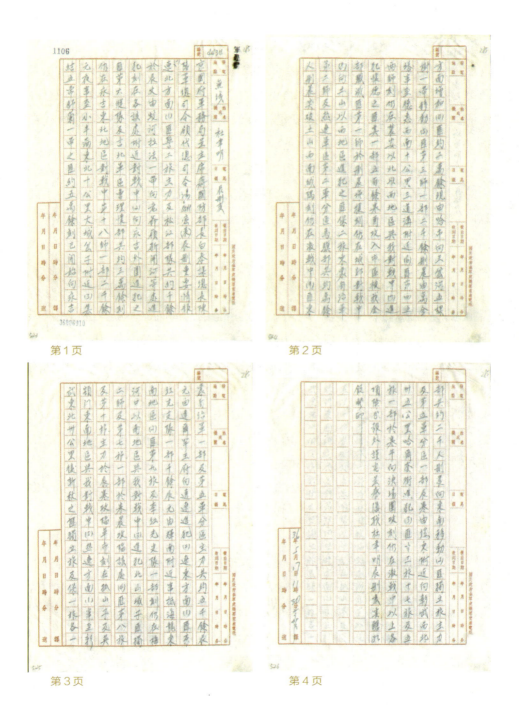

第1页

第2页

第3页

第4页

1947 年 5 月 17 日，杜聿明向蒋介石等报告东北战况

东北。"言毕，他起身踱到地图边，端详了半晌，继续指示说："你回去告诉熊主任和杜长官，根据目前情况，我军在东北应当采取'收缩兵力，重点防御，维持现状'的方针，将来再待机出动。现在要增加兵力是绝对没有办法的。"我见蒋先生讲话的态度里没有丝毫回旋的余地，只好向他行礼告退了。

次日，我又去国防部见部长白崇禧将军，希望能说动他，请他在蒋先生面前讲一下情，但还是碰了钉子。白将军认为华北比东北更重要，坚持不同意向东北增兵。我们反复争论了许久，仍无结果。我不禁有些气恼，忍不住顶撞了他一句："东北守不住，华北更守不住。"白氏听了，双手一摊，表示无可奈何，谈话就这样不欢而散了。我不得要领，只好怏怏地飞返沈阳。

回到沈阳后，我顾不上休息，匆匆去见杜聿明将军。这时，杜将军已病得很重，脸色蜡黄，身体瘦弱不堪。我走进他的房间时，他正一边躺在病床上输液，一边同刚从南京到东北就任新六军一六九师师长的郑庭笈谈话。见我进来，杜将军很高兴，脸上露出期待的神色，急切地问："桂庭，你回来了？快讲讲情况怎样。"我知道此番去南京的结果必定使杜大为失望，但又不能不如实转达蒋先生的指示。我们谈话时，郑师长亦在侧。早在抗战初期，郑便是杜将军和我的部属，因其治军有方，作战勇敢，故深受我们的信任和器重，对他也没有什么避讳。

听过我叙述完南京之行的全部经过，杜将军的脸色阴沉下来，沉默良久。末了，才长叹一声说："唉！眼下也只能按委员长的指示精神办了，我们在一起苦撑吧！"

为了贯彻蒋介石先生的指示，杜将军被迫在东北战场上采取防御待援的方针，以一部沿松花江布防，一部控制于北宁路和热河，主力则在中心地区机动作战。就在这时，我们一直担心的事情终于发生了。

1947年5月中旬，东北解放军在晋察冀解放军一部的配合下发起了大规模的夏季攻势，分别从北满、南满、东满、西满和热河、冀东等六个方面向国民党军队进攻，其中南满、北满解放军主力，向长春、四平、吉林之间实施主要突击，意在打破南北分割的局面。

5月15日，北满解放军主力一纵、二纵，及两个独立师渡江南下，于18日攻克长春外围重要据点怀德，然后分兵以一部北进长春，另一部南扑公主岭。不久，长春市郊及机场附近均发生激战，市区已闻枪炮声。长春守军宣布紧急戒严，禁止通行，商店闭门，一时间搞得人心惶惶。在怀德遭解放军围攻之际，第七十一军八十八师奉命由四平街出援，不料在公主岭以北大黑林子地区突遭解放军包围，全师覆没，师长韩增栋阵亡。此时第七十一军军长陈明仁将军尚不明情况，正率八十七师前往增援八十八师，部队行至公主岭，接到杜将军紧急电话，方知八十八师已经溃败，乃仓皇撤到辽河以南布防。陈部前脚撤出公主岭，解放军先头部队后脚就跟着冲入该镇，倘再迟延一步，也就无法逃脱了。5月20日，东丰、西丰、西安（今辽源市）等地均告吃紧，驻长春的美国领事馆也匆匆撤退。5月24日至29日，解放军又相继攻克康平、法库、昌图，从南北两个方向进逼四平街。

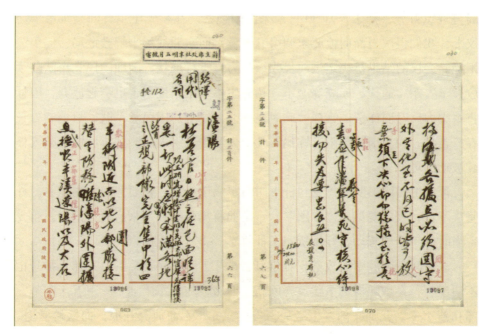

1947年5月20日，蒋介石电令杜聿明集中南满国民党军队主力于四平街附近地区，应对东北民主联军发动的夏季攻势，确保沈阳附近要点及长春、永吉安全

南满解放军三纵、四纵十师和独立师，也于5月13日对沈阳、吉林铁路中段的山城镇、草市发起攻击，歼灭驻扎草市的一个工兵团。5月15日，新六军军长廖耀湘将军奉命率新二十二师和二〇七师前往增援，其新二十二师一部因骄傲轻敌，在南城子地区中伏，导致全师溃退，连一些重炮、装甲汽车等装备也在突围和退却中丢弃了。而后，南满解放军主力沿梅河口、四平铁路向西进攻，连克东丰、西安等城，与北满解放军主力会师。同时，南满解放军四纵一部也于5月27日围攻梅河口，次日，全歼守军第六十军一八四师（原部起义后，重新又成立者），师长陈开文被俘。

在此期间，活动在冀察热辽交界地区和冀东地区的解放军也分别向锦承路和北宁路出击，积极钳制国民党军队。

这种急转直下的形势震动了沈阳，杜聿明将军一面征集沈阳城内十万居民大修城防工事，一面屡电蒋先生请求调第五十三军回东北增援，同时星夜从锦州方面抽调第九十三军两个师防守沈阳。蒋介石先生也感到东北战场的局势危急万分，乃于5月30日亲来沈阳视察。在蒋先生主持的高级军事会议上，我们再次当面向他要求调第五十三军回东北战场来解救危局，但仍遭拒绝。会议的结果是决定进一步收缩兵力，维持现状。随即国民党军队陆续放弃了安东、通化、赤峰等城市。蒋先生本来主张连永吉也一起放弃，因杜将军竭力反对而作罢。这样，此时在东北战场上的国民党军队，只控制着长春、吉林、四平街、沈阳、锦州等几个大城市及附近的一些小城镇，陷入极其被动的境地。

蒋先生在沈阳期间，见到杜聿明将军病情严重，曾要他回关内休养。杜坚决不肯，表示要尽忠"党国"，一定要将局势缓和下来后再去治病。蒋先生当时似乎受到感动，好生抚慰了杜将军一番才飞返南京。

这期间，解放军的攻势仍在继续。6月2日，解放军主力一部（番号记不清了），在炮兵掩护下猛攻开原新、旧城，与守军第七十一军五十四师一部和新军一六九师一部发生激战。当夜，守军奉命放弃开原，向铁岭撤退。解放军于是占领开原。

开原失守，使中长路完全被切断，沈阳与四平街的联系无法畅通。我们

1947 年 5 月底，到沈阳视察的蒋介石与国民党东北司令长官部副司令长官郑洞国合影

估计解放军下一步可能将向四平街发动大规模进攻。因此控制开原这一战略要点更为重要。6 月 3 日下午，熊式辉主任和我在杜聿明将军病床前进行紧急磋商，最后决定抽调新六军新二十二师和十四师，分别从清原方面和辽南方面反攻开原。同时再次命令防守四平街的第七十一军军长陈明仁将军，加紧整补部队，加固工事，准备大战。6 月 7 日，新六军部队重新占领开原。

未出我们的预料，解放军主力在完成了对四平街的外线包围后，集中一纵、七纵一部，六纵一部，辽热保安一旅、二旅，松江军区的三个独立师和四个炮兵团，共约十余万兵力，于 6 月 14 日从南、西、北三面对四平街发动总攻。

四平街攻防战一开始就极为激烈。解放军先以强大炮火在城西南角轰开一个大缺口，继以步兵突入，与守军展开巷战。数日后，四平街铁西地区和第七十一军军部核心阵地的强固工事均为解放军炮火粉碎，该军八十八师（被歼后重新整补成立者）和军直属特务团崩溃，连陈明仁将军的胞弟陈明信也被生俘。陈将军被迫率军部退到铁东地区死守，并连连向沈阳和南京告急。

东北解放军对四平街发动的攻坚战，给了蒋介石先生很大震动，不得不同意调第五十三军到东北增援，同时限令杜聿明将军必须在 6 月 30 日以前解四平街之围。

接到蒋先生的命令后，杜将军躺在病榻上与我及长官部几位高级幕僚连夜研究对策。大家都认为，占领本溪的解放军对沈阳威胁甚大，我们没有足够的兵力在防守沈阳的同时，再去解四平街之围。最后决定以第五十三军为主力，先扫荡本溪的解放军，以固沈阳门户，然后再集结可以集结的兵力去解四平街之围。关于指挥攻击本溪和驰援四平街的前敌指挥官人选，杜将军一再提议由我来担任。我知道这次作战行动事关重大，困难重重，搞不好就可能遭致全军覆没的下场，那时不仅我自己会在国民党政权中身败名裂，就连国民党在东北的这小半壁江山也保不住了，因此很不情愿担当这种风险。但转念一想，杜将军病情严重，实在无法再亲临前线指挥。而除他之外，也唯有我更熟悉情况一些，各部队也肯服从命令。为了"党国"利益，还是由我承担这项重任比较合适。所以，我仅是表示客气地推让了一下，就接受了指挥任务。

在 6 月 17 日左右，我亲自指挥第五十三军周福成部进攻本溪。经过几天艰苦激战，终占领该市。我到本溪匆匆布防完毕，即于 6 月 20 日前后转到铁岭，部署大军北上解四平街之围。

当时，归我指挥北上解四平街之围的部队有新六军、第九十三军、第五十三军、第五十二军一九五师，以及一部分重炮、战车部队。

我一到铁岭，即命令原在铁岭、开原一带布防的新六军部队，作好作战

杜聿明将军与舒适存将军

准备，并向铁岭至开原及以北的中长路两侧加强警戒，掩护第九十三军、第
五十二军一九五师在昌图集结。为了隐蔽我军作战意图，我特命第五十三军
暂驻本溪，以迷惑解放军，一俟新六军、第九十三军等部队打响，即迅速转
到中长路方向作战。

在攻击部署上，我考虑到解放军在东北战场一贯采用"围城打援"的战
术，使我方多次吃了大亏。现在我率大军驰援四平街，倘解放军打援部队主
力埋伏在已为其控制的开原以东地区的李家台、东丰、西丰、西安等地，俟
我军通过开原、昌图以北地区后，从铁路以东地区进出开原、铁岭，切断中
长路，迫使我军在铁岭、开原以北地区与其决战，那么，不仅会延误了救援
四平街的任务，就连我指挥的这十几万援军也有被包围歼灭的危险。为此，
我经过慎重考虑，决定以战力最强的新六军专门对付解放军的打援部队。命

令该军在开原以东及威远堡门南北之线占领阵地，掩护主力沿中长路向四平街外围解放军攻击。该军随战斗的进展，亦逐步向四平街以东地区攻击前进。第九十三军、第五十三军、第五十二军一九五师等部队则由我亲自统帅向四平街北进。这一方面的具体部署是：第九十三军（附炮兵团及战车营）由昌图沿中长路向四平街攻击前进。第五十二军一九五师为预备队，俟第五十三军到达开原后，该师即在第九十三军的左翼，向八面城攻击前进。第五十三军为总预备队，随战斗的进展，准备由左翼迂回到四平街西北地区侧击包围四平街的解放军。同时，我还电请长官部和杜将军，出动空军密切配合我地面部队作战，并注意随时侦察中长路以东的解放军的行动。

这时，据长官部的无线电侦察，中长路以东地区电台甚多，电波特别频繁，我们由此判断解放军二纵、四纵主力可能活动于中长路以东的山区。但到 6 月 26 日，该方面的电波突然终止。杜聿明将军估计解放军主力正在转移中，乃电令我们利用这个时机，迅速开始攻击。

6 月 26 日，第九十三军部队率先投入正面攻击，部队进至距昌图不远处就与解放军阻击部队展开激战。解放军凭借昌图附近地区的丘陵地带，构筑了层层阻击阵地，顽强抵抗，使第九十三军进展极为缓慢。

在此前后，解放军果如我事先预料的那样，集结大批主力部队，向我担任战略掩护任务的新六军发起猛烈进攻，企图包抄我军侧后。

6 月 23 日下午，解放军一部主力部队在炽烈炮火的支援下，首先向驻守八棵树一带的新六军一六九师发起攻击。

一六九师是刚刚由国民党交警总队改编成的一支正规作战部队，尽管官兵军事素质较好，但毕竟是初次在东北战场上遭受解放军如此猛烈的攻击，尤其是缺乏步炮协同作战的经验，结果经过一昼夜激战，第一线防守部队伤亡甚众，八棵树附近高地全部失守。新六军军长廖耀湘将军虑及八棵树之得失，关系到新六军右翼及整个增援大军的后方安全，乃严令一六九师师长郑庭笈务必迅速收复已失阵地。6 月 25 日下午，一六九师在飞机和地面炮火的掩护下发起反攻，与解放军在八棵树附近各高地展开惨烈的争夺战。至晚7 时，解放军因伤亡过大，被迫退却。此后，解放军又转而进攻貂皮屯、威远堡门、莲花街、平岗等地，与新六军各部队连日进行激战。

6月26日黄昏，担任正面攻击的第九十三军经一日苦战，终于攻陷昌图县城及昌图车站，但随后在昌图以北地区遭到了解放军更加顽强而猛烈的抵抗，双方在泉头一线陷入胶着状态。

此时，四平街守军已危在旦夕。解放军夺取四平街铁西地区以后，即迅速由铁道桥以南地区突入铁东地区，与第七十一军八十七师、五十四师展开激烈争夺战。解放军攻击部队为躲避飞机轰炸，多在夜间发动进攻，双方都拼出全力在铁东逐街逐屋地反复争夺，伤亡均极惨重。最后，守军被压迫至市区一角的几个工厂里，继续顽抗，作困兽之斗。陈明仁将军为维系军心士气，据说甚至抬出为自己准备的棺木督战，以示与城共存亡的决心。同时亦不断向沈阳告急，哀请杜聿明将军速发救兵。在沈阳的杜将军急得如坐针毡，一面派出大批飞机轮流飞往四平街上空，几乎昼夜轰炸解放军阵地，支援地面守军作战；一面屡屡电催我迅速率军击破解放军的正面阻击，解救陈明仁部之危。

我接到杜将军一道又一道十万火急的电令后，心情焦虑万分，我知道四平街守军已到了最后关头，不能再拖多久了。倘四平街万一失守，解放军十几万攻城部队随时都有可能迅速南下，与在开原以东的另一部解放军主力前后夹击，将我指挥的这支大军一举聚歼，这个后果是不堪设想的。于是，我决心倾尽全力，对当面的解放军实施最后的总攻。

6月28日清晨，我偕第九十三军军长卢浚泉将军等亲临前线指挥。晨7时半左右，长官部派出的多架轰炸机飞临泉头上空，在空中侦察机和地面炮火的指引下，轮番向解放军阵地俯冲投弹，配属第九十三军的重炮团也集中火力向解放军阵地轰击。顿时，对面解放军阵地上火光闪烁，硝烟弥漫，爆炸声将脚下的大地都震得发抖。

轰炸和炮击持续了近一小时后，第九十三军第一线突击队开始发动攻击。这时，解放军的炮火突然回击，大批步兵也纷纷在硝烟中跃出屯兵洞，伏在工事里向正在接近其前沿阵地的国民党攻击部队密集射击、投弹，我方突击队伤亡很大。卢将军见状即命重炮团重新对解放军炮兵进行压制性轰

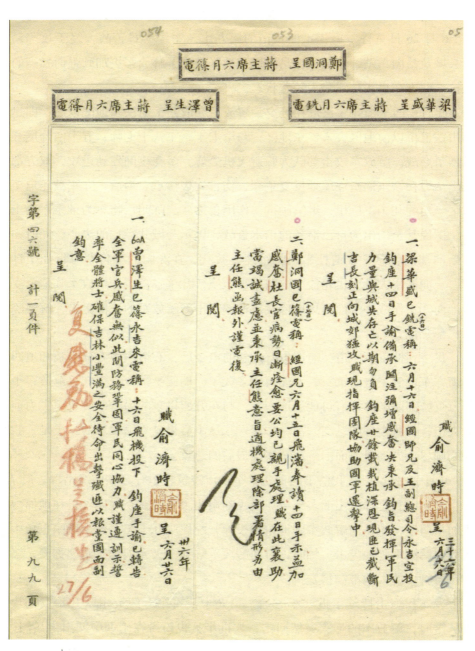

郑洞国呈　蒋主席六月篠電

曾泽生呈　蒋主席六月篠電　　　梁华盛呈　蒋主席六月銑電

一、曹泽生巳篠永吉来電稱：十六日飞機投下　钧座手諭巳轉告全軍官兵感奮無似此間防務筆國軍民同心協力職謹遵訓示誓率全體將士確保吉林小豐滿之安全待命出擊殲匪以報鈞座而副
钧意
呈閱

職　俞濟時
卅六年
呈　六月廿六日

一、梁华盛巳銑電稱：六月十六日經國即兄及王副總司令永吉空投钧座十四日手諭備承闓注彌增感奮決秉承钧旨發揮軍民力量與城共存已以期勿負钧座廿餘載栽植深恩現甚已裁斷吉長劃正向城郊猛攻職現指揮團隊協同國軍還擊中
呈閱

二、郑洞国巳篠電稱：經國兄六月十五日飞滿奉讀卅四日手示益加感奮杜長官病勢日漸痊愈要公均巳觀手處理職在此襄助當竭誠盡慮並秉承主任熊意旨適機處理除部著情形勇由主任熊函報外謹電後
呈閱

職　俞濟時
卅六年
呈　六月廿六日

1947年6月27日，蒋介石在俞济时呈报的郑洞国、梁华盛、曾泽生等东北军情报告上批示："复慰勉 拟稿呈核 中正。"

击，并着第九十三军支援部队集中轻、重机关枪及迫击炮向解放军阵地猛烈扫射，第九十三军突击部队乘机突入解放军阵地，双方展开激烈的肉搏战，远近的枪炮声、呐喊声响成一片，战斗进入白热化状态。

解放军虽然也遭受了很大伤亡，但作战非常顽强，每一寸阵地都不肯轻易放弃，并且不时派出小股部队，进行凶猛的反冲击，给第九十三军攻击部队以很大杀伤。

时至中午，第九十三军发动的几次较大规模的攻击均遭挫折，除占领了为数不多的几处解放军前沿阵地外，全线无大进展。这时，第九十三军派出的侦察队前来报告说，自昨天下午起，四平街方向的枪声逐渐稀疏下来，尚不明原因。我心中大惊，以为四平街失守了（后来方知是解放军方面的攻势一度沉寂），极为焦虑，遂命卢将军无论如何要在黄昏前攻破解放军的正面防御。

午后1时左右，第九十三军左前方传来隆隆炮声，原来是不久前由本溪调来、在该军左翼作战的第五十三军周福成部正在向八面城方向攻击前进，由此给正面阻击第九十三军的解放军部队造成很大的侧翼威胁。我利用这个机会，再次联络空军，并指挥地面炮火，向解放军阵地铺天盖地地轰炸、扫射，同时命令长官部炮兵指挥官杨友梅将军，调上全部战车，掩护第九十三军发动更大规模的进攻。不多久，战车部队率先突入解放军阵地，横冲直撞，扩大突破口，后续突击部队趁势拥上，双方混战成一团。午后5时左右，解放军终因伤亡过大，不支退却。我大喜过望，即命卢将军率部全线进行追击，早已奄奄一息的四平街守军此时已知援军接近，士气复振，为策应援军，特派出一支部队向外出击。次日，第九十三军先头部队进抵半拉山门，与四平街守军会师。第五十三军及第五十二军一九五师也于当日占领了八面城。6月30日，围攻四平街的解放军部队实行全线撤退，四平街之围遂解。这一天正是蒋介石先生下达的解围期限的最后一天。

解放军撤去四平街之围，向北满退却后，我原拟指挥各部乘胜追击，不料新六军十四师在威远堡门遭到解放军异常猛烈的进攻，损失惨重，该军军长廖耀湘将军连电向我告急。为此，我只好放弃追击计划，于7月1日派第五十三军周福成部从泉头车站向威远堡门解放军侧翼攻击。同时，廖将军亦派新二十二师从正面进攻解放军。经一昼夜激战，解放军主力向西丰、西安方向撤退。历时半个多月的第二次四平街会战算是结束了。

四平街解围的战报传到南京，蒋先生十分高兴，先后授予陈明仁、周福成、廖耀湘等高级将领及"有功"官兵青天白日勋章和云麾勋章，慰勉有加。沈阳城内也接连举行所谓的"庆祝"活动，着实热闹了一番。其实我心里非常明白，此次四平街虽然侥幸解围，但国民党军队受到的损失是相当巨大的。在解放军持续50天的夏季攻势中，国民党军队有80000余人被歼，丢失县以上城市40余座，解放军已将其东、西、南、北的根据地连成一片，而我方仅控制着沈阳、长春、锦州、四平、永吉、本溪等十余个战略要点，完全失去了东北战场的主动权。除非出现什么奇迹，否则今后的日子会更难熬了。

来中国东北调处内战的美国特使魏德迈将军（右二），与国民党东北行营主任熊式辉将军（右一）、东北保安司令长官部代司令长官郑洞国将军（左一）、第六军军长廖耀湘将军

当然，今天回顾起来，解放军在那次夏季攻势中，也曾出现过一些失误。例如，解放军 5 月 19 日在大黑林子地区歼灭第七十一军八十八师之后，倘乘胜向四平街攻击，当时国民党军队在混乱的情况下，不仅四平街守不住，就是第七十一军也有全部被歼的可能。由于解放军忙于分兵略地，攻取东丰、西丰、昌图、开原等地，使陈明仁将军得到将近一个月的准备时间，整顿部队，安定人心，加强防御工事。解放军因而失去了一个重大胜利的机会。此后在四平街攻坚战中，解放军又犯了轻敌急躁、战术运用失当的错误，致使师久无功，兵员亦受到较大损失，最后不得不实行战略退却。

陈诚到东北后的"杰作"

东北解放军的夏季攻势，沉重打击了国民党军队，也彻底拖垮了杜聿明将军的身体。我由前线回到沈阳后，他已病得难以支持，不得不经蒋介石先生批准，于 7 月 8 日离开东北，准备出国治病（后未去成）。他的司令长官职务由我代理。

挚友的离去，使我的心情更加沉重。来到东北不过一年多的光景，我已经清楚地认识到，共产党是难以战胜的，担心这样拖下去，将来很难预料会有什么样的厄运降临到自己头上。从那时起，我就萌动了借机离开这个灾难之地的想法。

7 月 12 日，参谋总长陈诚将军突然来到东北视察，先在沈阳召开军事会议，听取局势汇报，并接见苏炳文等东北的知名士绅，以后又到铁岭向新六军官兵授勋。

早在几个月前，就曾谣传说陈诚将来东北主事，他的这番举动，自然更引起了东北各界人士的广泛猜测。行辕主任熊式辉对此事甚感不快，乃接连七次上书蒋介石先生，请求辞职。蒋先生先是不准，一再复信抚慰挽留，后来却不知为何突然下令要熊交卸在东北的工作。熊将军装着一肚子不满和怨气，愤愤地离开了东北。

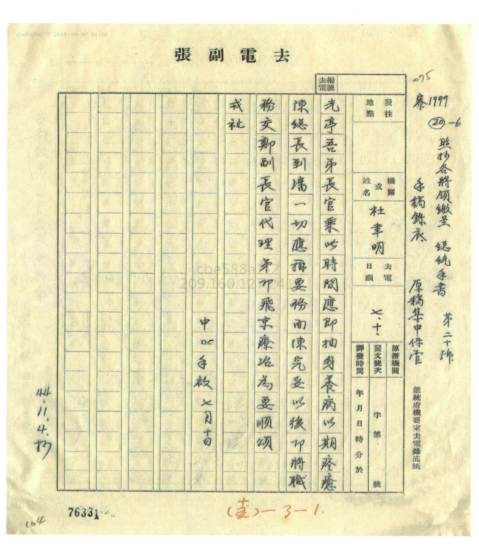

1947年7月10日，蒋介石致电杜聿明将军，嘱其前往北平治病，职务由郑洞国将军代理

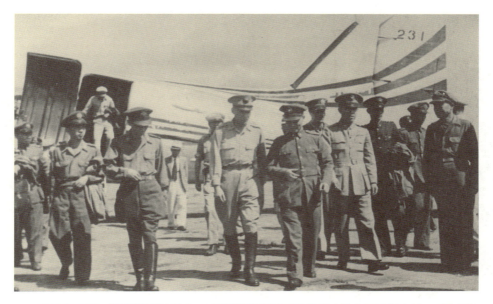

1947 年 7 月，郑洞国将军（前右二）陪同国民党总参谋长陈诚（前右三）视察长春。前右四为新一军军长孙立人

国民党东北行辕主任熊式辉离任仪式结束后，陈诚（前左一）、郑洞国（前右一）等致敬欢送

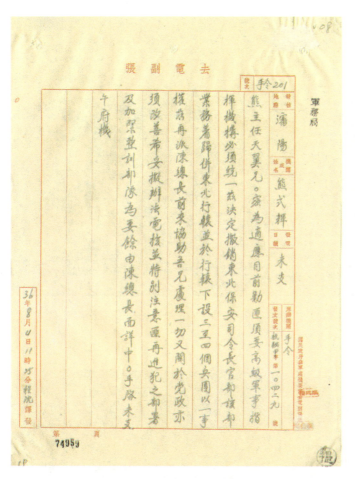

1947年8月4日，蒋介石致电国民党东北行营主任熊式辉，告知陈诚将赴东北视事

　　8月初，陈诚秘密飞临沈阳，接替了熊将军的东北行辕主任职务。他一到东北，立即撤销了东北保安司令长官部，规定作战指挥由行辕直接掌握，独揽了东北党政军大权。我则改任东北行辕副主任，实际上等于挂名，许多事情都是由陈将军的亲信、另一位副主任罗卓英将军协助他去做。

　　陈诚到东北之初，的确踌躇满志，颇想有一番作为。他一到东北便公开宣称："要六个月恢复东北优势，收复东北一切失地！"为此，他锐意整军，大肆扩充部队，先后将东北原有的9个保安区司令部及11个保安支队及交警总队等部队，扩编为新三军、新五军、新七军、新八军等四个军，把骑兵支队扩编为骑兵师（辖三个旅），又将青年军二〇七师扩编为第六军，并设法从苏北调第四十九军王铁汉部到东北，另调楚溪春将军为沈阳防守司令官。这样，在东北战场上的国民党军队连同原来的新一军、新六军、第五十二军、第七十一军、第十三军、第九十三军、第六十军、第五十三军等八个军共达 14 个军之多（以后，驻于热河的第十三军拨归华北"剿总"傅作义将军指挥）。此外，陈诚又增加了一些炮兵、战车、汽车等部队。经过这一番整顿扩充，正规军队的人数和装备有了增加，但许多部队的战力却因原建制被打乱、兵力强弱搭配而未得到提高，有的甚至降低了战力。

与此同时，陈诚以整肃军纪、政纪为名，排除异己，到处安插自己的亲信。到东北不久，他便接连撤换了包括辽宁省主席徐箴、第七十一军军长陈明仁、第五十二军军长梁恺、副军长兼第二师师长刘玉章等在内的一批官员和将领。最为滑稽的是，陈明仁刚刚因死守四平街有功而被授予最高军功章，现在陈诚一到反被撤差查办，实在让人啼笑皆非。当然，在被陈诚将军查办的人员中，也确实有些人有种种贪污舞弊行为，如汽车兵团团长冯恺、前日本俘侨管理处处长李修业等。不过，东北国民党政权的腐败并未因陈将军的悉力"整饬"而减轻，相反，在他于东北主事的半年多时间里，不仅内部矛盾更加深化，而且诸如贪污、走私、任用私人等弊端，仍是有增无减。

对于国民党军队前一时期在东北战场上的失利，陈诚统统归咎于他的前任官员的无能。记得在 7 月中下旬召开的一次驻沈中外记者招待会上，陈将军除了重弹"要消灭共党，建设三民主义的新东北"的老调外，还大肆攻击原在东北的国民党高级官员和将领政治腐败无能，军事指挥失当，致使东北"国军"成了瓮中之鳖，等等。类似这样的话，陈将军无论公开或私下里，都曾说过多次，而且大家都知道他的矛头主要是指向熊式辉、杜聿明两位将军的，但这次他当着众多新闻记者的面，如此刻薄地攻击熊、杜等人，一时舆论哗然，在场的国民党高级官员和将领们，也多有不平之色。陈诚来到东北不久，他那种惯有的妄自尊大、刚愎自用的态度和做法，就引起了包括东北籍人士在内的许多高级军政官员的强烈不满，大家也不相信他在东北能比熊、杜等人搞得更好，所以均抱着冷眼观望的不合作态度敷衍他。

我对陈诚将军曾有些了解（抗战中期我曾率第八军在他指挥的第六战区作战），知道他在国民党高级将领中，算是作风比较廉洁的人，做事也喜欢大刀阔斧，雷厉风行，很有些魄力，且善于辞令，这是他的长处。但他野心很大，一有机会便想吞掉别人的队伍，排斥异己。同时又千方百计地偏袒自己的亲信，培植个人势力，搞得国民党军队内部矛盾很深，不少人既怕他，又讨厌他。至于军事上，很难说他有什么过人的"天才"，尤其在指挥大兵团作战方面，他是远不如杜聿明将军的，这一点在后来的东北战场上得到了更加充分的验证。不过，后来国民党内许多人士都把几十万国民党军队在东北战场上的最终覆没，在很大程度上归罪于陈诚将军，这也是欠公正的。其实，国民党军队在东北战场上的失败是历史的必然结果，是和国民党的反动本质连在一起的。在陈诚将军未到东北之前，就已经注定了的，他到东北来指挥，仅是把失败的可悲命运提前了。

鉴于对陈诚将军的以上认识，我对国民党政权在东北的前途愈加灰心，加上陈诚将军大权独揽，包办一切，别人无法插手，我也乐得就此逍遥赋闲。同时，暗中寻找机会，准备离开东北，另谋他就。这就是那一时期我的实际心情。

陈诚将军来东北就任行辕主任的时候，正值东北解放军的夏季攻势结束不久、秋季攻势尚未开始的空隙，东北战场上相对比较平静，因此使陈诚将军得以从容地整顿军队和部队人事。一切整顿就绪之后，陈氏调兵遣将，跃跃欲试，准备在战场上大显身手了。对于今后的作战方针，陈诚将军也有自己的看法。他认为过去东北国民党军队的战略失策是未把北宁路锦州至沈阳段以西的解放军彻底肃清，致使关外与关内的联系始终有被切断的危险。为此，他调集新由苏北调来的第四十九军及由华北抽出的四十三师，投入到热河东部地区，企图在短期内将北宁路沈锦线以西地区的解放军一举扫荡干净。

我个人认为，陈诚将军的意图从军事战略角度上讲，在一定意义上是有道理的。1946 年 8 月，我奉命率军进攻热河，其实也是出于这种考虑，但实际上除占据了北宁路附近的一些战略要点，并未达到消灭解放军有生力量的目的。而这次进攻热河，由于骄傲轻敌，指挥失误，结果就更糟了。

9月初，第四十九军主力和四十三师奉命分路进攻热河以东地区，不久即遭到热河解放军的猛烈反击，部队损失较大。坐镇沈阳指挥的陈诚将军闻讯十分焦急，急忙召开军事会议研究对策。会上，他提出令驻锦州第四十九军一〇五师向锦州以西杨家杖子出击，策应其他方面的作战。我和其他几位高级将领及幕僚认为锦州西北地区解放军甚多，一〇五师孤军深入，完全有被歼的可能，因而极力反对。会上争来争去，绝大多数人都表示不赞成陈氏的主张。最后，陈诚将军自己也觉得原先的考虑欠妥，乃打消了这个主意，另外作了些部署。岂知会后不知是谁又向他耳朵里灌了什么风，他竟仍令第四十九军军长王铁汉将军率一〇五师向杨家杖子方向出击。第二天，我们知道这个消息时为时已晚，一〇五师刚一进至杨家杖子，即遭到解放军八纵主力的包围。以后，陈诚将军虽又由锦州派出部队救援，但均为解放军顽强阻击，不得前进。一〇五师待援无望，乃分路突围，途中全部被解放军追歼，仅军长王铁汉将军率百余人生还。经此一战，暴露出陈诚将军优柔寡断、动摇不定的指挥作风，使在东北的一些原对他抱有希望的人也开始感到

1947 年 9 月，陈诚到东北就任，郑洞国将军与马占山将军等人一同迎接

1947年9月，陈诚将军（前排左二）与郑洞国将军（前排左一）等国民党军队将领在东北星苑大楼前合影

灰心了。

解放军歼灭一〇五师后，乘胜切断了北宁路，其他几路国民党军队纷纷溃退。陈诚将军指挥的这次作战行动，非但没有消灭解放军主力，自己反而损兵折将，连北宁路也无法畅通了，真是"赔了夫人又折兵"。

为了重新打通北宁路，陈诚将军绞尽脑汁，但苦于兵力不足，无计可施。于是，他只好请求蒋介石先生下令让在华北的傅作义将军出兵援助。不久，傅将军拨出第九十二军和第一〇四军，统归侯镜如将军指挥，向热河出击。同时，陈诚将军又调驻长春的新一军主力回防沈阳。长春则由以新一军的新三十八师为基干扩编成的新七军防守。

在打通北宁路之战中，侯镜如将军指挥十分谨慎，他汲取第四十九军上次兵力分散、轻敌冒进的失败教训，采取"集结强大兵力、机动灵活作战"的战术，稳扎稳打，步步为营。在作战中，每个军的兵力绝不轻易分开使用，使解放军难以各个击破，因而比较顺利地打通了北宁路。

侯镜如将军在北宁路方面的作战成功，给了陈诚将军一定的启示和刺激，他决心打一两次漂亮仗来扭转东北的战局，挽回自己的面子。他的具体作战方案是：以沈阳及其外围城市为依托，将新六军、新五军、第四十九军等部队组成一个强大的机动兵团，准备在南满地区，特别是北宁路以西地区，与解放军主力展开决战。

但是，东北解放军为策应北宁路方面的作战。突然于10月初在北满地区发动大规模的秋季攻势，一下子打乱了陈诚将军的部署。

自10月1日起，东北解放军主力一纵、二纵、三纵、四纵、十纵分路向中长路进击，突然向四平街南北地区的国民党军队发起攻击。10月2日，驻守西丰、昌图及威远堡门地区的第五十三军一三〇师被歼，师长刘润川被俘。驻守开原东南八棵树的守军一个团，也遭到了同样的命运。不久，法库、彰武等地亦相继失守。

这下陈诚将军慌了手脚，接连向南京告急。蒋介石先生闻报匆匆飞到沈阳，提出"巩固沈阳及其与关内的交通联系，加强沈阳以北各据点的守备力量，以求确保"的作战方针。据此，蒋先生命将新六军调守铁岭，同时调华北的第九十二军二十一师、第九十四军四十三师、第十三军五十四师、暂三军十师、十一师和骑兵四师等六个师出援东北。

东北解放军见大批国民党军队向沈阳及以北地区增援，忽将主力转向长春、永吉方面作战，以一部兵力围攻永吉，并相继攻克德惠、农安等城。陈诚将军此时已知解放军的厉害，担心部队在增援中被歼，乃令长春、沈阳以北地区的部队不得轻动，故而未再遭受大的损失。

这时，活动在热河及辽西地区的解放军与北满解放军遥相呼应，先后歼灭国民党暂五十一师、暂五十七师一部或大部，一度夺取了新立屯、黑山、阜新等地，随后又于10月下旬将奉命西援的四十三师包围击溃。至11月5日，东北解放军的秋季攻势方告结束。

东北解放军的秋季攻势，前后歼灭国民党军队近7万人，攻占城市17座，使东北国民党军队完全处于被分割状态，兵源、粮源及煤电来源都十分困难。陈诚将军的所谓战略计划由此彻底破产了，他的威信也随着战争失利

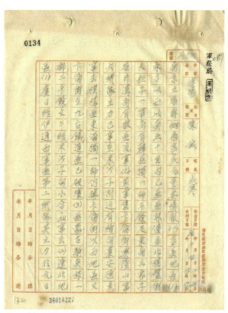

第1页

第2页

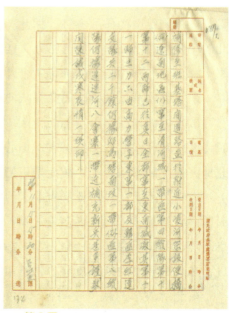

第3页

1947年11月14日，陈诚向蒋介石报告东北战况

而空前降低。陈诚将军初到东北之际,北宁路及中长路长春沈阳段的火车尚能通行,此时则时断时续,难以畅通,故当时沈阳人民有一句讽刺他的歌谣:"陈诚陈诚真能干,火车南站通北站。"

面对东北危殆的战局,陈诚将军被迫转而采取"重点防守、保持军力、保住沈阳"的作战方针。这完全是一个消极被动、准备挨打的战略,但在当时,陈诚将军确也只能如此了。不过,他似乎尚未充分预料到今后可能出现的更加危险的局面,在1948年元月1日发表的《告东北军民书》中,居然侈言"目下国军已完成作战准备,危险时期已过"云云,并准备派作为战略机动部队的第九兵团等部队由铁岭、沈阳、新民三路出兵,向沈阳以西公主屯地区的解放军进攻。但这时东北解放军却先已发起了浩大的冬季攻势,再度打乱了陈诚将军的部署。

当第九兵团之新五军前进至公主屯时,发现解放军二纵、三纵、六纵、七纵等大批主力部队向该军迅速合围。该军军长陈林达将军当即给陈诚将军拍发紧急电报,请求退守设有坚固防御工事的巨流河。陈诚将军闻报大惊失色,急忙召集行辕的高级幕僚研究对策。行辕副参谋长赵家骧将军主张让新五军迅速放弃沈阳外围公主屯等据点,会同各部据守辽河以南及沈阳据点,以攻势防御击破解放军的攻击。对这个作战方案,陈诚将军虽表同意,却迟迟下不了决心。在公主屯的新五军部队因撤守不定,眼睁睁地看着解放军部队向其四周包围,丧失了突围转移的宝贵时机。直至一天多以后,陈诚将军终于下令新五军向沈阳撤兵,但为时已晚,此时新五军已被解放军重兵团团围住,四面楚歌。元月6日晚,解放军发动总攻,陈林达将军虽曾指挥部队拼命抵抗,并多次发动反冲击,但终于在次日上午全军覆没,军长陈林达将军、师长谢代蒸、留光天将军也在此役中被俘。

在新五军被包围时,廖耀湘将军原可指挥新六军就近解围,廖却畏首畏尾,按兵不动,坐失了救援时机。

在这期间,第四十九军七十九师、二十六师亦先后在彰武、新立屯被歼灭,陈诚将军苦心经营的所谓机动兵团,不到一个月便损失了三分之二。这时,新六军正被迫撤回铁岭,沈阳只有新三军和新一军的两个师驻守,铁西

第1页

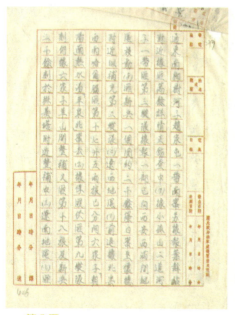

第2页

第3页

1947年11月21日，陈诚向蒋介石报告东北战况

区外围则仅有几个工兵营布防，解放军乘虚兵临沈阳市郊，用大炮轰击铁西区，一时形势万分吃紧。

国民党军队遭受的一连串败绩和沈阳面临着的危险局面，吓得陈诚将军手足失措，卧床不起。他一面匆匆调驻辽阳的第五十二军主力和驻四平街的第七十一军主力，星夜集结沈阳，力图稳定局面；一面再次连电向蒋介石先生告急。

元月10日，蒋介石先生亲飞沈阳，当日即召集师长以上将领举行军事会议。会前，据说陈诚将军曾单独与蒋先生进行了谈话，他把东北国民党军队最近的几次惨败，特别是新五军的被歼，完全归咎于众将领不服从命令，并向蒋先生请求惩办第九兵团司令官廖耀湘将军及新六军军长李涛将军。

参加会议的将领们事先已预感到，此次蒋先生飞临沈阳，很可能要追究失败责任，说不准谁又要成为陈氏的替罪羊，因此大多提心吊胆、忐忑不安。我估计廖耀湘将军在新五军被消灭这件事上，难免要担些风险，故会前即找到随蒋先生同来沈阳的国防部作战次长刘斐先生，请他在必要时为廖讲一下情，刘氏答应试试看。距规定开会时间的最后一两分钟，脸色铁青、表情严肃的蒋先生才在陈将军的陪同下步入会议室。一见蒋介石先生紧绷着的脸，大家不禁暗暗叫苦，心想今天是"在劫难逃"了。

果然，会议一开始，蒋先生便大发脾气，痛责在东北的众将领指挥无能，作战不力，把好端端的队伍都一批批送掉了。他愤愤地责问众人："你们当中绝大多数是黄埔学生，当年的'黄埔精神'都哪里去了？简直是腐败！像这样下去，要亡国了！"蒋先生的浙江口音本来略显尖细，此刻由于过于愤怒，声音都有些发颤了。在场的人吓得无一人敢出大气。

蒋先生整整骂了十几分钟，大家以为骂也骂得差不多了，岂知他话锋一转，又接着大骂起廖耀湘将军和李涛将军来，切责其不服从命令，拥兵自保，见死不救，致使新五军全军覆没。声称廖、李二人要对这次惨败负责任。

至此，大家心里都明白了，看来今天陈诚将军的替罪羊必是廖、李两位将军无疑了。我们这些平素与廖、李两人关系较好的人，不禁暗暗替他们捏着一把汗。

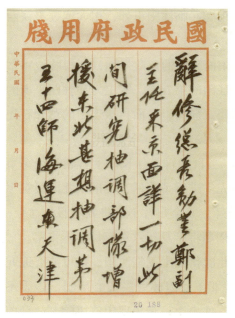

1947 年 12 月 23 日，蒋介石致电陈诚，拟增调华北国民党军队支援东北（共 4 页，此为第 1 页）

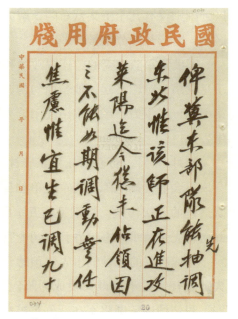

第 2 页

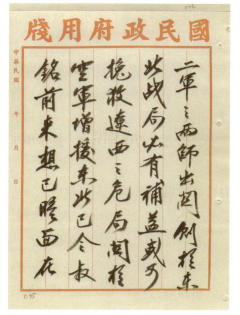

第 3 页

第 4 页

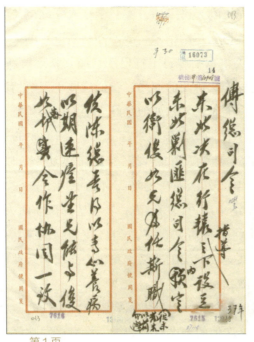

第1页　　　　　　　　　　　　第2页

　　1948年1月15日，蒋介石致电华北"剿总"总司令傅作义，通报拟命卫立煌接替陈诚主持东北战事（共2页）

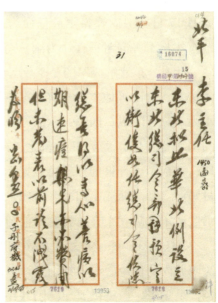

　　1948年1月中旬，蒋介石向国民党北平行营主任李宗仁通报，拟任卫立煌为东北"剿总"总司令

出乎人们的意料，蒋先生刚一讲完话，廖、李二人立即挺身站起来申辩说，他们从未奉到援救陈林达将军的指示，故不能对新五军的失败负责。而陈诚将军则表示曾嘱罗卓英将军给廖将军打电话，命其就近解新五军之围。这样一来，就形成是非功过无法辨明的僵局。我们这些不了解情况的局外人自然不好插言，就连蒋先生一时也不知如何是好，场面极为尴尬。争吵到最后，陈诚将军在无可奈何中，神情沮丧地站起来说："新五军的被消灭，完全是我自己指挥无方，不怪各将领，请总裁按党纪国法惩办我，以肃军纪。"蒋先生原本打算惩办廖、李二人，现在见陈氏自己承担了责任，只好改口说："仗正在打着，俟战争结束后再评功过吧。"说罢即离席而去。

蒋先生离席后，陈诚将军接着又说了几句自我检讨的话，最后表示："我决心保卫沈阳，如果共党攻到沈阳的话，我决心同沈阳共存亡，最后以手枪自杀。"言毕即宣布散会。

会后，蒋先生再次召见各将领，勉励大家要服从陈主任的命令，好好地完成东北"剿共"任务。这次他的态度比较和缓，没有再发脾气。

蒋先生在沈阳期间，还作出了一项比较重要的决定，即成立东北"剿匪"总部，并在锦州成立冀辽热边区作战机构，联系华北、东北两个战区。元月17日，卫立煌将军被任命为东北行辕副主任兼"剿匪"总司令，我和范汉杰将军等同时被任命为副总司令，卫氏于元月22日即到沈阳视事。

此时，东北解放军的冬季攻势仍在继续。自元月26日至30日，新立屯、沟帮子、盘山等地先后被解放军占领，北宁路的交通又告中断。东北解放军主力一纵、二纵、四纵、六纵、七纵、八纵等部队，正大举进攻辽西、辽南的国民党军队。局势日趋恶化。在这种情况下，陈诚将军当初那种目空一切、骄横不可一世的样子再也见不到了，他自知自己留在东北，实在无法应付局面，乃一面连电向蒋介石先生称病辞职，一面要他在南京的夫人谭祥女士搬请宋美龄女士在蒋先生面前疏通，最后总算得到了蒋先生的"恩准"。

2月5日，陈诚将军于风声鹤唳中悄然离开沈阳。他的离去，马上成为沈阳城内的议论中心。特别是许多国民党高级党政军人员，愤愤地骂他是草包，是骗子，口里讲要与沈阳共存亡，但到紧要关头却抛下一切，自己溜之

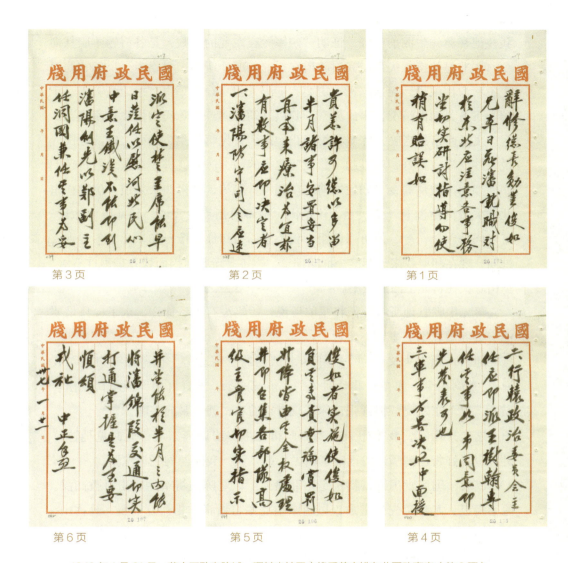

1948年1月21日，蒋介石致电陈诚，嘱其支持卫立煌妥善安排东北军政事宜（共6页）

大吉了。一些平时对陈氏不满的人，也趁机群起攻击他。

陈诚将军在离开沈阳之前，一反往常待人矜夸自傲的态度，对我十分亲近，一再拉我陪同他回南京向蒋先生汇报情况。我完全明白，他无非是希望我替他在蒋先生面前作证，证明"国军"在东北的失败，是各将领不服从命令，并非是他指挥失误。我对陈氏在东北的所作所为，早已十分反感，此时更不愿为他说项。无奈陈氏一定要我随去，卫立煌将军也有意让我去南京了解一下各方面的情况。事出无奈，我只好勉强同意随陈氏同机飞往南京。

飞抵南京的当晚，陈诚将军同我一道去晋见蒋先生。见面之后，陈氏先说了些仗没有打好，对不起"总裁"之类的话，然后就讲起在东北的将领们如何如何不服从命令，如何如何难以调动，等等，说得头头是道，仿佛在东北的失败同他没有一点关系。说话间，他不时指点着我说，某某事"总裁"可以问郑副总司令，他可以证明。我心想，当初你把持一切，凡事不容别人过问，现在却要我来证明这个证明那个，岂不是玩笑？因而我只是垂首不语，任由陈氏在蒋先生面前表演。

蒋先生默默地听着陈诚将军的诉说，始终没有表示什么。末了，只是要他安心养病，别的事先不要管了。

随后，蒋先生又询问了一下东北战场的近期态势，接着很严肃地对我说："郑副司令，你在东北时间久些，情况熟悉，要好好协助卫总司令扭转局面。目下东北局势很紧张，你若没有别的事，就赶紧回去吧。"

这次来南京，我本想乘机当面向蒋先生提出调离东北，此时见他这样讲，也只好将已到嘴边的话咽了回去。第二天，我便匆匆飞返沈阳。

以后，国民党内部，特别是东北籍人士，对陈诚将军的攻击日益高涨。他不得已，乃奉蒋先生之命，电邀原东北军将领张作相、万福麟、马占山、邹作华，及东北官绅张元夫、王树常、翟文选、米春霖、于济川等人商讨东北问题，以资笼络。但这些人哪里肯买他的账，回去后照样起劲地反对他。陈氏的日子很不好过。

在 4 月间召开的"国民大会"会议期间，对陈诚将军的攻击达到高潮。几乎全体代表都猛烈抨击陈氏在参谋总长和东北行辕主任任内的所作所为。

一些代表还在会上公开提出，蒋介石先生应效法三国时诸葛孔明挥泪斩马谡的故事，"杀陈诚以谢国人"。要求惩办陈氏的呼声在南京一时汹然而起。

此时，陈诚将军正在上海，准备赴美治病，听到南京传来的这些消息吓坏了。他觉得再也无面目出国，又担心真有人跑到上海围攻他，于是便以治病为名，赶快搬到联勤总部上海陆军医院，躲了起来。在蒋先生的庇护下，陈氏总算熬过了这一场大风波。

我至今认为，尽管国民党军队在东北战场上的失败早已注定，但陈诚将军被派到东北主持军政大计，对国民党政权来说，仍是一个用人失当的严重错误。陈氏那时无论在国民政府内部或军队内部，都甚不得人心，加上他本人军事才能平平，却又专断独行，实难独当大任。只因其与蒋介石先生关系密切，故而备受器重，每每被委以重任，结果自然是事与愿违。实际上，国民党政权在东北，乃至于在中国大陆的失败，固然源于政治上失去前途，丧尽民心，但其从上至下大搞任人唯亲，裙带风盛行，却不能不说是一个致命的原因。

蒋、卫在东北撤守战略上的分歧

陈诚将军走后，蒋介石先生为了安抚勉强同意来东北应付危局的卫立煌将军，决定将国民党在东北的党政军大权完全交给卫，还允诺将陈诚将军在东北期间损失的四个军的十万部队及装备全部恢复充实，并将第五十四军增调东北战场。2月12日，又正式任命卫将军兼代东北行辕主任。

卫将军是国民党军队内部的一位资深历久、军事经验丰富的高级将领，一向为蒋先生所倚重。不过，因为卫氏在抗战初期同共产党方面合作得较好，蒋先生一度对他有些猜疑。这次派卫将军来东北，固然是出于形势所迫，但在蒋先生内心深处，对他仍是不甚放心的。卫将军在东北期间，虽然名义上掌握东北党政军大权，但在许多事情上，并不能完全做得了主。特别是后来蒋、卫二人在东北撤守问题上意见不一，更加剧了彼此间的不信任和

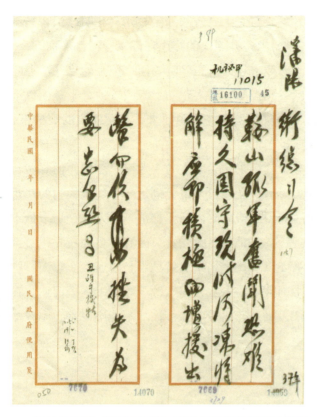

1948年2月，蒋介石电令卫立煌迅速驰援国民党鞍山守军

矛盾，致使蒋、卫之间，卫氏与在东北的一些将领之间，对于一些重大的战略问题意见始终无法统一，最后导致了几十万在东北的国民党精锐部队更加迅速地覆没。

卫立煌将军到东北之后，考虑到陈诚将军失败的教训，转而采取一种持重态度。他认为，依现有在东北的国民党军队，向解放军进攻则力量不足，但若防守一些战略要点，力量还是有余的。故当务之急是积蓄力量，固守沈阳，以待时局的变化。据此，他上任伊始，便主张"重新整军""固守东北"，提出"固点、连线、扩面"，"重点不重线"等作战方针，一方面，努力加强沈阳外围防务，确保沈阳安全，维护沈南水陆交通；另一方面，则要长春、锦州、四平街守军固守城池，牵制解放军力量。

这时，东北解放军主力在辽西、辽南的攻势正急如暴风骤雨。2月6日，解放军四纵、六纵部队攻克辽阳，全歼守军新五军五十四师，继而又于2月19日再克鞍山，歼灭第五十二军二十五师。同时，解放军三纵、十纵部队攻占法库，追歼守军新六军暂六十二师，随后乘胜南进，威逼营口。驻守营口的暂五十八师师长王家善率全师起义，营口又告失守。2月28日，开原亦被解放军攻占。在华北方面作战的聂荣臻元帅，也派出三旅兵力切断了榆关至锦州的交通。又据飞机侦察报告，东北解放军一部在沟帮子、盘山一带构筑坚固阵地，其目的显然是阻止沈阳、锦州两地的国民党军队会合，以便分割而歼灭之。

在解放军的凶猛攻势下，在东北各据点防守的国民党军队阵脚大乱，各地迭电告急。蒋介石先生也格外焦虑，再三电令卫立煌将军派兵解各地守军的围，并打通沈锦线。但卫氏却一概不为所动。他认为解放军的真正意图是围城打援，消灭我军主力，故不能轻举妄动，上其圈套。所以他不管蒋先生的催逼和四周的风云变幻，仍然坚持自己的既定主张，把主力纷纷集中在沈阳附近，一面大力收揽人心，补充兵员装备，一面加紧整军经武，检查督促各部进行军事训练和实战演习，准备固守沈阳以待时局变化。

但是，蒋介石先生鉴于东北战局的极度恶化，已经失去了保全东北的信心，同时对卫将军在沈阳按兵不动，"以不变应万变"的做法也深感不满，决意将驻沈阳的国民党军队主力撤至锦州一线，与原在锦州、山海关等地的部队联为一体，再图与解放军作进一步的较量。

2月20日，蒋先生专派国防部第三厅厅长罗泽闿、副厅长李树正飞到沈阳与卫将军协商，并提出仅留第五十三军及二〇七师驻守沈阳，其余主力应尽快从沈阳撤至锦州。

卫将军获悉蒋先生的这个意见后大吃一惊，他没有料到蒋先生竟会这么快就改变了当初亲自向自己许下的全力支持保住东北的诺言。卫氏一向是把沈阳当作一个战略基地来经营的，也下了很大本钱，现在凭蒋先生的一句话便要撤军，当然是想不通的，但又不敢公然违抗蒋先生的意旨，只好分别找身边的高级将领和幕僚商议对策。

在罗、李二人到达沈阳的当晚，我已睡下，忽接到卫将军的随从副官打来的电话，说卫总司令有要事相商，请我即刻就去见他。待我匆匆赶至卫将军的寓所时，他已在一间小客厅里等候。我刚刚在沙发上坐下，卫氏就将蒋先生的意见内容向我作了传达。然后目不转睛地盯着我问："桂庭，你的意见是怎么办？"我因事出突然，一时不好回答，便推辞说："还是先听听总司令的意见吧。"卫将军沉吟了一下，方态度犹豫地说："如果委员长坚持这样决定，我们当然也只好服从。不过，现在放弃沈阳去打通锦州，途中要通过几道河流，加上共军设有几道坚固的阻击阵地，依我军目前的士气，很有可能会全军覆没。"少顷，他又带着试探的口气说："我们最好能说服委员长，让我们暂时固守沈阳，整训部队，然后再乘机出击，是有希望扭转战局的。况且沈阳有兵工厂，抚顺有汽油，本溪有煤，粮食也可以想办法，完全能够坚持下去。你看如何？"

听了卫将军的话，我心中矛盾重重，半晌没有作声。其实，对于卫将军力图固守沈阳的一套主张，我心里是有看法的。我认为，似这样将在东北的几十万军队分散困守着十余个孤立的据点，等着被解放军分而治之，在战略上是极其被动的。如能正视战争失利的现实，将主力设法拉出去，将来或许还能卷土重来，否则后果是不堪设想的。但是，我也清楚卫将军所强调的那些困难都是事实。当时在沈阳等地的国民党军队，已经打得精疲力竭，士气非常低落，倘一旦失去城市依托，向锦州方面运动，确有可能中途被解放军主力包围消灭，我反复思忖，觉得还是先在沈阳守上一个时期，看情况再打通锦州稳妥些。卫将军见我如此表示，脸上现出笑容，说道："桂庭也是这样想，我便放心了。明天我们再和其他将领们商议一下，如果大家意见一致，我们就把这个想法报告给委员长。"待我告辞卫氏、返回自己的寓所时，时间已是午夜了。

以后卫将军又征询了赵家骧、廖耀湘等将领的意见，大家也都觉得目前不宜向锦州撤退。卫氏心中有了底，乃决定派我随罗、李二人去南京，当面向蒋先生陈述他的主张。

2月23日，我与罗泽闿、李树正等人同机飞往南京，但这时蒋先生正

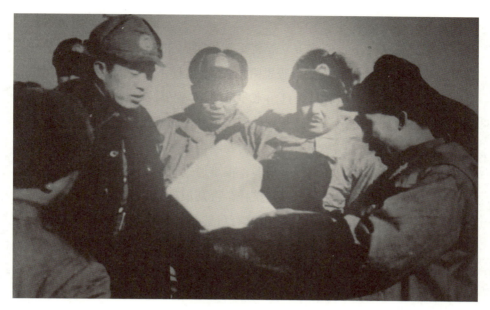

卫立煌将军（右二）、郑洞国将军（左二）视察长春城防

在庐山休息，我们在南京住了一夜，次日又飞往江西九江，再由九江乘汽车去庐山。那时庐山上尚无公路，汽车无法通行，车子开到山脚下，我们一行人又改坐轿子上山。这时正是南方的早春季节，山上已现出点点春意。蒋先生的别墅"美庐"，是一座精巧别致的两层灰色洋楼，坐落在牯岭中的一片翠竹和树木丛中，门前不远处有一座小桥，清澈的溪水从桥下潺潺流过，景致幽静而秀美，同冰雪覆盖、烽火连天的东北大地截然成了两个世界。但我却无心观赏周围的风景，一路盘算着如何说服蒋先生同意暂缓撤离沈阳。我知道蒋先生的性情固执，担心他不但不能接受我们的意见，反而会在盛怒之下斥责我们，甚至处罚我们，故心中忐忑不安。

进了蒋先生的寓所，我们一行人刚在楼下的客厅里坐定，身着长袍的蒋先生便从楼上走了下来，我们慌忙起立行礼。也许是经过几天休息的缘故，蒋先生的神色比上两次我在南京见到他时好多了，但表情仍十分严肃，他示意大家同他一起坐下，然后用目光向众人脸上扫了扫，轻轻咳嗽了两声，便转向我问道："郑副司令，罗厅长他们已经把我的意见转达了吧？卫总司令如何打算，你说说看。"

我稍思索了一下，便将卫立煌将军拟暂时固守沈阳的意图陈述了一遍。蒋介石先生听后蹙紧眉头，不假思索地说："这样不行，大兵团靠空运维持补给，是自取灭亡，只有赶快打出来才是上策，况且锦州方面又可以策应你们。你回去再同卫总司令商议一下，还是想办法向锦州打出来吧。"我赶紧又强调说，解放军已占领锦州至沈阳间要隘沟帮子，巨流河、大凌河等河流已解冻泛浆，大兵团的辎重行李很多，很难通过。加上在沈阳的部队缺员很多，战力尚待恢复，非经一段时间整补，否则很难战胜解放军。我本想说我们的军队士气特别低落，一出沈阳就有可能被解放军消灭掉，只是话到嘴边，才改换了一种比较委婉的表达方式。但蒋先生显然连这些话也听不进去，他不耐烦地挥挥手，用很不高兴的腔调责备说："北伐前，樊钟秀带几千人，由广东穿过几省一直打到河南，难道你们这些黄埔学生连樊钟秀都不如吗？唉？"

蒋先生的这种责备当然不能让我服气。自抗战胜利以来的几年中，我亲眼目睹了国民党内部腐败日甚，早年的朝气和革命精神已经丧失殆尽。而我们的对手共产党人，却深得人心，强大无比。倘在作战指挥上不考虑到这些实际情况，不分析眼前的敌我态势、兵力对比及士气战力等客观条件，一味凭主观想象来支配行动，军事上焉有不失败之理？但在当时，我内心的这些想法是不敢向蒋先生表达的。

蒋先生见我半晌垂头不语，其他人也都默默无言，便站起身说："你们先回去吧！郑副司令，你回去告诉卫总司令，叫他不要再迟疑了，赶紧准备由北宁路打往锦州，否则以后会后悔不及的。"

我知道此刻再说什么也没有用处了，只好起身告辞，随众人怏怏下山而去，这是我去东北以来第二次在蒋先生那里碰了壁。

我于2月25日飞返沈阳，立即将情况向卫立煌将军作了汇报。卫氏十分焦虑，于当日下午即召集在沈的将领开会，研讨蒋先生的指示和方案。大家在会上反复讨论，都觉得此时在沈阳的军队没有把握打通锦州，况且也不能丢下在长春、永吉、四平街等地的十几万军队不管。最后，大家一致表示赞成卫将军的计划。于是，卫将军决定再派东北"剿总"参谋长赵家骧将军、第六军军长罗又伦将军去南京见蒋先生，重申他和在东北的将领们的意见。

蒋先生大约是感到一时难以说服卫立煌将军，这次总算稍稍让了步，允许卫将军"在东北暂保现状"。并指示卫氏：加紧补充训练，一俟部队整训完毕，再由沈阳、锦州同时发动攻势，打通沈锦路，将主力移至锦州。

进入3月份以后，解放军又相继占领四平街和永吉。至3月中旬东北解放军发动的持续了三个月的冬季攻势结束时，在东北的国民党军队仅剩下长春、沈阳、抚顺、本溪、锦州、葫芦岛等几个孤立据点。沈阳、长春军民补给全靠飞机运输，而且中航公司自3月8日起决定每日只派四架飞机运输物资救济。

卫立煌将军这时却显得十分冷静。一方面，他打算将向东北增调的部队及补充兵员运到葫芦岛登陆，并在锦州及沈阳就地补充兵员；另一方面，督促各部加紧训练，以期长期固守沈阳。

但是，蒋介石先生始终没有忘记将沈阳的国民党军队主力撤至锦州的主张。3月底，他电召卫立煌将军去南京，拟亲自说服卫氏（这时我已奉命去防守长春）。

在蒋、卫会见过程中，蒋先生以长春、沈阳交通断绝，单凭空运无力维持补给为由，一再要卫氏将沈阳主力撤到锦州，在沈阳、长春留少数部队防守。卫将军则以部队残破未加整训完成，不可能打到锦州，反而有被消灭的危险为由，坚决反对。二人争论许久，最后卫将军表示，只要蒋先生同意不将主力撤出沈阳，东北部队的全部补给由他设法请美军顾问团帮助运输，这样才使蒋先生再次让了步。但他还是反复叮嘱卫氏，一旦补充整训完成，仍要率主力赶快打通沈锦路。

卫立煌将军见过蒋先生后，经过一番活动，果然得到美军顾问团的大力支援。他回沈阳后，兵员装备给养即源源而来。为着贯彻长期固守长春、沈阳、锦州，锐意经营东北的计划，他终日埋头整军经武，加紧训练部队。

但到了5月初，蒋先生又令卫将军打通沈锦路，将主力撤到锦州，并提出除留守沈阳的第五十三军及二〇七师外，其余各军及特种兵团（战车、炮兵、装甲车、骑兵等）统编为机动兵团，归廖耀湘将军统帅，随时准备行动。这样一来，就等于把在沈阳的卫将军架空了，所以这项主张马上遭到卫将军的强烈抵制，后来始终未能实行。不过从此卫、廖之间也产生了矛盾。

蒋先生见此计不成，又嘱意于东北"剿总"副总司令、冀辽热边区司令部司令官范汉杰将军，下令要冀辽热边区司令部由秦皇岛移驻锦州（冀辽热边区司令部此时归华北"剿总"和东北"剿总"双重指挥），同时从山东抽调第九军黄淑部、第五十四军阙汉骞部两个军由葫芦岛登陆，归范将军指挥，要范氏加紧准备打通沈锦路，将沈阳主力拉到锦州。以后虽因卫将军力争，蒋先生同意将冀辽热边区司令部改为东北"剿总"锦州指挥所，仍由范氏为东北"剿总"副总司令兼锦州指挥所主任，但由于卫立煌将军一直坚持主张巩固沈阳、锦西、葫芦岛防务，故与手握重兵、专力经营锦州的范汉杰将军之间的矛盾亦日益加深。

这样，由于蒋、卫在东北撤守这个重大战略问题上意见不统一，甚至彼此拆台，弄得在东北的高级将领们之间也互怀成见，各有所私，既不能及时制订出明确的战略决策，也无法实行统一的军事指挥，直至东北解放军于9月发起最终决定东北国民党军队命运的辽沈战役的时候，国民党政权在东北是撤是守这个问题上，一直处于举棋不定、犹豫不决的状态中。仅此一点可知，在东北的几十万国民党精锐部队后来竟那样快地被消灭殆尽，也是不足为怪的事情了。

部署永吉撤退和受命防守长春

前文说过，我对当时东北的局势早已感到失望，并一直寻找机会从这个令人苦恼的地方脱身。从庐山回到沈阳后，我的心情愈加沉重，积我多年的军事经验，已感觉到蒋、卫之间在东北撤与守这个战略决策问题上僵持不下，拖延时日，势必要将在东北的这几十万军队葬送掉。我决意赶紧设法离开这里，否则将来要走就困难了。

正巧这时我的胃病发作，我觉得这下机会来了，乃于3月初的一天晚上单独去见卫将军，当面向他提出要请假到北平就医。卫将军对我这个突如其来的请求仿佛很惊诧，犹豫了一下，便摇头表示不同意，还一再说他可以设法延请名医为我治病，劝我留下。但我执意要走，非要他同意不可。这样谈了近两小时，他见实在无法挽留，才长叹一声，答应了我的要求。我告辞时，卫将军亲自送至寓所门外，紧紧地握着我的手，语气凄凉地说："桂庭，希望你病情好转后，还是赶紧回来吧，不然你们都走了，我一人孤掌难鸣哟！"我闻言心中也很不忍，但随即想到这也许是我的生死关头，不容再有迟疑，便默默地紧握了握他的双手，转身上车离去。

回到自己的住所，我长长地舒了口气，心想在东北熬了整整两年，费尽了心力，此番总算可以离开这个倒霉的地方了，心情顿时轻松了许多。我一面连夜发电通知我在上海的家人，要他们先到北平等我；一面打点行装，差人去订飞机票，准备马上就走。

岂知两三天以后，正待我准备起程上路的时候，情况却出现了意想不到的变化。据飞机侦察报告，刚刚在辽西、辽南获得大胜的东北解放军主力，正纷纷向四平街方面运动，看样子是要再次攻打四平街。当时驻守四平街的仅有第七十一军八十八师主力两个团，兵力十分单薄。卫立煌将军担心四平万一失守，分散在长春、永吉的部队也有可能被解放军各个击破，遂打算放弃永吉，把驻扎在该地的第六十军部队集结到长春，以加强长春的防务。卫将军考虑到我对永吉方面的情况熟悉，人事关系也比较好，乃临时改变主意，决定派我和参谋长赵家骧将军一道去部署永吉的撤退。

卫将军的这个决定打乱了我要离开东北的计划，使我心中懊恼不已。但考虑到自己身为军人，在这个严峻时刻不容讨价还价，所以还是接受了任务。我忍痛退掉了去北平的机票，并通知家人暂缓去北平，然后偕赵家骧将军匆匆飞往永吉安排部署撤退事宜。

临飞长春前，我曾找卫立煌将军谈话，郑重地建议在放弃永吉的同时，也放弃长春。我认为长春距离主力太远，被解放军吃掉的可能性很大，与其将来坐待被歼灭，不如主动提早放弃，将东北的国民党军队主力集中于沈阳、锦州之间，这样尚能战、能守、能退，还可以保存一部分有生力量。卫将军听了这个建议不置可否，只是表示，这件事关系重大，他要请示一下委员长再说。当晚，卫将军再次约我谈话，据称蒋先生已明确指示要固守长春。他说，蒋先生担心放弃长春造成的国际影响太大，认为固守长春可以吸引一部分敌人兵力，减轻敌人对沈阳、锦州的压力。况且从长远看，今天放弃容易，将来要占领就困难了。我听了卫将军传达的蒋先生的这个指示，心中颇不以为然。道理很明显，打了胜仗，不但长春可以收复，整个东北都可以占领；打了败仗，一切都完了，还谈得上什么国际影响？但我很清楚，既然蒋先生已经作出决定，此时此刻我再说什么也是无用，遂不再表示异议。

3月8日清晨，我与赵家骧将军秘密飞抵永吉，当即前往第六十军军部，向该军军长曾泽生将军等军师将领传达了立即向长春撤退的命令。由于事出突然，曾将军听了命令后愣了一下，好像没听清楚似地问："什么时候撤？"我加重语气重复说："今晚就开始行动，限两天之内取道放牛沟之线到达长春。""这，这太紧张啦！官兵没有一点准备，暂二十一师还有两个团驻在鸟拉街、江密峰等地，副总司令和参谋长能不能稍微宽限一下时间？"曾将军望望我，又望望赵家骧将军，有些为难地请求道。我正要说话，赵将军在一旁接上说："不行啊，曾军长。永吉距长春两百余里地，周围都有解放军出没，万一走漏风声，第六十军就出不去了，兵贵神速，还是出其不意，马上就行动好些。"曾军长思忖了一下，表示服从命令，其他各师将领也没有异议。随后，我们又对照地图，详细研究了第六十军的具体撤退路线、行军序列，以及新七军部队的接应地点等问题。此外，我还根据东北"剿总"的指示，命令曾部于撤退前破坏小丰满电力厂，并将弹药、粮秣等无法携带的军需物资全部焚毁或破坏掉。不过，后来曾泽生将军以避免暴露军事行动企图为由，没有执行这道命令，才使大批宝贵的物资、财产，特别是耗费了东北人民无数血汗的小丰满电力厂，得以完好地回到人民手中。

一切布置停当，我和赵家骧将军又急忙飞往长春，安排长春方面的接应工作。当飞机在长春大房身机场徐徐降落时，时间已是当日中午，新七军军长李鸿将军等将领和长春市市长尚传道先生等在机场迎候。从机场回到城内新七军军部，我和赵家骧将军马上召开会议，向李鸿将军等通报了第六十军将在近一两日内由永吉撤到长春的情况，指示新七军应迅即派出一支有力部队，抢先占领放牛沟一带险要阵地，策应第六十军行动。同时又叮嘱尚传道市长亦急速在市内准备好第六十军的营房以及随军撤退人员的食宿。考虑到第六十军属云南军队，素受中央军排挤和歧视，我特地在会上反复告诫李鸿将军等新七军将领，不得以王牌军自居，看不起曾将军的部队。尤其是第六十军初到，新七军应予照顾，努力加强两军团结，共同坚守长春，等等。这些话说归说了，但事实上后来歧视第六十军的事情还是时有发生，只是没有发展到十分严重的地步。

当时，我最担忧的是怕第六十军撤退途中遭到解放军攻击，不能安全抵达长春，乃一面电请东北"剿总"派出飞机侦察长春、永吉间的解放军动向，一面要李鸿将军及时将派出的接应部队的情况向我报告，并指示他向第六十军撤退方向派出便衣谍报人员进行侦查活动。此后一连两天，我都是在万分焦虑中度过的。

后来得知，在我离开永吉的当天午夜，第六十军和吉林保安旅开始依照命令撤退，省府官员和部分事先知道消息的地方豪绅、学生等也掺杂在队伍中行动。由于撤退路上积雪甚厚，车马不易通行，第六十军各部队几乎将所有汽车、重武器都破坏或丢弃了，其他装备和物资扔掉的也不少，许多官兵及眷属连多余的衣物都未能带上，可见当时的处境是十分窘迫的。

第六十军撤离永吉之初，由于未在市区及小丰满电力厂进行大规模的破坏活动，加之行动突然，解放军似乎没有发觉。但部队于10日傍晚行至太平岭附近时，终于遭到解放军一旅兵力的猛烈阻击，在第六十军右翼向前行进的吉林保安旅先被击溃。曾将军指挥第六十军一八二师、暂二十一师一部及军属特务营经几小时激战，始冲破解放军阻击，使全军脱离险境。但负责殿后的第六十军输送团在战斗中遭到相当损失，连该团团长潘尧也被解放军生俘了。直到11日晨，饥疲交加的第六十军及吉林保安旅才涉过饮马河，在放牛沟与新三十八师师长史说率领的接应部队会合，并于当天中午陆续开入长春。至此，我紧张、焦虑的心情才缓和下来。

远在南京的蒋介石先生对第六十军的这次撤退行动十分满意，一再称赞说："吉林撤退是最成功的一次战略撤退。"一些中外右翼报纸和通讯社也乘机大肆吹嘘，把它誉为"东方敦刻尔克最成功的撤退"。但我心里非常清楚，这次虽然是安全撤退，部队未遭受大的损失，但军心士气却受到很大影响，军队内部悲观失望的情绪更加普遍了，从军事角度上看，东北国民党军队的处境也更加险恶了。

就在第六十军撤至长春的第二天，即3月12日清晨，东北解放军一纵、三纵、七纵和炮兵部队在二纵、八纵、十纵及独立师部队的配合下，向四平街发动总攻。解放军攻城部队首先夺取了四平街市郊的制高点，然后以大炮猛轰城内，压制住守军的回击炮火，继以步兵突破该市东南段城墙，涌入市区，双方展开激烈巷战。至13日晨，四平街守军第七十一军八十八师主力两个团及新一军、第七十一军留守部队均被歼灭，解放军完全控制了该市。这次被人们称为第三次四平街会战的战役，终以国民党军队的惨败告终。

这样，东北国民党军队在一星期内接连丢失了两个省会（永吉市为当时吉林省省会，四平街为当时辽北省省会），长春则成了一个战略上的孤岛，完全处于孤立无援的地位。

第六十军撤到长春后，东北"剿总"参谋长赵家骧将军即先期飞返沈阳，向卫立煌将军汇报情况，我留下来布置长春的防务。依我自己的打算，准备一俟处理好长春的事情，便赶紧飞返沈阳，继续我原来去北平"治病"的计划。但偏偏是事与愿违，就在这时，我接到卫立煌将军在沈阳发来的电报，他希望我留在长春，兼任刚刚组建成的第一兵团司令官，并接替梁华盛将军的吉林省主席职务（梁氏已于永吉撤退前回到沈阳）。

卫将军的这道电报，使我非常恼火。谁都知道，长春远离沈阳主力，已处于解放军战略包围之中，处境非常危险。这时候要将我派到这里长期镇守，不是把我往火坑里送吗？况且卫氏作出这样的决定，事前竟不同我打个招呼，更令我不快。所以，我未理睬卫将军的命令，将长春防务部署完毕即匆匆飞返沈阳。

回到沈阳后，卫立煌将军见到我，故意显出惊讶的样子，问道："桂庭，不是要你留在那里吗，你怎么又回来了？"我有些没好气地回答："请总司令还是另择良将吧，长春我不去，我还是要到北平去治病！"卫氏有些难堪地笑了笑，却没有动气，语气很和缓地说："桂庭，目前这种情势，你还是不要走了吧。要你到长春，不是我个人的意见，委员长也是这么主张的。"我赌气地说："不管怎么讲，长春我是不去的！"言毕，即起身告退了。这是我和卫将军之间唯一一次不愉快的谈话。

这样僵持了几天，我又接到蒋介石先生发来的一封带有命令口气的电报，一定要我到长春负军政的责任。蒋先生亲自给我下这样的命令，使我不能不有所考虑了。去，还是不去？我思想上斗争得很厉害。去长春，显然是死路一条，恐怕很难生还；不去，就要冒公然违抗蒋先生命令的风险。而那时我受"忠君"的封建思想影响较深，加之多年来受蒋先生以曾国藩为榜样培养教育，使我养成了"服从命令、安分守己"的作风。这也正是我一向深受蒋先生信任的原因之一。所以，此时我不愿，也不敢不听从他的话。

正在我迟疑难决之际，我在东北的一些朋友，如第九兵团司令官廖耀湘将军、第五十二军军长覃异之将军、新六军副军长舒适存将军等知道消息后，都相继来劝我不要接受这个危险的任务。廖、舒二人向我建议说：最好能要求卫立煌将军让梁华盛将军继续主持长春军政事务，或请求在锦州的范汉杰将军与我对调。我思来想去，觉得现在也只有用这个办法去碰碰运气了，乃去卫立煌将军的住处向他谈了上述意见。

卫将军听了我的要求，脸上露出了为难之色，半晌方说："桂庭，梁副司令与曾军长关系搞得很紧张，你是知道的，他到那里不便指挥作战。范副司令对长春的情况也不熟悉，我们反复考虑，只有你去比较合适。"他说着站起身，在室内踱了几步，重在我身边坐下，很恳切地继续说："桂庭，我们是多年的朋友，彼此都很了解。说实话，我也知道长春很危险，不太情愿让你担这种风险。可现在局面坏到这种地步，实在是没有别的法子好想呀。我辈身为军人，应以'党国'利益为重，请不要再推辞了。况且长春工事坚固，兵力雄厚，只要认真防守，是可以坚守下去的。你去之后，有什么困难都可以提出来，我一定全力支持你。"

卫氏这一番推心置腹的话，使我颇为感动。我没有再说什么，便默默地起身告辞了。

那天夜里，我翻来覆去地睡不着觉，我知道，去与不去长春必须下决断了。想起白天卫将军讲的那番话，不能说没有道理。从维护国民党政权的角度上看，我去长春确实比范、梁等人更合适些。一来我熟悉情况，二来在长春的新七军将领，如李鸿、史说、邓士富、龙国钧等都是我在驻印军时的部属，平日私交甚好。至于曾泽生将军等第六十军将领，也与我素无矛盾，因此我在那里坐镇指挥比较便利。这也许就是蒋、卫派我去长春的用意所在吧。就我个人来说，去长春固然很危险，但在沈阳、锦州又何尝不危险？实际上整个国民党政权都在危险之中，倘有一天国民党垮台了，我们这些人有谁能走得掉呢？作为国民党的高级将领，在困难的时候，我不负责，由谁负责？相反，我若坚决不去长春，就算今后能侥幸保全性命，但自己在国民党军队中的地位和声誉就可能完结了。这在当时，对我来说是比死都难受的事情，愈这样想着，我愈觉得长春非去不可了，最后终于咬咬牙，下定了去的决心。

第二天上午，我去见卫立煌将军，表示愿意接受去长春的任务。卫氏闻言大喜，高兴地搓着手连声说："好！好！"接着又慰勉了我一番，并留我在他那里吃了一餐丰盛的酒饭。

为了组建新成立的第一兵团司令部，我在沈阳又耽搁了几天，网罗了一批军官，直到3月中下旬，才怀着一种"临危受命，义不容辞，明知不可为而为之"的悲凉心情，飞抵长春赴任。

我飞离沈阳前，许多朋友赶来看我。大家知道局势险恶，前途未卜，也许说不定这就是今生最后一次见面了，彼此都有点生离死别的感觉。廖耀湘将军与我共事多年，曾一起共患难，对我更为关切，分手时他还一再埋怨我："桂公（一些部属和朋友对我的尊称）为人也太厚道了，长春是不该你去的。卫总司令这样决定，不是把你往虎口里送吗？"我苦笑着摇摇头，没有说话。他自觉有些失言，又改口道："将来万一事情不可为，请桂公率队

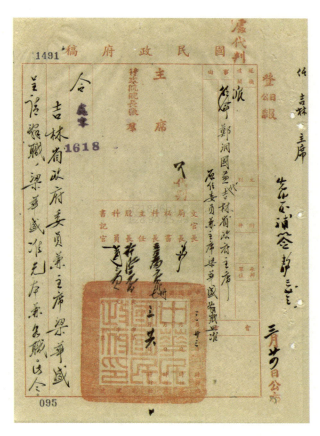

1948年3月24日，国民党当局任命郑洞国将军兼代吉林省政府主席的公文

伍向西南方向突围，那里共军兵力空虚，我到时也一定设法接应你们。"我知道这是他的好意安慰，心中既感激又酸楚，心想到了那种时候，我们谁的日子也不会好过，纵然想彼此救援，也是心有余而力不足了。

3月25日，我在长春励志社大礼堂宣誓就职。为了鼓舞士气，在就职仪式上我向在场的众多文武官员宣布了蒋介石先生为我们规定的"固守待援、相机出击"的战略任务，要求大家精诚团结，共守长春，只待蒋委员长指挥大军出关增援，我们即转入战略反攻，云云。随后，就职仪式就草草结束了。

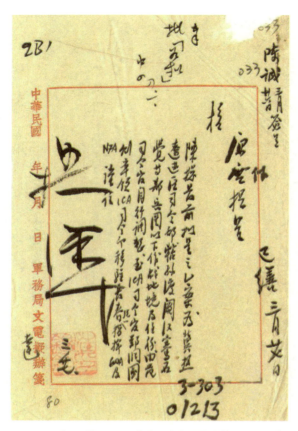

1948 年 3 月 27 日，蒋介石电令国民党第一兵团司令官郑洞国将军移驻长春

从那时以后，直至这年 10 月长春和平解放前夕，我度过了一生中最为艰难和痛苦的一段时光。

困守长春

1948 年 3 月底前后的长春，已处于解放军四面包围之中。除城郊仅有的大房身机场外，与外界的一切联系均被切断，城内粮食、燃料匮乏，军队士气低落，民众惶恐不安。我到长春后，立即着手整顿防务，安定人心，以图长期固守。其做法是："加强工事，控制机场，巩固内部，搜购粮食。"

当时，城内的守军主要是新七军和第六十军，以及第一兵团直属部队、长春警备司令部所属部队、新一军留守处部队、青年教导第一团、吉林师管区、联勤十六兵站支部、驻长空军部队等部。此外还有一些地方保安部队，共十万余人。

新七军是陈诚将军于1947年冬以新一军之新三十八师为基础，加上由原刘德溥部的保安区改编的暂五十六师和由原保安第十二支队改编的暂六十一师扩编而成的，总兵力有三万余人。原新三十八师师长李鸿任军长。在该军所辖三个师中，新三十八师自开入东北后，虽累遭损失，但基本上保存了驻印军时的老班底，经补充后兵员达一万两千人左右，装备亦好，是长春守军中最为精锐的部队，此时由原新一军参谋长史说将军任师长；暂五十六师的前身是原伪满铁石部队，后经收编由关内空运东北，在战场上屡遭败绩，改编为暂五十六师时虽有七千余众，但战力极弱。该师师长原为刘德溥，后因与暂五十六师原来同为伪满部队的暂五十八师王家善部在营口起义，恐其不稳，遂调新七军参谋长张炳言接任该师师长；暂六十一师系由地方团队改编而成，虽经训练，人数亦有七千余人，但战力也仅稍强于暂五十六师，原新三十八师副师长邓士富任师长。该军另有直属部队四千余人。因此，号称"王牌军"的新七军，其实也只有新三十八师一个师尚称能战，其余两师则徒有虚名。

第六十军是云南部队，成立较久，全军三万余人，该军开入东北后，多次遭受解放军打击，特别是在1947年冬永吉守备战中损失甚重，以后虽经补充，但一直未能恢复元气。第六十军下辖三个师，其中一八二师兵力约一万人，实力较强，师长为白肇学；暂二十一师兵力九千余人，战力较弱，师长为陇耀；暂五十二师系在永吉时由交警总队改编拨归第六十军指挥的部队，有六千余人，但内部成分复杂，训练很差，基本上没有什么战力，该师师长是李嵩。此外，第六十军还有一个预备师，约七千人，多是新兵。

根据我3月中旬作出的长春城防部署，新七军和第六十军以该市中山路、中央大街（今斯大林大街）为界，新七军防守西半部，第六十军防守东半部。3 月下旬，我再度来长春后，除命新七军暂五十六师加强在西郊大房身机场及西门至机场一线的守备力量，并着第六十军派出暂五十二师控制东郊城防工事外的一些高地和独立据点外，没有再在兵力和配备上作出大的变动。

长春位于东北腹地，是贯通中长路、长图铁路及东北境内各铁路线的交通枢纽，战略地位十分重要。东北沦陷后，伪满洲国曾以这里作为其"首都"。在日本法西斯军队占领时期，曾在城内街道及近郊区修筑了许多永久性、半永久性工事，如碉堡、壕沟、坑道、瞭望台等，样样俱全。城中心的关东军司令部、在乡军人会、空军司令部和大兴公司等四个高大建筑物，矗立在十字路口的四角上，前三座建筑物的地下室，均有钢筋水泥筑成的坑道通过宽阔的马路，彼此相连，更有笨重的铁闸门，可以彼此隔绝。四座建筑物的地上部分，都是厚墙铁窗加上钢筋水泥屋顶，连中型飞机的炸弹都不能损伤它们。再往南去的中央大街西侧，还有伪满洲国的"中央银行"。这是一座异常坚固的建筑物，全部外墙均用花岗石砌成，厚度在一米以上。室内可储存大批弹药、粮食、淡水，还可自行发电。我的兵团司令部以后就设置在这里。市内各主要街道都宽约六十米，街与街之间和各大建筑物之间都留有许多草坪、花园空地，距离足够发挥火力。重要的街口还修筑有水泥地堡。国民党军队占据长春后，于 1947 年秋季起，又环市构筑了很多钢筋水泥地堡，并用战壕将其联系起来。城四周还设有宽三米、深两米的外壕，壕内有纵射火力点，壕外则架设铁丝网等障碍物，使整个长春在日本侵略军遗留工事的基础上，形成了一个具有现代化防御体系的城市。我奉命镇守长春后，本着持久防御方针，又加紧巩固完善原有防御设施，以市中心为核心，层层设防，在市内外组织了多道防线。我还抽空到各重要地段视察，亲自督促各部加强防御工事，以备将来可能发生的巷战。我特地指示各处阵地加设隐蔽的侧射、斜射火力，以最大限度地发挥各种火器的威力。

为了恢复和提高第六十军的战力，加强长春东半部守备区的防卫力量，我还下令将新七军的一些汽车、大炮等重装备拨归第六十军使用，并将新七军的一个重炮连配属六十军指挥。

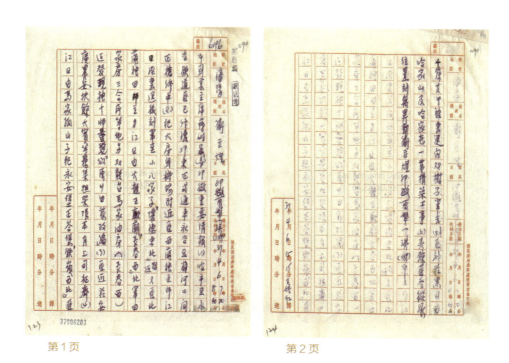

第1页　　　　第2页

1948 年 4 月 6 日，卫立煌向蒋介石报告东北战况（共 2 页）

经过这些努力，我自信长春城防固若金汤，可以同解放军较量一番了。

在整顿长春防务过程中，令我十分头痛的是如何处置那些地方游杂部队。这些部队多是地主武装，素来战力不足，骚扰百姓有余。为了巩固城内秩序，我起初曾下令一律不准他们进城，以后这些游杂部队的"司令"们常常找我闹着要钱要粮，他们每个人都自称有几千甚至几万部队，我派人去调查，发现其中许多是无兵司令，或者是谎报人数，以图骗取钱粮。更有甚者，他们彼此间还为抢占地盘、争夺部队而内讧，经常发现一个部队有几个司令的情形，搞得乌烟瘴气，十分混乱。于是我下决心将其中素质好些的编成两个骑兵旅，新七军亦收编了一个骑兵团，使其参加市区防务，其余的干脆逐出城外，任其自生自灭。这下城郊的百姓更遭了殃，那些反动地主、胡匪，纪律本来就差，一旦断了粮饷，就愈要以劫掠为生了。他们每到一处，烧杀抢掠，无恶不作，使老百姓恨之入骨。但我这个时候已顾不上这些，唯

1948年长春被围时，郑洞国将军在市内集会时发表讲话

有听之任之了。

　　为了提高士气，巩固内部，增强军政官员们长期固守的信心，我采取蒋介石先生办中央训练团的那一套办法，举办各种短期干部训练班，轮流抽调干部受训。首先于4月间开办的是吉林省军政干部训练班，我兼任主任，省政府秘书长崔垂言先生、省民政厅厅长兼长春市市长尚传道先生、省保安副司令李寓春将军等任副主任。学员多是从永吉逃来的一批国民党吉林省政府、永吉市政府、吉林省政工大队等机关的人员，共四百余人。这批人结业后，有的派充吉林省保安旅的下级军官，有的安插在长春市政府中。5月间，新七军也举办了一期干部训练班，主要是培训该军连排级干部。到了7月至9月间，我又亲自在励志社开办了三期兵团干部训练班，培训第一兵团直属机关和新七军、第六十军师级以下干部，在这些训练班上，我每次都亲临主持讲话，借以维系士气。直至9月下旬，由于局势极度恶化，这种训练班才被迫停办了。

　　此外，在五六月份我以省主席的身份，要教育厅负责整顿长春市的学校，把学生组织起来，以免闹事。后来因为粮食困难，大多数学校无形停顿。当时为了收容各地逃来的学生，成立了一个幼年兵团。以后把长春市的高小和初中学生，也编入其中，目的是把他们集中起来，既防他们饿死，又可避免到处滋事，影响治安，这也是一种巩固内部的措施。我还想在围城之中保持弦歌之声，借以安定人心。

考虑到欲固守长春，第六十军是一支重要力量。为了减轻该军对历来遭受歧视的不满心理，我到长春不久，即保荐曾泽生将军兼任第一兵团副司令官，以资笼络。平时，我经常请曾将军到我家里吃饭、谈话，彼此交换意见，努力建立起一种私人间相互信任和友好的关系。尽管在固守长春期间，我与曾泽生将军相处甚好，甚至到全国解放后，我们之间还常相往还，但那个时候，若想彻底消除所谓"王牌军"和"杂牌军"之间的隔阂，也是很不容易的。所以，我只好私下里不断提醒、告诫兼任长春警备司令的李鸿将军等新七军将领，注意和第六十军"同舟共济"，搞好团结。对于两军间出现的一些小摩擦，我也多采取"和稀泥"的态度。

5月20日，蒋介石先生于"竞选"的闹剧中获胜，在南京就任中华民国"总统"。为了进行宣传，也为了鼓舞士气，我特地下令于当天在长春组织了一次庆祝大会。会后，在长春警备司令部主持下，由新七军和第六十军联合举行阅兵典礼。那天，我和在长春的所有高级军政官员都出席了仪式。参加阅兵的部队主要是新七军新三十八师和第六十军一八二师等部队。当时，大家都感到前途渺茫，忧虑重重。我作为长春最高军政长官，虽然不得不强打精神，讲一些豪言壮语给人们打气，但自己心里也很空虚。

这时，我已据可靠情报获悉，进入5月份以来，长春四周的解放军调动频繁，并有大批部队正源源开来，估计连同原来的围城部队，兵力在三四个纵队以上。我判断解放军极有可能先打长春，然后再掉头南下对付沈阳、锦州。虽然长春城防坚固，但依现在的士气、民心能支撑多久？我心中没有任何把握。当全美械装备的新三十八师部队整整齐齐地在检阅台前通过时，我心头突然袭扰上一股难以名状的伤感情绪。该师是我非常熟悉并引为自豪的一支部队，抗战期间曾在印缅战场上纵横驰骋，屡建奇勋，成为名扬中外的

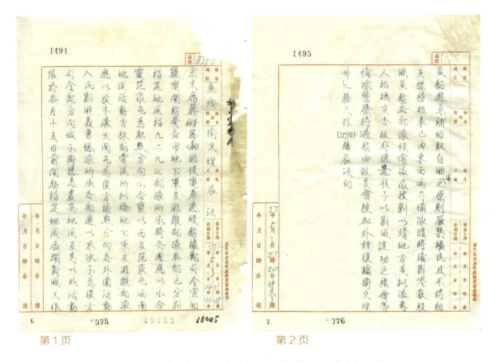

第1页　　　　　　　　　　第2页

1948年5月3日，卫立煌致电蒋介石，报告长春守军整饬地方游杂部队情况

抗日劲旅。自进入东北参加内战以来，这支以往英勇善战的部队却累遭打击，士气下降，现在又随我陷入如此困境，将来还不知有什么样的命运等待着他们。正沉思间，站在我身后的兵团副参谋长杨友梅将军（参谋长一职始终空缺）轻轻用手臂碰碰我，说："司令官，部队已检阅完了。"我定神一看，果然街上已空荡荡的，街道两旁冷冷清清的旁观群众，也开始陆续散去，这个所谓庆祝仪式就这样草草结束了，当时的气氛倒真像是举行一场葬礼。

就在第二天，我指挥长春守军沿飞机场方向发起了一次大规模出击行动。这次行动是由我和杨友梅、曾泽生、李鸿等几位将军共同策划的，目的在于乘解放军发动攻城战役前争取主动，解除解放军对机场的威胁和骚扰，确保机场安全。同时，也打算搜购一些粮食。

这天清晨，新七军新三十八师主力和暂六十一师一部突然由西门向外出击，沿飞机场以北向西北方向突击，作为预备队的第六十军一八二师也随后迅速跟进。最初，战况似乎比较顺利，解放军进行小规模抵抗后，便节节后撤，新三十八师于当天下午占领了距长春西北约六十里外的小合隆镇。我听到这个消息很高兴，当即偕兵团副参谋长杨友梅将军等驱车前往小合隆镇一带巡视。小合隆是一个很不显眼的小镇，只有几十间低矮破旧的房屋，新三十八师临时师部就设在镇上。我在师部简单了解了一些情况，指示新三十八师师长史说抓紧在附近地区扫荡，搜购粮食；同时派出一部分部队在大房身机场外围构筑工事，将解放军阻挡在火炮射程以外。黄昏前，我和杨友梅将军等又匆匆赶回城内。

24 日，情况突然发生逆转。解放军乘长春守军主力北调，集中大批部队由东西南三面围攻长春，并以两个师以上的兵力猛攻西郊大房身机场。担任机场守备的暂五十六师一个团，一战即溃，很快就被消灭干净，解放军控制了整个机场。接着，防守长春西门至机场一线的该师其他部队也遭到解放军猛袭，损失惨重，残部仓皇退回城内。这时，长春四郊都有激战、炮声隆隆，城内人心惶恐异常，各部队指挥官纷纷向我告急，我才知道中了解放军的诱敌之计。此刻，城内精锐尽出，倘再迟延，不仅长春城防危险，就连在长春市外活动的两个半师也有被解放军分割歼灭的可能。我见情势不妙，当即决定将新三十八师等出击部队撤回，并命史说率新三十八师及暂六十一师一部乘解放军立足未稳，迅速夺回机场。

当天中午，新三十八师与占领大房身机场的解放军发生激战。史说先投入两个团的兵力进攻机场，并以大炮轰击机场外围的各坚固据点。正当双方酣战之际，解放军主力一部突然由侧翼拦腰向我袭击，来势非常凶猛，在新三十八师右翼担任掩护的暂六十一师部队当即被冲垮，部队四下溃散。解放军趁势猛打猛冲，一直逼迫到设在通往机场的公路旁的新三十八师师部附近，双方短兵相接，展开极为激烈的战斗。此时解放军人数愈来愈多，攻势愈来愈猛，新三十八师师直部队有些抵抗不住，渐呈动摇之势。左右见情况危急，均劝史说先将炮兵撤下，再率师部及后边一个团撤退。史说考虑炮兵一撤，军心将更加动摇，纵然能率后卫团侥幸逃回，前边攻打机场的两个团则必遭歼灭无疑了，因此唯有硬着头皮顶住。他一面命令炮兵及所有轻重武器一起向解放军猛烈回击，一面让后卫团跑步向上增援。无奈众部下皆不敢恋战，纷纷打算后撤，史说见状又气又急，命卫士就地打开铺盖，躺在上面怒气冲冲地骂道："我就睡在这里了，看你们哪个要退？！"左右见主官如此，遂不忍相弃，只好返身悉力抵抗。不多时，后卫部队赶至，解放军乃稍退。史说这才得以将攻打机场的两个团撤下来，并收拢溃散了的暂六十一师部队，匆匆退回城内。解放军见目的已基本达到，况且长春城防坚固，一时难下，也退兵而去。

这一仗我们败得很惨，不仅粮食颗粒未得，部队也遭到严重损失。暂五十六师有两团以上兵力被歼，收集残部仅得两千余人，暂六十一师亦损失了约两个营。唯新三十八师得以基本保全。最糟糕的还是机场丢失了。从此，长春、沈阳间唯一的空中交通也彻底断绝了，守军只好龟缩城内，再也不敢轻易大规模出击。

解放军占领了长春西郊大房身机场后，似乎放弃了强攻硬打的打算，转而采取了长围久困的方针，进一步加紧了对长春的包围。同时，在具体战术上，解放军亦由过去的远困改为近逼，双方火线距离，近处仅一百公尺，远处不过千多公尺。不时发生零星炮战和小规模交火。以前长春守军还可依靠空运维持补给，并不时派出小部队四处劫粮，此时机场失守，部队均被封锁在哨卡内动弹不得，使原来就极为困难的粮食及燃料问题更加艰难了。

我奉命防守长春时，该市哨卡线内外居民有五十余万人，加上军队、军官眷属、公教人员及警察近七十万人。我当时就预感到，今后欲长期固守，粮食将是一个极为关键的问题。因此，我上任伊始，便决定乘解放军尚未合围，抓紧抢购军粮。除拨出"东北流通券"，由新七军、第六十军及保安旅等部队自行采购以外，并令吉林省粮政局和长春市田粮管理处分别代为抢购。从 3 月下旬至 5 月下旬之间，先后购军粮三百万斤左右。新七军驻长春较久，自 1947 年冬以来已积储了一些粮食，后来又从商人手中购买了一大批因交通中断而无法外运的大豆、豆饼做马秣。长春市市长尚传道先生也购买了一批大豆作为市属公教人员的粮食储备。第六十军因新由永吉调来长

东北国民党军
第 一 兵 团 守 备 兵 力 部 署 图

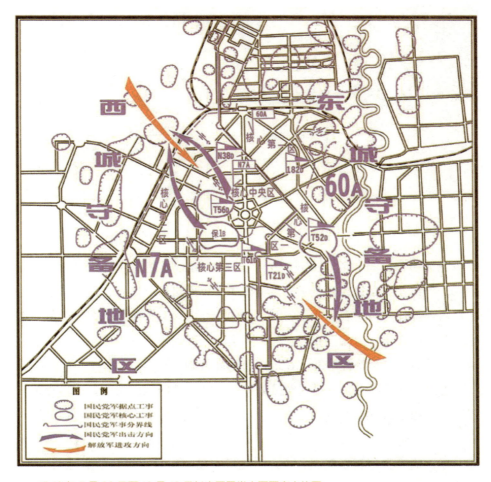

1948年5月26日至10月19日长春国民党守军军事态势图

春，毫无粮秣储备，除现购现吃外，只好从新七军存储的马秣中分出一半备用。大约4月中旬，我曾嘱尚传道先生在市内进行一次户口清查和余粮登记。后来统计的结果表明，按当时市内的居住人口和存粮数，市内存粮只能吃到7月底为止。为此，我日夜焦虑不安，一面屡电卫立煌将军加紧空运补给，一面命人绞尽脑汁地继续在市内及四郊搜购粮食。

进入6月份以后，长春四面被解放军合围，郊区粮源断绝，市内存粮日益减少，粮食投机倒把随之盛行，粮价一日数涨，市场混乱，人心更加不安。囤积居奇的粮食数量虽不太多，对市场的影响却很大。最初高粱米只几元一斤，最后竟涨至三亿元一斤。由飞机空投一万元一张的钞票已无用处，我不得不让中央银行长春分行发行本票，票面数字最初是几十万元一张的，后来提高到几十亿元，甚至几百亿元一张，临到长春快解放前，一两黄金也换不得几斤高粱米，货币实际上已失去作用了。当时，市内税款收入，尚不够税务人员的伙食开支，徒然扰民而于财政无补。我干脆下令暂时撤销一切税收。后来把终日无事可干的省政府工作人员也纷纷遣散了（因为国民党在吉林省的控制范围不出长春市，省政府徒有虚名）。

最令我恼火的是，新七军的个别军官竟背地里参与粮食投机活动，事发后影响极坏。为了安定人心，我不顾李鸿、曾泽生将军的再三求情，下令枪毙了一名营私舞弊、倒卖买粮的军需官，杀一儆百。但对其他人却未敢深究，因为我也担心操之过急，很可能激出事变。

当时，新七军的日子还好过些，第六十军的处境就非常困难了。自长春被困以后，该军官兵先是吃豆饼掺高粱米，以后高粱米吃光了，只好去酒坊挖陈年酒糟来吃。有的连酒糟也挖不到，只好去抢。特别是第六十军暂五十二师官兵，一见哪家居民烟囱冒烟，便去抢粮，弄得那一片防区内的老百姓有点粮食也不敢举炊，怨声沸腾。长春市市长尚传道先生曾在国民党《中央日报》《长春日报》上披露了此事，并宣传饿死不抢粮，冻死不拆房。结果引起了曾泽生将军很大不满，他为此事专门找我，气愤地提出抗议。我

1948 年 5 月 29 日，蒋介石致电郑洞国将军，允加紧空投粮食的电文

只好抚慰他一番，并替尚先生作了些解释，委婉地劝他尽量设法约束士兵，免生意外。

在粮食紧张的同时，城内的燃料也将用尽了。一些部队、机关开始拆无人居住的房屋当柴烧，后来连市内树木、柏油路也遭到砍伐、挖掘，虽一再明令制止，亦无济于事。为了解决燃料不足的问题，我曾企图在长春东郊开采煤矿。特命第六十军暂五十二师自农学院向外出击，但很快遭到解放军迎头痛击，损失惨重，该师第三团团长彭让等两百余官兵被击毙，余部只得狼狈退回。

我感到这种局面很难支撑下去了，一面继续电请卫立煌将军加紧空投粮食，一面发动各军师长官联名打电报给蒋介石先生，诉说困守长春的艰苦情况，请他速想办法。不久，我和各军师长官分别收到蒋先生的复电。他在电报中除了用好言抚慰我们以外，仍是要我们无论如何要坚守住长春，等待他派大军前来救援。在给我本人的电报中，蒋先生还特别命令我将长春城内人民的一切物资粮食完全收归公有，不许私人买卖，然后由政府计口授粮，按人分配，以期渡过眼前难关。

我明白蒋先生的这道命令完全是个"杀民养军"的办法，但又苦无他计，只好分别找省政府秘书长崔垂言先生和长春市市长尚传道先生商议措施。他们见了蒋先生的命令也都连连摇头，说千万使不得，如果这样一来，城内必定要大乱了。我经过反复考虑，最后复电给蒋先生，表示很难执行这个命令。为了制订出一个粮食管理办法，以后我还是指定崔垂言先生、尚传道先生等人，共同拟订了一个《战时长春粮食管制暂行办法草案》，其中规定：允许人民留自吃粮食到9月底，剩余粮食一半卖给政府作军粮，一半可以在市场上自由买卖；各保组织粮食管制委员会，由保内缺粮吃的市民派代表参加工作；买卖粮食均应按照政府议定的价格，不许哄抬粮价，凡违反该法令的，均处以极刑。

这道当时被称为"战时粮管法令"的条令公布后，有些暗中与军队勾结的商人，自恃有后台支持，依然我行我素，抬高粮价抢购。我知道后很生气，亲自批准处决了三名被查获的"不法"商人，以后市场上的情况一度稍

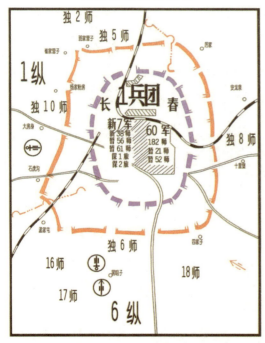

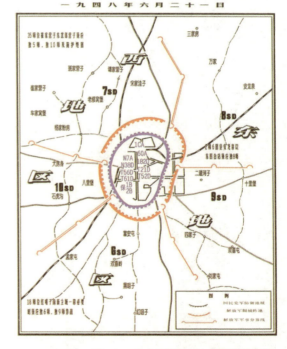

1948年6月初，东北野战军第一兵团围困长春军事部署态势图

1948年6月下旬，东北野战军第一兵团缩紧对长春包围军事部署态势图

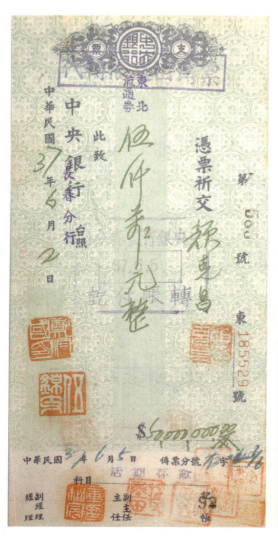

　　1948 年 6 月 5 日，国民党中央银行发出的面额 5000 万元的"东北流通券"（正面）

　　1948 年 6 月 5 日，国民党中央银行发出的面额 5000 万元的"东北流通券"（背面）

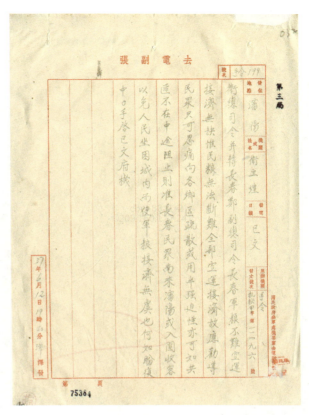

1948年6月12日，蒋介石电令卫立煌、郑洞国可向长春市外疏散人口

稍好些，但民间存粮毕竟有限，几经折腾，也未搜集到多少粮食。

到了八九月份，长春已在山穷水尽的边缘了。军队因长期吃豆饼酒糟，许多官兵得了浮肿病，虚弱得难以行走。各部队指挥官和地方行政长官几乎天天来找我，请求设法解决粮食、燃料之急需，我为此焦急得食不甘味，席不安枕。我曾设想利用市内宽阔的马路，开辟出一个简易机场，以进行空运。但工程刚一开始，马上就招来解放军的猛烈炮火，只得作罢。无奈，我只好再三哀请蒋介石先生和卫立煌将军增加空投。奇怪的是，我电报催得愈急，飞机来得愈少。开始每天还有十一二架飞机来空投，以后减到每天三四架，而且一逢阴天下雨就停飞。这点粮食对于十万大军来说，简直是杯水车

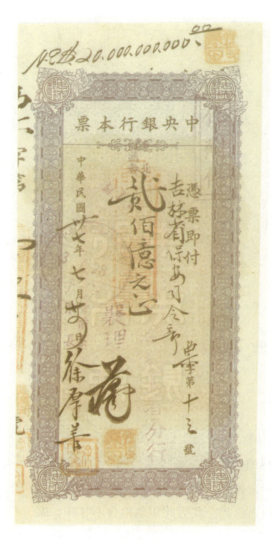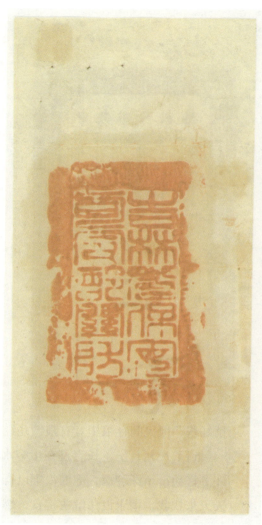

1948 年 7 月 20 日，国民党中央银行发出的面额 200 亿的本票（正面）

1948 年 7 月 20 日，国民党中央银行发出的面额 200 亿的本票（背面）

薪，无济于事。尤其恼人的是，空军与新七军曾有摩擦，因此飞行员执行任务时就采取不负责任的态度，飞机飞得既高，又不按规定办法投掷，结果常把许多粮食误投到解放军的阵地上，官兵气得直骂。

我曾规定，每次空投的粮食，由兵团司令部负责收集，统筹分配各部队。但由于空投不准确，一些米包落到指定地点以外，立刻引来成批饥饿的军民蜂拥抢夺，甚至彼此展开械斗。我怕引起大的混乱，亲自下了一道措辞严厉的命令，大意是：今后凡有不顾法纪，仍敢擅自抢藏空投物资者，一经查获，即刻就地枪决。但此后这类事情还是时有发生。盖因在极度饥饿威胁下的人们，已无法再以纪律和命令来有效约束了。

当时军队的缺粮情况如此，一般市民的处境就更惨了。自7月以来，市内已有饿殍出现。许多百姓因粮食吃光或被军队搜光，只得靠吃树叶、草根度日，结果因身体极度虚弱而病死、饿死的人愈来愈多。有的人在街上走着走着，突然倒下就死去了，尸首也无人安葬。后来街市上甚至出现了卖人肉的惨剧，我虽下令追查，但也不了了之。

那一时期长春街头经常出现一些被遗弃的婴孩。这些不幸的孩子一个个饿得瘦骨嶙峋，有的已奄奄一息了。凡听到孩子们撕肠裂肚般啼哭的人，无不心碎。倘不是被内战逼得走投无路，天底下哪里会有丢弃自己亲生儿女不管的狠心父母？起初，我曾发动地方"慈善机关"收容这些孩子。后来又竭力动员军队眷属抱养，无奈被遗弃的孩子愈来愈多，有时每天竟多达近百名，这如何收容得过来？许多孩子就因此而死掉了。

大约在8月初旬，蒋介石先生在庐山上发来电令，让我将长春城内居民向城外疏散，以减轻守军压力。于是我下令开放南向沈阳、东向永吉两条路口，放老百姓出市区。但老百姓到解放军阵地前要查明身份才能放行，致使大批拖家带口的市民麇集在南郊和东郊两军阵地之间的空隙地带，一时出不去，欲退又回不来，加上一些土匪乘机抢劫钱财食物，弄得百姓们惨状百出，终日哭号之声不绝，以后在这些地方饿死、病死的人无法计数，据说长春解放时，在城东、南郊一带掩埋的尸体就有几万具。

长春本是一座美丽的城市，此时城内外却是满目疮痍，尸横遍地，成了

围城期间处境悲惨的长春市民

一个活生生的人间地狱，人民遭受了一场亘古少有的浩劫！多少年来，每每追忆起长春围城时的惨状，我都不免心惊肉跳，尤其对长春人民当时所遭受的巨大灾难和牺牲，感到万分痛苦和歉疚，此生此世我都将愧对长春的父老百姓！

遗憾的是，那时尽管我已经清楚地意识到，长春守军灭亡的命运已经不远了，而且内心更加后悔当初到东北来打这场内战，但是，那种愚忠愚孝的封建意识却继续左右着我的思想。我错误地认为，不论国民党多么腐败，也不论局势多么险恶，我毕竟跟着蒋先生干了几十年，唯有尽自己力量，挣扎到底，才能保全军人的"气节"，对蒋先生也算是问心无愧。所以，我的心情虽然极度痛苦、绝望，却仍然强作镇静，拼命支撑，丝毫没有改变坚守到底的决心。我的这种顽固态度，使长春人民蒙受的灾难又延续了一个时期，这是我后来思之而痛悔不已的。

放下武器　退出内战

　　1948 年 9 月中旬，东北解放军经精心筹划和充分准备，发起了声势浩大的辽沈战役。自 9 月 12 日起，解放军各路大军云集北宁路，连续猛袭北宁路锦州至唐山段各点的国民党军队，义县至锦州的陆路交通亦被切断，由此揭开了这场决定国共两党在东北胜负命运的重大决战的序幕。

　　在 9 月底前后，解放军相继攻克昌黎、北戴河、绥中、兴城、义县等城，随后以雷霆万钧之势合围锦州。

　　解放军这一着棋的确非常厉害，因为锦州是东北国民党军队的战略门户，是东北与关内联系的陆路要冲、咽喉要地。锦州一旦失守，沈阳和长春的国民党军队将退路断绝，顿成瓮中之鳖，必遭覆没。故蒋介石先生闻讯大惊，慌忙于 9 月底、10 月初由南京先后飞抵北平、沈阳，亲自督促、指挥

第 1 页

第 2 页

　　1948 年 8 月 17 日，蒋介石电令郑洞国将军，强行征集长春市内粮食，并向市外疏散人口（共 2 页）

驻华北和沈阳的大军驰援锦州。

本来在9月初，东北"剿总"曾有由沈阳派出几个军的兵力北上四平街接应长春守军突围之议，使我在绝望之中有了一丝希望，及至解放军发起辽沈战役，我这一点点希望也成为泡影了。我很清楚，目前等待援军已无可能，再拖下去，只有全军饿死、困死，遂决心乘解放军主力南下锦州，孤注一掷，拼死向沈阳突围。

打定主意后，我立即召集新七军军长李鸿将军、副军长史说将军（史氏此时已升副军长一职，新三十八师师长由陈鸣人接任）和第六十军军长曾泽生将军等人开会，研究了当前局势。李、曾等人皆无突围信心，经我再三坚持，始勉强同意抽调新七军新三十八师和第六十军一八二师，向长春西北方向先作试探性突围。我们计划先收复大房身机场，然后在飞机接应下全军突围。

10月3日，天刚亮，新三十八师率先打响，激烈的枪炮声霎时响彻西郊。战斗持续了两个多小时后，我接到李鸿军长打来的电话："司令官，不行啊，共军好像已有了准备，我们攻不上去呀！"我严厉地对他说："你要有信心，不要怕牺牲，一定要打出去。没有我的命令不许后撤！"言毕，我放下听筒，驱车赶往新三十八师师部，亲自指挥督战。在该师师部时，李鸿将军和新三十八师师长陈鸣人告诉我，他们自清晨以来已发动了几次进攻，但因解放军火力强大，都被打退了，至今阵地未能向前移动一步。我听后很生气，认为是他们缺乏信心，指挥不力所致，命他们重新调整兵力，组成几支梯队，轮番向解放军阵地进攻。同时，命一八二师也加入战斗。

过了片刻，新三十八师和一八二师攻击部队在炮兵支援下再度发起冲锋，战况十分激烈。我通过望远镜观察到，尽管我军炮火很猛，但步兵终因饥饿过久，体力不济，运动很慢。有几次突击部队好容易接近解放军阵地前沿，马上又被解放军反击回来，伤亡很大。李鸿将军在旁急得不住地唉声叹气，我装作没听见，仍然下令不停地进攻。战至中午，阵地也仅向前推进了几里地，此后便再也打不动了。此刻，我才痛切地感到，军心已彻底涣散，士兵们已不能、也不肯卖力气打仗了，为此心中焦躁万分。

1472

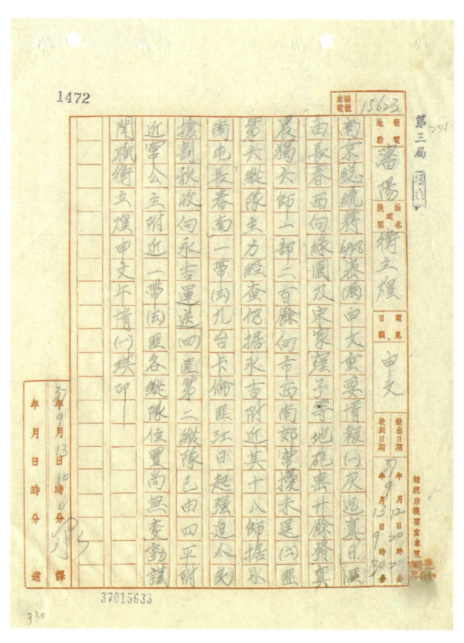

1948年9月13日，卫立煌向蒋介石报告东北解放军动态。从电文上看，国民党东北"剿总"对东北解放军即将发起的辽沈战役毫无察觉

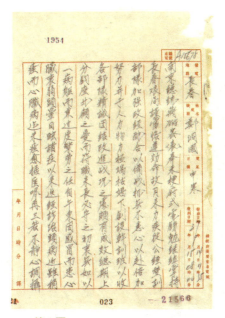

第1页

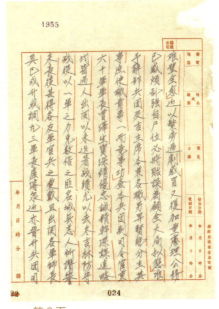

第2页

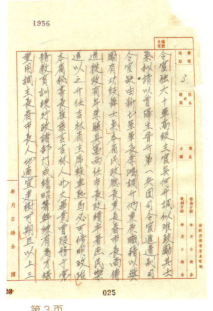

第3页

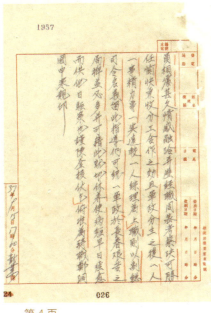

第4页

1948年9月15日，郑洞国将军致电蒋介石，请辞国民党第一兵团司令官及吉林省政府主席的电文（共4页）

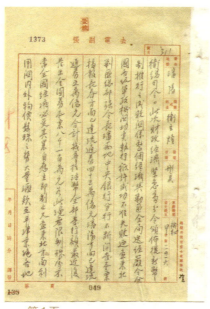

第1页

第2页

第2页

1948年9月15日，蒋介石致电卫立煌，责令东北"剿总"停止强令中央银行在沈阳、长春滥发"东北流通券"的做法，缓解由此导致的国统区经济紊乱和投机倒把盛行现象。

第1页　　　　　　　　　第2页

1948年9月16日，蒋介石于中秋节前夕致电郑洞国将军，慰问长春国民党守军（共2页）

　　4日下午，我请曾泽生将军到兵团司令部，命他再由第六十军暂二十一师派出一团兵力助攻。曾将军垂首无语，半晌才抬头恳切地说："桂公，现在部队士气非常低落，城外共军有一个纵队、六个独立师的兵力，围得很紧，我们根本突不出去，这样打下去只能徒遭伤亡。"我有些生气地反问："那么你说怎么办？难道我们就坐以待毙？"曾氏无可奈何地叹了口气，沮丧地说："桂公一意要打就打吧，反正我们六十军是没有办法了。"看见他无精打采的样子，我虽恼火，却还是用"谋事在人，成事在天"之类的话劝慰了他一番。他返第六十军军部不久，勉强增派了一团兵力，也只是摆摆样子，并未认真打。解放后，曾将军曾同我讲，他那时其实已有意起义，本想试探一下我的口气，争取一起行动，见我态度顽固，只好收住不说了，不过，我当时根本没有察觉到他的意图。

　　以后我们在西郊又打了三天，但毫无结果。任凭我和各级官长如何亲自督战，士兵们也不肯卖命了，有时甚至只要解放军的回击炮火一打响，出击

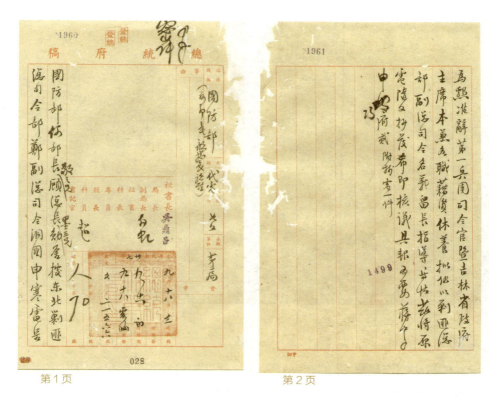

1948 年 9 月 18 日，国民党当局拟批准郑洞国将军请辞第一兵团司令及吉林省政府主席的公文（共 2 页）

部队便自动退回原阵地。我又气又急，却毫无办法。这时，东北"剿总"指示我可使用毒气弹突围，被我拒绝了。在这以前，我就接到过这样的命令，但一直没有执行。我感到，打内战已经是不好的事情，倘对自己的同胞使用国际上都禁用的武器，就太不人道了。所以，一直到长春解放，我都没有想过要动用毒气弹。

7 日下午，解放军发起一次反击，第六十军方面一度吃紧，我偕李鸿将军闻讯匆匆赶至设在一家面粉厂内的第六十军临时军部。我们刚一进门，曾泽生将军便气冲冲地朝我大声说道："司令官，弟兄们都饿着肚子，实在打不下去了。这几天伤亡这么大，再打就要把队伍拼光了。请您下令无论如何在今晚把部队撤回来吧！"我也知道突围没有多大希望，可又不甘心就此作

1948 年 10 月 14 日，东北野战军向锦州发起总攻

罢，便扭头问李鸿将军："李军长，你的意见如何？"李氏早就没有突围的信心了，只是不敢言明，此刻见曾将军已先公开表示异议，也连忙附和道："桂公，看来现在突围是不行了，先把部队撤回来再说吧！"我见两位军长都坚决表示不愿再突围，再固执己见恐出意外，遂长叹一声，有气无力地下达了撤退命令。我知道，此番突不出去，也就再无生机了。那时候我非常顽固，根本没有想到还有起义或投诚这一条生路可走。

10 月 10 日中午，几架飞机突然飞临长春上空盘旋，我意识到可能是上级送来紧急命令，立即摇电话给杨友梅将军，要他派人联络，果然没多久，杨将军便急匆匆地来到我的住处，报告说："司令官，空军空投下来紧急公函，请过目。"我连忙接过一看，原来是蒋介石先生分别写给我和李鸿、曾泽生两位将军的亲笔信，信的详细内容我已记不清楚了，大意是说：目前共军主力正在猛攻锦州，东北局势十分不利，长春的空投物资亦难维持。望吾弟接信后迅速率部经四平街以东地区向东南方向转进。行动之日将派飞机掩护，沈阳方面亦有部队在路上接应，等等。

我阅过信后，马上通知新七军和第六十军军长到我的住所开会。这时李鸿将军突然患起伤寒症，高烧不退，军务由副军长史说将军代理。不一会儿，曾、史二人即先后来到。两人看过信，都坐在那里默默无语，我问道："总统命令我们突围，二位看看怎么办好？"曾将军连连摇头苦笑道："总统下命令容易，真正突围谈何容易？现在城外共军兵力雄厚，而我军是兵无斗志，根本突不出去的。""就是突出去，这七八百里地，中间没有一个国军，官兵又都腿脚浮肿，不要说打仗，就是光走路都成问题呀！"史说将军一反往常活泼乐观的样子，在一旁愁眉苦脸地补充道。我们又反复密商了许久，仍无结果，我只好将会议结果电复给蒋先生。

10月15日，解放军终于攻克锦州，全歼守军十五万人。这样，整个东北国民党军队的陆上退路完全被切断了。

在锦州失守的次日（10月16日）上午，蒋先生再次派飞机空投下来一道措辞十分严厉的"国防部代电"。电文如下：

> 长春郑副总司令洞国并转曾军长泽生、李军长鸿：酉灰手令计达，现匪各纵队均被我吸引于辽西方面，该部应遵令即行开始行动。现机油两缺，尔后即令守军全成饿殍，亦无再有转进之机会。如再迟延，坐失机宜，致陷全盘战局于不利，该副总司令军长等即以违抗命令论罪，应受最严厉之军法制裁。中本删日已来沈指挥，希知照。中正手启。

随"代电"还有蒋先生给我的又一封亲笔信，内容与电令大致相同，仅是语气稍缓和些，他说已派二〇七师去清原接应，自己也在沈阳停留三日，要我务必果断地率长春守军突围，否则将不能等候矣。

我的心被眼前的一切搅得异常烦乱，明明知道突围已不可能，但作为军人又不能不服从命令，心情真是痛苦极了。最后，我心一横：突围是死，不突围亦死，横竖是死，干脆拼死向外突吧，死了也能落个国民党"忠臣"的名声。

想到这里，我命副官通知曾泽生将军和史说将军火速到我的住所开

1948年10月16日，蒋介石致信郑洞国将军，催促长春国民党守军立即突围

会。史将军接到电话马上就赶来了，曾将军却推说正在吃饭，支吾着不肯来。我一把夺过电话，焦急地说："曾军长，我有要事相商，你马上来一趟！""这……我刚吃饭，等一会儿去好吧？"电话筒里传来曾氏犹疑的声调。"不行，事情非常紧急，你得马上来！"我仍坚持。"那——好吧，我五分钟以后赶到，可以吧？"他犹犹豫豫地答应了。

又过了大约十分钟，曾泽生将军才赶到，神色显得有些慌张，一反常态。我虽有点诧异，但并未料到会发生什么意外。

"桂公召我什么事，这么急？"曾氏一面点头与史说、杨友梅二将军致意，一面略微拘束地在我斜对面的沙发上坐下。我顺手将茶几上的电令和蒋先生的亲笔信递给他，并告诉他："昨天锦州已经消息断绝，情况不明了，唉！"也许是因为那时吸烟过多，再加上着急和难过，我的嗓子像被什么卡住了，说话费力，声音也嘶哑得很。

曾泽生将军拿过电报和蒋先生的信，很快地看了一遍，又放回原处，问道："司令官准备怎么办？""现在没有别的选择了，只能按命令突围，我决定今晚就开始行动，明天四面出击，后天（18日）就突围。你们看如何？"我情绪激动地站起来，一边来回踱步，一边以不容置辩的坚决口气将自己的想法告诉他们。这个时候，我最担心眼前的这两位将领不肯同我一道突围。

曾将军望望史说将军，又望望我，用很低的音调说："我没有意见。不过，部队士气非常低落，突围，第六十军没有什么希望。""新七军的情况也差不多，这些桂公很清楚。如果桂公决定突围，我们服从。"史说将军在一旁轻轻抚着我养的一只小花猫，也慢吞吞地表了态。

我沉默了一会儿，没有理会他们的勉强态度，又说："好吧，突围的事就这样决定了，你们先去准备一下，下午再开会拟订突围计划。""我们打算从哪条路走呢？"曾将军仿佛不放心似地插上一句。我想了想，心事重重地说："还是从伊通、双阳这条线走吧……实在突不出去，就拉上长白山打游击。"曾将军苦笑道："桂公还真打算在共产党的天下打游击吗？"我重重地叹了口气，没有作声。其实，我心里同他们一样清楚：突围，仅仅是为了服从命令，其结果无非是战死在城郊。所谓到长白山上去打游击的说法，不过是自欺欺人罢了，实际上是根本做不到的。

大家又默坐了片刻，曾将军首先起身告辞说："下午开会讨论如何行动，我派徐参谋长来参加，他可以代表我决定一切。情况我已了解，一切听从司令官决定。"说毕，即匆匆离去。史说将军也随即返回新七军军部去了。

我没有料到，此时我的军队内部正面临着严重的分化，曾泽生将军已派人出城与解放军联系，正式决定率第六十军起义了。许多年后，有一次曾将军笑着对我说："那次桂公召我去开会，催得很急，我心里好紧张，还以为您发觉了六十军准备起义的事，要将我扣起来呢！"实际上，当时我和新七军的将领对此事一无所知，完全被蒙在鼓里了。

当日午后1时，兵团副参谋长杨友梅、新七军副军长史说、参谋长龙国钧、第六十军参谋长徐树民相继按时来到我的住所开会。

会议的气氛十分沉闷。我先郑重宣读了蒋介石先生的电令，然后询问大家有什么意见。众人面面相觑，默默无言。末了，史说将军说："李鸿军长正病着，我们也提不出什么意见，还是请司令官作出决定吧！"第六十军徐参谋长也在一旁这样附和着。

我考虑了一下，站起来很忧郁地表示了我的决心："'总统'既然决心要我们撤退，我们就只好走吧！"

随后，杨友梅将军取出地图，与大家一起伏在桌子上研究起撤退的路线、时间和部署。经过两三个小时的反复商讨，才算把突围的详细计划制订下来了。

当时我们的计划是：决定将长春守军分为左右两个纵队向清原转移。左纵队由第六十军担任，先沿吉长公路向永吉疾进，待先头师通过岔路河后，先头师即任纵队后卫转向永吉、磐石铁路线，跟随军主力向海龙、清原前进；右纵队由新七军担任，先派新三十八师向长春南郊大屯方向佯攻，打破缺口后即掩护暂六十一师向南占领伊通伊巴丹（今伊通满族自治县伊丹镇），担任右纵队侧翼掩护。然后新三十八师作为纵队先头师，再向东南经双阳向烟筒山、磐石铁路线前进。暂五十六师先任长春守军的后卫，固守长春城防工事，俟新三十八师撤出长春后，改任后卫，随军主力前进。暂六十一师俟暂五十六师抵达双阳后，即向双阳转进，担任右纵队后卫，掩护兵团退却。兵团司令部及直属部队随右纵队行动。

右纵队新三十八师行动时间定在当日午夜12时，暂六十一师于次日凌晨2时前向伊通方向疾进；左纵队亦在午夜同时突围。

一切商定之后，我即宣布散会，要众人马上回去作好夜间突围准备。

史、龙、徐三人分别离去后，我和杨友梅将军又驱车来到兵团司令部，亲自部署司令部人员及直属部队的突围事宜。事毕回到柳条路我的住所时，天已黑了。我草草地用过晚饭，便闷闷地躺在卧室床上不停地吸烟。突围的事终于决定下来，似乎使我松了一口气，但紧接着一种空虚、绝望的心情又袭上心头。我知道突围是凶多吉少，倘突不出去，我只有杀身成仁。想到我不过活到45岁，就将以这样的结局了结了自己的一生，特别是还有十万袍泽，十万更年轻的生命要随我一同走向死亡之地，心里感到阵阵悲凉。这样想着想着，竟不觉昏然睡去。

那一晚新七军的几位将领却迟迟未睡，大家知道明天必死无疑，心都麻木了。陈鸣人、邓士富、张炳言等几位师长跑到副军长史说将军房里搓麻将，很晚还赖着不走，直到最后史将军发起急来，才把他们赶走。

晚10时许，我床头的电话突然铃声大作，我一抓起电话听筒，里边便传来第六十军暂五十二师副师长欧阳午急促的声音："喂，喂！司令官吗？六十军已经决定起义了，今夜就行动！"我刚想探问个究竟，对方却把电话挂掉了。放下电话，我心头一阵紧张，心想第六十军若真的起义，让解放军占领了长春半个防区，那情况就不堪设想了。但转念一想，暂五十二师师长李嵩、副师长欧阳午等人素来与曾泽生将军等滇系将领不和，是否是有意夸大其事？此事现在又不便过于声张，免得引起混乱，影响突围。于是，我又立即给兵团副参谋长杨友梅将军打了个电话，请他设法了解一下第六十军的动向。也许是那一天过于紧张、疲倦了，打过电话我又酣然入睡。约莫午夜时分，我在睡梦中突然被人推醒，睁眼一看，新七军副军长史说将军和参谋长龙国钧、新三十八师师长陈鸣人正站在我的床前，一脸紧张的神色。我预感到发生了什么事情，忙问："你们来干什么？"龙参谋长抢先急切地说："司令官，六十军的情况可能有变化，现在已失去电话联系了！""什么？！"我的心猛一沉，一骨碌披衣坐起来，迫不及待地听取了史、龙等三人的详细汇报。

原来在半小时以前，新七军军部附近突然遭到乱枪袭击，经派出该军特务连部队搜查，发现中央大街东半侧的警戒部队已加强了兵力，且士兵说话很多是朝鲜语，先前的一阵乱枪便是大街东侧防区街心地堡内的守兵发射的。史、龙二人曾打电话给第六十军军部接洽，但电话总机称，与第六十军的直达电话线，在三个小时以前就拆除了，因此无法联系。

听了上述情况介绍，我始感到事情已发生突变，看来几小时以前暂五十二师副师长欧阳午报告的情况并非无中生有。我随即拿起电话听筒要第六十军军长曾泽生将军讲话，但等了很久没人接。再要第六十军徐参谋长的电话，也无人接，这更证实了关于第六十军起义的说法。我无力地放下话筒，重重地叹了口气，无可奈何地对史说等人说："算了吧，他们（第六十军）要怎么干，就由他们干去吧！""那突围的事情怎么办？"史说将军忧心忡忡地问。我考虑在这种情况下突围已不可能，遂命令立即中止突围行动，将已开始调动的部队撤回原防，并迅速向第六十军方向派出警戒。史说等人走后，我又急将第六十军的上述情况电告给沈阳卫立煌将军，请示今后行动机宜。

17日拂晓前，我又多次向第六十军方面摇电话，最后好不容易接通了，但接电话的却不是曾泽生将军，那人在电话里粗声大气地问："你是谁，要干什么？"我平静地说："我是兵团司令官，你是谁？请曾军长同我讲话。"过了好一会儿，听筒里才又传来另一个人的声音，语气比刚才那位缓和多了："司令官，我是六十军新闻处处长。曾军长命我转告您，六十军已决定光荣起义。如果司令官赞成我们的主张，欢迎您和我们一同起义；如果您不赞成，我们也不勉强，就各行其是好了。"我仍要求与曾将军直接通话，但被拒绝了。我刚懊丧地放下听筒，又接到一向与我和李鸿、史说等人十分亲近的天津《民国日报》青年特派记者杨治兴打来的电话，他情绪很激动地说："桂公，六十军已经起义，曾军长刚刚给我打来电话，要我转告您，说他决不向您开第一枪，希望您带头率大家举行反蒋起义。您看怎么办？"末了，杨氏又一语双关地加上一句："桂公，您要尽快拿定主意啊！"我心里烦躁极了，只淡淡地说了一句："知道了。"便放下了听筒。

天亮后，杨友梅、史说、龙国钧等几位新七军将领和省政府秘书长崔垂言先生、长春市市长尚传道先生等，又相继来到我的住所打探消息。第六十军起义的确切消息使大家万分震惊，众人在一起七嘴八舌地商议对策。正说话间，忽报一名第六十军军官前来送信，我即命请进来。那人进来后稍微环视了一下室内，然后举手向我行了个礼，自称是第六十军政工处处长，特地奉命前来送曾军长的一封信，言毕将信递上。我抽出一看，果然是曾泽生将军写给我的一封字迹十分工整的亲笔信。信中说：

桂庭司令官钧鉴：

长春被围，环境日趋艰苦，士兵饥寒交迫，人民死亡载道，内战之残

国民党第六十军起义后，东北解放军第一兵团司令员肖劲光将军（中）、政委肖华将军（左）与原国民党第六十军长曾泽生亲切交谈。（此照片由台湾秦风先生提供）

酷，目击伤心。今日时局，政府腐败无能，官僚之贪污横暴，史无前例，豪门资本凭借权势垄断经济，极尽压榨之能事，国民经济崩溃，民不聊生。此皆蒋介石政府祸国殃民之罪恶，有志之士莫不痛心疾首。察军队为人民之武力，非为满足个人私欲之工具，理应救民倒悬。今本军官兵一致同意，以军事行动，反对内战，打倒蒋氏政权，以图挽救国家之危亡，向人民赎罪，拔自身于泥淖。

　　公乃长春军政首长，身系全城安危。为使长市军民不作无谓牺牲，长市地方不因战火而糜烂，望即反躬自省，断然起义，同襄义举，则国家幸甚，地方幸甚。竭诚奉达，敬候赐复，并祝戎绥！

曾泽生敬启

　　阅过曾将军这封言辞恳切的信，我的心情十分复杂。从道理上讲，我不能不暗暗承认他信中说的都是事实。自己在国民党内做事多年，特别是在从印缅回国后的几年中，亲眼看到国统区内的各种腐败现象比比皆是，日甚一日，对此一直深感不满和忧虑。同时，在战场上同共产党打了几年交道，也了解到对方的许多优点，如共产党人作风清廉，处处为百姓着想，深受人民拥护，军队中官兵团结，打仗有办法等，心中不乏钦佩之意。但此刻若要我同曾将军一样起义却是困难的。因为我跟随蒋介石先生几十年，多重关系将我们系在一起：在黄埔军校中他是我的师长，在军队中他是我的最高统帅，在国民党内他是我的领袖。我作为他的亲信将领，一向受其信任和器重，对于这种"知遇"之恩，我无时不铭刻肺腑，唯恐在这最后关头因临阵起义而落下个"卖主求荣"的坏名，故宁愿死心塌地地顽抗到底。

想到这里，我把曾将军的信放到桌上，冷冷地说："信我留下，就恕不作复了。请你回去转告曾军长，他要起义，请他自己考虑；要我和他一路，我不能干！"来人闻言没再表示什么，转身退出去了。

第六十军信使走后，房内几个人拿起曾氏的信互相传递着阅读，没有人讲话。半晌，崔垂言先生对我说："桂公，您是否再与曾军长通一次电话，请他同意我们派人去同他面谈一下，看看事情还有无可挽回的余地？"我想了想，同意了这个建议，叫副官接通了电话。不一会儿，对方表示曾军长愿意同司令官的代表会面，并提出去第六十军的代表所乘的车辆前要插一面小黄旗，以便通过岗哨。我随即指定杨友梅将军和崔垂言、尚传道两位先生作为我的代表去与曾将军商谈。他们临走前，我想起曾将军在围城期间对尚传道先生有些不满，故还特地叮嘱了他几句。

过了不到一小时，杨友梅等三人垂头丧气地回来了，告诉我曾将军的态度很坚定，没有转圜的余地了，并说曾氏还再次劝我们认清大势，尽早有所抉择。至此，我对促使曾将军回心转意的最后一线希望彻底破灭了，心情十分痛苦，但并未动摇顽抗到底的决心。我命史说、龙国钧二将军先回新七军军部，召开各部队长会议，讨论突围办法；又吩咐崔垂言和尚传道二位先生将省市政府的重要档案焚毁，作好最后破釜沉舟的准备；同时，由于第六十军起义后，设在原伪满国务院的兵团司令部和我在柳条路的住所已不安全，

郑洞国将军在长春最后的指挥部——长春中央银行（今中国人民银行）

我下令暂时进驻中央银行，再作进一步突围的部署。

正忙碌间，记者杨治兴心事重重地来我的住所探望，并说有要事对我讲。在我的卧房内坐定后，他先犹豫了一番，方鼓起勇气说："桂公，您一向待我亲如子侄，现在我不能不向您进一忠言。目前长春的局势已很难挽回，下面都不肯打了，再打也没什么希望，请您还是早作妥善主张吧。"我叹了口气说："这些情况我都了解，但目前我只有打下去，没有别的路可走。"杨氏有些激动地说："桂公，我大胆地说一句，您不是以前也同我讲过国民党政府腐败，不得人心。现在您却执意要为这样一个政权打到底，就是战死了又能怎样？我看还是退出内战吧，免得再作无谓牺牲。"杨氏的话确实刺痛了我，我何尝不愿活下去，为国家、民族作一些贡献？但一想到这样就意味着背叛蒋介石先生，我的心又强硬起来，遂压抑着内心的痛苦和矛盾，强作镇静地对他说："你不要再讲了，我不愿意听这些话。"不过，看到眼前的这位年仅二十余岁的年轻人，也许会同我一道死在突围的路上，心

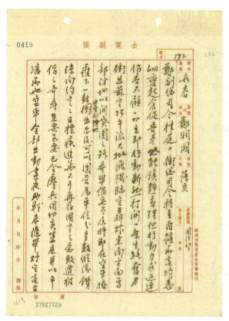
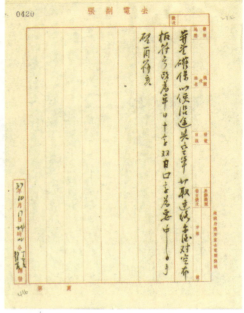

第1页　　　　　　　第2页

1948 年 10 月 17 日夜，蒋介石闻第六十军起义后，电令郑洞国将军立即突围（文 2 页）

中又很不忍。过了一会儿，我酸楚地对他说："小杨啊，跟着我走是浑水，跟着共产党是清水，你与我不同，还是留下吧，我让人给你留下几袋米。"杨氏闻言痛哭失声，哽咽着说："这个时候我不能走，我陪您去中央银行。"说毕，起身随我一起乘车前往中央银行大楼。

当日下午，我接到沈阳方面发来的电令，指示我于 18 日上午率部从第六十军防地向外突围，届时将派飞机轰炸掩护。我立即在中央银行召开秘密会议，研究下一步突围部署。参加会议的除杨友梅、史说、龙国钧等几位将领外，还有吉林省政府秘书长崔垂言先生、吉林师管区司令李寓春将军、军统长春站站长项迺光先生（后去台任"蒙藏委员会委员长"），以及蒋介石先生于 5 月间派来的两名督战官李克廷、肖树瑶等人。

我先在会上宣读了电令，然后请大家发表意见。等了半天，在座的新七军将领们都默默无言，唯有崔垂言、项迺光等人坚持要突围。我知道突围关

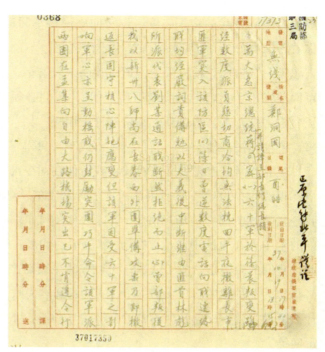

1948 年 10 月 17 日，国民党长春守军一部起义，一部军心动摇后，众叛亲离、山穷水尽的郑洞国将军给蒋介石拍发的电报

键要看实际带兵的将领态度，遂转向史说将军问道："史副军长，突围的事你看怎么办好？""现在突围是突不出去的，不过是又要无辜地死伤上几万人罢了。"史氏无精打采地答道。我尚未及答话，项逎光先生忽然奔到史将军面前，用手指着他的脸庞厉声责问："我们必须突围，拖也要把队伍拖到长白山去打游击。难道新七军就这样无用吗？！"史氏闻言满面愠色地站起来，拂袖而去。他一走，会自然开不成了，只得不欢而散。

晚上，尚传道先生又来看我，我留他在司令部一起吃晚饭。因为彼此心情都很沉重，谁也不愿多讲话。饭后，7时许，曾泽生将军突然打来电话，我赶紧拿过听筒，他却只讲了一句："有人同你讲话。"接着，一位自称姓刘的陌生人在电话中说道："我是解放军的代表。现在长春的局势你是知道的，我们的政策是，放下武器，可以保障生命财产的安全。希望你考虑，不必再作无益的牺牲。"我愤愤地答道："既然失败了，除战到死以外，还有什么可说，放下武器是做不到的！"说毕将听筒重重地往电话机上一搁，表示回绝。

但是，和我一样打算负隅顽抗的人毕竟是愈来愈少了。17日夜间，记者杨治兴又来到史说将军家探望，谈到长春的局势和今后的打算，史说将军叹息不已。杨氏趁机进言："目前突围和战守都没有前途。您是否有意率部声明退出内战，与解放军商议停战？"史氏与其他将领本已不想再打，只是碍于我的反对而不敢做主，故闻言忙问："桂公意下如何？"杨氏急于促成和平，乃根据我平素私下对国民党腐败不满的一些言论佯称："桂公也有此意，不过依他的身份怎么好讲呢？"史说将军以为是我授意杨氏来传递信息，不由大喜过望，说："倘桂公同意，一切就好办了！"第二天一早，他与龙国钧将军商议，决定派新七军炮兵指挥官王及人、新闻处长杨天挺、暂六十一师第二团团长姚凤翔三人出城与解放军谈判。

新七军与解放军接治的事情，我当时完全被蒙在鼓里，丝毫不知晓，以后还为此与史、龙二人间有些误会。1962年，我与史说将军在上海谈起这段往事，彼此才弄清记者杨治兴从中"假传圣旨"的这段缘由，不禁相对大笑，这是后话。

18日晨，沈阳方向如期飞来一队轰炸机，在市区上空盘旋。少顷，从飞机上又传达了催促突围的命令，我只好说部队未准备就绪，请求延期突围。这时，机上指挥官报告说，市区东半部正有大批部队向城外开出，问我是什么部队。我回答说可能就是第六十军部队。机上人员立即要求进行轰炸，我说："算了吧，那些以前都是自己的人，况现在轰炸已无意义，徒使老百姓遭殃，还是停止轰炸吧。"于是，这队飞机在南关一带盲目地丢下几枚炸弹，便悻悻地飞去了。

18日下午，我万分焦虑地来到新七军军部，召集师长以上将领开会，督促布置突围事宜。这时李鸿将军已从家移居到军部，我特地先去看了看他，他的病仍然很重，连说话都很困难。左右的人告诉我，李氏近日来常蒙头痛哭，情绪非常悲观，我听了心里也很难过，只好说了几句不着边际的话安慰他，随后便匆匆来到隔壁的小会议室主持开会。

会上，我依然坚决主张突围，但大家都哭丧着脸，闷在那里不说话。我急了，再三催促史说将军发表意见。他只说："目下官兵饿得腿脚浮肿，行军困难，况且途中还有共军拦截，这些情况您是深知的。"之后，便垂着头再也不肯讲话了，屋内的气氛一时十分尴尬。又过了很长时间，还是其中一位与我私谊很深的老部下、暂六十一师师长邓士富大胆地站起来说："目前情况，突围已不可能，建议司令官暂时维持现状，再徐图别策吧。"我见会议也研究不出什么别的结果，只得同意他的意见，宣布散会。

散会后，史、龙二人坚意要留我在新七军军部过夜，我心里一惊，心想他们虽是我在印缅作战时的老部下，但在此危急关头，莫非要挟持我向解放军投诚？这样岂不坏了我的"名声"？我愈想愈怕，一面坚辞不肯，一面头也不回地冲门而去。事后才知道，那时新七军的将领们都以为我内心里已有放下武器之意，担心我在兵团司令部为特务包围，不安全，故想将我置于他们的保护之中，并无恶意，是我误解了他们的一番好意。

在返回兵团司令部的路上，我的心情痛苦、绝望到了极点。心想自己戎马半生，参加过东征、北伐和抗日战争，经历了无数战阵，今日竟落到如此下场，连多年相随的老部下也同我离心离德了，看来真是气数将尽。我意识

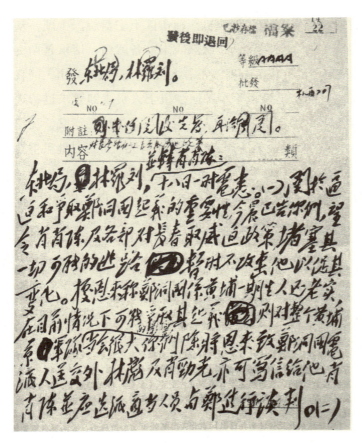

1948年10月18日，中共中央军委致东北局关于争取郑洞国起义的电文

到现在突围不成，守亦不成，唯有以杀身成仁来保全自己的军人气节了，遂下了自戕的决心。那时，我根本没有认识到自己这样死心塌地地维护一个早已失去民心、注定要失败的腐朽政权是极端错误的，更没有想到在这个紧要关头，应当勇敢地同国民党的反动统治决裂，走向人民，走向光明。相反却要以自戕来愚忠于党国，以为只有这样才能对得住天地、良心。今日想来，这些想法真是顽固可笑到了极点。

我在迷惘和痛苦中度过了一夜。第二天清晨，我尚未起床，兵团副参谋长杨友梅将军和两名督战官轻轻走进我的卧室。杨将军侧身坐在床沿上，声音低低地问："桂公，桂公！您睡醒了？"我含糊地应了一声，没有动弹。杨将军怯生生地说："刚才接到新七军史副军长和龙参谋长电话，他们已经与解放军方面接洽，决定放下武器了，解放军同意保证司令官以下全体官兵的生命财产安全。李军长和史副军长他们都希望由您来率领大家行动，解放军方面也再三表示了这个意思。您看我们……"说到这里，他不往下说了，但声调里充满了期待。新七军决定投诚，已在我的意料之中，但一旦将成为事实，仍使我在精神上遭受巨大冲击。"完了，一切都彻底完了！"我无力地躺在床上，这样悲哀地想着。

杨将军见我久久不语，坐在床边有些不知所措。过了一会儿，我听到卧室门外有人轻轻地同我的卫士讲话，杨将军闻声快步走了出去。少顷又进来附在我耳边轻轻说道："司令官，龙参谋长有事来见你。"见我没有反应，他又重复了一遍。过了约两分钟。我才有气无力地问："龙参谋长有什么事？"龙氏平静地说："现在军部正在开营级以上干部会议，希望司令官去主持一下。""你们李军长呢？史副军长呢？他们为什么不亲自主持？"我有些气恼地问。龙氏答："李军长正在生病，无法主持会议。史副军长现在主持会议，但有些重大问题无法决定。倘若司令官亲自参加，问题就容易解决些。"听了龙氏的话，我联想起昨晚他们执意让我在新七军军部留宿的情景，不禁恨恨地想到："哼！果然是想挟持我。"我愈想愈气，再也抑制不住埋在胸中的痛苦和怨恨，猛地撑起半身，指着龙氏厉声骂道："龙国钧，你和史说随我做了几年事，我待你等不薄，今日为何要学张学良、杨虎城卖我求荣呢！"屋内的气氛顿时紧张起来，众人从未看到过我如此责骂部属，吓得连大气都不敢出。我也自觉出言太重，重重地叹了口气，又颓然倒身躺在床上。龙将军怔怔地站了一会儿，怀着满腹委屈和失望返回新七军军部去了。

19日上午，新七军全体官兵自动放下了武器。在这前后，包括地方保安部队在内的国民党驻长春的各部队也相继向解放军集体投诚。只有兵团特务团还据守在中央银行大楼内抵抗，成了解放军重重包围中的一个小小的孤岛。

1948年10月19日，蒋介石致电顾祝同、何应钦，通报长春国民党守军新七军投诚消息

　　此时真正是山穷水尽了。我见大势已去，遂将全部情况向东北"剿总"作了汇报，没多久，我接到刚刚被蒋先生由徐州"剿总"重新派到东北收拾残局的杜聿明将军打来的电报，他拟请蒋先生派直升机接我出去，问有无降落地点。我怀着既感激又沉痛的心情电复他："现在已来不及了，况亦不忍抛离部属而去，只有以死报命。"到了这时，我还是没有改变"宁可战死、

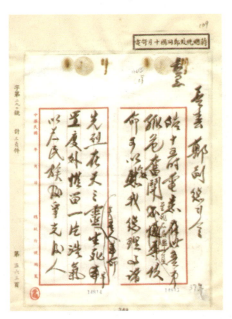

第1页

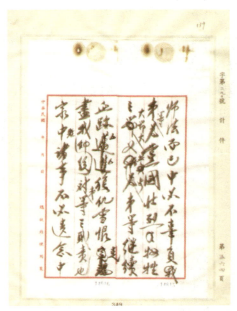

第2页

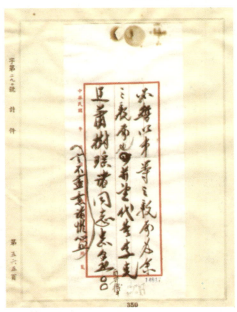

第3页

蒋介石致电郑洞国将军，要求他为"党国"竭尽最后忠诚

不愿投降"的顽固态度。

20日这一天异乎寻常地平静，解放军并未像我预料的那样大举攻打中央银行大楼。实际上，杨友梅将军和我身边的高级幕僚们已背着我暗地里与解放军接洽上了，那时我待在房间内心灰意冷，万念俱灰，随时准备殉职，并未注意到他们的活动。

10月20日夜11时，我给蒋先生拍发了最后一封诀别电报：

> 十月十九日下午七时亲电谨呈，职率本部副参谋长杨友梅及司令部与特务团（两个营）全体官兵及省政府秘书长崔垂言共约千人，固守央行，于十月十九日竟日激战，毙伤"匪"三百人，我伤亡官兵百余人。入夜转寂，但"匪"之小部队仍继续分组前来接近，企图急袭，俱经击退。本晨迄午后五时，仅有零星战斗。薄暮以后，"匪"实行猛攻，乘其优势炮火，窜占我央行大楼以外数十步之野战工事。我外围守兵，均壮烈成仁。刻仅据守大楼以内，兵伤弹尽，士气虽旺，已无能为继。今夜恐难渡过。缅怀受命艰危，只以德威不足，曾部突变，李军覆灭，大局无法挽回，致遗革命之羞，痛恨竟曷已。职当凛遵训诲，克尽军人天职，保全民族气节，不辱钧命。惟国事多艰，深以未能继续追随左右，为钧座分忧，而竟革命大业为憾。时机迫促，谨电奉闻。职郑洞国十月二十日二十三时亲印。

21日凌晨，中央银行大楼外突然响起激烈的枪声，我尚以为是解放军向我的司令部发起最后攻击，觉得该是自己"成仁"的时候了，遂身着戎装，平躺于床上，伸手至枕下欲取出早已准备好的手枪自戕。岂知摸了又摸，手枪居然不见了。原来左右已发觉我的神情异常，预先就将武器寻出收藏起来了。我生怕再稍迟一刻便做了解放军的俘虏，慌慌张张地起来在室内到处搜寻任何可以了结自己生命的器械。这时，一直守候在门外的卫队长文健和四名卫士闻声拥入，呼喊着将我死死抱住。住在邻室的我的侄子、时任吉林省政府秘书处处长的郑安璇，也跑了进来，直挺挺地跪在地上连声哀求："二叔，不能啊，您可千万莫走绝路！"言毕大哭。我恨恨地跌足叹气，

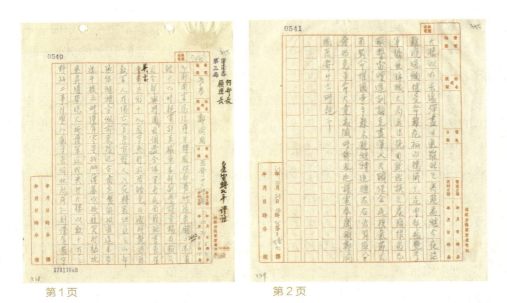

第1页　　　　　　　　第2页

1948年10月21日凌晨，郑洞国将军向蒋介石发出的最后电报（文2页）

颓丧地倒在床上。少顷，杨友梅将军带着一些幕僚匆匆走进房间，他含泪道："桂公，事情已到了最后关头，请您赶快下去主持大局！"然后命人不由分说地将我从床上扶起，拥向楼下。

来到一楼大厅，我猛然怔住了，原来大厅内外已布满了解放军。再看身边，四名卫士紧紧地环绕在我的身后，唯恐我再出意外，杨友梅将军等人也团团围住我，都用满含期待的眼神注视着我，我一切都明白了，面对这木已成舟的事实，我只得勉强同意放下武器，听候处理。

事后始知，杨友梅将军和司令部的幕僚们，先已通过与解放军秘密接洽，悄悄迎来了解放军的代表及少数部队。他们计议，朝天开枪，假意抵抗，造成猝不及防、兵临司令部的事实，促我与之共同走向光明。这样，既避免弃我于不顾，又不叫我过于难过，巧妙地从死亡线上把我救了出来，真是煞费苦心！后来每忆及此事，我都由衷地感激共产党的伟大政策和部属们的这番安排。

当日天大亮后，我带着已经放下武器的兵团直属部队出城，途中恰巧与随解放军大队进城的解放军兵团司令员萧劲光将军和政委萧华将军相遇。萧华将军立即停下车子，走过来热情地同我讲话，没有一点胜利者的架子和骄矜之色，使我冰冷的心里，油然生起一股钦敬之意。

晚上，萧劲光将军和萧华将军在位于长春郊区四家子的司令部里设下丰盛的筵席款待我。尽管主人招待得非常客气、周到，但由于我当时的思想仍甚顽固，且心绪更坏，故只低头喝酒，很少讲话。萧劲光和萧华二位将军虽然看出我不愉快，似有敌意，却还是不停地给我斟酒夹菜，和气得很。酒过数巡之后，我才开口对二位将军说："我在国民党里搞了二十几年，现在失败了，当然听凭处理；至于部下官兵，如果有愿意回家的，希望能让他们回去。"萧华将军和蔼地答复说："关于这些我们党有政策规定，请郑将军放心，要回家的人，我们一定要帮助他们回家，愿意留下的，也一定给予妥善的安置。""既然过来了，大家都是一样的，都还可以为人民服务嘛。郑将军今后的打算如何？是愿意回家，还是愿意留下？"萧劲光将军也在一旁微笑着问道。我知道他们的态度十分诚挚、友善，没有丝毫恶意，但因失败而为死灰般的情绪萦绕着内心的我，却还固执地想做"失败中的英雄"，不肯向共产党人低头，所以很坚决地向他们表示，什么事都不想做，只想当个老百姓，并且生硬地说了两条：一不去广播、登报，二不参加公开的宴会。两位将军笑了笑，毫不介意，对我的两点"要求"，也都爽然应之。筵席快结束时，二位将军委婉地提出："你不愿工作，是否愿意到后方哈尔滨去多看一看，休息休息，或者学习一段时间，请任意选择。"我想了想，觉得自己对解放区一向十分隔膜，看一看也好，还可以研究一下共产党究竟为什么能够得人心，打胜仗，自己输也输个明白。于是，我就点头同意了。

我在解放军的司令部里住了一夜，第二天便离开了这座战火刚刚熄灭的城市，经永吉前往哈尔滨解放区。从此，开始了我人生历程中的一个新的转折！

第七章

走向新的生活

去解放区

离开长春，我同一批放下武器的兵团司令部及新七军军官，动身去哈尔滨解放区，途中在永吉作了短暂停留。

在永吉，吉林省人民政府主席（名字记不清了）热情地款待了我们，特地摆了一桌丰盛的酒席宴请我和杨友梅等人，还送给我们一些生活零用钱。交谈起来才知道，这位省政府主席是我老家石门的邻县慈利人。也许是同乡的缘故，他给我留下了颇为亲切的印象。

第二天，我们乘火车到达哈尔滨，有解放军和当地人民政府负责官员前来迎接。随后被安置住在解放军政治部联络部招待所。一段时间以后，又搬到市区一栋小楼去住。这栋楼房原来的主人是一个白俄商人，室内设施齐全，我与杨友梅住在楼下，李鸿夫妇、史说、龙国钧等人住在楼上。

在哈尔滨一直住了三个月。解放军对我们的生活十分优待，行动也很自

1948 年 10 月下旬，长春和平解放后，郑洞国将军（中）在解放军干部的陪同下去哈尔滨，左为郑洞国的卫士李国桢

由，可最初我的心情仍然非常苦闷。在二十余年的戎马生涯中，我与新旧反动军阀血战过，与日本侵略者血战过，最后败在共产党的手下，对这个现实思想上一时很难接受。尤其是看到为之奋斗了近半生的党国事业，已经穷途末路，回天乏术，我心中更感到空虚和痛苦。绝望之余，只有用封建的正统思想来约束自己，努力保持所谓军人的气节，不肯做任何有损党国的事情。直到这个时候，我还没有放弃愚忠于国民党政权的打算。

那一时期，中共党内何长工等同志多次找我谈话，希望我参加人民政权的工作，共同为人民服务。由于思想上的顽固，我都拒绝了，表示只想当老百姓，不愿再过问政治。不过，我还是应邀参加了一些参观解放区的活动，希望亲身体验、了解一下解放区的实际情况。

我到哈尔滨不久，东北形势发生了天翻地覆的变化。长春解放后，蒋介石先生飞到北平，亲自指挥廖耀湘将军的第九兵团向辽西方向撤退，但10月底即在辽西黑山、大虎山地区陷入解放军重重包围，全军覆没，廖氏本人及部下官兵八万余人被俘。11月初沈阳、营口相继解放，东北全境宣告解放。曾几何时，几十万国民党军队气势汹汹地开出关外，企图抢占整个东北，仅仅过了三年时间，便落得一败涂地的下场，可见历史规律和革命进程的发展，对于一个腐朽、没落的反动政权来说是多么无情。

通过报纸，我每天都看到外面的变化。起初拿起报，看两下就觉得心烦，渐渐地心境比较平和些，看得仔细一点了。

面对解放战争如此巨大、迅速的发展，我并不感到吃惊，因为我原是当事人之一，这些都是在意料之中的。我倒愈来愈注意报纸上关于解放区经济建设方面的消息。共产党有可能在短期内取得全国范围内的军事胜利，这一点我不再怀疑，但这个党能不能治理好一个拥有几亿人口的贫穷落后的大国，对此我还抱着将信将疑的态度。现在看报上的消息，除了军事以外，也有关于经济、文化等方面的报道，此外还有一些讲解、宣传共产党经济、文化政策的文章，读起来觉得颇有道理，而且我在解放区参观所看到的事实，也证明即使在战火熊熊的情况下，共产党还在认真地领导着各项建设事业。

这个时候，我的认识开始有了一些变化。老实说，尽管表面上还想保持中立，实际上却已顽而不固了。

本来，住在哈尔滨，我除了看报之外，什么书都不想读，也读不进去。看报看了个把月之后，心境好一些了，对于看报的兴趣愈来愈浓了，当初心里存在着的问题——共产党为什么能成功？国民党为什么失败了？——似乎得到了一些初步的解答。可是初步的解答愈多，问题也愈多，问题中有许多是不能从报上得到满意的解答的。于是看书的愿望油然而生。我要求阅读毛主席的著作，得到一部当初东北版的《毛泽东选集》。这部书我至今还保存着，成了一件十分珍贵的纪念品。

《毛泽东选集》在我眼前展开了一个新的境界。我从不知道毛主席有这样大的学问。他在书中对当时局势的分析，特别是谈到国民党与人民之间的矛盾、失败的原因，以及全国人民渴望和平、结束内战的愿望，对我深有触动和启发。

中国共产党究竟是怎么一回事，过去我是不清楚的。但是，作为一个军人，从亲身的体验中，我早知道共产党得到民心，能够组织老百姓，老百姓愿意跟他们走。打起仗来，解放军士气高涨、指挥灵活，等等。

毛主席的著作使我有了初步的认识，中国共产党今天的成功，是经过无数艰难困苦得来的。幼年时期的共产党，在第一次大革命中显示了伟大的力量。十年内战，共产党紧紧依靠广大工农群众，建立和发展了革命武装。1935 年 1 月，红军长征途中在贵州遵义召开会议，确立了毛主席对党的领导地位，才使中国革命的胜利得到了可靠的保证。毛主席的伟大贡献在于把马克思列宁主义的普遍真理，以及列宁、斯大林对中国革命的原则指示，与中国革命的具体实践相结合。当时，我特别喜欢读毛主席写的《中国革命战争的战略问题》。通过这部杰出的马克思主义的军事著作，我才知道，毛主席创造了农村包围城市的基本战略方针，毛主席又创造了游击战和带游击性的运动战的方式。根据这些天才卓绝的方针和方式，毛主席指导了在数量上和装备上都处于劣势的人民军队，一次接着一次地战胜敌人。

除了毛主席的著作，以后我又阅读了《列宁文选》、斯大林写的《列宁主义基础》《联共（布）党史》和普列汉诺夫的一些著作，对马克思列宁主

1948 年 10 月底，东北解放军在黑山、大虎山地区围歼从沈阳出援锦州的廖耀湘兵团（此照片由台湾秦风先生提供）

义的理论，开始有了一个初步的了解。

那时我看书的兴趣特别浓厚，读了一本又一本。通过阅读革命书籍和观察实际，我逐步建立了对于中国共产党和毛主席的敬重和信仰。

我在哈尔滨潜心读书的时候，中国人民解放军又接连取得伟大胜利。1948 年 11 月初，第二、第三两大野战军联合发动了彻底决定国民党政权覆殁命运的淮海战役，经过前后 65 天的作战，歼灭国民党军队 50 余万，我过去的挚友杜聿明将军也在这次战役中兵败被俘。同年 12 月初，第四野战军和华北解放军两个兵团发动平津战役，攻克张家口和天津，和平解放了古都北平。

读书的心得和革命形势的迅速发展，自然不断影响着我的思想，但头脑中的封建毒素和旧意识却也不是轻易可以消除的。那时我还不肯放弃只当老百姓的打算，不愿意亲身参加革命工作。解放军方面先后让我写自传，给杜聿明将军写信等，都被我推辞了。可见一个人要战胜自己的消极思想，走向

1948 年 11 月，东北解放军攻占沈阳，东北全境宣告解放，图为东北军民欢庆解放

进步，是一件多么不容易的事情。

1949 年 1 月底，我从哈尔滨移居抚顺，受到和在哈尔滨一样的款待。在抚顺的时候，我的生活圈子扩大了，常去看戏，和一些熟人来往。当时，许多在战场上被俘的国民党高级将领都集中到抚顺，其中有我的老部下廖耀湘、郑庭笈等人，我可以经常看望他们。

过了不久，和我一起从哈尔滨来到抚顺的原第一兵团及新七军投诚军官们，开始分批遣散，不少人还分配了工作，杨友梅、史说、龙国钧等被委派去部队军事院校担任高级教官，最后只剩下我一个人。这时我才意识到自己确实是落后了，心中十分惆怅。6 月间，我的夫人陈碧莲从上海来到抚顺。自 1948 年 3 月我去长春后，我们夫妻还是第一次见面，一时间真是百感交集。政府对我们很关照，特地另外分配了一处住宅供我们居住。

我在抚顺前后居住了一年半时间。这期间，我有充分的时间用来读书学习。当时我读书简直上了瘾，一本接一本地啃马克思主义的经典著作，愈读愈觉得心里亮堂，对许多问题的体会也比较深切了，心境进一步发生了变化，我开始冷静地思索起自己二十多年来所走过的道路。

二十多年前，我怀着救国救民的愿望考入黄埔军官学校。当时正是轰轰烈烈的大革命时期，国共两党团结合作，造就出朝气蓬勃的革命形势。我先后参加过东征战役和北伐战争，曾亲身体验到部队内部上下一心，确实有那么一种人人不怕死、勇于为革命献身的精神，而且处处得到工农民众的拥护和支援，所以革命军队所向无敌，到处打胜仗。

在北伐的过程中，情况变了。国民党右派破坏国共合作，从打倒列强转而依靠英美势力，以谋取自己的统治地位。对这些变化我当时并不清楚。只是感觉到，北伐军渐渐开始腐化了。军队一进城市，军官就去嫖赌，丢下部队不管。部队内部纪律涣散，欺压百姓的事时有发生，军民关系不再像以往那般亲密了。随着北伐节节胜利，军队腐化的程度也步步加深。我不知道军队腐化实际上是军队性质蜕变的象征。

1927年国共分裂，这是中国现代革命史上一个极重要的关键，也是我一生政治道路选择上的一个极重要的关键。但在这个关键上我犯了错误。尽管当时我对国民党右派大肆"清共"无法理解，甚至感到痛心；对于一些曾并肩战斗的共产党员们惨遭杀害和迫害，内心里非常同情和惋惜。但我始终视国民党为正统，认为国民革命只有通过孙中山先生遗下的国民党来完成，因而没有意识到当时继续留在国民党军队里，便是离开了革命，走上一条与自己初衷相反的政治道路。

在国民党的营垒里，我的道路愈走愈窄，心情也愈来愈痛苦。一方面，我意识到这个党正在腐化、堕落，完全背弃了人民。这一点我在抗战胜利后体会最深。接收上海时，国民党大小官员大肆侵吞日伪时期留下的资产，简直是一帮无法无天的匪徒，穷凶极恶，什么都抢，前门贴封条，后门搬物资，坐地分赃，不少人发了大财，却无人理会生活在水深火热中的沦陷区人民。那时上海物价一日数变，商人囤积居奇，地痞流氓横行不法，小偷扒手多如牛毛，无所谓社会秩序，更谈不上生活保障，老百姓终日惶惶，很快失

1948 年底，郑洞国将军在哈尔滨解放军官教导团学习。左为廖耀湘，右为范汉杰

去了对国民党政权的信心。以后接收东北时也是这样，许多国民党党政军官员视去东北为肥缺，敲诈勒索，贪污中饱，几乎无所不为，弄得国民党占领区乌烟瘴气、乱七八糟。东北老百姓把国民党中央军称之为"遭殃军"。当时我对此确实感到痛心疾首。另一方面，我在长期反动、封建思想毒害下已无力自拔。尽管后来我在政治、军事乃至经济方面，对国民党政权已经绝望，却始终未曾想过要同它彻底决裂，走上一条新的政治道路。相反，我一直以所谓"党国忠臣"自居，尽自己最大努力为其苦撑，甘愿做这个早已腐朽了的政权的殉葬品。当初奉调去东北，以及后来受命去困守长春，无不是在这种思想意识支配下行动的。

　　长期以来，在我的头脑中，既有朴素的爱国思想，希望政治清明、国家富强，但又有封建的愚忠意识。去东北以后，特别是困守长春期间，这两种思想斗争十分激烈，我在精神上为此备受痛苦的煎熬。长春的解放使我自己也得到了解放，从此与曾经走过的漫长的错误道路告别了，精神上得到解

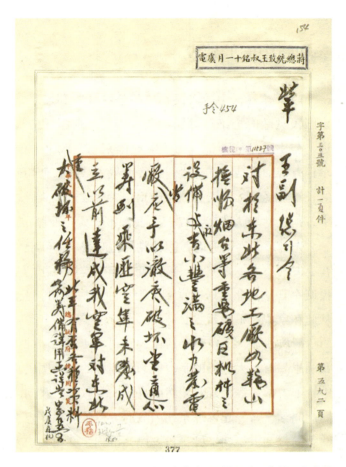

1948年11月7日，蒋介石电令空军副总司令王叔铭，彻底破坏鞍山、抚顺、烟台等地工厂、矿山及小丰满发电厂等工业设施

脱，政治上获得新生。放下武器以后，在接触的人物中，谁也不曾追究过我历史上的任何一页，也从未强迫我做当时尚不愿做的任何事情。由此我深深体会到萧劲光将军对我说过的"既然过来了，大家都是一样的"那句话的亲切意味，才真正认识、理解到共产党政策的伟大。

在哈尔滨、抚顺期间的认真学习和自我思想斗争，给予我很大的精神力量，使我能以今日之我否定旧日之我并催生未来之我。我意识到自己的政治生命并没有完结，而且正在重新开始，思想也渐渐开朗起来。

参加新中国的建设

　　1949 年春，中国人民解放战争继续胜利发展。北平和平解放以后，南京国民党政府拒绝签订国内和平协定，企图凭借长江天险，阻挡解放军前进，与中共划江而治。为了解放南京、解放全中国，4 月 20 日子夜，解放军百万雄师发动渡江战役，仅经两昼夜战斗，便粉碎了国民党军队苦心经营的长江防线，第三天解放了南京。大军续进，乘胜攻击聚集在淞沪地区的几十万国民党军队。5 月 27 日，我国第一大工业城市上海亦告解放。

　　先是，长春解放时，国民党的报刊登载了我已"壮烈成仁"的报道。我在上海的家人不知究竟，曾四处打探确实消息，后来，原在我司令部工作的投诚军官从东北遣送回家到上海，才明白真相。上海解放后，我写信回家，从此和家中有了联系。

　　解放战争一个接一个的伟大胜利，使我的精神得到大大的鼓舞。那时对我的思想有重大影响的是：作为我前辈的那些国民党高级将领和官员如张治中、邵力子、程潜等，毅然脱离国民党政权，投向人民怀抱；我的黄埔军校同期同学，曾一起参加东北内战的好友陈明仁等也在长沙勇敢起义。我在这些人的行动里得到了鼓舞与支援，得到了共鸣和启发，切实认识到，国民党政权确早已穷途末路，众叛亲离；凡是有良心的人都应该以鲜明的行动，争取立功自赎。这些前辈和同学所采取的大义行动，甚至有些是超过我的估计，这正证明了自己一个时期以来的思想变化是正确的，并且需要更快的进步。

　　在抚顺，我一直住到 1950 年 8 月，后因身体不适前往上海就医。离开抚顺，我先到沈阳。中共中央东北局负责人高岗会见了我，并请我吃饭、看戏，非常客气。我在沈阳仅停留一日，第二天即乘火车前往北京，沈阳军区政治部特派了一位科长陪送。

　　到了北京，我先去看望了我的好友、后来成为我的亲家的焦实斋先生。焦氏与我有几十年的深厚友谊，东北内战初期，他曾一度担任国民党东北保

1968 年 2 月 1 日（农历正月初三），郑洞国将军（后右）与夫人顾贤娟（前右）到亲家焦石斋（后左）家中拜年时合影，前左为焦石斋夫人金一清女士

安司令长官部总顾问，以后因不满国民党的腐败统治而弃官回到北平，在北平师范大学任教。北平和平解放前夕，他出任国民党华北总部副秘书长（实际上主持秘书长事务），积极推动、协助傅作义将军与解放军和谈，为北平和平解放作出过贡献。此次老友重逢，彼此都十分欢愉。焦夫人金一清女士十分热情，亲自下厨做了一桌丰盛的酒席款待我，不过当时我胃病严重，食欲很差。然而席间焦先生向我介绍 1949 年以来国家出现的种种令人振奋的新气象，以及他本人对新中国建设光辉前景的展望，都强烈地感染、打动着我。从这位老朋友的身上，我似乎看到了自己的榜样。

过了两天，萧劲光和萧华两位将军又请我去全聚德吃烤鸭。一见面，我先就上次见面时的生硬态度表示了歉意，两位将军亲切地表示理解我当时的心境，席间大家谈古说今，十分快活。后来话题转到国家建设问题，两位将军希望我参加解放台湾的工作。当时尽管我的思想已经发生了很大转变，但尚未完全摆脱旧的封建意识束缚，故犹豫半天方道出心中难言之隐。我表示通过学习，已经认识到国民党政权的腐朽本质，完全拥护共产党解放台湾的决策，但碍于海峡彼岸多是往日故旧朋友，彼此有着多年交谊，自己不愿与他们兵戎相见。两位将军闻言客气地说，他们希望我出来为人民做一些事情，至于做什么、怎么做，完全尊重我个人的意愿，绝无勉强之意。共产党人这种宽宏大度的胸襟，使我非常感动和钦敬，多年后，我与两位萧将军还保持着朋友般的情谊，可惜他们均已谢世了。1989年冬萧劲光将军重病时，我曾特地前往解放军总医院看望他，晤谈甚欢，不料那次相见竟成永别，令人痛惜。

在北京期间，我还荣幸地受到敬爱的周恩来总理的接见和宴请。最初得知这个消息时，我感到格外的兴奋，想不到多年之后，周恩来总理还一直记挂和关怀着我这个不成器的学生，同时也想起了两年前一件令人感动的往事：1948年10月18日，我在长春山穷水尽，已经到了最后关头。为了将我从黑暗中挽救出来，时任中共中央副主席的周恩来亲自写信给我，分析形势，晓以大义，劝我顾念当年黄埔之革命初衷，毅然举行反蒋起义，回到人民的行列中。信件原文如下：

洞国兄鉴：

　　欣闻曾泽生军长已率部起义，兄亦在考虑中。目前，全国胜负之局已定。远者不论，近一个月，济南、锦州相继解放，二十万大军全部覆没。王耀武、范汉杰先后被俘，吴化文、曾泽生相继起义，即足证明人民解放军必将取得全国胜利已无疑义。兄今孤处危城，人心士气久已背离，蒋介石纵数令兄部突围，但已遭解放军重重包围，何能逃脱。曾军长此次举义，已为兄开一为人民立功自赎之门。届此祸福荣辱决于俄顷之际，兄宜回念当年黄埔之革命初衷，毅然重举反帝反封建大旗，率领长春全部守军，宣布反帝反蒋、反对国民党反动统治，赞成土地改革，加入中国人民解放军行列，则我敢保证中国人民及其解放军必将依照中国共产党的宽大政策，不咎既往，欢迎兄部起义，并照曾军长及其所部同等待遇。时机急迫，顾念旧谊，特电促速下决心。望与我前线肖劲光、肖华两将军进行接洽，不使吴化文、曾泽生两将军专美于前也。

周恩来

十月十八日

据说这封充满黄埔师生情谊的信件是用电报转达到前线的。次日上午，解放军进驻长春时，交给了新七军副军长史说，请他转交给我。可惜因当时我的兵团司令部附近枪声四起，市内秩序混乱，史说派去的人未能把信送到，我到解放区后方知此事。不过对于周总理的这番亲切关怀，我是始终未能忘怀的。

那天，我准时来到周总理家中。我在黄埔军校时的另一位老师聂荣臻元帅也已在座。见我走进会客室，周总理连忙起身，快步迎了过来，那双炯炯有神的眼眸注视着我，紧握着我的手说："洞国，欢迎你，我们很久未见面了，难得有这个机会呀……"

我被周总理的坦诚、热情所感动，觉得他还像当年的周主任那样诚挚可亲。一时真是百感交集，两行热泪几乎夺眶而出，半天才愧疚地说出几句话："周总理，几十年来，我忘了老师的教诲，长春解放前夕，您还亲自写信给我，我感谢您和共产党的宽大政策。"

周总理摆了摆手，打断了我的话，微笑着说："过去的事不提了，你不是过来了吗？今后咱们都要为人民做点事嘛！"

大家落座之后，周总理问我在北京是否还有熟人，我说有位黄埔军校一期的同学叫李奇中，与我交谊甚笃，据说他现在北京。周总理说这个人他知道，现在是政务院参事。随即吩咐工作人员快去请来。过了不久，李奇中便赶到了，师生四人相见，分外亲热。

吃饭的时候，周总理详尽地询问起我的身体和家庭情况，那副关切的神情犹如家人一般，使我如沐春风，心底感到无比的温暖。周总理还和蔼地问我今后有何具体打算，我想了想，有些不好意思地说，自己别无所长，人也

20 世纪 50 年代初，郑洞国将军（前中）与陈赓将军（前右）、侯镜如（后左）、唐生明（后右）等黄埔军校同学在一起

老了，打算回家乡种地去。李奇中在旁插话道："好哇，你在老师面前还敢称老？"说得一桌人都笑起来。周总理亲切地说："洞国，你还不到五十岁嘛，还有很多时间可以多为人民作贡献。现在国家建设刚刚开始，有许多事情等着我们去做呀。"周总理的诚恳态度使我非常感动，遂表示拟先回上海治治病，料理一下家务，再听候安排。周总理说："你先回家休息一下也好，身体养好后随时可以来。"

席间，周总理还询问起当年中国驻印军在缅北与盟军联合作战的情形。那时正值美国发动侵朝战争，战火已经烧到了鸭绿江边。我比较详细地介绍了美军的作战特点，指出美国人打仗主要靠武器装备，打不了硬仗，为此还特别举了几个实际战例加以说明。周总理和聂帅听得很认真，不时插话询问，待我讲到美军非常依赖空中补给，如过去中美军队共同执行作战任务

20 世纪 50 年代中期，郑洞国先生在北京寓所书斋中看画报

时，美国兵行军走累了，就先丢弃武器弹药，然后再丢弃衣服，待到达目的地时，浑身只剩下一条短裤了，以致空运的装备只好先全部补充给美军。周总理听得有趣，不禁开怀笑了起来。据说在后来的一些会议上，周总理多次引用我讲的这几件事，激励大家要从战略上藐视敌人，克服某些人头脑中的崇美、恐美思想，坚定抗美援朝、保家卫国的信心。

8 月中旬，我由北京到了上海，回到原来住的房子。这房子是公家的，上海解放后人民政府没有收回，仍让我的家眷居住。到了上海，我就进公济医院去公费医疗。

我的身体不好，主要是胃病，总觉得胃里有东西顶着撑着，时感疼痛。这病自去长春加重了。那时精神苦闷，心力交瘁，反应到胃。没有想到，一个战败了的国民党高级将领，竟能在人民政府关照下进行公费医疗。长春之战中，我却使人民受了多少苦难。

在医院里住了一个月之后，回家去休养。这一休养，在上海一直住到

1954 年 9 月，毛泽东主席（前排右七）在北京中南海，与中华人民共和国第一届国防委员会委员合影。后排左起第一人为郑洞国将军

1952 年 6 月。在这段休养期间，我有机会和解放后的新社会发生接触，有机会把学到的并初步信仰的理论和现实印证。

上海，本是我很熟悉的地方，抗战胜利后，我在这里住了半年多。解放前，这里是有名的花花世界、冒险家的乐园。谁知解放刚刚一两年，上海居然大变了样：昔日常见的那些恶霸、流氓、娼妓等几乎涤荡殆尽，整个城市在人民政府管理下井然有序、生机勃勃，人民安居乐业。我原来认为上海的情况复杂，牵连非常广泛，很难治理好，而共产党却在这样短的时间内取得了惊人的成效。在事实面前，我真是叹服了。

等我住得久一些，其间经过历次的社会改革和经济建设的迅速发展，上海的情况越发好了。这个被列强盘踞百年以上，被官僚买办作为大本营、奴役中国人民的罪恶渊薮，逐步改变了性质，成为我国新型的经济、文化大都市，广大民众的生活得到改善，根深蒂固的旧社会风气也彻底扭转了，上海的确新生了。

理论和现实印证，使我越来越坚定地确信，自己新的政治信仰没有错。

郑洞国先生与顾贤娟女士新婚合影

中国共产党的理论、政策和实际措施是一致的，是贯彻到底的。在共产党的领导下，走社会主义道路，中国的前途一定会大有希望。

1951 年冬，我写信给李奇中，谈到自己目睹祖国各项建设事业蒸蒸日上，心情格外振奋，准备春节期间再到北京看看。李氏将此事告诉了周总理。周总理很快给我打来电报，邀我去京。

春节前夕，我到了北京，日理万机的周总理在政务院再次会见并宴请了我。一见面，周总理还是那么亲切地问长问短，关怀备至。我心情很激动，坦诚地向周总理汇报了自己对中国共产党的新认识，表示愿意参加新中国的建设事业。

听了我的汇报，周总理格外高兴地说："你的思想又有了新的进步，这是值得庆贺的，我代表大家欢迎你。你的年纪还轻些，完全可以多为人民服务嘛。"

我恳切地向周总理表示："感谢总理的关怀，我把上海家中的事情安置好，很快来京工作，听候总理安排。"

周总理爽朗地笑了起来，说："好，好，你可以边工作，边学习嘛。"

春节过后，我赶回上海安排家务。大约 5 月中下旬，我再次给周总理打了一个电报，表示一切准备妥当，随时听候总理安排。承蒙他很快复电，要我尽快去京。

1952 年 6 月，我举家迁往北京，在周总理的亲切关怀下，被任命为水利部参事。这是我第一次和人民政府的实际工作发生关系。看到新中国成立仅仅几年，水利建设工程规模之大、收效之宏，就已举世瞩目，心中格外振奋，感到共产党确实是一心一意造福于人民的，决心竭尽自己的全力，为新中国的建设事业添砖加瓦。

1954 年 9 月，在第一届全国人民代表大会第一次会议上，经毛泽东主席亲自提议，我又被任命为国防委员会委员，参与国家机要工作。

过了不久，我突然接到一张套红的金字请帖。打开一看，原来是毛主席派人送来的请帖，要在中南海家中宴请我。当时我的心情既激动又不安，毛主席是党和国家的最高领导人，日理万机，还想到我，甚至要设宴招待，这该是多么荣幸的事情呀！但是，想到自己曾负罪于人民，参加工作以来尚未给国家作出什么贡献，却身受种种优厚的待遇，现在又蒙毛主席亲自接见，心中甚觉愧疚。见了毛主席，我该说些什么呢？

去见毛主席那一天，我迟到了几分钟。贺龙元帅和叶剑英元帅，还有鹿钟麟将军等早已在座。我刚到，毛主席即迎了过来，同我握手、寒暄、让座。

我本来真有些紧张、拘谨，然而毛主席开始一句话、一个动作就打消了我的顾虑。坐定之后，毛主席诙谐地笑道："郑洞国，郑洞国，你的名字好响亮哟！"引起大家一阵大笑。接着，他问我吸不吸烟。我应声说"吸"，顺手在茶几上取了一支香烟。没想到，毛主席十分敏捷地擦着一根火柴，站起身替我点燃了香烟。这位深受亿万人民敬仰和拥戴的革命领袖，竟是如此亲切随和、平易近人，一点没有旧社会达官贵人那种虚伪矫饰、盛气凌人的样子，使我的心情一下子就轻松多了。

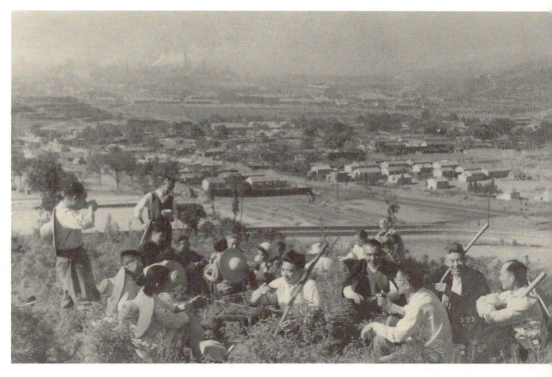

郑洞国先生在北京模式口参加劳动时小憩。在这几张照片中，人们可以从郑洞国先生等人脸庞上洋溢的笑容，感受到他们在新中国的幸福生活

　　毛主席操着浓重的湖南乡音，问起我全家的生活情况。我如实答道，由于感情上的原因，妻子刚刚同我离异，儿子还未结婚，已从上海同济大学毕业，现在沈阳的一家建筑部门工作。毛主席听后说：家庭问题很重要，要妥善处理好。人对生活要有一种达观的态度，不能为一时的波折而灰心。只要进取向上，是不难重新获得个人幸福的。我听了毛主席这些体贴入微的话，感动得不禁连连点头。接着他又笑着说："你的家庭生活安排好了，还得多为人民做点工作嘛！你今年才51岁，还很年轻哟！"我很惊讶，想不到毛主席这么了解我，连我的年龄都知道，激动地表示今后要好好为人民服务。

　　我们越谈越随便，不知怎的，我突然向毛主席提出了这么一个不甚得体的问题："您是怎样学习好马列主义的？"毛主席似乎也感到我问得太突然，怔了怔，望着我，我有些不好意思了。毛主席爽朗地笑了，然后回答说："我当年接受马列主义之后，总认为自己已经是个革命者了。哪知道一去煤矿，和工人打交道，工人不买账。因为我还是那么一副'学生脸''先生样'，也不知道怎样做工人的工作。那时我成天在铁道上转来转去，心想这样下去怎么行呢？想了很长时间，才有些想明白，自己的思想立场还没真正转变过来嘛！……"

毛主席又加重语气说，他也不是生而知之的"圣人"，而是在向社会学习、向群众学习的过程中逐步走上革命道路的……他还说，一个人的思想总是发展的，立场是可以转变的。只要立场转变了，自觉地放下架子，拜人民为师，这就灵了，学马列主义也就容易学好……

在那天的宴席上，毛主席讲了好些。许多话记不起来了，但我始终难忘的是，毛主席以其切身的体会开导我，鼓励我转变立场，为人民服务，走革命之路。

从那以后，我一直牢记着毛主席的谆谆教诲，认真学习，努力改造世界观，在共产党领导下，真正走上了一条爱国和革命的道路。

三十多年的时光逝去了，尽管我们在前进的道路上经历了不少曲折，但祖国毕竟还是发生了天翻地覆的变化，不仅国力大大增强，人民生活水平迅速改善，国家的国际地位也空前提高，旧中国那种任人欺凌宰割的屈辱日子一去不复返了。实践表明，中国人民接受马克思列宁主义的指导，在中国共产党领导下走社会主义道路是正确的。只有社会主义才能救中国，这也是我在人生道路上探索多年而认识到的真理。

由于人民的关怀和信任，我先后担任全国政协委员、常委，参加民主党派工作后，于1979年出任民革中央副主席，还是黄埔军校同学会的副会长。多年来，我一直以新中国建设者的身份，积极为国家的建设和发展贡献绵薄之力。如今我已到耄耋之年，回首往事，我非常庆幸自己的后半生走上了一条正确的生活道路。展望未来，我坚信社会主义事业是光明和大有前途的，决心继续沿着这条道路坚定不移地走下去、走到底。

1958 年冬，郑洞国先生与长孙郑建邦。这张照片是著名摄影家黄翔先生拍摄的

　　1959 年 10 月 19 日，周恩来总理在北京颐和园介寿堂会见黄埔校友及其亲属。前排左起：郑洞国夫人、张治中女儿、邓颖超、张治中夫人、邵力子夫人、唐生明夫人、张晓梅（徐冰夫人）、侯镜如夫人。二排左起：周恩来、陈赓、郑洞国、张治中、邵力子、傅涯（陈赓夫人）。三排左起：屈武、黄雍、唐生明、覃异之、侯镜如、杜聿明、周振强、童小鹏。后排左起：李奇中、平杰三、王耀武、杨伯涛、郑庭笈、周嘉彬、宋希濂、高登榜

　　郑洞国夫妇（第二排左二、左一）与杜聿明（第二排左三）、黄翔夫妇（第二排右一、右二）及家人合影

1961 年，郑洞国先生与全家人合影

北京机场迎接李宗仁先生夫妇。李宗仁先生身后戴墨镜者为郑洞国先生

　　1972年2月21日，郑洞国先生出席了周恩来总理在北京人民大会堂举行的欢迎美国总统尼克松访华的盛大宴会。图为郑洞国先生（右）与尼克松总统（左）在宴会上

　　1973年夏，郑洞国先生（右前）在福建厦门鼓浪屿观察金门岛

　　1977 年，郑洞国先生（左二）与杜聿明（右二）、宋希濂（右一）、侯镜如（左一），在全国政协的组织下，前往湖南、广东视察时，摄于广州黄埔军校孙中山先生故居前

　　1981 年 1 月 14 日，在北京的部分黄埔军校校友就叶剑英元帅 1979 年发表的《告台湾同胞书》举行座谈会。正面沙发左起第三人正在发言者为郑洞国先生

　　周恩来（第二排左五）、邓颖超（第二排左四）夫妇与黄埔师生及家属同游颐和园。前排右起第三人为郑洞国

1981 年 6 月 3 日在宋庆龄同志追悼大会上

1981 年 10 月 14 日，郑洞国先生（左一）在黄埔军校同学座谈会上发言

1987 年 11 月，郑洞国先生与长孙郑建邦摄于广州黄埔军校旧址前

1989 年 1 月，郑洞国先生 86 岁诞辰时与全家人合影。前排右起：郑洞国、儿媳焦俊保、重孙女琳琳；后排右起：次孙媳穆继云、次孙郑耀邦、长子郑安飞、长孙郑建邦、长孙媳胡耀平

1990 年 5 月，郑洞国先生摄于北京钓鱼
台国宾馆

郑洞国先生晚年像

我担任郑洞国副官的日子／黄仁宇

印度与缅甸

在 1942 年，中国派遣了一支远征军去缅甸，是由第五军和第六军组成的，这是蒋介石所能调度的最好军队，但结局十分凄惨。刚开始中国军队和英军发生争执，延误了入缅的时间，等到进入缅甸时，一切已经太迟了。打仗的时间少，撤退的时间多。日军在盟军后方实施大规模的迂回包围战术，中国军队和英军只好忙着撤退。新二十二师和新三十八师发现自己的退路被敌军切断，于是烧掉卡车，焚毁辎重，企图在雨季穿越陌生的那迦山，到达西北边的印度阿萨密省。但是只有少数人到达终点，其中有一位是美国将军，名字是史迪威。

中美英经过一番争执后，决定设立一支新部队，就是中国驻印军。由新二十二师和新三十八师的剩余部队，在印度心脏地带比哈尔省的蓝伽重新整军。英军负责粮食和衣服等后勤事务，美军负责供应战略物资及提供训练。飞机运送来整补的中国军队，不只要强化两个受损的师，还要成立第三个师，此外还有三个野战炮兵团、两个工兵团、数个坦克营，以及运输与通讯单位。三个步兵师组成新一军，由中将郑洞国率领，接受驻印军总指挥史迪威的管辖。

可惜的是，在缅甸第一次战役中，蒋介石犯了一次很致命的错误。他任命史迪威为中国军队的总指挥，却又没有充分授权。这次任命多多少少出于外交的考量，以为史迪威会满意这样的头衔，因此军队补给将不再匮乏，而且史迪威还代表第三方的势力，可以和英军维持较好的关系，保障中国的权益。但是，一方面遵行中国军队的传统，另一方面也出于个人的习惯，蒋介石从来不曾放弃直接指挥部队的权力，并不想透过总指挥来传达。这样无异于以国家元首来执行军事否决权。在过去，由于中国将领背景迥异，军人的来源十分复杂，这种做法有其必要。但是这种无规则的运作手法，却激起史迪威很深的怨恨，他觉得自己被出卖了。1942 年春天，史迪威想在缅甸集结大军，他的中国部队的指挥官却看到由于英军的逃离，暴露了中国军队的侧翼，日军很容易直插后方，对中国军队形成包围，因此这些中国指挥官无意充当史迪威的炮灰。高级指挥军官要不就忽略为数不多的美国将军，要不就很不客气地顶回去，史迪威受不了这些屈辱。他建立驻印军时，目的就在算清两笔账：一是必须在被迫撤军的同一地区打败日军，二是必须在实质上成为中国军队的实际统帅。为达成第二项目标，他将第一次战役中的资深中国军官全部逐出蓝伽，重新选择新一军的指挥官，这一度成为重庆军官们的话题。在国民党的军队中，个人交情是很重要的。身为下级军官的我，常在司令部进进出出，因为凭着特定的背景，我得以拜访将军，被他们接见。基本上来说，军政部并没有能力处理所有的人事公文，也不可能提供后勤支持，安排所有的运输事宜，因此必须容忍我们不正规的举动。军方唯一能做的事，就是实施一套严苛的升级制度。我们全受限于从军校毕业的日期，除非学长升官，否则轮不到自己，在高层就比较有弹性。在打造国民党军队及铲除军阀的初期，蒋介石对军阶的授予不可能太严苛。不过，这并不代表资历不受重视。此外，高级军官的内在向心力，是由一个非常小的团体间亲如手足的关系凝聚而成的，那就是黄埔军校早期的教官与学生，成都中央军校也是其延伸。

中国军队的创造，可以说比时代早一步。军队和社会缺乏联系，就像异物飘浮其上。其间的危险之处在于，资深高级将领占据同一地区太久，就会想透过个人关系和军队的资金建立与该省高级官僚的关系，这就是军阀的起源。对日抗战时，国民党军队仍然需要若干旧军阀的协助，虽然国民党无意培养新军阀。"黄埔系"所以赫赫有名，要归诸环境，尤其是黄埔第一期，学生由校长蒋介石亲自挑选，六个月的训练也由委员长亲自督导。毕业后，这一批不到五百名的学生并没有全部担任军官，有些不过是班长，不到一年，许多人死于战事。他们对国民党的忠贞奉献，成为人尽皆知的特色。郑洞国就是黄埔一期生。

此时的郑洞国看起来内向保守、温文儒雅，但很少有人知道，年轻时的他曾带领士兵冲锋陷阵，攻城略地。他行动缓慢稳重，休闲时喜欢下棋。西方并不熟悉他的名声，但他在中国将领之间以谦逊知名。他从来不邀功，听任长官和同僚决定游戏规则。他对部下很是慷慨，放手让他们行事，总是替他们说话。蒋介石派他去统率新一军时，似乎找到了在史迪威手下做事的适合人选。

数年后，我担任郑洞国的副官，有机会更加了解他。他的长处在于坚忍不拔。他是昆仑关一役的英雄，对我解说在1939年冬季时，如何从日军手中攻下这个高地。当时两边人马对峙已久，双方都筋疲力尽。他统领的荣一师，前线上只剩下四五百人，包括他自己和三个团长在内。敌军之所以没有歼灭他们，是因为他们自身情况也很糟。这时我方补充了一师，带来进攻的命令。两团人马从师的所在位置奋力进攻，但损伤惨重。参谋长舒适存少将判断昆仑关我方会获胜。他判断对了。我军发起又一波攻势，剩下的两三百名士兵成功登顶，此役存活的日军并不多。舒将军也是新一军在蓝伽的参谋长。郑将军不愿浪费他的才华，后来推荐他担任别的职务。郑将军提到他时，总是说好话："像舒适存这样的人可以算是成熟的。"这时我已经知道，对郑来说，成熟是很高的赞语。舒将军不是黄埔的毕业生，他毕业自省立军校，因此只好在国民党军队中从不起眼的职位做起，慢慢往上爬。在他晋升到目前的地位前，坎坷不断。他的军队曾经溃败，他被迫逃生。有一次他受军法审判，被判死刑，虽然撤退是前线的事，他并没有下命令。他终究被赦免，有机会戴罪立功，继续他的军旅生涯，并没有因为运气不好或委屈而受到一丝一毫的影响。郑将军把舒的失败经历视为良好的资历，这点必须站在国民党军中的观点才能了解。众所公认的是，在特定环境中，任何军官都可能时运不济。通过考验后，舒仍然勇往直前，证明自己身经百战，可以成为优秀的将领。

在金钱的诚实方面，我和郑将军意见不同。国民党管理军队的方式是，在缺乏军队的地区，军政部会给当地的高阶将领一大笔整数的金钱，让他们自行解决问题。因此，资金运用的诚实与否，其间分际就很模糊，有时差异不过是程度上而已。然而，我还是直截了当地说出自己的看法，表达下级军官的意见，指出高阶军官贪污腐化。"你们年轻人不知道自己在说什么。"郑将军会轻轻斥责我。他为他的一个长官辩护，说这位前黄埔军校的教官"几乎无米可炊"。这段话当然不是字面上的意思，郑将军要说的是，虽然该将领表面上经手很多钱，但他必须养活部下，其中有的失业，有的家有急难，还要尽种种特殊义务，剩下的金额不足让全家维持差强人意的生活水准。就这个特殊案例来看，我没有被说服。不过将军言语直率，让我从新的角度出发，来看待高级将领的生活及挣扎。我开始了解，在国民党的军队中，没有人有太多的行动自由。一旦成为高级将领，就必须去做自己不想做的事，不能做想做的事。你无法顺自己的心愿，将想要的军官网罗成部下。更糟的是，你必须将不想要的人纳入属下，有些甚至是你想踢掉的人。

我多次受惠于郑将军的亲切善意。我们在重庆时，他让司机把车停在山脚下，自己走上一百英尺的泥泞路，到我们家的简陋小屋探视我母亲，后来他要夫人致赠三万法币（约十八美元）。更重要的是，郑将军让我自由发挥，我可以做许多不符合军事传统的事。例如，看到很多将军从我们面前走过，我不是依官阶向他们行礼，而是随我自己对各个将军的敬意而定。"黄参谋"，将军有一次提醒我，"最近你在高阶将领前的态度不是很好。瞧你窝在沙发上的样子"。他接着说，如果我不是在他手下做事，我会大大惹祸，这倒是真的。抗战胜利后，我们在东北，他推荐我去美国进修，我担心可能过了期限。他说不用担心，两天后国防部部长白崇禧会来，他会对他提这件事。他说到做到，不过后来我们才发现，根本没有必要，原来野战部队的期限已经延后。

郑在东北时，接到最糟的任务。他攻下长春，奉命守城，时间几达三年。他的司令部仿如北大荒中的孤岛。在最后数星期，在连小机场都没有的情况下，军队奋力守城，被以高射炮围城，封杀任何可能的空投物资。他的两位将领投降。司令部拼命打了半天仗，最后只得败降，但将军坚持绝对不投降，最后被俘虏。多年来我不知他的下落，"文化大革命"结束后，他的照片刊登在《中国画报》上。图片说明中华人民共和国称他为"爱国人士"，我深感欣慰。但这是后话。

在1943年2月，还在第二次世界大战期间，我去他在重庆的旅舍客房见他，谈了数分钟。在我们飞往印度时，我被派到他的营区当参谋，官拜上尉。在我和总指挥之间，有无数的层级。那时我们根本不在乎总指挥是谁。我们先遣部队有十八个军官，都很年轻，才二十多岁，只有于上校例外，他是师级以上的副官，年龄约三十五岁。在四个小时的飞行途中，我们看到白雪覆盖的山头，最后总算看到印度。当 C-47 开始降低高度时，布拉马普特拉河的风貌完整呈现眼前。大河漫延无边，直通天际，之间必定有无数的水道、小岛与沙洲。我们一度只能见到沙和水，倾斜在机翼尾侧，沐浴在温暖的阳光之下，景观真是动人。即使到了现在，我仍然觉得，这样的景色只适宜出现在《国家地理杂志》闪亮耀眼的彩色画页中。

我们早已得知，印度这个国家拥有无限的大自然魅力，但却非常肮脏。这样的描写并没错，不过同样的说法也可以用在其他亚洲国家，包括中国在内。印度中部的干燥气候对我反而是新鲜事。到了晚上，繁星密布，整个苍穹显得更深邃，想必已激发许许多多诗人和小说家的想象力，难怪会诞生神圣牧羊人和转世马车夫的传说。印度人使用色彩的能力，也同样吸引着我们。在中国，绝大部分的人穿蓝衣服。庙宇的柱子总是涂上一层特别的红漆，称作"朱砂红"。除此之外，街道上并没有太多色彩。在印度，颜色的组合喧闹放纵，绿配紫，橘色滚蓝紫边，再穿插金色条纹，即使是农妇，照样穿得多彩多姿。另外一件我们觉得奇怪的事，就是当地人把所有的东西都放头上。在中国，较轻的东西用肩扛，重物也是用肩扛。在印度，水罐和轻巧的提篮用头顶，盒子和箱子也是用头顶。

在我们到达不久前，印度人才发起"退出印度"运动，让英国人很是尴尬。因此，我们在蓝伽营地时，英军谨慎观察我们，担心民族主义旺盛的中国人会有新的举动，重新点燃当地人的民族主义情绪。其实，这个顾虑是多余的。我们唯一接触的印度人，就是在营区流浪、白天睡在树下的贱民阶层。我们才到达，军中的厨师就立刻雇用他们。懒散的厨子让他们整理厨房，洗碗盘，用剩菜当工资。从此以后，依照印度教的正统习俗，我们已经里里外外被贱民污染，毫无翻身的可能。在军营的裁缝店中，偶尔可以看见服饰绮丽的印度妇女，但她们看都不看我们一眼。

多年后，我读到西方作家写的文章，指出在训练营中，我们多么感激享有物质上的福利。这话既对也错。最满意的当属战地军官。排长和连长不用再担心士兵会脱逃，他们都吃饱穿暖，身体健康。军官不可能像我在云南时一样烦恼：当时一名士兵眼睛发炎，第二天整排士兵的眼睛也跟着红肿，泪眼婆娑；脚上的坏疽永远好不了，因为雨天时必须不断踩在泥泞路上。衣着方面，我们配发到印度式的陆军制服。后勤部队的军官会定期收走穿旧的制服，送到营本部，换取新衣。

对我们来说，食物就不甚精彩了。经历过云南的军旅生涯后，我实在不该这么说。不过营养不等于美味，饮食无聊乏味，晚餐绝对不值得期待。任何人只要连续三个月吃白饭配腌牛肉丝，就可能了解我的意思。制服也让我们显得很可笑，衬衫上的纽扣是橡胶做的，裤子上则是铝扣。奇怪的是，裤子上没有扣环，腰带无从安放。靴子和袜子永远大上很多号。因此，为了美观和舒适起见，我们开始自掏腰包，去买量身定做的制服。对我们的卢比津贴而言，这是不小的开支。我们也把橡胶处理过的床单拿到裁缝店，改成中国式的军便帽，再别上国民党的大齿轮徽章。理论上，这些橡胶床单似乎应改装成南美式的大斗篷或吊床，以利丛林作战，改成帽子未经过核准，更在史迪威将军的禁令之内。不过，防水的军便帽十分有用，不久后史迪威自己也戴了一顶。他战时的照片可证明，他违反自己颁布的命令。

在我们抵达蓝伽的头两个星期，我们无法分辨美国人和英国人有何不同，他们都是穿着卡其军服的白种人。但到达营地已好几个月的老兵，却对我们的无知很是愤慨。"你们为什么看不出差别呢？"美国人的卡其军服比较闪亮，甚至连士兵的制服都上过浆，熨得服服帖帖。更不要说中士的臂章尖端朝上，不像英军的臂章翻转向下。英国士兵比较粗野，衣服总是皱成一团，和我们没有多大差别。很多英国兵二头肌上刺着刺青，更常讲脏话。邻近蓝溪的歌舞杂耍厅总是挤满了英国兵，一名肥胖的白种妇女扭着臀部唱"喔，我的战舰"时，士兵哄堂大笑。美国人比较喜欢把钱花在休假上，去加尔各答和大吉岭。最大的不同是，美国大兵的薪水是英国兵的四五倍。

我们和驻印军的英军参谋团军官混熟后，他们邀我们吃晚餐。我们才开始了解到，我们的盟友之间简直有天壤之别。英官彼此以军阶相称，但只到上尉为止。中尉是"先生"，而士兵则是"其他层级"，共同的友人是"老兄"。他们对每件事都有正确的应对进退之道。如果我们觉得吃东西很难不发出声音，正可以向他们学习，因为他们可以让最坚硬的食物在口中溶化，同时保持一派从容的态度。他们说的英语也不一样。他们紧抿着嘴唇说出"我也这么觉得"时，和我们在电影上听到的很不相同，和其他层级及美国大兵的英语也不一样。

我不知道是否是自己的自卑心态作祟。在蓝伽，我的军阶多少有些尴尬。只有英军参谋团门口的印度卫兵，会用前后一致的态度表示重视。他们总是向我敬礼，而且夸张用力地举起手臂，因此手停在印度头巾边缘时，还不时晃动。但在军营另一边的美国卫兵，只会瞪着我衣领上的徽章瞧，仿佛是不可解的谜。他会让我进去，但不会有什么特别的敬礼，所以我也默默走进去。有一天，我原先预期受到同样的对待，却发现站岗的卫兵换了。他突然立正敬礼。由于事出突然，我毫无准备。偶尔会有美国兵走近我，指着我的徽章说："嗨，老兄，你是什么官阶？上尉吗？"

美国人对蓝伽的训练课程很引以为傲。同样地，要看从哪一面来看。就基本的战略而言，他们的授课内容和我们在军校所学只有小小的差异。基本上来说，我想无论是哪一国家，所有军校内教的陆地作战战术，都有相同的来源，其中德国人的贡献不少。如果你翻开美军、日军或国民党军队的步兵操典，你会发现有许多相同的章节，甚至词汇用语都是相同的。我们所欠缺的，正是操典所提的构成现代战争的要素。

美军令我们印象深刻的，正是战略物资，不只是因为其充分，还包括他们用有系统的方式去处理。许多我的军官同袍都充分善用此一良机，去上坦克驾驶课程及野战炮兵训练。由于我在总部服役，我错过了这类机会，但我至少参加汽车班，学习如何驾驶卡车。在当时的中国，即使脚踏车都很少见，没有人知道如何开车。蓝伽驾驶课程开放给中国军人时，有些上校就和年轻的中尉一样热心学习。我们的课程是由一名美国下士督导，一些中国兵充当助理教练。课程一早就开始，持续到下午，接连好几天。最有趣的课程是倒车，大概有三十部两吨半重的卡车排在一英里长的场地中，一起倒车时彼此间隔很近。课程结束后，每个人的脖子都僵硬了。

另外一项刺激的事，是骑兵营中的阿拉伯马。这些马身高腿长，骑着奔驰在成排的果树间，别有一番滋味。不过，并不是所有的马都被驯得服服帖帖，有时仍然野性未改。有一次一名中士（事实上还是驯马师）被摔出马鞍外，但他的一只靴子太大，卡在马镫上。他被马拖着跑，马更加惊慌，甩不开骑士，决定跑回马厩。马跳过一个木篱，不幸的中士一头撞在横木上，头颅因此破裂。这次意外对我们多少有些吓阻作用，至少持续了一阵子。

我们和美国下层军官的关系或许还算和睦，但和上层就没有机会称得上满意。首先，整个国民党深信，中国事务只能以中国人的方式来处理，西方人永远不可能了解个中因由，甚至也没有必要加以解释。这样的态度大错特错。即使我花了一些时间才想通，我还是要说，中国并没有如此神秘。国民党的所有问题在于，它打算动员过时的农业社会，打一场现代的战争。中国的军队需要现代工业的支持，但事实上在我们背后的，只有村落单位的庞大集结。我们的上层组织，无论是民间或军方，有许多漏洞和嫌隙，必须以私人关系及非常手段去填补。要用这样的解释让不耐烦的美国人同情，的确令人存疑。但是，如果不去解释，我们所暴露出的弱点只会招惹所有的道德谴责。任何外国观察家都可以说，我们贪污无能。我们愈想遮掩，情况就愈糟。我们似乎明知故犯，恶习难改，种种恶行包括攀亲拉故、浪费物资、侵占资金、乱搞关系及明目张胆地偏心。更糟的是，我们还全盘接受，认为这些是必要的罪恶。

同样地，我们觉得美国人的观念也很奇特。我们认为美国人对自己人很绅士，对其他人就不然。我们相信美国人又大方又天真。所谓的天真，就是没有被破坏的纯真，这是一种好的特质，但这又是错误的想法。美国人让我们开走全新的吉普车，又提供汽油及零件，的确很好，但目的绝不在于展现他们如何大方慷慨。我们这两国是在联合对抗共同敌人。战略物资的运用，是为了赢得战争。当时美国的考量在于让中国持续应战，因为如果中国阵线一垮，美国所花的战争代价会更大。我们如果缺乏实力，也很难和美国盟友交涉。但是如果以为他们乱撒战略物资给我们，是出于慈善的目的，可就是不切实际的期待。

至于我们必须接触的美国高阶军官，既不大方也不天真。他们很清楚我们对他们的刻板印象，因此决定反其道而行。他们也感觉到，美国政府对我们太大方，他们忠于美国纳税人，因此随时准备对我们严苛。而且，天真并不是美国的美德，在外交上，天真的人可能送出一项优势，却没有要求对方回馈，这种做法几乎等于无能。像史迪威及其助手等中国问题老手，不会做出这样的事。对任何想占他们便宜的中国人，他们随时等着要让这些人失望。也就是说，我们虽然是盟友，但每一方都盘算着对方的弱点。

史迪威将军和身边军官的心态，可以形容成"戈登情结"。军事学家可能觉得，被指派到中国来的美国将领多少有些自我牺牲，因为他们错过在欧洲上演的"大戏"。这种说法值得讨论，因为即使奉派到别处，他们也必须赢过同胞，以求实现自己的野心。然而，对职业军人来说，中国仍具备相当特殊的吸引力。不管传说是真是假，中国似乎有丰富的未开发资源，如果加以妥善运用，可以帮助这些将军取得名声及财富。事实上，这些资源可能对全球规模的战争贡献良多，却只花美国微不足道的成本，尤其是在人力资源方面。

中国农民是好士兵的素材，这样的想法由来已久。他们坚忍不拔，刻苦耐劳，愿意服从，性情开朗，有自树一格的勇敢风格，却仍然够聪明，可以吸收基本的军事技术。他们所需要的就是领导，而对外国人来说，我们永远不可能产生领导人。对和蒋介石交涉的美国将领来说，这正是绝佳机会，可以用租借的物资来换取在中国的领导权。

戈登是英军少校。他参与第二次鸦片战争后，就在1863年加入中国军队，他旗下的四千名中国兵穿着西方军服，配备西方武器，军官都是欧洲人。镇压太平天国时，戈登的部队扮演相当重要的角色。从此他被称为"中国人戈登"。八十年后，史迪威将驻缅军视为他的"小成本军队"，有一天会"扩大到相当的规模"，他想以同样方式再造历史。

在第一次缅甸战役时，史迪威将军无法发挥中国部队总指挥的功能，原因就在于他缺乏可以指挥的幕僚。在蓝伽，他靠巧妙的手法来加以弥补。我们到达营地后不久，发现将军的总部——所谓的"指挥部"——不过是枚硬币，一头印着"美国"，另一头印着"中华民国"。大致而言，这是史迪威中国—缅甸—印度战场的印度办公室，隶属美国管辖。但由于史迪威也是中国驻印军的总指挥，他同时要动用美国及驻印军的幕僚时，不必有额外的授权。因此，其中各式各样军阶的军官，大多数不曾去过中国，不会说中文，也不熟悉中国事务，但全担任国民党军队中的指挥及幕僚工作。他们所需要的，不过是不同的文具，以便从一国换到另一国去服务。在事实上，在重庆的军政部送来许多军官，担任史迪威的幕僚。除非这些人靠个人的努力，让自己对美国人有用，尤其主要是口译及笔译方面，否则不如将这趟印度之旅视为研究印度文或梵文的大好机会。没有人会向他们请教军务。

史迪威将军去重庆时，由他的参谋长波德诺准将掌理指挥部。在郑洞国的参谋长舒适存到达后不久，波德诺派了一辆橄榄褐色的轿车来，让新的部队长使用。新二十二师提供一位司机给我们。次日，司机打开引擎盖检查引擎时，吸引了一群好奇的观众，因为没有人能分辨汽化器和其他功能器具的不同，也无法解释风扇如何连接电力系统。司机于是大大炫耀了一番，我们都大为佩服。对旁观者来说，我们正嘻嘻哈哈在拆解车子。波德诺将军正是其中之一，他刚好经过，看到我们，当时却什么也没说。

不久后，舒将军坐着这辆轿车到指挥部去做礼貌性拜会，受到波德诺将军热诚的接待。然而，等到舒将军起身道别时，表情严肃的波德诺说，你必须走回去，因为汽车已被收回，重归指挥部管辖，随后会补送备忘录说明这件事。

我们的参谋长结束礼貌性拜会之后，走了一英里路回到营区，既感震惊又觉得被羞辱。正如波德诺所言，美方送来备忘录，提到为显示对新司令官的善意，指挥部送来轿车，方便他的使用。不过，由于轿车显然并没有得到妥当的照顾，因此车辆必须送回美方的车库。舒因此回了一封道歉函，解释那一天早上发生的事。这时波德诺将军态度才软化，让轿车回到我们的总部。这件事落幕后，舒将军召集我们，念出他和波德诺的往返信函。这时郑洞国都还没有到印度。

数天后，我们首度得知，新一军的总部没有指挥权。我们的总指挥郑将军只要负责维持中国部队的军纪即可。他不只负责三个步兵师的纪律，连所有支持单位也包括在内。指挥部送来一份备忘录，明确告诉我们这一点，而且说，我们已经有太多军官，不能再要求从中国空运更多军官来。直到今天，我仍然无法理解，是谁和美国达成协议，让我们的总指挥毫无指挥权，只能充当宪兵司令，而总司令部也只能充当军法官的办公室。郑将军很不赞成，我们也有同感，不过，所有的意见与抗议全部无效。后来指挥部让郑将军带来第二批军官，是他从以前统率的第八军之中抽调而来的。但在指挥权方面，美方立场坚定，绝无退让余地。郑将军于印度及缅甸执勤时，唯一可以有效指挥的军队，只不过是一整排由中尉统领的卫兵。第二次缅甸之役开打时，中国兵投入战场，事先都没有通知他。起先，指挥部的先遣司令部直接下令给各团及各营，后来战事扩大，命令才下到师长级。命令都以英文下达，而且都打了字。美国人有一套联络官和口译人员的联络网，遍布中队中，可下达营这一级。我们都是透过下层单位，间接知道指挥部的指令。

在《史迪威文件》中，郑洞国被形容成"那个白痴"。这位尖酸刻薄的美国将军所以得出这样的结论，和某一事件有很大关系。郑洞国在蓝伽安顿后，两个师的师长都邀请他去校阅军队。我们先去新二十二师。他们选给将军骑坐的马很是高大，但却不太习惯中国号角声。号角手在军队第一列前方大吹号角，声音又大又响，正对着领头的这匹马。它眼睛突出，忽然跳了起来，将新的部队长摔在地上，一只短靴还甩在空中。我们全都吓呆了，全场悄无声息，将军努力站起来，穿上靴子，再度骑上马。执勤的营长派了一名士兵来，抓牢马鞍，让马继续走在部队前方。这次事件并没有呈报，不过后来英方及美方军官在场时，郑将军仍然由一名安全人员抓着马鞍，史迪威不禁笑了。说来讽刺，这次事件姑且不论，郑洞国将军的马上功夫并不坏。

郑将军虽然看起来安静随和，却相当坚守某些原则。我两次劝他，身为高阶中国将领，他应该多出现在前线。但我这两次劝告，都只惹来他的生气。对他而言，他的指挥职责只要从将军的营地发出即可。只有在战事吃紧，例如前线有相当比重的人马陷入危局时，才需总指挥亲身抵达现场，他的在场才有意义，才有分量可言。除此之外，高阶将领如果太常到前线去视察，只会打扰下属的指挥。如果说史迪威鄙视郑，郑同样也瞧不起史迪威在前线"炫耀"，看不惯他老是出现在前线，对下层军官定期施压。事实上，郑将军在缅甸数次探视前方的营队，还有一次搭乘联络机飞到敌方阵地，但他对这样的作为向来没有太大兴趣。

郑将军和史迪威及指挥部的关系愈来愈恶化，他飞回重庆两次，要求蒋介石解除他在驻印军的职务，有一次还声称如果不换他，他就不离开中国（我是后来从郑夫人处听到的）。蒋介石大骂他一顿，但又安慰他，只要他继续和美国人周旋，对抗战就是一大贡献，他的努力会受到肯定，不论他是否实际指挥军队。1944 年夏天，他被升为驻印军的副总指挥，进一步确定他是个没有实责的将领。当时在缅甸北部的驻印军，已扩大成两个军团。而指挥部还是直接指挥部队长，就像以前直接指挥师长一样，再度绕过中国高阶将领。史迪威被召回美国后，继任者索尔登毫无意愿改变现状。新的美国总指挥从来不曾请副总指挥开会研商。

郑将军的幕僚只缩减到一小群军官，在雷多设立办公室。驻印军的野战将领都前来诉苦，并透过高阶长官重申对蒋介石的效忠。美国人可能以为，由于他们的企业化管理，阴谋与政治会远离驻印军，不可能像在中国军队中一样猖獗。就短期和当地来说，这种想法不能说错，但治疗的功效只限于表面。

在史迪威的小成本军队中，军源十分复杂。新三十八师在转变成国家军队以前，是财政部税警总团。在盐税还是国民政府重要财源的时代，这个单位是用来巡逻产盐地区，以防武装走私，因此这支部队被称为"财政部长的军队"。将领是孙立人中将，毕业自维吉尼亚军校，和黄埔军校没有渊源。新二十二师来自杜聿明率领的第五军，他就是在第一次缅甸战役中对史迪威怒吼的那位将军。师里的许多军官毫无疑问仍然效忠于杜，因为他们以往都因他的推荐而获得派任或晋升。目前的指挥官是廖耀湘中将，毕业于黄埔第六期，又到过法国的圣西尔军校。新三十师原先是补充兵训练处，师长胡素少将是赫赫有名的黄埔一期生，也是日本陆军士官学校毕业生。战争开始后，直接从中国飞来的两个师也一样，背景及人事都很复杂。

史迪威将军遵照美国陆军的惯例，在密支那战役结束不久就解除胡素和旗下两个团长的职务，要他们在二十四小时内回中国。接着他论功行赏，晋升数名野战军官。依据国民党的惯例，这些举动必须经过蒋介石的核准，而蒋介石自己在进行如此重大决定前，也会衡量大众的反应及政治上的可能造成的冲击。就这方面来说，史迪威的指挥权比蒋还要有权威。

不过，这位美国将军并没有解决政治问题，他只是加以忽略。很少人认为，这位美国大叔的管理风格可以延伸到整个国民党的军队。随便举一例来说，他在整备数十万名士兵时，不可能不会对某些单位特别偏心。他也不可能把用于驻印军的严格筛选标准，施行到那么多的步兵师。一旦达不成这样的标准，他可能和我们一样，必须平衡局势，而不是加以改革，除非他打算完全去除军队的都市影响力，重新改造军队，让军队的势力完全由乡村来支持，并且改造乡村，一切从头开始。不管是美国人或我们，当时都没有想到，这样的计划必须经过详细繁复的"主义"论战后，才得以施行。对单一性及一致性的要求，等于是将共同的分母强加在千千万万名政工人员身上，这些人可能低微到"高贵野蛮人"的地步。走向单纯化的疯狂动力一旦激活，就会没完没了地持续下去。

史迪威被调回美国，是早在上述困境发生前。但是，这位立意良善的将军从来不了解，他在缅甸丛林直来直往的管理方式，并没有简化国民党军队的指挥方式，反而引入新的纷争因素。一定军阶以上的驻印军军官都必须面对下列问题：应该保留我的中国风格吗？或者应该多和美国人合作一些？李鸿少校就是最鲜明的例子。

李鸿是史迪威的爱将之一，继孙立人后接掌新三十八师，而且还被举荐获得美国政府的银星勋章。但勋章要颁给他时，史迪威已被召回美国。勋章由索尔登别在他的上衣上，在典礼上，我们才第一次见到这位新的总指挥。他一定是个很谦虚的人，我想不起何时看见他的照片登在报纸上，即使名字也很少出现。他肩扛卡宾枪的方式和史迪威完全一样，不过，他却声称他只是想"打几只松鼠"。在典礼中，李将军严肃地说，能替美国将军服务，深感荣幸。但索尔登搭乘 C-47 离开后，李转向我说："黄参谋，请你替我拿下这个东西好吗？"在他的同胞前，别着美国勋章的他已经觉得很不自在。身为旁观者的我，凑巧站在他旁边，因此有幸解除外国政府对我们军团的影响。我取下勋章时，不禁觉得我军的尊严也随之恢复。"不很重要，不过是个小小的勋章而已，是吧？"我把这个银星勋章递给李将军时，他说。事实上这也没说错，勋章本身非常小，银的部分也不过是一小点。

但在缅甸的一年半，绝非我生命中的不愉快经验。我成为前线观察员，一边服役一边写了八篇文章，投到当时中国最负盛名的报纸《大公报》。我对密支那之役的报道长达一万两千字，在报上连载了四天。单单这篇文章我就领到三百卢比的稿费，相当于七十五美元，我一辈子从没领过这么多钱，接近一个上尉五个月的卢比津贴。

我们的组织架构中没有战地观察员，国民党也没有允许或鼓励军官出版战地经验。我不能说，我在真空地带为自己创造出一个角色。不过，一切都来得很自然。

起先，我们想让指挥部认可我担任助理情报官。即使我们的总部听从他们命令，没有指挥权，但他们应该可以让我及其他一两名下级军官到前线去，让我们可以强化对数个师的情报报告，同时又可以总结经验。美方总部的情报官是小史迪威中校，我从没见过他。在外面的办公室，他的助手告诉我，前线已有太多情报官。此外，我们的无线电通讯密码不够完善，我们还没搜集到情报前，可能就已泄露情报给敌军了。

我们还没尝试前，就已被安上无能的罪名。我们一点也不信邪，决定不经过指挥部的允许，直接采取行动。我们的密码专家秦少校替我制作一套特殊密码，对我说："任何密码都是折中的产物，要看使用的时间有多长，使用情况有多频繁。将情报传给敌人？没错，不过事实就是如此。只要你使用无线电通讯，就是在冒险，问题在于值不值得。因此，在你发出信前，再仔细检查一次，想想内容落入敌手的后果。"从此以后，只要我用无线电传送密码时，都会想起秦少校这段短短的话。

我不必申请正式的派令，前线各师都已经知道我已抵达。几天内，所有的将军和上校都知道我的名字。当时前线各级将领虽然接受指挥部的指示，却担心他们和中国上级的关系会因此中断。因此，他们很是欢迎我，把我当成郑将军的特使，而不是到前线执行参谋任务的下级军官。我受邀与师长共进早餐，他们派指挥官专车或吉普车来接我到前线。慢慢地，郑将军总部对这类邀请也有了响应，了解到我们最需要的就是派代表到前线，这样的举动可能比单纯搜集情报更重要。新二十二师及新三十八师彼此竞争激烈，他们依照国民党的惯例，老是夸大自己的战果。他们的军情报告常牺牲他人，以衬托自己的英勇。即使郑洞国并没有负责战场成败的责任，就重庆当局来说，他仍是驻印军的最高中国将领。我们必须根据自己的观察来撰写军情报告。由于这不涉及指挥决策，由我们下级军官来做更加恰当。我们可以四处走动，不致惊动指挥部。

我就这样成为前线观察员，为期近一年半，有时和朱上尉搭档。我们尽可能远离师及团的司令部，尽量和前线部队在一起。起初我们的军情报告先送到雷多，让郑将军的高级幕僚修改，而后再送到重庆，有些部分经过调整后，会编入月报，让蒋介石亲自过目。战事持续进行，我们也更有自主权。我们照例以郑将军的名义发送无线电报，通常两三天发一次，副本则送往雷多。其他项目我们则做成报告送到总部，由郑将军定夺。我们的任务日益复杂后，总部派来一位密码人员协助我们。我们和后勤中心合作无间，后勤支持从来不成问题。前线部队甚至打算提供勤务兵给我们，还想挖我们专用的散兵坑。我们也回报他们的善意，在他们人手不足时，替他们当差。我被狙击手攻击那天，就是为新三十师师长胡素的前线单位出差，回程时，被日本三八式步枪射中右大腿。随后躺在医院的那段期间，刚好让我写篇长文投稿《大公报》。

上述种种，都是生命中令人满意的回忆。我当时不必负指挥之责，也没有压力。只有在部队可能被敌军打败时，我才会有暂时的焦虑，而这种情况只发生过两次。否则，通常由我自己决定访问行程及时间表。如果我必须在前线部队待上好几天，我会安排适当时间，让自己好好休息，梳洗打点。我替战地军官所做的小事，使他们都大大地感激我。我只不过自愿暴露在敌军炮火下，但却被认定是英勇的行为。

我想自己并不胆小，因为经过多次力图证明自己并非胆小之徒后，我终究不曾坦承不够勇敢。不过，驾驶吉普车穿过敌军炮火，或走过敌军小型武器的有效射程范围时，我都觉得很恐惧。喉咙会瞬间变干，四肢顿觉无力。保命的本能自动使身躯降低，似乎可以借此减少暴露在外的部位。我的听力忽然变得很奇怪，就像扩音器的音量一样忽大忽小。如果当时有人对我说话，我无法保证自己不会自暴恐惧。缅甸前线并非罕见的冷雨流入衣领，背脊凉成一片，牙齿也随着打颤。幸运的是，这种危机的感受并没有持续太久。这道障碍我必须跨过，一旦跨过，身体就会重新振作起来，我再度成为完整的个体，冷静而正常，即使此时离敌营更近，风险事实上反而更大。

这样的经验一而再、再而三发生，我不得不私下承认，自己绝对不算勇敢。我看过前线的战地军官及士兵将战斗任务视为家常便饭，巡逻兵走过丛生的杂草时连弯腰都省了。他们毫无余暇去体会我从正常到紧急状况的变化。而且，他们也不用证明自己不是懦夫，没有人会怀疑他们。

在我的一生中，我从未享受暴力及战争行为带来的快感。不过，当我说战场上的恐惧有其动人的层面时，必须弄清之间的细微差异。我猜，所有这一切都是因为当死亡不过是一瞬间的事，而生命降格成偶然的小事时，个人反而从中解放。这或许可以解释，在紧急情况下，人们往往愿意冒险，在正常情况下却不愿意。有一次，我置身第一线的步兵连时，刚好碰到敌兵的猛烈炮火轰击。我们四周的树枝纷纷断裂，到处充斥刺鼻的硝酸味。我发现自己四肢着地，恨不得沉入地表以下。我一心盼望震耳欲聋的爆炸声赶快结束，同时却观察到草地上的蚂蚁照常行动，似乎对更高等生物间的生死搏斗浑然不觉。在一瞬间我也照着做。我平躺在地面上，绝望与焦虑的情绪顿获纾解。一大块生铁从炮壳剥落，飞落到身旁不远处，我才知道自己逃过一劫。我本能想捡起来当纪念品，却发现铁片滚烫难耐，手掌几乎长水泡。

在密支那战役期间，每当下雨的黑漆漆夜晚，日军常派小队人马渗透到我军后方。他们使用三八式步枪，枪口发出"咔砰"的声响。只要后方传来数声枪响，加上前方枪声，让人不免疑心我们完全被包围住。在这种情况下，我们部队的射击纪律令人无法恭维。一天晚上，自部队后方传来"咔砰"声，前方部队于是向我们还击。我们在步兵第八十九团的战地指挥所，位处一个小山丘，离附近所在的小机场并不远。数发子弹从我们身旁飞过，小机场的部队于是深信小山丘已被敌军攻陷，他们的战略位置岌岌可危。在暗夜中，枪炮的声音穿过时停时下的雨，只能显示出射击方位，但无法看出距离远近。在一片混乱中，后方部队朝我们射击，而前方部队也随之溃散，机关枪及迫击炮此起彼落。这时地表已堆了厚厚的一层泥，散兵坑内积水及踝。为了避免被敌方及我方击中，我们尽量压低身体，浸泡在湿寒冰冷中。从曳光弹掷出的化学物中，部分已开始燃烧，发出尖锐的声音，碎片四处散落，委实可惊。第二天早上，我们发现小山丘的树上布满弹痕。团长的勤务兵在离我数码处中弹身亡。在混乱中，一位从来没有碰过自动武器的无线电报传输员兵，抓着一把四五口径的汤普森半自动冲锋枪，射光了满满一子弹夹的子弹，以发泄他的恐惧。子弹往上飞，把上方的防水布穿了几个洞。后来我访问一些人，包括一些作战多年的好手，他们全都说当时确实被吓坏了。不过，他们补充说，不管信不信，那还真是刺激的经验。人一旦幸存，就会浮现解脱的感觉。

我在战场上看到史迪威将军不下六七次。有一次山径过于狭窄，我只得踩在一旁的林地，让路给他和部下。我非常想对他说说话，鼓舞这位身为我们总指挥的老战士。他一定很寂寞。虽然他和我们之间存有歧见，但他对这场大战一定心有所感，否则绝不会自在地将国民党的徽章戴在帽子上。我和郑将军看法不同，我认为史迪威经常亲征前线并非意在炫耀，虽然以西方标准而言，一定程度的出风头无法避免。身为战地总指挥的他设法以身作则，证明他并非要求下级军官及士兵达成不可能的任务，也没有要求他们超越太多三星将领所能做的事。

说到炫耀，连朱上尉和我都自觉到自己的爱出风头。身为总司令部的人员，我们偶尔冒险一探无人地带，显然对战事没有太大助益。然而，一旦置身前线，总是有无可满足的冲动，想再多前进几步。我不知其中有多少出于虚荣，又有多少来自补偿心理，前者驱使我们寻求肯定，后者可能失之矫枉过正。但除了这些因素以外，我们的确真心想提升报告的品质。说难听一些，如果我们的任务是求证作战部队的表现与进展，却只是坐在后方，听取部队的简报，一定会引发批评。况且在丛林中，如果打算有所斩获，不可能离无人地带太远。

我尤其想体验战士的感觉。中国军队在瓦鲁班隘口附近折损两辆轻型坦克。我去现场两次，观察被日军烧毁的坦克。我用手指触摸被反坦克炮打穿的洞。弹痕是完整的圆形，内部的表面非常光滑，像是用机器穿凿出来的。铁甲皮上没有粗糙的边缘，也没有突出的铁块。连铁甲都能贯穿的子弹留下恐怖的后果，使我得以从各种角度重新设想战争现场。在漫天火海的景象中，势必夹杂着钢铁高温燃烧后的气味，还有泼洒的汽油所散发出的味道。这样的景象萦回不去，令人不安，无怪乎作战人员称他们的坦克为"铁棺材"。后来我两度执行坦克任务，但没有碰到任何反坦克武器。在第一次任务中，日军的机关枪轻轻刮伤坦克，让外漆受损。但四周的草地太厚，我看不清楚事情始末。第二次任务是率领步兵进入腊戍。充当机枪手的我，奉令不放过任何可疑角落，我也照办。我怀疑城里是否还有日军存在，我只看到一只狗飞速奔跑，这只狗十分聪明，冲向我们，但躲到子弹弹道下方。敌军在远距离的炮轰起不了任何作用。

我喜欢在报社的兼差工作，因为有许多琐碎小事无法写进正式的报告中。前线军官从散兵坑出来时气定神闲，好整以暇地刷牙刮胡，即使是军事学家，也会错过这样的场景。他们的不慌不忙有时令人气恼。有一次我和一位营长走在柏油路面上，他警告我不要踩到地雷，但语调太过漫不经心，几乎是用唱的："喔喔，你要踩到地雷了！"这时我才发现，就在正前方的路表有数处松动。日军一定匆忙行事，因此重新填过的地面十分明显，即使连地雷的黄色雷管都清晰可见。可以理解的是，这些不是针对人的地雷，而是针对坦克及卡车的地雷。事实上是我的错，我不应该被散落路边的杂物所吸引，因而忽略了前方的危险。但我的同伴曾少校在示警时语气应该可以再加强一些，抑扬顿挫可以再明显一些。我对他说，如果我真的误触地雷，对他也没好处。

我开坦克进腊戍时，一位坦克班的班长受了轻伤。他回来时，头上已经过急救包扎，血迹斑斑，但是他困窘得不得了。意外之所以发生，是因为他让炮塔盖打开得太久，日军以榴弹炮瞄准我们时，他来不及应战。但是他否认在战役中受伤。他极力辩解："看，我只是稍微刮伤而已。弹壳击中砖墙，打下一些尘土和灰泥，对吧？所以有一大堆烟尘掉到我头上。没有什么好紧张的！你怎么可以说我被弹壳打到呢？我又不是铜墙铁壁，对不对？"士官对战争的风险轻描淡写，对他们扮演的英雄角色不以为意，这不是我第一次听到。

我喜欢听士兵间的对谈。八莫战役所以旷日耗时，原因之一是我们后方的桥被雨季时的大雨冲垮，坦克开不进来。有一天我听到一名卡车司机对另一名司机说："坦克车有什么用？只要给我一千卢比，我向你保证，我可以开着我的卡车在城里横冲直撞，效果就和装甲车一样。"但他的同伴不为所动："好啊，老兄，我可以替你保管钱。"

在缅甸和印度，士兵每个月可以获得十二到二十卢比（三到五美元）的零用钱。大多数人都花在香烟上，但也有人节俭会打算，省下钱来买手表。有一次，我们的前线响起日军坦克战的警报，一名连长推火箭炮上前线。在这紧要关头时，一名武装火箭炮的中士忽而回头，打算向连长的勤务兵买手表，那可是十足的五卢比。交易没有成功，不过我们可一点都不意外，因为勤务兵开价两百五十卢比。

当然，战争不可能总是如此滑稽。事实上，每天都有人被炸断腿，头颅大开，胸部被打穿。我看到的人类痛苦不知凡几。我听说，德军让军乐队在战场上吹奏送葬曲，美国的作战部队中有坟墓注册处，但驻印军一切泰然处之。我们的死者，如果算得上埋葬的话，只不过在尸身上覆盖一层薄土。雨季时大雨冲刷新挖的墓地，凄凉的光景让路人也觉感伤。大多数的日军尸身横在路旁，无人闻问。我在中学时，曾经读过一篇反战文章，作者描述他曾躺在死人旁边，看到蛆在尸身上翻滚蠕动，我从没想过自己会亲自经历他的描写。在缅甸战场上，我有非常类似的体验，我还看到蚂蚁从死人身上搬走米粒。

但战争的不理性并无法说服人。战争让战士过着累人的操练生活，却也带领他们进入生命中稍纵即逝的重重机会及神秘中。因此，战争无可避免会勾起各式各样的情绪及感怀，有时是浪漫情史，其徒劳无功宛如诗篇，只能寄之以忧思。在我记忆中，有一幕发生在密支那小机场的情景。在跑道旁不远有一滩水，水中有一个瓶子载浮载沉，只有倾斜的瓶口浮在水面上，雨打在水滩时，瓶子随着起伏。水滩逐渐扩大到一旁的湿草地上，一旁是张军用毛毯，埋在泥堆中。在后方，是一整班的美国步兵，他们绿色的军服全都湿透，看起来像黑色，黏在身上。附近没有任何遮蔽之处，倾盆大雨无情地下着。这些士兵肩荷卡宾枪，显然在等候出发的命令，全都站着不动，不发一语。我能说什么呢？要我说他们英气勃勃地站着，坚忍不拔，昂然挺立，决心承担战争的重任，忍受恶劣天气的折磨？我再仔细观察，他们的眼圈和无动于衷的表情都让我别有所感。美国人乐天活泼的典型特质哪里去了？下雨会让他们想到家乡吗？想到九千英里之外的家乡？在家乡，如果碰到这样的大雨，他们一定会用报纸盖住头，开始奔跑，大步跳过水滩，大叫大笑。现在，不就是同样的一整班人马气馁沮丧，不知所措，无法面对战争的悲惨与不确定？难道他们不是感官麻木、才智枯竭、无精打采吗？

无论如何，在我投到《大公报》的文章中，我必须强调光明面。在中国的文化传统中，不可以当面讲朋友的坏话。再说，描写我们仍然敬重的盟友已对战争感到厌倦，这样的文章会被退稿。毕竟，战争事关权谋。为了凝聚意志力，必须先从假象开始。不过我心中自有定见。

在孟拱河谷的第二天，我在桥下看到一具日兵的尸体。他的右手似乎握紧喉咙，以倒栽葱的姿态俯卧在河里。他的双脚张开，头浸在水里。我赶上距离不过两百码的前线部队时，连长邱上尉告诉我，死者官拜上尉，一个小时前被我们巡逻兵开枪射死，邱上尉拿走了死者的手枪，他给我看死者的军徽为证。死者身旁还有一张地图及一本英日字典，两件物品都湿了，被邱上尉放在矮树丛上晾干。

无须多久，我就发现死者和我有许多共通点，属于同样的年龄层，有类似的教育背景。在死前一天，他还努力温习他的英文！谁敢说他不是大学学生，脱下黑色的学生装，换上卡其军装？想想看，要养大及教育他得花多少心力，接受军事训练得花多长时间，然后他在长崎或神户上船，经过香港、新加坡、仰光，长途跋涉的最后一程还要换搭火车、汽车、行军，最后到达在他地图上标示着拉班的这个地方，也就是已经被烧毁的卡吉村，千里迢迢赴死，喉咙中弹，以残余的本能企图用手护住喉咙。种种事由之所以发生，是由于他出生在黄海的另一边。否则他将和我们在一起，穿我们的制服，吃我们配给的食物。在孟拱河谷这个清爽的 4 月清晨，蝴蝶翩翩飞舞，蚱蜢四处跳跃，空气中弥漫着野花的香味。而这名上尉的双语字典被放在矮树丛上，兀自滴着水。

日军投降当天，郑将军和我在昆明。重庆之旅令我们非常失望，蒋介石曾一再保证，郑在驻印军的努力会得到肯定。我们因此以为，一旦远征军回到中国，郑将军可以获得实质的指挥地位。我们在重庆一再等着他的下个任务。最后命令发布，郑将军再度担任副手。更糟的是，他是第三方面军军长汤恩伯下的副司令长官。汤将军并非出身黄埔，但他的第一副手张将军是，而且还是第一期生，和郑将军一样。张将军和汤将军搭档，已有很长的一段日子，可以追溯到汤将军带领十三军的时期。也因此，他们根本不需要郑洞国。副司令长官是个多余的职务，没有明确规定的职责。除非司令官指派他执行不痛不痒的杂务，否则他的急于效劳不会被欣赏，反倒引起猜疑。忠于汤将军的将领可能以为，有个外人打算攻进内部。事实上，我们在第三方面军时，或多或少被总司令部人员视为汤将军的宾客。

郑将军已预知这一切，因此不急着赶到柳州去向汤将军报到。我们改飞到昆明，借口很正大光明，就是视察驻印军的未完军务。实际上，郑将军忙着打麻将，我则和他的妻舅和两名侄女混在一起，他们年龄都和我差不多。

到了 8 月，世界局势转变，终于让我们得以付诸行动。苏联参战。美国投掷原子弹，日军投降。街上的报童天天叫号外。对我们而言，最振奋的消息是，中国被占领的地区划分成各个区域，每一区域大小和省差不多，各由一位资深的国民党将领来接收。第三方面军奉令接收重要海港上海及国都南京。即使郑将军也觉得兴奋，他说，我们要在两天内飞往柳州。

我的首要工作就是减轻行李。在回到国内之前，我曾飞往加尔各答。虽然是为后勤部队军官出差，但我也趁机添购个人用品。我在缅甸前线的几个月之内，存了不少卢比津贴，《大公报》的稿费又加强了我的购买能力。我预期国内物资短缺，准备了一年份的牙膏、刮胡刀片、刮胡膏和羊毛袜。我还买了一件英国羊毛衣、一件皮夹、两双长靴、一个网球拍、一堆宝蓝色的文具及几副扑克牌。这些私人物品加上额外的制服及内衣，全都装在储物柜中，由开进雷多的军用卡车运送到昆明。就算战争再持续一两年，我的物资需求也可以不虞匮乏。现在问题出在运输方面，多余的行李在国内搬运不易，而且如果郑将军无法独立发号施令，我对相关服务设备的吩咐权力也会减弱。我开始担心这件事，意外的是，昭和天皇决定投降，解决了我的所有问题。

我委托郑将军的勤务兵童中士，拍卖储物柜内的所有物品，连柜子本身也一并卖出。在昆明，这根本不成问题。我所有的物品都很抢手，没有人追问货品如何运进来，或追究一名陆军军官为何会拥有这些物品。不过，我对卖这些东西却觉得很不好意思，即使换成现金也并非我原先财务计划中的一环。在世界政治局势的快速演变之下，个人的财务不过是小事一桩。扣掉佣金后，出售上述东西让我拥有成捆的大额新钞，有些仍然崭新，而且还连号，见证当时通货膨胀的速度有多快。随后在柳州时，我还从第三方面军领了两个月的积欠薪资。回溯到郑将军被任命时，纸钞塞满我的背袋，相当于两三本精装书的厚度。这些钱到底价值多少，我到了上海才有概念。

上　海

从柳州到上海的飞行平淡无波。第三方面军的先遣部队包括两名副司令与二十五名军官士兵。我们又运了一辆军用吉普车，以备不时之需。9月4日午夜后不久，美国 C-54 飞机起飞。由于经度的差异，等我们到达长江三角洲时，天早就大亮了。虽然这是我第一次从高空俯瞰，但机底下的景色异常熟悉：一片水乡泽国，村落点缀在庞大的溪流与运河之间。我们飞抵江湾机场时，C-54似乎打算和整齐停在机坪的成排日本战斗机为伍。战斗机机翼与机身上的红太阳，仍然显得邪恶不祥，威胁感十足。还不到一个月前，这还是禁忌的画面。一个人只有做噩梦时才看得到这种景象，否则他绝对无法生还，将所见告诉他人。不过，虽然停驻的战斗机让我们激动，但更令人吃惊的还在后头。

前来迎接我们飞机的日本陆军及海军军官，一点也没有我们预期的不快或反抗态度。他们举止体贴有礼，甚至显得快活。一声令下，他们的司机就拿下轿车上的国旗，神色从容，换上国民政府的青天白日旗。旗子是我们带来的，装了一整箱，准备在各种场合中使用。车队开上南京路，送我们到华懋饭店去，套房与房间已帮我们预先准备好了。华懋饭店可能是当时国内最豪华的饭店。地毯厚实，窗帘、桌布、床单等都是顶尖的材质，家具是厚重的柚木，全身尺寸的镜子随处可见。如果想用餐，我们只要到楼下的餐厅或咖啡厅，点菜单上的菜，再签个名即可。由谁来付账，饭店是由谁管理，我始终无法得知。事实上，当时到处都是一片混乱。日军军官看我们受到妥当照料后，向将军敬个礼就走了。他们到底是我们的假释犯人呢？还是我们是他们在政权交替时的客人呢？实在难以分辨。

其后数天，我们看到各式各样的日本将军与上校前来会商接管事宜。从他们的态度来看，这只是例行公事，因为他们从来不争辩。郑将军和张将军说话时，他们总是专心倾听，然后回以简洁肯定的"知道了"。他们是真心诚意的吗？他们怎么可能对投降屈服表现出如此少的感情？由于记忆犹新，许多中国人仍然认为，永远不可以信任日本人。我们当时并不了解，大和战士是全世界最直线思考的民族。依他们的想法，一旦挑起战争，必须将自己的命运交给暴力来决定。既然力量至上，武装冲突后的决议成为最高指导原则，因此战胜者一旦诞生，就再也没有必要去让其他因素干扰最终决定，也就是终极事实。现在回想起来，日本天皇宣布日本被击败时，和我们接触的这些军官可能反而觉得松了一口气。

我们抵达当晚，我溜出饭店到上海市区好好逛了一回。我对上海并非全然陌生，因为在战前曾经来过数次。当时还有以英国为首的各国租界，英国租界从码头区一带开始，日本租界在虹桥区，另有独立的法国租界。各租界有自己的公共设施和大众运输，连警力也各不相同。包头巾的锡克人和黑牙齿的安南人，负责指挥交通。有时会看到一连英军在静安寺路上行军，配上苏格兰风笛的军乐。上海也是一个复杂的城市，酒吧里有水手及妓女，城里有赛马、赛狗、赌场、黑社会及黑帮老大。但是，对许多中国人来说，上海是文化中心。所有的电影都是在上海拍摄，许多书报杂志——和人口不成比例——在上海出版，这也是上海充满吸引力的原因。

珍珠港事变后，日军全面占领这个国际都会，原先百无禁忌的欢乐大幅节制。不过，令我惊讶的是，许多旧店家居然能安渡战争及被占领时期。先施百货还在，永安百货也在。在法国租界霞飞路上的咖啡厅及餐馆内，女侍是白俄人。部分餐厅仍装有吃角子老虎，商店里满是商品，没有配给或价格管制的迹象。展示的商品包括羊毛织品、丝织品、烟草和知名的威士忌。还有锡罐装的香烟：三堡牌、绞盘牌、骆驼牌和雀斯牌等。一些香烟的标识并没有在战争中烟消云散，一定是在上海的某个角落躲了一阵子，在战后以原来的面貌出现在架子上。欣赏完种种商品后，我开始替自己买件睡衣，这时才惊喜异常，因为商店不只愿意接收法币钞票，而且法币的购买价值相当于在昆明或柳州的十倍之多。

在一家兼营兑换钱币的香烟店里，我很快证实了这个令人狂喜的发现。这家店买卖黄金、美元及法币。我从来没有预期到，任何店家会将我们领到的纸钞视为真正货币。兑换的汇率也对我十分有利，我开始觉得，在飞到上海前在柳州剪头发是多么地愚蠢。如果我延后二十四小时再理头，在柳州花的那笔钱，可以让我坐在上海舒服多了的旋转椅上，剪一整年的头发。我在内陆买点心的钱，足以在这里的上好餐厅享用一顿丰盛的晚宴。我在昆明咖啡厅里付的小费，可以在上海吃一顿牛排大餐。童中士替我卖的两件厚黑呢衬衫，可以让我在这里定做一套羊毛西装。背袋的钱让我顿时成为富翁。

正如加尔布雷斯教授指出，在中国内陆和接收前的沿海地区之间，存在着空前的币值差异（加教授后悔没带现金到上海，无法趁机采购价格便宜到离谱的真丝和绸缎。如果他当时来找我，我就可以帮他忙。我猜他也住同一家饭店）。在特殊情况下，要致富并不难。当时我应该把手上的现金换成黄金，找个借口去搭美国飞机（当时正从事规模极为庞大的部队运输作业），回到柳州，卖掉黄金，再回上海，买更多黄金。正如加尔布雷斯所说，事实上，这是合法的勾当。不过，我不应该为错过大好良机而后悔哭泣。那样的冒险将使我的人生踏上截然不同的轨道，其后果将超乎我的想象。因此，当时胆小的我乖乖把钱留在背袋里，偶尔拿出一小部分来享乐一番。我并没有把这笔钱换成美元，所以后来货币贬值时吃了亏，幸好贬值速度并不快。只要我还有这笔钱财，我的生活就还算愉快。这种"来得容易，去得容易"的金钱管理方式并不算太糟，即使名列全球顶尖经济学家的加尔布雷斯，也没有比我好多少。

在上海住了两晚后，我们飞往南京。郑将军负责处理伪政权时代的"伪军"。他和部分军官面谈，决定他们的未来。士兵则被吸收，或是转成警力。后来有些人穿着新制服参与在东北的战事。

我们在南京时，目睹冈村宁次将军正式对中国陆军总司令何应钦将军投降。日军忙着清理受降典礼的场地，这些士兵维持绝对严谨的纪律。输了大战、帝国体系解体、希望和保证落空、牺牲个人和家庭、前途未定带来的压力和焦虑，都无法构成不服从的借口。他们的军官一点也不失去权威，仍然对士兵大叫"你们这些废物"。

9月9日这一天，冈村宁次抵达中央军校，签署受降书。在照相机此起彼落的镁光灯中，他显得有些不安，握紧拳头提振士气。军官也好，士兵也罢，这是我第一次看到日本人在战争结束时表现出不安。除此以外，无论在任何地方，都看不到翘起的嘴角、鬼脸、不满的抱怨或是一丝一毫的扬言复仇。日本人是一流的输家，他们的自制力超群绝伦。以前的敌人在我们面前表现如此杰出，让我们开始怀疑，他们是否就是传闻中残暴野蛮的日军。

我们回到上海，刚好赶上过中秋节，放假气氛仍然很热烈。任何时间都可以听到间间断断的爆竹声。军用吉普车和三轮车都插着一种特别的旗帜，设计者沉迷于自己对世界新秩序的幻想，在旗子的四边画上四强的国旗，中国国民政府的青天白日旗最大，其次是美国的星条旗、英国的米字旗及苏联的镰刀旗。每当美国飞机飞过黄浦江时，所有的船只都鸣笛欢迎。有一次，一位美国水手付钱给三轮车司机，请他坐在自己的车子里，水手自己用力踩着踏板，和其他车夫比快。这些水手精力充沛，如果说在美国家庭和健身房中普遍使用的健身脚踏车，是由其中一名水手所发明，其实也不为过。

第三方面军总部从华懋饭店搬到前法国租界的一栋公馆，再搬到虹桥前日本海军军营。每搬一次家，我们的地位和影响力也随着降低，相关福利随之减少。上海人从新闻影片中看到盟军的胜利游行，一心期盼中国军队也有类似的表现。欢迎委员会看到我们的士兵穿得破破烂烂，一副营养不良的样子，拿着竹竿和水桶从飞机上走下来，他们的满腔热情顿时化为乌有。更不消说，法币魔力消退，让城里的商人不再喜欢我们。

但是我一点也不沮丧，反而认为未来一片光明。从军后能够生还，而且视力和四肢完好无缺，就足以是一项成就。我已看够云南的群山和缅甸的丛林，稍微放松一下并不过分。郑将军一定也有同样的念头，他换上平民服装，搬入一间从汉奸处没收来的房子里，偶尔才进办公室一趟。无事可做的我，学会了社交舞。上过几堂课后，我穿着新的轧别丁制服，和约会对象到茶会跳舞，有时也去夜总会。我看着乐师拉扯收缩手风琴的风箱，舞池里有一对舞步轻快的年轻人，随着音乐伸展及压缩自己，身体差点横倒在地上，仿佛他们也是乐器的一部分，两个身体合而为一。他们跳的是探戈，看了真是赏心悦目，还有伦巴及桑巴的音乐。乐师转而拿起像西瓜但有把手的乐器，发出沙沙的响声。舞池里的男男女女全都随着音乐摆腰扭臀。这些舞步对我而言太过前卫，所以我敬而远之。我只让自己跳狐步和华尔兹，也就是最基本的舞步。在成都时，我们练过单杠和鞍马，因此我自认运动细胞还不错。但有一天，朋友的妹妹可能是不怕对我说实话，直接对我说："为什么你要用力推我？把我当成手推车吗？"

我大概是在这个时期认识安的。我常带她去夜总会，我弄错节拍时，她就会抓着我的手，表示要暂停一下。她稍微停顿后说："来，再试一次。"

放松后果然合上节拍。

我告诉她许多军旅经验，但略过在云南用手指掐虱子那一段。我发表长篇大论时，她静静听着，我讲完时她会说："这已成过去。战争已经结束了。"我略感失望，甚至有些懊恼，原以为她会更热衷一些。

更烦人的是，战争可能尚未结束。中国可能卷入新的战事，也就是国民党的内战。每天点点滴滴的消息都指向我们最害怕的事：紧接抗战而来的内战，似乎无可避免。华北爆发零星的战事，但真正的麻烦在东北。苏联阻挡国民党军队进入东北，但军队却以步行和破烂的车队急速抢进。众所皆知，我们不能再承受任何战事，这个可怜的国家已经被战争蹂躏得差不多了。我想到我在东北的朋友，不知他们此刻作何感想。但是，如果牵扯到苏联，而东北也即将不保，我们就别无选择。处境之悲惨，莫此为甚。

我对倾心的女孩讲了很多自己的事。而今思之，我一定是想透过与她的谈话来解决个人的困境。我说，希望能待在军队中，最后成为将官，见识世面，就像她父亲一样。我说我还不够格当指挥官，我可以有将军的思考方式，但怀疑自己行动上做不到。拿自己的生命去冒险并不难，叫他人去送死则是另一回事，正如一名上校曾经形容的，"将他们送到敌军的枪口"。衡量种种因素后，我还是考虑去当军事理论家或军事史家。她静静听着，不发一语。有一次，我说到自己可能试着退役。这次她回以："退役吧。"

"咦？"我愣了一下，她的回答太过明快。我原先以为会听到更温和的建议，比如说从军这么多年，思考下一步时应该更谨慎等等。

"如果你想退役，"她接着说，"就退役吧，不要光说不练。"

问题是，我无处可去。我这一代的年轻人大多想出国留学，中国政府却限制学生护照的数量，只发给大学毕业后出国念硕士的人。除奖助学金外，教育部还举办竞争激烈的考试，让出国念书的人取得个人贷款。市场的汇率是两千法币兑换一美元时，通过国家考试的人可以到指定银行以二十法币换一美元。贷款是假，百分之九十九的资金都由政府出资，作为补贴。他们甚至还设立一个类别，给在战争最后两年被政府征召当军队翻译官的大学生。像我这样在军中待了很多年的老兵，根本没有机会。

"你知道原因何在吗？"安问我。我摇摇头。

她解释，国民党并没有宪政基础，不必对任何人负责。大学生却可以借游行、绝食抗议、散发传单等方法来捣乱，所以必须安抚他们。此外，不论我是不是老兵，像我这样的人根本对政府构不成威胁。会造反的人才值得尊敬，会吵的孩子有糖吃。

也许我该重返校园，可能这才是长期的打算，尤其是在政府还提供奖学金的时候。我从军之前，才刚在南开大学念到大二。不过我不想再重念电机工程。看到眼前出现人类如此大规模的奋斗与挣扎，我已经对别的领域产生了兴趣，不想再研究安培、伏特、静电系单位等。我有了战争的第一手经验，念新闻可能是不错的主意。在新闻的领域彰显自己，不但比较刺激，机会也比较大。我曾听当时流亡昆明的南开大学副校长说，一旦下一年他们在天津复校后，计划设置新闻学系。我把自己登在《大公报》的剪报，并附上在《抗战日报》时工作的概况，以及投到其他地方的文稿（有一篇登在香港的刊物上）一起寄到注册组去，希望可以换得一些学分，或至少确认我换主修学科时，不会丧失太多资格。大学的回复如下："有关你请求承认你在课外活动的成果，等你的入学受到正式核可，而你本人入校时，将得到适度的考量。"我的询问就此打住。校园还不知道在哪里，就已经出现这样的官腔官调。

为何不放弃大学学位，直接进入报界工作呢？我许多的朋友就是这样的。上海的两大商业日报重新出刊，不吝大篇幅刊登股票和债券价格，却对我的战争见闻不感兴趣。我唯一想去的报纸就是《大公报》，当时仍是中国教育精英的灯塔，受到我这一辈年轻人的景仰。我还去找一位以前认识的人，他是该报上海办公室的通讯社编辑。我去找他时，他在办公室一旁的昏暗小房间内，刚从行军床上醒过来。谈了数分钟后，我打消问工作的念头。《大公报》存在了我个人要面对的所有问题：除了抗战胜利后的财务及重新定位的问题之外，还面临着即将开打的内战，到底要支持国民党还是共产党，或是保持中立，如果可能的话。

到了11月，接管日军的工作全部完成。第三方面军的总部完全撤出上海，搬到无锡。副司令长官郑洞国却被留下来，监督日军第六十一师团整修国道沪杭公路。之所以有如此安排，是出于下列的背景因素：

战后不久，我们的想法是解除日军的武装，尽快送他们回国去。大上海地区的日军在缴械后，被送到江湾的战俘营区。但是，一周又一周，一个月又一个月过去了，找不到交通工具可以遣送他们回国。我们当时拥有的运输工具绝大部分由美国提供，正忙着将政府人员从重庆送回南京，把军队从南方运送到北部及东北。在这样的情况下，遣送日军不被视为当务之急。然而，只要我们留他们一天，就要养他们一天。因此为何不叫他们工作呢？很合逻辑的想法，但修复道路的工作并不需要由中将来监督。原因出在汤恩伯将军既然无法让他的第二副手在总部有事做，于是很大方地解决这个问题，至少暂时不成问题，让郑洞国有借口待在上海的家，不必毫无意义地待在不方便又不舒服的无锡。

我对这样的安排再满意不过。工程军官莫少校和我必须安排前置作业，花很多时间在户外。这时没有更称我心意的事了。打从春天从缅甸回国后，我大半年都在游荡。抗战胜利的兴奋既然已经结束，这项工程不但让我有事可做，而且可以让我分心，不去担心工作、事业、学业、遥不可及的安等种种无法解决的问题。

日军已缴交挖掘壕沟的工具、手推车及卡车。每当我问起这些工具时，上海后勤司令部的军官照例道歉连连：他们不知道工具放哪里。每当我去仓库和军械库时，第二负责人同样道歉连连："主管不在，他们不知道是否可以把这些工具交给我们。最好的方法就是麻烦黄参谋再过来看看。明天主管会回来，他正是你要找的人。"等了几天后，我发现日军第六十一师团总部有位会讲英语的中尉，而且在奉召入伍前还是东京帝国大学的学生。他和其他日军告诉我这些器具的确定放置地点，不但有工具，还有水泥、木材、绳索、木棒等，是数周前才缴出的。我领着第三方面军的正式命令，重新回到仓库和军械库。我对他们说，不行，我不方便再去他们的办公室一趟，如果负责的人不在，不管谁代理，都要给我十字镐和铲子。日军已准备好要上工，共有一万五千名士兵呢，每天要花一百万元去养他们。副司令长官会问我工程为何耽搁，如果他们不相信，我可以当场打电话给郑将军。如果没有施加威胁，修复工作不可能顺利进展。

日本人就很容易相处了。六十一师团的工程军官缴交一份计划书，一开始免不了是形式化的内容：工程的目的、应有的规模、大体的方向和重点等，也就是可以刻在石板上的序言。不过，接下来的内容并非装点门面而已，计划书上的每个细节都可以彻底执行。在指定的时间和指定的地点，总看得到准备就绪的士兵。事情从不出错。在工程期间，他们被分配到村里居住。虽然已经解除武装，仍然由我们七十四军的部队来看守。我们一度担心战俘和居民之间会起冲突，因为日军在战时的残暴仍让人记忆犹新。不过，什么事都没发生。只有过一起事故，一些日本兵在户外生火，结果风势太强，一户民宅的茅草屋顶被烧坏了一部分。但在我方得知以前，日军已经和屋主和解。一整团的人绝食一天，省下伙食费来赔给屋主。郑将军得知此事，很可怜他们，因为一整团的人，无论是军官或士兵，都得挨饿过夜。他盘算再补给他们一天的伙食费，表示他的善意。但我劝他不用这么做。我说，这些战俘负起责任赔钱时，善意就已经建立起来了。我们应该让好事和坏事并存，不必去遮掩。

但中国人民实在很宽容慷慨。他们心胸很大方，虽然能给的不多，张上尉就是一例。张上尉负责七十一军的运输连，负责看守一营的战俘。我们称之为"铁肩"的运输部队，原先出身苦力，只不过后来改披战袍。他们是军队里任劳任怨的驮兽，而非中国军队的骄傲。整连不过拥有二十支步枪，聊以自卫而已。当他们奉命看守日军时，矛盾的景观就出现了：日军穿着的羊毛军服，即使缺乏清洗熨烫，仍然比这些看守兵更新更像样。

有一天晚上，我经过张上尉住的村落，顺便看看他。吓我一跳的是，他和三四名日本军官刚从村中唯一一家餐厅回来，呼吸间仍有酒气。我有些不安。虽然没有明令禁止和以前的敌人交好，但我们想不到张上尉会和日本军官喝酒、享用大餐。这种行为也会引发疑虑，这些日本军官对他有何用心？或是他对他们有何用心？一顿大餐所费不多，但就我所知，双方都没有太多钱。战俘理论上不可以持有现金。在国民党军队这方面，由每一个指挥官斟酌，连长可以虚报两名士兵，领取他们的薪资配给，不会有人多问两句，但超过限度就要受罚了。这个巧计正可以填补组织的漏洞，让连长有津贴可供应用，或是作为个人的补贴。不过，这笔金额也不大。

原来那晚张上尉自掏腰包请客，可能要花费他半个月的薪水。他不觉得奢侈浪费，也不觉得自己过度友善，他只觉得这一切都是理所当然。

从他的粗俗言辞中，我猜出他是那种一路从下士、中士而晋升到委任军官的人。他称我为"贵参谋"，自称"小连长"。"高层心肠硬，不能好好对待这些人。"他有些愤愤不平："没关系。"事实上，这是控诉政府没有提供招待费。因此小连长必须改善情况。张上尉可以说是欧洲骑士精神的化身，更重要的是，他认为，我们应该尽可能对以前的敌人亲切和善，才能使他们相信自己已经被原谅，而且我们也和他们一样，对敌意深感抱歉。他有很强烈的同情心，真心替这些日本人难过。他形容日本被轰炸，就像被压垮的西瓜一样，沦为盟军的殖民地，这时即使是我们身旁那位会说中文的日本通译员，也忍不住笑了出来。我深信这个受过不多教育的上尉心肠太好，我也了解到，中国文化传统中的某些要素具有持久的活力，展现在老百姓的对外关系上。我没有以高高在上的大参谋身份来教训这个小连长，反而被他高贵的纯朴所折服，我想那些被款待的日本军官也不可能有其他想法。

在野外工作，让我的心思脱离了安，而且心安理得地以为，军旅生活和我曾体验过的愚蠢和虚度生命大不相同。沪杭公路是沿海重要的运输要道，地理上相当于美国纽约到华府的公路。不过，这条公路从来没有铺好过。在日本占领期间，路面由于滥用而损坏严重。日军完全避而不用，因为沿路容易遭到中国游击队的埋伏狙击。他们宁可改用铁路或水道，在溪流及运河密布的水道上，他们的马达船可以快速前进于广大的地区。在战争末期，盟军可能在中国东海岸登陆，这种立即威胁更使日军毫无整修道路的诱因。我第一次开上这条公路时，发现部分木桥已经摇摇欲坠。在防波堤上方的路段，吉普车行驶速度还算快，但道路延伸到稻田时，村民往往开挖沟渠，用来引水灌溉田地，因而常成为车辆的陷阱。有一天傍晚，我开吉普车通过沟渠密布的路段，如果我运气好，大可顺利通过，不会出事。但我在最后一刻才看到一条大水沟，紧急踩刹车，前轮因而绷紧，承受所有的压力。我从猛烈的振动中回神，庆幸只有前轮轮轴坏掉，我的内脏及脊椎安然无恙。我等了三小时，才等到日兵开着军用卡车来，是在修复队执勤的六部卡车之一。不论是中国人、日本人，不论是守卫、战俘或百姓，大家一起同心协力，费了好大的劲，才将坏掉的吉普车垫上临时做的木板推上卡车。

我们进行修复工作时，用的是简单的工具和简单的材料，绝对称不上是工程壮举。如果没有后续工作，我也无法保证路面能持续多久。不过，工程给我很大的成就感，因为这是我一生中第一次参与对大众有利的工作。最不可思议的是，这工程靠的是和日本人合作，而我从小学开始，对日本人虽有种种情绪，却从来没有想过合作的可能。

———————

说明：这部分节录自《黄河青山·黄仁宇回忆录》（张逸安译，三联书店 2001 年版）。标题系编者后加，个别字句略有调整。

©团结出版社，2025 年

图书在版编目（CIP）数据

　　我的戎马生涯 / 郑洞国著. -- 北京 ：团结出版社，
2025. 7--（民革前辈传记丛书）. -- ISBN 978-7
-5234-1181-0

　　Ⅰ. K825.2

　　中国国家版本馆 CIP 数据核字第 2024EE4294 号

责任编辑：伍容萱
封面设计：阳洪燕

出　　版：团结出版社
　　　　　（北京市东城区东皇城根南街 84 号　邮编：100006）
电　　话：（010）65228880　65244790 （出版社）
　　　　　（010）65238766　85113874　65133603（发行部）
　　　　　（010）65133603（邮购）
网　　址：http://www.tjpress.com
电子邮箱：zb65244790@vip.163.com
经　　销：全国新华书店
印　　装：三河市东方印刷有限公司

开　　本：170mm×240mm　16 开
印　　张：41.75　　　　　　　　字　　数：636 千字
版　　次：2025 年 7 月 第 1 版　　印　　次：2025 年 7 月 第 1 次印刷

书　　号：978-7-5234-1181-0
定　　价：129.00 元
　　　　　（版权所属，盗版必究）